晋语志延片方言接触研究

高峰 著

西北大学"双一流"建设项目资助

Sponsored by First-class Universities and Academic Programs of Northwest University

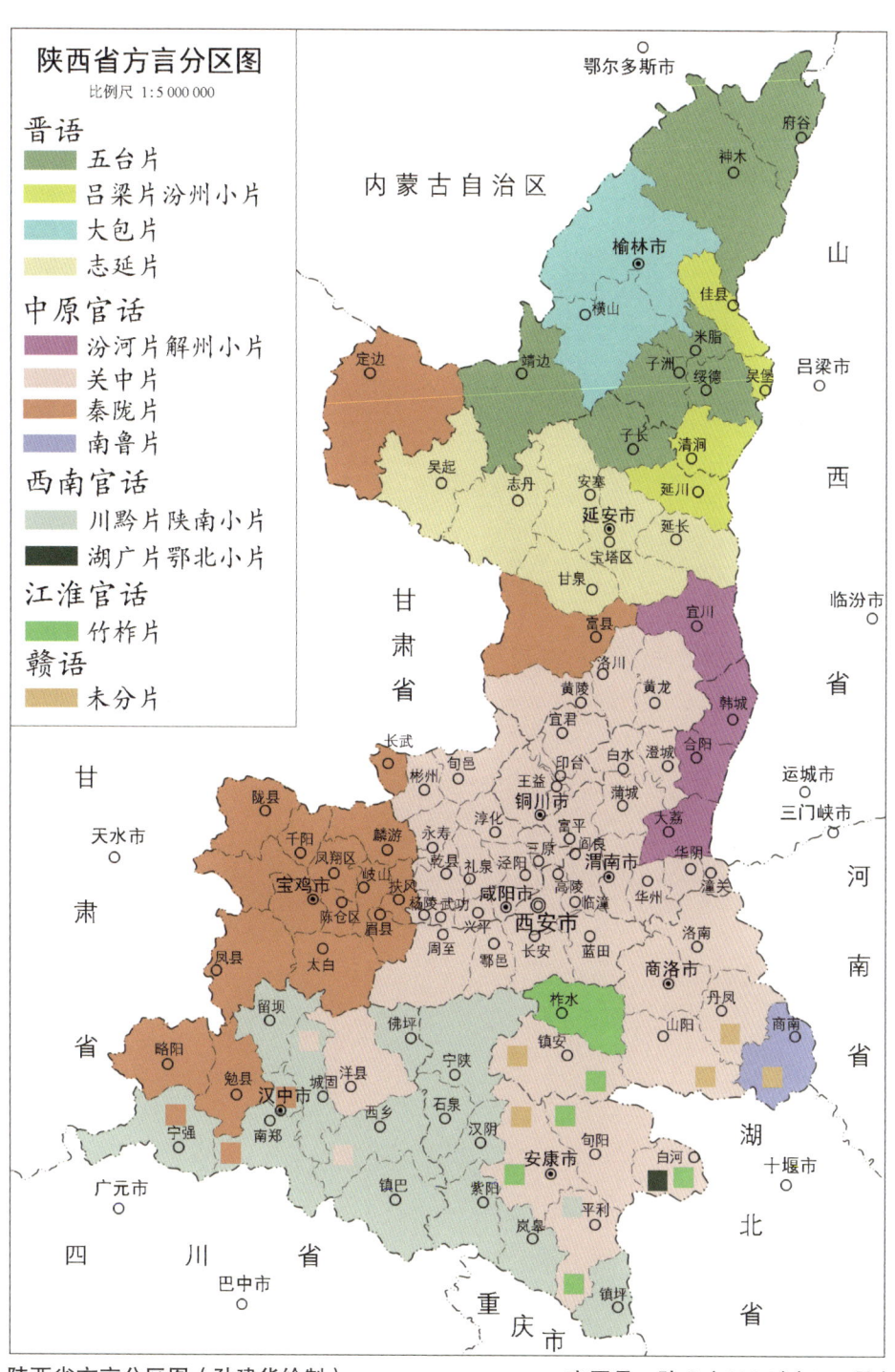

陕西省方言分区图（孙建华绘制）　　审图号：陕S（2024）（017号）

序 言

邢向东

晋语志延片方言的研究，一直是晋语中比较弱的，这从前后两版《中国语言地图集》中志延片所属方言的变化即可见一斑。

志延片研究之难，主要有两点原因：第一，它处于陕北晋语和中原官话的过渡地带，长期受到以西安为代表的关中方言的强烈影响，我们从秦晋黄河两岸晋语和中原官话的分界线（陕西靠北、山西靠南）就能看到这一点。这是强势方言对陕北方言在地理上的"外部侵蚀"。第二，延安地区在20世纪20年代末陕北大旱灾以后直至70年代末，接受了大批榆林地区的移民（我的一位初中同学，就是70年代以后移民到延安地区开荒种地的），乃至有的地方移民人口超过本地老户。这是人口混居造成的"内部感染"。由于"外部侵蚀"和"内部感染"互相交织，老户话、上头话、新话互相纠缠，因此导致方言分界线模糊不清。要用有限的浅层调查来判断方言的性质和归属，就难免言人人殊。在志延片方言的范围问题上，有一个有趣的现象：外地的调查者多将延安、延长、甘泉方言画归中原官话，陕北籍的学者则一致认为这三地方言应归陕北晋语。这不仅反映了文化上的"陕北认同"，而且说明，这一带方言中，一定深藏着一些表层看不到的语言事实，需要下功夫将它们系统地挖掘出来。

高峰的这部《晋语志延片方言接触研究》，就是系统地挖掘志延片方言事实和探讨其复杂面貌形成原因的一部专著。本书是在作者的博士学位论文基础上修改补充而成的。作为导师，我对其内容比较熟悉。再看一遍书稿，觉得和当年的学位论文相比，已经近乎"脱胎换骨"，完全是另外一副模样了。本书值得关注的地方不少，下面略陈数端。

一、具有强烈的问题意识，所有的论题和论证过程，都围绕着志延片研究中面临的难题展开。

比如，关于晋语志延片的区域范围、所属方言，作者详加论证，提出了最佳解决方案（绪论、附录一、附录二）。李荣先生在《官话方言的分区》(1985)中将陕北19个县的方言归属晋语，而到侯精一先生《晋语的分区（稿）》(1986)，张盛裕、张成材先生《陕甘宁青四省区汉语方言的分区（稿）》(1986)和随后出版的《中国语言地图集》(1987)，则将其中的延安、甘泉、延长画归中原官话秦陇片。其后，刘育林、张崇、邢向东和孟万春、沈明、高峰等，都对此提出了不同的意见。邢向东、孟万春《陕北甘泉、延长方言入声字读音研究》(2006)，沈明《晋语的分区（稿）》(2006)，《中国语言地图集（第2版）》(2012)将这三县方言画归晋语志延片。不过大家都忽略了延川话的归属，似乎它理所当然地应归志延片。本书作者在细致的田野调查之后，在丰富翔实的语料基础上，重新审视志延片的范围，选择了16项语音特征，在志丹、延长、延川、清涧、永和五个方言之间展开比较。其中志丹代表典型的志延片，清涧、永和（山西）代表吕梁片方言，结果是：①延川话有15项与清涧话相同或相近，有8项与永和话相同或相近，与志丹话16项都不同。②延长话有11项与志丹话相同或相近，有4项与延川话、清涧话相近。即延川话与清涧话的共性最大，与永和话的共性次之，与志丹话的差异远大于共性；延长话兼具志延片与吕梁片的特点，与志丹话的共性大于同延川话、清涧话。所以，延川话和清涧话同属吕梁片，延长话当归志延片。

作者关于志延片范围的结论，基于坚实的事实和逻辑基础，具有很强的说服力。志延片的归属问题，至此得到了圆满的解决。

再如，李荣先生曾经指出："陕北方言有入声，就整个地区而言，古入声字今读入声的从北到南，从西到东，逐步递减。这现象充分说明方言在地理上的渐变性，因此陕北可以说是'有入声'到'无入声'的过渡地带。"（《陕西省志·方言志（陕北部分）·序》）而志延片更是"过渡地带中的过渡地带"，不论老户话还是上头话，演变最错综复杂的就是入声字，作者紧紧抓住这一问题，对不同方言、不同人群的入声字读音，做了穷尽式的调查，详细描写、讨论老户话、上头话中入声韵、入声调的演变，通过分析不同类型的方言、不同代际的人群在接触中的表现，观察关中方言对老户话、老户话对上头话、上头话对老户话的影响，描绘出一幅色彩斑斓的"入声字演变图",理清了入声演变在不同时期、不同地域的方向和路径。

二、挖掘志延片老户话的晋语底层,揭示隐藏在表象下的复杂层次。

本书第五章以延安老户话为标本,离析"老户话"中的不同层次,尤其是分析其"底层方言"。关于志延片的老户话,已有研究都观察到了其中交织着关中话和陕北晋语的成分。那么其中的晋语特点,是这一带方言中原有的,还是后来的榆林移民带来的呢?受到关中方言强势影响的"那个方言",原来可能是个什么样子呢?大家都不甚细究。可是这个问题关系到对志延片本质的认识,是个大问题。作者从语音、词汇、语法三个方面入手,仔细离析延安老户话中的不同成分,拨开迷雾见真相,发现其中的晋语成分,有的浮在上层,是榆林移民带来并感染了老户话,有的则属于早期的"晋语底层",比如深臻曾梗通摄韵母合流,口语中保留入声,一些核心词汇和类型独特的句法结构:"因此,延安老户话的底层方言应为陕北晋语。可以说,它是具有浓厚的关中方言色彩的陕北话。这正反映了志延片方言在晋语和中原官话整体格局中的特殊的过渡性地位。"这就是说,老户话跟其他晋语一样,原本属于"北方话的山里话"(刘勋宁语)。接着,作者又结合自然、行政和人口,论证了延安老户话的特殊经历:"延安方言由此经历了晋语底层—向关中方言靠拢—向晋语回归的螺旋式的演变过程。"我们可以反过来假设:延安一带方言原本属于中原官话,是后来的榆林移民的方言使它变成现在的模样。那么有没有这种可能呢?就志延片本身的地理位置和复杂面貌、陕西方言的宏观格局、关中方言在全省乃至西北方言中的地位以及西北方言史来看,这种假设是不可能成立的。

以往关于志延片的争论,都将目光集中在其共时平面的事实上,并据此确定其方言类型。而揭示志延片老户话的晋语底层,则透过表层看到了,不同语言成分的杂糅其实是不同历史时期、不同的语言环境导致的多个层次的叠置和方言的螺旋式演变的结果。这无疑是陕北晋语研究的一大进展,它的意义不仅在于如何科学地看待志延方言的复杂面貌,更重要的还在于提示我们,当面对一个环境复杂、人口混杂的过渡地区的方言时,不能简单地将其中的语言成分一分为二,而是要透过表象,像钻透岩层那样深入下去,观察不同时期权威方言的"冲刷"、反复的移民运动加上语言文化认同的变化所导致的方言成分的叠置，从而有了方法论的价值。

三、围绕核心论题，深入观察两种不同的接触现象。

本书的核心论题是志延片的方言接触，作者在这个论题上下足了功夫，用了三章的篇幅讨论接触问题。从具体语言事实的分析出发，归纳接触特点，再联系有关的语言接触理论和实证研究成果，将对志延片语言接触的认识上升到理论高度。

如老户话与关中方言的接触性演变，分别从语音、词汇、语法来观察，语音借贷包括规则借贷、音值借贷、语音叠置三类，其中语音叠置主要集中在声调上，又进一步分为"去声调值的叠置"和"连读变调的叠置"，前者表现为志丹、安塞、甘泉方言的去声有平调、降调两种变体，后者表现为"同样的声调组合，甚至同一组词具有两种连调模式"。笔者20年前调查清涧话语法，发音人遇到去声字往往一会儿读44，一会儿读42，一个单字调中两种调值自由变读。当时只调查了清涧和延川，延川是上声去声合流，至于它们之间是什么关系，由于注意力集中在语法，对此没有深究。高峰在书中对这一问题的认识就比较清晰了："在志丹、安塞、甘泉表现为不同调值的叠置，在延长话中则陕北、关中两类方言的上声、去声互相妥协，导致上声、去声合流为上去声（51）。"不论去声调值的叠置还是上去声合流，都表现出关中方言声调对晋语声调的强势输入。连读变调的叠置，更是体现了这种接触的深度和广度。

在语法借贷中，作者归纳出"重叠词与儿化词的融合""典型句法格式并存"等类型，全面体现了关中方言对志延片老户话"冲刷"的强度和深度。

在语言各个子系统中接触现象分析的基础上，作者进一步将关中方言对志延片老户话的输入上升到理论层面，总结出三条接触规律："方言接触具有单向性"，"输入成分属于关中方言一致性强的早期特征"，"语音借贷＞词汇借贷＞语法借贷"。其中第二条规律不仅在理论上具有相当的深度，而且对于其他过渡、接触地区的方言研究具有启发意义。

至于另一种接触——老户话和上头话的接触，则呈现出更加复杂的情况。作者分别从榆林移民聚居的周湾话、顺宁话、化子坪话、郭旗话，老户与移民杂居的甘泉道镇上头话，观察老户话对上头话的影响，又从处于上头话包围中的老户话聚居区安塞何家沟老中少三代的语音差异，观察上头话对老户话的影响。得出三条接触规律："方言接触的深度与移民的居住状况、移民时间有直接的关系"，"'突显度'是方言接触中影响语音成分保留或变化的重要因素之一"，"音系格局对方言接触引发的语音变化具有制约作用"。

对以上两种方向相反的方言接触的观察，论证了作者前面所做的推断：

晋语志延片所受到的主要影响，早期来自南面的关中方言，后期来自榆林移民的陕北晋语。早期老户话与关中方言的方言接触是生活地域上相邻的人群之间的方言接触，是晋语与中原官话的接触；后期老户话与上头话的接触是移民方言与迁入地原有方言之间发生的接触，是晋语内部方言之间的接触。从老户话演变的角度看，这两类方言接触当分属输入型与感染型。

由于作者的结论是基于对语言变化事实的仔细观察和实证分析，因此具有很强的说服力。

四、注重微观，条分缕析。

本书中有不少内容的分析细致入微，体现了作者观察问题之细致。如第六章第二节讨论老户话与关中方言的接触在遇摄读音上的表现：

老户话遇合一精组字（租粗苏）与绥德话相同，今读 [u] 韵，而西安话及其他关中方言读 [ou] 韵。遇合三庄组字（锄梳数蔬助）与西安话趋同，今读 [u] 韵，与绥德话读 [uo] 韵不同。同为遇摄的韵母因声母不同而有两个相反演变方向。遇摄三等庄组字读 [u] 或 [uo] 类韵，实际反映的是庄组与知章组韵母是否有别，这是早期声类之分导致的韵类分合，陕北晋语分，关中方言合，志延片随关中方言。而遇合一精组字在关中话裂化为复元音，只涉及韵类，是较晚期的变化，因此没有覆盖到志延片。

这里将老户话表面上统一的遇摄字今读 [u] 韵，从老户话、关中话、其他陕北晋语三方关系出发，根据声组不同离析出两个相反的演变方向，并指出关中话遇合一精组字的裂化没有覆盖到老户话，是因为它属于晚近的变化。这就把问题说透了。能够在权威方言影响弱势方言的过程中区分前者的早期特征与晚期特征，从而观察到发生影响的时间早晚。这在方法上颇有启发作用。

再如第三章第三节声调演变中描写志延片方言上声和去声的演变时，将志延片去声、全浊上字读上声的情况，分为6个小类：

①与北方话的"共变字"，即与其他北方方言相同的字。……②陕西方言的"共变字"，即在陕西方言中普遍都读上声的古去声、全浊上字。……③陕北晋语的"共变字"，即在陕北晋语中普遍都读上声的古去声、全浊上字。……④关中方言的"共变字"，即在关中方言中普遍都读上声的古去声、全浊上字。⑤其他。多是口语中不用或少用的字……⑥"系关~串溃~脓"等少数口语常用字，与陕北晋语去声的调值相近，当属于晋语底层与关中方言的调类、调值错配。

这种微观分析，在进行方言接触考察时具有特殊的效果，为进一步归纳接触规律与特点、趋同策略等理论问题，奠定了充分的实证基础。读来也饶有趣味。

本书也有不足之处。受原来的博士论文《晋语志延片语音研究》的限制，其研究内容在三个子系统之间有点不够平衡：语音非常扎实深入，词汇、语法略感单薄。作者已经申请到国家社科基金项目"语法化视角下的陕北晋语语法深度研究"，正好可以补充本书留下的空间。

高峰2007年考入陕西师大随我读博，2011年毕业。毕业后先后在榆林学院、西安文理学院、西北大学教书、做研究。从2016年开始参加中国语言资源保护工程，先后完成"中国语言资源保护·陕西方言调查""汉语濒危方言调查·延安""中国语言文化典藏·延安"等项目，作为副主编参加了《中国语言资源集·陕西》的编纂工作，发表了不少有质量的论文，主持的教育部项目顺利结项，又申请到国家社科基金项目。从攻读博士到参加语保工程，她表现出不断进取、追求完美的精神和不遗余力、勇于担当的责任感。这本书的出版标志着高峰的学术研究上了一个新台阶，作为导师，我为她感到由衷的高兴！希望高峰永远保持这种良好的状态，做一位好老师、好学者。

是为序。

2024年2月29日　于西安俗雅宅

目 录

上编　描写论述篇

绪　论 ·· 2
　第一节　晋语志延片地理概况、历史沿革与人口源流 ·············· 3
　第二节　晋语志延片方言及其研究概况 ····································· 7
　第三节　晋语志延片的周边方言 ··· 11
　第四节　再论晋语志延片的地域分布 ······································ 14
　第五节　调查说明及凡例 ·· 17

第一章　晋语志延片老户话音系 ·· 21
　第一节　吴起话音系 ··· 21
　第二节　志丹话音系 ··· 24
　第三节　安塞话音系 ··· 27
　第四节　延安话音系 ··· 30
　第五节　甘泉话音系 ··· 33
　第六节　延长话音系 ··· 36

第二章　晋语志延片的特点 ·· 40
　第一节　语音特点 ··· 40
　第二节　过渡性特点 ··· 55

第三章　晋语志延片老户话的语音演变 ································ 59
  第一节　声母的演变 ·· 59
  第二节　入声韵的演变 ·· 76
  第三节　声调的演变 ·· 87

第四章　晋语志延片上头话的音系及特点 ································ 94
  第一节　上头话音系 ·· 94
  第二节　上头话的语音特点 ·· 102
  第三节　上头话入声韵的演变 ·· 113

第五章　从延安老户话看晋语志延片的形成与嬗变 ················ 121
  第一节　延安老户话的底层方言 ······································· 121
  第二节　延安老户话的形成及嬗变 ··································· 130
  第三节　从延安老户话到新延安话 ··································· 135

第六章　晋语志延片与关中方言的接触类型及演变 ················ 141
  第一节　晋语志延片与周边方言的接触 ···························· 141
  第二节　晋语志延片与关中方言的接触 ···························· 142
  第三节　晋语志延片向关中方言借贷的方式 ···················· 149
  第四节　晋语志延片与关中方言的接触特点及趋同策略 ·· 155

第七章　晋语志延片老户话与上头话接触的类型与规律 ········ 160
  第一节　晋语志延片老户话对上头话的影响 ···················· 161
  第二节　晋语志延片上头话对老户话的影响
       ——从安塞何家沟老中少三代的语音差异看老户话与上头话的接触 ······ 171

下编　字音对照篇

晋语志延片字音对照表···186

参考文献···288
附录一　延川话音系及其语音特点···298
附录二　延川话的入声调及其演变路径···311

后　　记···322

上编 描写论述篇

绪　论

　　1985 年，李荣先生在《官话方言的分区》中把山西省及其毗连地区有入声的方言称为"晋语"，主张把晋语从北方官话中分立出来。1986 年，侯精一先生《晋语的分区（稿）》把晋语进一步分为并州、吕梁、上党、五台、大包、张呼、邯新、志延八片，认为志延片包括陕西延安境内的志丹、延川、安塞、吴旗[①]四县方言。并指出志延片具有如下特点："志丹、延川、安塞、吴旗四县紧邻中原官话区，是晋语到中原官话的过渡地带，内部不甚一致。志丹、吴旗两县古入声的全浊声母字今读阳平，清音声母字及次浊音声母字今多读阴平，与中原官话一致，只有少数清音声母字今读入声。延川、安塞只有少数入声全浊音声母字今读阳平，多数字仍读入声。延川上声与去声同调，与邻接的延长相同，不过延长无入声，属中原官话。"《中国语言地图集》（1987）与侯文一致。

　　晋语和中原官话的区分标准是有没有入声，有入声的归晋语，没有入声的归中原官话。标准看似简单，但因为志延片处于晋语同中原官话的过渡地带，方言面貌复杂，导致学界对志延片的地域分布看法不一，分歧主要集中在延安[②]、延长、甘泉三方言的归属问题上。侯精一先生（1986）把这三个方言划归中原官话秦陇片。而刘育林（1995）认为延安、延长、甘泉话应该属于晋语，理据比较充分，即：①延安、延长、甘泉人口语中少数入声字保留入声；②保留一定数量的圪 [kəʔ] 头词与分音词；③后缀"子"字舒声促化，与相邻的属于中原官话的富县、宜川方言形成鲜明对比；④从口音判断，延安、延长、甘泉人总是被划进"陕北人"的圈子，而地理、行政区划属陕北的富县人却被划入"关中人"的圈子。最具说服力

---

① 2005 年 10 月，"吴旗县"改称"吴起县"。
② 指今宝塔区。1996 年，撤销县级延安市，改设县级宝塔区。至今在陕北民间仍习惯用"延安"指称今宝塔区，学界也沿用此名称。因此，本书的"延安"在不特别注明的情况下，均指今宝塔区。

的是邢向东、孟万春《陕北甘泉、延长方言入声字读音研究》(2006)一文，在全面调查并讨论甘泉、延长两方言入声的基础上，明确提出甘泉、延长方言应归属晋语。随着各县方言入声等情况的不断明晰，学界的认识逐渐统一。邢向东、郭沈青(2005)，沈明(2006)，邢向东(2007b)一致把延安、延长、甘泉三县方言划归志延片，指出：志延片包括吴起、志丹、安塞、延安、延川、延长、甘泉七县的方言。2012年的《中国语言地图集(第2版)》采纳了这一结论。

曹鹏(2008)对以上结论有不同的观点，认为志延片只包括延安、延长、甘泉、志丹和吴起五个市县。笔者《晋语志延片语音研究》(2011)全面调查研究吴起、志丹、安塞、延安、延川、延长、甘泉七县[1]方言语音，认为延川话应划归晋语吕梁片。2018年笔者再论晋语志延片的地域分布，将志延片方言的语音、词汇、语法与典型的陕北晋语、关中话分别进行了比较，比较结果支持之前的观点，即晋语志延片应包括吴起、志丹、安塞、延安、延长、甘泉方言。(高峰2018a，详见第一章第一节)本书即以这六县方言为研究对象。

第一节　晋语志延片地理概况、历史沿革与人口源流

一　地理概况

晋语志延片位于黄河中游、陕西省延安地区的中北部，北与榆林市的靖边、定边以及本市的子长、延川毗邻，南与富县、宜川相连，东临黄河与山西省吕梁市相望，西以子午岭为界与甘肃省庆阳市接壤。面积约1.876万平方公里，约占延安市总面积的50.7%，人口约为137.755万人。民族以汉族为主，兼有回族、维吾尔族、彝族、蒙古族等少数民族，其中以回族居多。少数民族主要分布在宝塔区，常住人口600余人。[2]

---

[1]　2016年，撤销安塞县，设立延安市安塞区。
[2]　数据来源：2024年1月11日延安市人民政府网，吴起县人民政府网，志丹县人民政府网，延安市宝塔区人民政府网，延安市安塞区人民政府网，延长县人民政府网，甘泉县人民政府网。

该地区地处陕北黄土高原丘陵沟壑区,地形主要以塬梁峁沟为主。境内有两条主要河流:延河和洛河。延河是延安的母亲河,发源于陕西省靖边县,流经志丹、安塞、延安、延长等地向东南入黄河。洛河发源于白于山,流经吴起、志丹、甘泉、富县、洛川等地,在大荔汇于渭河,流入黄河。洛河绵延千里,淤积了一条长长的大川——洛河川,吴起、志丹、甘泉最富的乡镇都在宽阔平坦的洛河川上。

二 历史沿革

晋语志延片六县[1]在古代属于边地,汉族和少数民族杂居,中原王朝与北方民族政权交错统治。从秦汉至今,各县均几易其名、界域多变。其中吴起县处于本区最北最西的位置,是边地的前沿,历代政区的变迁最为复杂。从隋朝开始,志丹、安塞、延安、延长、甘泉西北部[2]大致属于同一州府——延州[3],而吴起县迟至宋朝才开始有部分辖地属于延州。

晋语志延片六县历史沿革:

夏,属雍州。商,属鬼方。西周为犬戎领土。春秋,是白翟部族的居住地。战国,属魏。秦汉,属上郡。东汉末年,匈奴南迁占据本地区。魏晋两代因此未置县。东晋、十六国,先后属前秦、后秦、大夏。三国两晋,是羌胡地,为匈奴、羌族之游牧区。

北魏,设遍城、定阳、上郡、朔方4郡,以及夏州的金明郡,隶东夏州;南部设敷城郡。吴起分属西北地郡和金明郡;安塞、志丹属金明郡;延安分属定阳郡和遍城郡;延长属敷城郡;甘泉分属金明郡和上郡。西魏恭帝元年(554),东夏郡改称延州。

隋初天下撤郡设州,大业三年(607),恢复郡制,延州改称延安郡。吴起分属朔方郡和弘化郡;志丹、安塞、延安、延长(时称"延安县")属延安郡;甘泉分属延安郡和上郡。

---

[1] 安塞、延安(今宝塔区)均为区级政府,为行文简便,在与吴起等其他县一起列举时,以县代指县(区),如:六县指六县(区)。

[2] 甘泉东南部(道镇地区)从宋开始和西北部同属一州郡。

[3] "延州"各个时期名称有变化,后也称延安郡、延安府等。

唐，本区属关内道。吴起分属宥州和庆州；志丹①、安塞、延安、延长属延州；甘泉分属延州和鄜州。唐永泰元年前后，唐为隔断党项和吐蕃的联系，将宜定州折磨布落和芳池州野利部迁入绥州（治今陕西绥德县）和延州（今延安）。宋治平四年（1067），西夏横山族帐1.5万户、4.51万人、精兵1万人降宋，定居在绥州和延州一带。（葛剑雄等 1997：308）

宋，本区属永兴军路，军治在今志丹县城，仍设延州、鄜州、丹州。宋初，延安以北被西夏占据。哲宗绍圣四年（1097）收复，置定边军和保安军。庆历元年（1041），设鄜延路。元祐四年（1089），延州升延安府。吴起分属定边军②和保安军；安塞分属绥德军和鄜延路。

金时，本区属鄜延路。鄜延路较前朝辖区扩大，领延安府、鄜州、坊州、丹州、保安州、绥德州及保安、定边二军。皇统六年（1146），定边军被撤，定边军等沿边地被赐予夏国。大定十一年（1171），降保安军为保安县。大定二十二年（1182），升保安县为保安州。

元置延安路。吴起分属陕西行省庆阳府和陕西行省延安路，其余五县皆属延安路。

明洪武二年（1369），延安路改设延安府。吴起以洛河为界分属保安县和安化县，后改分属宁塞营和新安边营，隶陕西承宣布政使司庆阳府榆林卫。成化九年（1473），设榆林堡，安塞曾属榆林堡靖边道，后废堡、道，置州、府，安塞仍属延安府。其余四县属陕西承宣布政使司延安府。

清代，鄜州升直隶州。吴起分属甘肃省庆阳府和陕西省延安府，其余五县皆属陕西省延榆绥道延安府。

民国二年（1913），撤府、州，本区改隶榆林道。民国十七年（1928），废道，诸县由省直辖。民国二十三年（1934）成立共产党领导的陕甘边和陕北两个苏区，后改称陕甘省和陕北省，1936年合为陕甘宁省。1942年，设延属分区，1943年成立延属分区行政督察专员公署，辖区包括志丹、安塞、延安、延长、甘泉。

---

① 志丹西北部属北武州，628年废北武州所辖诸县，并入金明县，属延州。
② 1116年置定边县隶定边军。

1942年，新建吴旗县，隶属三边分区。1949年5月，陕甘宁边区政府迁往西安市，撤延属分区，设陕北行政公署，驻延安。陕北行政公署辖榆林、绥德、三边、黄龙四个分区及延安、延长、安塞、志丹、子长、甘泉、延川七个直属县。

1950年撤陕北行政区，设陕西省延安分区。吴起、志丹、安塞、延安、甘泉、延长皆属延安分区。1978年成立延安地区行政公署。1996年，国务院批准撤销延安地区，设立地级延安市。1997年1月8日，延安市人民政府正式成立，撤销县级延安市，改设县级宝塔区。①

三　人口源流

晋语志延片六县，历代战事、灾害频仍，导致人口的波动较为剧烈。延安地区历代都有收容安置外来移民的惯例。外来移民的迁入时间主要在明洪武年间、清同治回民起义后、民国年间以及20世纪30年代到60年代。

今境内人口的来源，有当地土著、山西移民、榆林移民、外省移民等。

1. 当地土著。其家族世居当地，居住相对集中，现在数量较少。

2. 山西移民。在志延片老户中，洪武年间的山西移民所占比例最大。如：今延长交口、张家滩及七里村街道原籍山西者颇多，因为经商至本区，多与当地人婚配，遂隶本地籍（《延长县志》1991：109）。明洪武年间，从山西洪洞县迁入部分人口，甘泉始有人口数量记载，时有2800户，23480人（《甘泉县志》1993：107）。清代、民国时期，山西移民陆续还有迁入，数量不及洪武年间。

3. 榆林移民。1928年，陕北遭受特大干旱，饥民遍野。当时延安灾情较轻，故绥德、米脂、横山一带饥民大量逃荒到延安（《延安地区志》2000：158）。在民国期间，志丹县数次接收横山、佳县、吴堡、米脂、榆林、子洲、靖边、子长、安塞、延安等地移民达2000多户，7000余人。1952年和1961年两次安置榆林地区灾民500户，1000余人。（《志丹县志》1996：113）民国初期，榆林一带因天灾人祸，不少人逃难到安塞居住。特别是1927至1929年，来自靖边、横山、榆林、佳县等地的人口大量涌入安塞，当时本地人口仅占20%。1935年红军解放安塞，

---

① 以上信息根据《延安地区志》（2000），《延安市志》（1994）以及各县县志的记载综合改写。

此后直到 1942 年，人口迁入大于迁出，迁入人口主要来自榆林地区。(《安塞县志》1993：128)

4. 河南、山东等外省移民。在甘泉东沟乡、延长郑庄乡，有一些四川、河南、云南、贵州、山东、浙江等省的移民，迁入时间大约在同治年以后。民国年间也有河南、山东等地的难民流入。延长油田七里村采油厂李润梅告知，郑庄镇兰家窑科村里居住着上千名山东移民，迁入时间是在民国年间。

时间上，山西移民迁入志延片六县较早，榆林、河南、山东移民迁入较晚。数量上，榆林移民最多，山西移民次之，河南、山东等外省移民数量较少。

第二节 晋语志延片方言及其研究概况

一 方言概况

从各县方言志的记载以及我们的调查来看，志延片方言的类型及其分布比较复杂，方言可以分为两类：一类是"老户话"，一类是"上头话"。

"老户话"，当地人也叫"老话""本地话"，是指各县境内老户所操的方言，是志延片的代表性方言，本书讨论的主要对象。当地人所指的老户既包括那些世居本地的家族，也包括迁入时间较早的"移民中的老户"。志延片各县都有大量的外来移民，老户话与移民方言发生接触，接触的深度、方言现状与移民的数量及居住方式有关。吴起的外来移民主要聚居在周湾和长城两乡镇，和老户混居的移民数量远低于老户，因此移民方言对老户话影响较小，老户话仍然是吴起县域内的优势方言。安塞、延安、志丹、延长、甘泉五县的移民相对较多，特别是在城区，移民方言对老户形成包围态势，导致老户话处于明显的弱势地位。其中，受影响最大的延安宝塔区，在各种方言的激烈碰撞、融合中，已经形成了新的通行语——新延安话，延安老户话处于濒危状态。新延安话的影响力、传播力明显，距离宝塔区仅半小时车程的志丹和安塞，与宝塔区的接触频繁，两县新派几乎都会说新延安话。

"上头话"是延安人对陕北榆林地区方言的称谓，泛指绥德、米脂、榆林（今榆阳区）①、横山等地的方言。近百年来，受灾荒、贫困、人口等因素的影响，众多的榆林地区移民定居在吴起等县，大部分仍然说的是带有原籍方言特点的"上头话"。与老户杂居的移民方言口语歧异繁杂，聚居区移民的方言则比较统一。在志延片地区，共有四处较大的榆林地区移民聚居区，并各自形成了具有明显上头话特点的区域通行语：①吴起县周湾、长城两个乡镇，②志丹县顺宁、杏河、双河三个乡镇，③安塞区王家湾、镰刀湾、化子坪和坪桥四个乡镇，④延长县郑庄、郭旗两个乡镇。这四片"上头话"在离开源方言后，经历了与"老户话"的长期接触，如今已经与源方言面貌不完全相同。

另外，延安的官庄、临镇两个乡镇，延长的雷赤、南河沟、赵家河、罗子山、安河五个乡镇，有的村子与宜川县相邻，说的是宜川话，属于中原官话汾河片。

二 20世纪以来晋语志延片方言研究概述

晋语志延片方言的研究始于20世纪80年代，研究成果有方言志、论文、专著，已出版的专著只是涉及志延片方言，还没有一部专门以志延片方言为研究对象的专著。

（一）方言志

新编的各县志都有《方言》专章，描写本县方言的声韵调，列举少量方言特色词语，简单归纳语法特点。此外还有刘育林《陕西省志·方言志（陕北部分）》（1990c），这是第一部全面描写陕北方言的专著，整理了陕北19个方言的音系，收录了不少方言语料，比较全面地反映了陕北晋语的概貌。其中包括志延片6县方言的音系以及延安话的同音字汇。

（二）论文与专著

1. 语音研究

研究志延片语音的论文数量最多。孟万春《陕西延长方音说略》（2005），描

---

① 陕北人习惯用"榆林"指称榆林地区，也指称今榆阳区。本书用榆林地区与榆林（今榆阳区）区分。

写了延长方言的音系，记录了常用词汇，并探讨了延长方言的归属。邢向东、孟万春《陕北甘泉、延长方言入声字读音研究》(2006)记录了甘泉、延长口语里的入声字，归纳出陕北话入声字演变的类型与规律。此文为界定甘泉、延长两县方言的归属提供了无可辩驳的依据。高峰《吴起话音系及内部语音差异》(2009)描写了吴起话的音系，比较了吴起方言内部三个小片的语音差异；《安塞方言何家沟音系及三代人之间的语音差异》(2010a)通过观察老中少三代人的语音差异，来考察分析安塞何家沟方言的变化进程及演变的方向；《陕西延安"老户话"同音字汇》(2019a)记录延安老户话的语音系统，并列出同音字汇；《陕西延安老户话的两种小称形式》(2019b)考察延安老户话的两种小称形式：重叠和儿化，比较了两种形式在数量、范围、功能上存在的差异，并推断了它们的时间层次和消长过程。

此外，刘育林、李建校、孙建华研究陕北晋语语音或延安市语音，包括志延片方言。如刘育林《陕北方言概况》(1980)、《陕北话音韵》(1983)、《陕北方言略说》(1988)、《今陕北话之古入声》(1986)等。李建校《陕北晋语语音研究》(2011)选取陕北晋语49个方言点，分析陕北晋语语音演变的特点和规律。李著依据《中国语言地图集》(1987)将陕北晋语的范围界定在延安以北，因而志延片只有吴起、安塞、志丹三县方言被纳入了研究范围，讨论的内容也限于语音问题。孙建华则从地理语言学的角度对延安市方言进行研究，如：《延安方言语音的地理语言学研究》(2016)、《中古来母在延安方言中的读音——地理语言学的视角》(2017)、《延安方言知系合口的读音类型及其演变》(2018)、《延安方言上声的分化和"清上归去"》(2020)等。

2. 词汇、语法研究

志延片词汇、语法的研究成果较少。张崇主编《陕西方言词汇集》(2007)，包括延安话的音系和30个义类3405条词语。王鹏翔《晋语志延片方言的"嚜"类语气词》(2005)，王鹏翔、王雷《陕北志丹方言的语气副词"该"》(2008a)和《陕北志丹话的"得V"句》(2008b)，研究志延片方言的特殊语气词及句式。

3. 志延片专题研究

志延片专题研究成果主要是高峰的系列论文。《晋语志延片语音研究》(2011)第一次全面考察了志延片方言语音，总结了志延片方言的语音特点及演变规律，初步讨论了地域分布和方言接触等。《陕西延安老户话的底层方言及其嬗变》（2020a）是从方言接触的视角切入，确定了延安老户话的底层方言，揭示了其从底层晋语—向关中方言靠拢—向晋语回归的嬗变路径。《陕西延安老户话的特点及其形成和演变》（2020b）根据语言特点，结合自然地理、历史行政区划和人口变动的情况，确定了延安老户话的形成时间和演变过程。《晋语志延片与关中方言的接触类型和规律》（2023）揭示了志延片老户话与关中方言接触的类型与规律。

4. 方言分区研究

学界在晋语志延片地域范围的界定、延安等方言的归属和归片问题上都存在比较大的分歧。以下文章都论及志延片方言的归属或归片问题。侯精一《晋语的分区（稿）》（1986），张盛裕、张成材《陕甘宁青四省区汉语方言的分区（稿）》（1986），都将吴起、志丹、安塞、延川方言划归晋语，将延安、甘泉、延长划归中原官话，区别是具体划片不同。李荣《官话方言的分区》（1985），刘育林《陕北话的分界》（1981），杨春霖《陕西方言内部分区概说》（1986），邢向东、郭沈青《晋陕宁三省区中原官话的内外差异与分区》（2005），沈明《晋语的分区（稿）》（2006），邢向东《陕西省的汉语方言》（2007b），高峰《再论晋语志延片方言的地域分布及其特点》（2018a）等，将吴起、志丹、安塞、延安、甘泉、延长、延川方言都划归晋语，具体划片略有不同。近年来的方言调查研究，揭开了晋语志延片复杂模糊的方言面貌，学界关于志延片的地域分布等问题的认识得以统一。

综上，晋语志延片研究已取得了不少重要成果，但至今没有一部关于志延片或志延片某单点方言的研究专著；语音研究着力较多，词汇、语法研究着力较少；语言本身的描写多，从方言接触角度所做的考察和研究较少。

从总的研究进程和大的时间节点看，2005—2006年是晋语志延片方言研究的分界线，无论是研究视角还是研究内容、研究方法都较前有了突破：研究视角从孤立研究扩展到把方言点放在整个区域方言或汉语方言的大背景下考察；研究内容在注重语音描写的同时转向兼顾词汇、语法、历史层次、方言接触等的研究；研究方法上，在传统的描写法基础上，加强了历史层次分析法、社会语言学及地理语言学研究方法的运用。

第三节　晋语志延片的周边方言

晋语志延片周边分布着晋语（陕北晋语和山西晋语）和中原官话。北部是陕北晋语五台片、吕梁片、大包片，东部黄河对岸是山西晋语吕梁片，西部是中原官话秦陇片陇东小片，南部是中原官话关中片、秦陇片、汾河片。

一　陕北晋语

晋语志延片北边是榆林市，方言（定边除外）分属晋语五台片、吕梁片、大包片。（邢向东 2007b）五台片包括榆林市北部的 7 个县市，即府谷县、神木市、靖边县、米脂县、绥德县、子洲县，以及延安市的子长县。吕梁片包括黄河沿岸的佳县、吴堡、清涧 3 县以及延安市的延川县。大包片包括榆阳区、横山区。

陕北晋语（志延片之外）的语音特点如下（沈明 2006，黑维强、邢向东 2024：5）：

1. 古全浊声母今一律清化，逢今塞音、塞擦音时，大多数方言古平声字送气，仄声字不送气，吕梁片佳县、吴堡、清涧、延川方言仄声字（尤其是入声字）读送气声母的字数较多。

2. 古知组二等和庄组及章组止摄三等的今开口呼字与精组字合流，今读 [ts tsʰ s]。知组三等和章组（止摄除外）今开口呼字，今读 [tʂ tʂʰ ʂ ʐ]。知系合口字今读 [tʂ tʂʰ ʂ ʐ] 声母、合口呼韵母，只有吴堡话读 [ts tsʰ s]。

3. 深臻与曾梗通 5 摄的舒声韵合流，即"心=星，根=庚，村=葱，熏=胸"。这是陕北晋语的共同特点。

4. 咸山摄精组、见系舒声韵拼今细音韵母同假摄、蟹摄、果摄，即"剑箭=借介，钳钱前=茄，馅献现=谢蟹，全权=瘸"。

5. 保留入声韵，入声韵收喉塞尾。绥德、清涧等有一组入声韵 [-əʔ]，神木、府谷有两组入声韵 [-ɑʔ -əʔ]，大包片及米脂有三套入声韵。例如榆林是 [-ɑʔ -ʌʔ -əʔ] 三组，横山、米脂 [-aʔ -εʔ -əʔ] 三组。

6. 保留入声调。这是晋语与中原官话的区别性特征。其中属于五台片、大包片的神木、榆林、绥德等，只有一个入声调，一般调值为ʔ3、ʔ4，促声。佳县、吴堡、清涧分阴阳入，调值阴高阳低。延川话入声分长入、短入。

7. 有4—6个单字调。其中五台片绥德、神木、米脂、子洲等有4个单字调，阴平与上声合流；大包片榆林、横山4个单字调，阳平与上声合流。吕梁片佳县、吴堡、清涧有阴平、阳平、上声、去声、阴入、阳入6个单字调。延川话5个单字调，上声与去声合流，入声分长入、短入。

二　山西晋语

晋语志延片东邻黄河，黄河对岸是山西临汾市的永和、大宁、吉县、乡宁等县，方言属于吕梁片隰县小片。隰县小片具有吕梁片共同的语音特点，例如：深臻与曾梗通摄5摄的舒声韵合流；保留入声韵和入声调，入声分阴阳。此外，还有以下特点（沈明2008、《中国语言地图集（第2版）》2012）：

1. 古全浊声母今读塞音、塞擦音的字，仄声（多见于全浊入）白读送气。

2. 宕江曾梗摄有系统的文白读。白读音中：宕江白＝果，如隰县：帮＝玻，黄＝和；梗二＝假开，如中阳：耕＝家。

3. 蟹、止摄合口三等今白读韵母为 [i y]，其中主要是止摄字，即所谓"支微入鱼"，并且牵涉到少数蟹摄合口字。例如："肥｜脆岁嘴醉"。

三　陕西境内的中原官话

晋语志延片南边是延安市的5个县以及铜川、渭南、咸阳的部分县（区）。宜川话属于汾河片[①]，富县话属于秦陇片，其他方言都属于关中片，包括延安市的洛川县、黄陵县、黄龙县以及铜川市的市辖区、耀州区、宜君县，还有西安市各区县和渭南市的市辖区、富平县等。在关中两翼，东部沿河一带是汾河片，西部宝鸡市方言是秦陇片。

---

① 宜川位于黄河岸边，具有沿河方言的一些特点。

陕西境内中原官话的语音特点如下（黑维强、邢向东 2024：6）：

1. 古全浊声母今一律清化。大多数关中片方言古全浊声母今逢塞音、塞擦音时，平声字送气，仄声字不送气。如西安、咸阳、鄠邑区等。属于汾河片、秦陇片的关中东西两翼的韩城、合阳、岐山、凤翔等方言，以及延安市境内的洛川、黄陵、宜川等方言，在白读中大部分古全浊声母仄声字今读送气音。总的来看，距离西安等关中核心较远的方言，古全浊声母仄声字今读送气音的较多。

2. 绝大多数方言古知组二等和庄组及章组止摄三等的开口呼字，与精组字合流读 [ts tsʰ s] 母；知组三等和章组字（止摄除外）读 [tʂ tʂʰ ʂ ʐ] 母，属于北方方言中分 [ts tʂ] 类型的昌徐型。

知系合口字的读音分化严重，西安、长安及汾河片的韩城、合阳等读 [pf pfʰ f v] 母，咸阳、三原等关中核心地区读为 [tʃ tʃʰ ʃ ʒ] 声母、合口呼韵母，宝鸡市属于秦陇片的方言读 [tʂ tʂʰ ʂ ʐ] 声母、开口呼韵母。

3. 古端、精、见三组字关系复杂。在开口呼、合口呼韵母前，三组字分而不混，在撮口呼韵母前，精组、见晓组字合流，读 [tɕ tɕʰ ɕ] 母。在齐齿呼韵母前的分混关系主要有 4 种类型。①端、精、见三组分立，钉≠精≠经，听≠清≠轻，如合阳；②端、精合流，见晓组分立，钉=精≠经，听=清≠轻，西≠稀，这是关中地区最占优势的类型，如凤翔、宝鸡；③端组独立，精、见合流，即不分尖团音，钉≠精=经，听≠清=轻，西=稀，处于中心地带的方言大多属于此类，如西安、咸阳；④端、精、见三组字在齐齿呼韵母前完全合流，定=精=经，听=清=轻，西=稀，如黄陵、洛川、长安、蓝田。

4. 古精组合口一等字"钻、窜、酸"的声母，东府渭南等方言读 [tɕ tɕʰ ɕ]，黄陵、洛川同此；而西部旬邑等不少方言合口三等字"全、宣"等读 [tsʰ s] 母。

5. 古咸山、深臻摄舒声韵均发生鼻化。宕江曾梗通舒声韵韵尾保留，但发音较松。洛川、黄陵、黄龙方言亦同此。

6. 关中大多数地区深臻与曾梗通舒声韵有别，即前后鼻韵母有区别：根≠庚｜心≠星｜魂≠红｜蹲≠东。延安南部地区的黄陵、洛川、黄龙等地，均是如此。宝鸡市范围内的秦陇片方言以及延安市境内的富县话不分前后鼻韵母，这也是关中片和秦陇片的主要区别。

7. 有 4 个单字调，没有曲折调，一般为阴平 21/31，阳平 24/35，上声 53，去声 44。洛川、黄陵、黄龙、富县都是如此。宜川方言有 3 个单字调，上去声合流。

四　甘肃境内的中原官话

晋语志延片的西边是甘肃省庆阳市的合水、宁县、庆城、西峰等县区，方言属于秦陇片陇东小片。陇东小片的主要特点是（雒鹏 2008）：

1. 古开口庄组、知组二等和章组止摄字合流，读 [ts tsʰ s] 母，同样属于北方官话分 [ts tʂ] 的昌徐型。与晋语志延片、中原官话关中片相同。

2. 深臻与曾梗通摄舒声韵合流，即不分前后鼻韵母。与晋语及陕西境内的中原官话秦陇片相同。

3. 有 4 个单字调，没有曲折调：一般为阴平 21/31，阳平 24/35，上声 53，去声 44。与关中境内的关中片、秦陇片相同。

第四节　再论晋语志延片的地域分布

晋语志延片的代表方言是老户话。本节讨论晋语志延片的地域分布，主要依据的是各县老户话的语音特点。本节和第一、二、三章出现的志延片"××方言""××话"，均指"××县老户话"。

关于晋语志延片的地域分布，从"志延片"提出开始就一直存在分歧。高峰（2011、2018a）讨论过晋语志延片的地域分布问题。根据我们的调查结果，吴起、志丹、安塞、延安、甘泉五县方言的语音特点比较一致，延长、延川话与其他五县的方言存在一定的差异。如延川、延长方言都存在宕摄白读与果摄合流的现象，这和相邻的吕梁片汾州小片的主要特点之一"宕摄开口一等字，白读失落 ŋ 尾，读开尾韵，与果摄开口一等同韵"相同。（侯精一 1986）其他五县则无此现象。如果根据这一点，延长、延川都可以划归吕梁片。不过在入声的保留及听感上，延长话与志丹等五县方言相近，延川话与吕梁片汾州小片的清涧话更接近，所以把两县方言全部移出志延片似乎不够合理。当然，听感不能成为方言分片的主要依据，只有经过细致的比较而得出的结果才具有说服力。

为了科学判断延长、延川方言的归属，我们对两个方言和周边方言做了比较。具体做法是，以志丹话代表志延片方言、清涧话代表毗邻的吕梁片汾州小片，山西永和话代表吕梁片隰州小片，比较志丹、延长、延川、清涧、永和五县方言的语音特征。

我们选择了 16 个重要的语音项目比较这五县的方言特点。比较项要能够反映出方言之间的差异性。因此，首先略去了五县方言的共同点，如：古全浊声母的今读，知庄章组声母的今读，果摄一等、遇摄、效摄、流摄的今读。其次略去了不能反映各方言区别性特征的特点，如单字调。因为上声读高降调型是中原官话的特点之一，读曲折调型是大部分陕北晋语的特点（山西境内的吕梁片方言亦如是）。志延片方言、清涧话处于晋语和中原官话的过渡地带，单字调混合性特征强，上声都读高降调，不能反映方言间的差异，所以不作为比较项。据此，最终确定的五县方言语音特征比较项及其比较结果见表 0-1。

表 0-1　志丹、延长、延川、清涧、永和方言音韵特点比较

	比较项	志丹	延长	延川	清涧[1]	永和[2]
1	蟹止开口三四等、遇合三疑母读 z	−	−	+	+	+
2	微母、疑影母合口有别	−	−	+	+	+
3	k kʰ x 拼齐齿呼	−	−	+	+	+
4	有系统的文白异读	−	+（果止宕）	+（果假止咸山宕曾梗）	+（假遇蟹止效咸山宕曾梗）	+（假蟹止宕曾梗）
5	i y 舌尖化为 ɿ ʮ	−	−	+	+	−
6	果摄"茄瘸"主要元音为 a	−	+/−	+	+	+
7	假开三精组、蟹开三见系韵母合流（借=介）	+（ie=ie）	+（ie=ie）	（iA≠iE）	（ia≠iɛ）	（ia≠iɪ）

[1] 引自刘勋宁《现代汉语研究》，北京语言文化大学出版社，1998：163—197。
[2] 引自李建校、刘明华、张琦《永和方言研究》，九州出版社，2009：36—50。

续表

	比较项	志丹	延长	延川	清涧	永和
8	蟹摄一二等合流（贝＝败，回＝怀）	−	−	＋	＋	−
9	见系开口一等咸山有别（甘≠干）	−	−	＋	＋	＋
10	山合口一二等有别（官≠关）	−	−	＋	＋	＋
11	宕一等白读与果一等合流（光＝锅）	−	＋	＋	＋	＋
12	咸山开口一等见系、宕开一开三（知系）入声读音	eə	ɤ	ɤ	ɤ	aʔ saiʔ
13	山合口三四等、宕三等非知系入声读音	yə	yɐ	yɛ	yɛ	aʔ sanʔ suəʔ
14	德陌脉三韵、职韵庄组入声读-ei 韵	＋	＋	−	−	−
15	入声调	单字无，语流中有	单字无，语流中有	长入423 短入54	阴入43 阳入44	阴入35 阳入312
16	清入、次浊入字多归阴平	＋	＋	−	−	−

从上表16个项目的比较结果可以看出：1. 延川话有15项与清涧话相同或相近，有8项与永和话相同或相近，而与志丹话16项都不同。此外，延川话的长入和短入独特，并没有严格按照声母的清浊分类演化，因而与清涧话、永和话的阴入和阳入不同。2. 延长话有11项与志丹话相同或相近，有4项与延川话和清涧话相近，有1项即第6项果摄"茄瘸"的读音，文读与志丹话相同，白读与延川话、清涧话、永和话相近。这反映出，在语音上，延川话与清涧话的共性最大，与永和话的共性次之，而与志丹话的差异远远大于共性。所以，延川话和清涧话应归属同一片方言即吕梁片。而延长话的语音，兼具志延片与吕梁片汾州小片的语音特点，不过总的来说，它同志丹话的共性大于同延川话、清涧话的共性，所以延长话应当归属于志延片。

将延川话划归吕梁片后，晋语志延片包括吴起、志丹、安塞、延安、延长、甘泉六个县的方言。1986 年，侯精一先生取志丹、延川县名的首字，命名了"志延片"。现在，晋语志延片虽然不再包括延川方言，但仍然可以沿用"志延片"的名称，"志"仍指志丹，"延"转指延长。

第五节 调查说明及凡例

一 语料来源

2008 年 5 月、8 月、10 月以及 2010 年 10 月、2011 年 6 月，笔者先后五次赴志延片地区调查了各代表点方言。2016—2017 年又三次赴延安宝塔区，调查延安老户话。本书晋语志延片方言材料主要是笔者调查所得。延川语料部分为笔者调查所得，部分引自张崇《延川县方言志》(1990)。

二 方言代表点的选择

晋语志延片各县都存在老户话与上头话两类方言。本着尽可能反映方言整体面貌的原则，在参考县志中的分片说明以及实地调研的基础上，考虑方言的差异并结合行政区划，选择了以下 16 个代表点。

老户话代表点：吴起县吴起街道，吴仓堡镇；志丹县金丁镇；安塞区沿河湾镇，高桥镇；宝塔区南市街道，蟠龙镇；甘泉县美水街道，石门镇；延长县七里村街道，张家滩镇。

上头话代表点：吴起县周湾镇，志丹县顺宁镇，安塞区化子坪镇，甘泉县道镇，延长县郑庄镇。

三 发音人简介

老派老户话的调查对象一般限定在 60 岁以上，家族在当地居住四代以上，能讲地道的当地方言；新派老户话的调查对象限定在 40 岁以下，在城区出生、上学、工作。

吴起县

刘光荣，男，1949 年生，吴起县吴起街道老户，退休干部，成人大专文化。

朱正发，男，1938 年生，吴起县吴仓堡镇吴仓堡村老户，农民，本人未曾上过学，在 1958 年扫盲时脱盲。

马建清，男，1947 年生，吴起县吴仓堡镇吴仓堡村老户，农民，初中文化。

段启平，男，1935 年生，吴起县周湾镇周湾村移民户，农民，小学文化。家族在约 120 年前从榆林地区的神木县逃难到周湾。

雷明智，男，1951 年生，吴起县周湾镇周湾村移民户，农民，高中文化。家族在约 120 年前从榆林地区的横山逃难到周湾。

志丹县

任　晓，男，1947 年生，志丹县金丁镇赵沟门村老户，退休教师，成人大专文化。

刘志武，男，1939 年生，志丹县金丁镇马子川村老户，退休教师，中专文化。

李生琦，男，1946 年生，志丹县顺宁镇罗洼村移民户，农民，小学文化。曾祖父时从榆林地区的横山迁居至顺宁。

张爱莲，女，1965 年生，志丹县顺宁镇周湾村移民户，干部，中专文化。祖父时从榆林（今榆阳区）迁居至顺宁。

安塞区

周丕福，男，1931 年生，安塞区沿河湾镇闫家湾村何家沟村民小组老户，农民，初小文化。

周建基，男，1956 年生，安塞区沿河湾镇闫家湾村何家沟村民小组老户，农民，初中文化。

周阳阳，男，1994 年生，安塞区沿河湾镇闫家湾村何家沟村民小组老户，调查时为初中生。

郭启亮，男，1950 年生，安塞区高桥镇高桥村老户，农民，高小文化。

王志奋，男，1972 年生，安塞区化子坪镇化子坪村移民户，农民，高中文化。

20世纪初,家族从榆林地区的绥德县迁居到化子坪,本人在化子坪出生。

郭票璋,男,1947年生,安塞区化子坪镇化子坪村移民户,退休教师,大学文化。20世纪30年代家族从榆林地区的靖边县迁居到化子坪,本人在化子坪出生。

宝塔区

高树旺,男,1944年生,延安市宝塔区南市街道高家园则村老户,长期任高家园则村的村主任,小学文化。

罗 琦,男,1960年生,延安市宝塔区老户,先后在延安轻工业机械厂、手表厂等单位工作,函授电大毕业。

赵应生,男,1952年生,延安市宝塔区桥沟街道尹家沟村老户,退休干部,中师文化。

赵改生,女,1956年生,延安市宝塔区桥沟街道尹家沟村老户,退休工人,小学文化。

白安堂,男,1929年生,延安市宝塔区宝塔山街道王家坪村老户,退休干部,高小文化。

王 博,男,1973年生,延安市宝塔区宝塔山街道老户,干部,大学文化。

刘彦良,男,1950年生,延安市宝塔区蟠龙镇蟠龙村老户,农民,小学文化。

甘泉县

张立智,男,1948年生,甘泉县美水街道老户,甘泉县残联主席,中师文化。

宋 杰,男,1986年生,甘泉县美水街道老户,甘泉县法院干部,大学文化。

张树发,男,1944年生,甘泉县石门镇老户,农民,小学文化。

丁炳忠,男,1950年生,甘泉县道镇道镇社区老户,农民,小学文化。

杜保荣,男,1959年生,甘泉县道镇道镇社区移民户,法院干部,大学文化。

刘高成,男,1962年生,甘泉县道镇道镇社区移民户,农民,高中文化。

吕忠祥,男,1961年生,甘泉县道镇道镇社区移民户,农民,高中文化。

延长县

张 昆,男,1936年生,延长县七里村街道老户,退休干部,高中文化。家族在同治年间从山西移居至延长城区。

薛宗兴，男，1937年生，延长县张家滩镇张家滩村老户，退休干部，初中文化。家族在同治年间从山西移居至张家滩。

马　平，男，1956年生，延长县郑庄镇郭旗村移民户，农民，初中文化。20世纪40年代父辈从榆林地区的子洲县迁居到郭旗村，本人在郭旗村出生。

四　凡例

1. 音标间的"/"表示"或者"义。例如："[21/31]"表示存在不同的调值21和31。"[uɤ/uə]"表示存在两个不同的韵母。文白异读之间也用"/"隔开。

2. 同音字在字的右上角加等号"="表示。无同音字可写的用方框"□"表示。

3. 例字在例词中，例词在例句中，均用"～"代替。

4. 文白异读用下划线表示："白"单下划线，"文"双下划线。例字标音先白后文。

5. 方言词记实际读音。如有变调现象，一律记连读音。轻声调值一律标作"0"。

第一章　晋语志延片老户话音系[①]

第一节　吴起话音系

一　声母25个（包括零声母在内）

p 波步玻兵	pʰ 破盘盆败	m 马帽满没	f 斧肺妇方	v 危微威围
t 低第店动	tʰ 土天田笛	n 脑熬挨饿		l 利楼兰农
ts 再在寨纸	tsʰ 吵柴才造		s 赛晒是试	z □
tʂ 知真住捉	tʂʰ 丑锄船镯		ʂ 除睡声刷	ʐ 绕锐认酿
tɕ 精经聚足	tɕʰ 瞧桥清掘	ȵ 泥疑硬业	ɕ 心欣邪肃	
k 高盖街归	kʰ 筐狂况跪		x 灰惠鞋喝	
∅ 而五亚远荣				

说明：

① [pʰ tʰ kʰ] 送气强烈。

② 鼻音声母 [m n] 伴有同部位浊塞音成分，实际音值接近 [mᵇ nᵈ]。

③ [n] 与洪音韵母相拼，[ȵ] 与细音韵母相拼，二者互补。为了突出方言特点，分成两个声母。

④ [v] 发音时，上齿与下唇接触较松，唇齿音色彩模糊。

⑤ [z] 母字少，如"□ [zən¹²]"，象声词。

[①] 安塞、志丹城区移民众多，未能找到纯正的老户口音，故安塞以沿河湾镇老户话为代表方言，志丹以金丁镇老户话为代表方言。其余各县均以城区话为代表方言。

二 韵母37个（不包括儿化韵）

ɿ 资支师时

ʅ 知迟制世　　　　　i 眉奇丽利　　　　　u 布梳住某　　　　　y 女取雨俗

a 他匞马袜　　　　　ia 家佳虾压　　　　　ua 瓜耍话抓

ʅə 车蛇舌热

ɤ 葛鄂各　　　　　　　　　　　　　　　　uə 多过喝落　　　　　yə 靴月脚掘

　　　　　　　　　　iɛ 茄姐接铁

ɛ 才柴街外　　　　　　　　　　　　　　　uɛ 块快坏揣

ɔ 报爆招贸　　　　　iɔ 教浇表彪

ei 梅肺飞色　　　　　　　　　　　　　　　uei 灰惠雷国

əu 路斗手鹿　　　　　iəu 流牛纠绿

ər 耳而儿二

æ̃ 贪咸展饭　　　　　iæ̃ 剑念箭天　　　　　uæ̃ 短关官穿　　　　　yæ̃ 圆权元渊

ʌ̃ỹ 汤丈忘胖　　　　　iʌ̃ỹ 娘墙姜江　　　　　uʌ̃ỹ 黄筐床窗

əŋ 沉成根更　　　　　iəŋ 林灵匀鹰　　　　　uəŋ 婚红准肿　　　　　yəŋ 轮用群穷

əʔ 胳石吃可　　　　　iəʔ 一力劈臂　　　　　uəʔ 入出突做　　　　　yəʔ 戌黢麹曲

说明：

① [u] 与 [ts tsʰ s] 相拼时实际音值近似 [ɿ]，与 [tʂ tʂʰ ʂ z] 相拼时实际音值近似 [ʅ]，唇形较标准的舌尖元音 [ɿ ʅ] 略展。

② [a ia ua] 主元音的实际音值是 [ᴀ]。

③ [ʅə] 仅与 [tʂ tʂʰ ʂ z] 相拼，[ʅ] 是韵腹、音值较长，[ə] 是韵尾。

④ 吴起话老派仅"葛鄂"读 [ɤ] 韵，新派读 [ɤ] 韵的字增多：果摄一等见系字、咸山摄入声开口一等见系字多读 [ɤ] 韵。

⑤ [ɛ uɛ] 的主元音有微小动程，有时音值接近 [ɛi]。

⑥ [əu iəu] 中 [u] 的实际音值是 [ɯ]。

⑦ [æ̃ iæ̃ uæ̃ yæ̃] 在上声、去声音节中鼻音色彩较浓，平声时鼻音色彩较轻。

⑧ [ʌỹ iʌỹ uʌỹ] 中的韵尾发音时，阻碍部位未闭合，口腔气流通过同时带有鼻音色彩。

⑨ [əŋ ieŋ ueŋ yəŋ] 中的韵尾比标准 [ŋ] 的发音部位靠前，实际音值接近 [n]。

三 单字调 5 个

阴平 12　　　高开婚喝桌袜麦
阳平 13　　　穷寒娘房夺食白
上声 52　　　古口好女撇厦统
去声 43　　　近厚爱唱共害用
入声 32　　　胳石力出黢局忽

说明：

①阴平、阳平听感上比较相近，调型相同，调值不同。因为在同等时长里，阴平只跨越 1 度，阳平跨越 2 度，所以阴平较阳平舒缓。

②部分古浊平字读阴平。如：驮驼＝拖，肥＝飞非，坟＝分，晴＝清，红＝昏。

③部分古去声字及古全浊声母上声字读上声 52。如：厦虑碍沛控统。

④入声短促。

四 非叠字两字组的连读变调 ①

吴起话的非叠字两字组，前字与后字各 5 个调类，共 25 种组合。只有前字变调，后字不变调。阳平、去声、入声不变调，阴平和上声发生变调。

25 个两字组中有 6 组发生变调。阴平做前字，在阴平、上声前变读 13 调，在阳平、去声、入声前变读 21 调。上声在上声前变读 13 调。连读中产生一个新调值 21。见表 1-1。表中黑体表示发生变调，下同。

---

① 不涉及与普通话轻声音节词性质相同的两字组变调。下同。

表 1-1　吴起话非叠字两字组连读变调表

前字＼后字	阴平 12	阳平 13	上声 52	去声 43	入声 32
阴平 12	13+12 当兵 tʌỹ piəŋ	21+13 当然 tʌỹ zæ̃	13+52 汤水 tʰʌỹ ʂuei	21+43 当面 tʌỹ miæ	21+32 天黑 tʰiæ xəʔ
阳平 13	13+12 朝西 tʂʰ ɕi	13+13 朝阳 tʂʰ iʌỹ	13+52 朝北 tʂʰ pei	13+43 朝代 tʂʰ tɛ	13+32 潮湿 tʂʰ ʂəʔ
上声 52	52+12 好心 xɔ ɕiəŋ	52+13 好人 xɔ zəŋ	13+52 好转 xɔ tsuæ̃	52+43 好事 xɔ sʅ	52+32 好吃可口 xɔ tʂʰəʔ
去声 43	43+12 炼钢 liæ kʌỹ	43+13 炼油 liæ iəu	43+52 炼乳 liæ zu	43+43 恋爱 liæ nɛ	43+32 练习 liæ ɕiəʔ
入声 32	32+12 吃亏 tʂʰəʔ kʰuei	32+13 吃糖 tʂʰəʔ tʰʌỹ	32+52 吃奶 tʂʰəʔ nɛ	32+43 吃饭 tʂʰəʔ fæ	32+32 一尺 iəʔ tʂʰəʔ

第二节　志丹话音系

一　声母 25 个（包括零声母在内）

p 波步抱兵　　pʰ 破盘盆败　　m 马帽满没　　f 斧肺妇方　　v 娃微王弯

t 低第店动　　tʰ 土天田笛　　n 怒脑岸饿　　　　　　　　l 利楼兰农

ts 在寨争纸　　tsʰ 吵柴才造　　　　　　　　s 私诗事生　　z 吟

tʂ 证知住装　　tʂʰ 丑锄船镯　　　　　　　　ʂ 声书蛇勺　　ʐ 认锐闰酿

tɕ 精经聚足　　tɕʰ 瞧桥清掘　　ɲ 泥疑硬业　　ɕ 心欣邪肃

k 高盖街归　　kʰ 筐狂况跪　　　　　　　　x 灰惠鞋喝

Ø 而五亚远荣

说明：

① [pʰ tʰ kʰ tsʰ tʂʰ tɕʰ] 送气强烈。

② 鼻音声母 [m n] 伴有同部位浊塞音成分，实际音值为 [mᵇ nᵈ]。

③ [n] 与洪音韵母相拼，[ȵ] 与细音韵母相拼，二者互补。为了突出方言特点，分成两个声母。

④ [v] 发音时，上齿轻碰下唇，唇齿音色彩模糊。

⑤ [z] 母字少，如："□ [zəŋ¹²¹]"，用作象声词。

二 韵母 37 个（不包括儿化韵）

ɿ 资支师时

ʅ 知迟制世　　　　　i 眉奇丽利　　　　　u 布梳住某　　　　　y 女取雨俗

a 他匜马袜　　　　　ia 家佳虾压　　　　　ua 瓜耍话抓

ʅə 哲扯舌惹

ə 额　　　　　　　　　　　　　　　　　　uə 饿割恶着　　　　　yə 瘸雪药学

　　　　　　　　　　　ie 茄姐接铁

ɛ 才柴街外　　　　　　　　　　　　　　uɛ 块快坏揣

ɔ 报爆招贸　　　　　iɔ 小要鸟彪

ei 梅肺飞特　　　　　　　　　　　　　　uei 灰惠雷国

əu 路斗手鹿　　　　　iəu 流牛纠绿

ər 耳而儿二

æ 贪咸展饭　　　　　iæ 剑念箭天　　　　　uæ 短关官穿　　　　　yæ 圆权元渊

ʌỹ 汤丈忘胖　　　　　iʌỹ 娘墙姜江　　　　　uʌỹ 黄筐床窗

əŋ 沉成根更　　　　　iəŋ 林灵匀鹰　　　　　uəŋ 婚红准肿　　　　　yəŋ 轮用群穷

əʔ 湿识尺木　　　　　iəʔ 逼一乞踢　　　　　uəʔ 窟出霍哭　　　　　yəʔ 黢曲

说明：

① [u] 与 [ts tsʰ s] 相拼时实际音值近似 [ɿ]，与 [tʂ tʂʰ ʂ ʐ] 相拼时实际音值近似 [ʅ]，唇形较标准的舌尖元音 [ɿ ʅ] 略展。

② [a ia ua] 主元音的实际音值是 [ᴀ]。

③ [ʅə] 仅与 [tʂ tʂʰ ʂ ʐ] 相拼，[ʅ] 是韵腹、时值较长，[ə] 是韵尾。

④ [ə] 是新出现的韵母，辖字较少。

⑤ [-æ] 组韵母鼻化音色彩较轻。[iæ] 受 [i] 介音的影响，实际音值是 [iɛ̃]。

⑥ [ʌɣ iʌɣ uʌɣ] 的韵尾发音时，阻碍部位未闭合，口腔气流通过同时带有鼻音色彩。

⑦ [əŋ ieŋ ueŋ yeŋ] 的韵尾比标准 [ŋ] 的发音部位靠前，实际音值接近 [n̠]。

⑧ [yəʔ] 韵所辖字较少，仅"驖曲"二字。

三　单字调5个

阴平 121　　　高开婚喝桌袜麦

阳平 14　　　穷寒娘房夺食白

上声 52　　　古口好女撒盗赤

去声 42/44　　近住盖唱共害帽

入声 43　　　及吸骨剔吃木哭

说明：

①阴平121的上升部分占到整个音节时长的三分之二，下降部分占到三分之一。阴平调尾部分是声调下降时的衍音，因为听感明显，所以记为121。

②阳平调后有极短下降的衍音。

③去声情况复杂。单念时，多读42，有时42、44自由变读。当要求去声与上声比较时，发音人一定会把去声读作44，以与上声52区别。部分古去声字及古全浊声母上声字读上声52，如：盗赤斥垛。

④入声短促。

⑤存在声调混读现象。部分古浊平字读阴平调，如：田＝天，绳＝升，红＝魂。极少数古清平字读上声，如：他悲芬称～呼舒～服瞿筛。部分古上声字读阴平调，如：琐浒把浦虏午。

四　非叠字两字组的连读变调

志丹话的非叠字两字组，前字与后字各5个调类，共25种组合。只有前字变调，后字不变调。其中阳平、去声、入声不变调，阴平和上声发生变调。

25个两字组中有6组发生变调。阴平做前字，在阴平、上声前变读14调，在阳平、去声、入声前变读21调。上声在上声前变读14调。连读中产生一个新调值 21。去声单字调 42、44 两读，在阴平、阳平、入声前一般读 42 调，在上声、去声前一般读 44 调。见表 1-2。

表 1-2　志丹话非叠字两字组连读变调表

前字＼后字	阴平 121	阳平 14	上声 52	去声 42/44	入声 43
阴平 121	14+121 三包 sæ pɔ	21+14 三钱 sæ tɕʰiæ	14+52 浇水 tɕiɔ ʂuei	21+42/44 三舅 sæ tɕiəu	21+43 三个 sæ kuəʔ
阳平 14	14+121 红花 xuəŋ xua	14+14 红旗 xuəŋ tɕʰi	14+52 浑水 xuəŋ ʂuei	14+42/44 红运 xuəŋ yəŋ	14+43 红木 xuəŋ məʔ
上声 52	52+121 老郭 lɔ kuə	52+14 老年 lɔ niæ	14+52 老狗 lɔ kəu	52+42/44 老路 lɔ ləu	52+43 老十 lɔ ʂəʔ
去声 42/44	42+121 面生 miæ səŋ	42+14 面茶① miæ tsʰa	44+52 面软 miæ zuæ	44+42/44 面酱 miæ tɕiʌỹ	42+43 面子 miæ tsə
入声 43	43+121 石灰 ʂəʔ xuei	43+14 石头 ʂəʔ tʰəu	43+52 失手 ʂəʔ ʂəu	43+42/44 失败 ʂəʔ pʰᴇ	43+43 不吃 pəʔ tsʰəʔ

第三节　安塞话音系

一　声母 26 个（包括零声母在内）

p 波补抱兵　　pʰ 破盘盆病　　m 马帽满没　　f 斧肺妇方　　v 娃微王弯

t 低第店动　　tʰ 土图天肚　　n 拿怒脑能　　　　　　　　　l 利楼兰农

ts 在寨争纸　　tsʰ 吵柴才坐　　　　　　　　　s 私诗事生　　z □

tʂ 证知住装　　tʂʰ 丑锄船柱　　　　　　　　　ʂ 声书蛇勺　　ʐ 认锐闰酿

tɕ 精经聚足　　tɕʰ 瞧桥清件　　ȵ 泥疑硬业　　ɕ 心欣邪肃

k 高盖街归　　kʰ 开葵况柜　　ŋ 我爱熬恩　　x 灰惠鞋喝

∅ 而五亚远荣

---

① 面茶：加花生、油等料炒熟的面粉，食用时用开水冲成糊状。

说明：

① [pʰ tʰ kʰ] 是带有较强摩擦性质的送气音。

② 鼻音声母 [m n ŋ] 伴有同部位浊塞音成分，实际音值接近 [mᵇ nᵈ ŋᵍ]。

③ [n] 与洪音韵母相拼，[ȵ] 与细音韵母相拼，二者互补。为了突出方言特点，分成两个声母。

④ [v] 发音时，上齿与下唇接触较松，唇齿音色彩模糊。

⑤ [z] 母字少，如："□ [zən¹³]"，用作象声词。

二　韵母 36 个（不包括儿化韵）

ɿ 资支师时			
ʅ 知迟制世	i 眉奇丽利	u 布梳住某	y 女取雨俗
a 他匣马袜	ia 家佳虾压	ua 瓜耍话抓	
ʅə 者车舌热		uə 多过喝各	yə 瘸月约掘
	iɛ 茄借业铁		
ɛ 才柴街外		uɛ 块快坏揣	
ɔ 报爆招贸	iɔ 教浇表彪		
ei 梅肺飞色		uei 灰惠雷国	
əu 路斗手鹿	iəu 流牛纠绿又		
ər 耳而儿日			
æ 贪咸展饭	iæ 剑念箭天	uæ 短关官穿	yæ 圆权元渊
ʌỹ 汤丈忘胖	iʌỹ 娘墙姜江	uʌỹ 黄筐床窗	
əŋ 沉成根更	iəŋ 林灵匀鹰	uəŋ 婚红准肿	yəŋ 轮用群穷
əʔ 胳石黑吃	iəʔ 急籍逼踢	uəʔ 骨藿哭绿又	yəʔ 黢局曲

说明：

① [u] 与 [ts tsʰ s] 相拼时实际音值是 [ɿ]，与 [tʂ tʂʰ ʂ z] 相拼时实际音值是 [ʅ]，有明显的舌尖圆唇音色彩；与其他声母相拼时实际音值是 [ʊ]。

② [a ia ua] 主元音的实际音值是 [ᴀ]。

③ [ʅə] 仅与 [tʂ tʂʰ ʂ z] 相拼，[ʅ] 是韵腹，[ə] 是韵尾。

④ [ɔ iɔ] 的主要元音比标准的 [ɔ] 略高，且有微小动程。

⑤ [uə] 韵所辖字中，"佛"字与其他字的韵母有较明显的差别，实际音值接近 [uo]。

⑥ [æ̃ iæ̃ uæ̃ yæ̃] 的鼻音色彩较轻，主要元音比标准的 [æ] 略高。

⑦ [ʌỹ iʌỹ uʌỹ] 中的韵尾发音时，阻碍部位未闭合，口腔气流通过同时带有鼻音色彩。

⑧ [əŋ iəŋ uəŋ yəŋ] 的主要元音比标准的 [ə] 略高，韵尾 [ŋ] 的实际音值是 [n]。

⑨ [uəʔ] 韵与舌根音声母相拼时，实际音值为 [uoʔ]。

三　单字调 5 个

阴平 121　　　高开婚喝桌袜麦

阳平 24　　　穷寒娘房夺食白

上声 52　　　古口好女撇片块

去声 31/33　　近住盖唱共害帽

入声 43　　　胳石乞疾出黢局

说明：

①阴平的上升部分占到整个音节时长的三分之二，下降部分占到三分之一。与志丹话的阴平情况相同。

②上声是高降调，去声是中降调，调型相同、调值不同。

③去声一般读 31，偶尔也读 33，没有规律可循。此外，部分古去声字及古全浊声母上声字读上声，如：赴碍片导控。

④入声短促。

四　非叠字两字组的连读变调

安塞话的非叠字两字组，前字与后字各 5 个调类，共 25 种组合。只有前字变调，后字不变调。其中阳平、去声、入声不变调，阴平和上声发生变调。

25 个两字组中有 6 组发生变调。阴平做前字，在阴平、上声前变读 24 调，在阳平、去声、入声前变读 21 调。上声在上声前变读 24 调。连读中产生一个新调值 21。去声单字调 31、33 两读，连读调中去声做前字时，几乎全读 33 调。见表 1-3。

表 1-3　安塞话非叠字两字组连读变调表

前字＼后字	阴平 121	阳平 24	上声 52	去声 31/33	入声 43
阴平 121	24+121 空心 kʰuaŋ ɕiaŋ	21+24 空调 kʰuaŋ tʰio	24+52 空手 kʰuaŋ ʂəu	21+31/33 空气 kʰuaŋ tɕʰi	21+43 干急 kæ̃ tɕiəʔ
阳平 24	24+121 油灯 iəu təŋ	24+24 鱿鱼 iəu y	24+52 油井 iəu tɕiəŋ	24+31/33 油画 iəu xua	24+43 油漆 iəu tɕʰiəʔ
上声 52	52+121 口音 kʰəu iəŋ	52+24 口才 kʰəu tsʰE	24+52 口苦 kʰəu kʰu	52+31/33 口袋 kʰəu tE	52+43 口吃 kʰəu tʂʰəʔ
去声 31/33	33+121 定期 tiəŋ tɕʰi	33+24 定时 tiəŋ sʅ	33+52 订奶① tiəŋ nE	33+31/33 定向 tiəŋ ɕiɑ̃	33+43 大哭 ta kʰuəʔ
入声 43	43+121 木工 məʔ kuəŋ	43+24 木材 məʔ tsʰE	43+52 木耳 məʔ ər	43+31/33 木料 məʔ liɔ	43+43 褥子 zuəʔ tsəʔ

第四节　延安话② 音系

一　声母 25 个（包括零声母在内）

p 保抱帮八　　pʰ 波坡病拍　　m 毛麦明摸　　f 付费饭法

t 多东道得　　tʰ 讨天甜毒　　n 挪难捱纳　　　　　　　l 老连农绿

ts 资早争纸　　tsʰ 草坐茶柴　　　　　　　　s 三事山试　　z 吟

tʂ 知竹装主　　tʂʰ 抽初床柱　　　　　　　　ʂ 双顺手十　　ʐ 绕软认肉

tɕ 焦酒叫九　　tɕʰ 清前轻健　　nʑ 女年硬压　　ɕ 想谢响县

---

① 订奶：订牛奶或羊奶。

② 即今宝塔区老户话。

k 高公共骨   kʰ 开跪柜规   ŋ 爱熬安恩   x 好灰活瞎

ø 烟乌王月

说明：

① [n] 跟洪音韵母配合，[ȵ] 跟细音韵母配合，形成互补关系。因为发音特点明显，故分立为两个声母。

② 有的合口呼零声母字带有轻微的唇齿擦音色彩，如"旺"。

③ [z] 母字少，例如：唫 [zəŋ²¹] 唧唧～～（形容说话吞吞吐吐，不利索）。

二　韵母 35 个（不包括儿化韵）

ɿ 丝师事试

ʅ 制知十直尺　　　i 米戏急七一锡　　　u 苦粗猪谋骨出　　　y 驴雨橘局

a 茶塔辣八　　　　ia 家牙夏鸭　　　　　ua 挂话瓦刮

ɤ 歌盒车舌热　　　　　　　　　　　　　uɤ 歌盒坐活托国壳　　yɤ 靴学药月

　　　　　　　　　　ie 写接贴节

ɔ 宝饱赵　　　　　iɔ 交笑叫

εe 开排鞋　　　　　　　　　　　　　　uεe 坏快摔

ei 赔飞色北白　　　　　　　　　　　　uei 对脆睡鬼

əu 豆走收绿ㄨ　　　iəu 油幼六绿ㄨ

ər 日二耳

ɛ̃ 南山半展　　　　iɛ̃ 监盐年见　　　　uɛ̃ 短官关穿　　　　yɛ̃ 权全劝犬

aŋ 糖章方巷　　　　iaŋ 凉响讲　　　　　uaŋ 床光王双

əŋ 深根灯生风　　　iəŋ 心新冰病　　　　uəŋ 寸春宏东　　　　yəŋ 熏云兄用

（əʔ 直吃十黑[①]）（iəʔ 劈相一）　　（uəʔ 做出轵窟）

说明：

[①] 延安话的入声比较特殊，单字音读舒声韵，口语中出现入声韵。张崇（2007）记录的延安话音系中有撮口呼入声韵 [yəʔ]，调查的时间是 1996 年、1997 年。在我们 2010 年、2016 年的两次调查中，发音合作人口语中都没有 [yəʔ] 韵。

① [u] 与 [tʂ tʂʰ s] 相拼时，实际音值是 [ʮ]，与 [tʂ tʂʰ ʂ z] 相拼时，实际音值是 [ʯ]。

② [a ia ua] 主元音的实际音值是 [ʌ]。

③ [ɻ] 与 [tʂ tʂʰ ʂ z] 相拼时，实际音值是 [ɻə]。发音时，从韵头 [ɻ] 迅速滑向主要元音 [ə]，[ə] 比标准的舌位略低。

④ [uɻ yɻ] 的 [ɻ] 受韵头的影响，唇形略圆。"们、么"等在轻声音节中，韵母的实际音值是 [ə]，与 [ɻ] 合并为一个音位。

⑤ [ɛ̃ uɛ̃] 的鼻化色彩较轻，[iɛ̃ yɛ̃] 的鼻化色彩略重。

⑥ [aŋ][əŋ] 两组韵母的主要元音均带有鼻化色彩，在阴平音节中，鼻韵尾发音部位比标准的 [ŋ] 略后。

⑦ [əʔ] 组韵母在单字音中没有，只在语流中出现。

三　单字调 4 个（不包括入声调）

阴平 21　　　东风通开谷拍麦叶

阳平 243　　门油铜红节急毒罚

上声 53　　　懂九统草买老五有

去声 442　　冻寸去卖硬洞动路

（入声 5　　圪不咳）

说明：

①阴平的实际调值比 21 略高。另有少数阴平字读 232，与新延安话的阴平调值相近。

②去声一般情况下是先平后略降，记为 442。但存在变体，有时是平调 44，如"货骂夜"，有时是降调 42，如"盖混"。

③单字音没有入声，入声 5 只出现在连续的语流中。

四　非叠字两字组的连读变调

延安话的非叠字两字组，前字与后字各 5 个调类，共 25 种组合。前字变调，后字不变调。作为前字，阴平和上声发生变调，阳平、去声、入声不变调。连读中产生 4 个新调值 21、24、44、42。

①阴平在阴平、上声前变读 24。

②阳平做前字变读 24。

③上声在上声前变读 24；在去声前有时变读 21，有时不变调，没有明显的规律。

④去声在上声前变读 44，在非上声前变读 44 或 42，读 42 比读 44 的多，但没有明显的规律。少数词的前字可以自由变读 44 或 42，例如：酱油儿、事多矫情、背心等。

见表 1-4。

表 1-4　延安话非叠字两字组连读变调表

后字 前字	阴平 21	阳平 243	上声 53	去声 442
阴平 21	**24+21** 说书 ʂuɤ ʂu	21+243 新房 ɕiəŋ faŋ	**24+53** 说理 ʂuɤ li	21+442 说话 ʂuɤ xua
阳平 243	**24+21** 长安 tʂʰaŋ ŋẽ	**24+243** 回门 xuei məŋ	**24+53** 长短 tʂʰaŋ tuẽ	**24+442** 徒弟 tʰu tʰi
上声 53	53+21 眼生 ȵiẽ səŋ	53+243 眼红 ȵiẽ xuəŋ	**24+53** 碾米 ȵiẽ mi	53+442 眼看 ȵiẽ kʰẽ 21+442 写信 ɕie ɕiəŋ
去声 442	**44/42+21** 上山 ʂaŋ sẽ	**44/42+243** 大脑 ta nɔ	**44+53** 大嫂 ta sɔ	**44/42+442** 散饭消食 sẽ fɛ̃
（入声 5）	5+21 十七 ʂəʔ tɕʰi	5+243 出门 tʂʰuəʔ məŋ	5+53 不管 pəʔ kuẽ	5+442 窟窿儿 kʰuəʔ luɤr

第五节　甘泉话音系

一　声母 26 个（包括零声母在内）

p 波补抱兵　pʰ 破盘盆笨　m 马帽满没　f 斧肺妇方　v 娃微王弯

t 低第店动　　tʰ 土图天弟　　n 拿怒脑嫩　　　　　　　　l 利楼兰农
ts 在寨争纸　　tsʰ 吵柴才字　　　　　　s 私诗事生　　z □
tʂ 证知住装　　tʂʰ 丑锄船赵　　　　　　ʂ 声书蛇勺　　ʐ 认锐闰酿
tɕ 精经聚足　　tɕʰ 瞧桥清净　　ȵ 泥年硬业　　ɕ 心欣邪肃
k 高盖街归　　kʰ 筐狂况柜　　ŋ 饿袄安肮　　x 灰惠鞋喝
Ø 而五亚远荣

说明：

① [p t k tɕ] 除阻强劲有力，[pʰ tʰ tɕʰ kʰ] 送气强。

② 鼻音声母 [m n ŋ] 伴有同部位浊塞音成分，实际音值接近 [mᵇ nᵈ ŋᵍ]。

③ [n] 与洪音韵母相拼，[ȵ] 与细音韵母相拼，二者互补。为了突出方言特点，分成两个声母。

④ [z] 母字少，"□ zəŋ⁴²" 常用于象声词，如"伤口跳得～～地疼"。

二　韵母 36 个（包括只在语流中出现的入声韵，不包括儿化韵）

ɿ 资支师时

ʅ 知迟制世　　　　i 眉奇丽利　　　　u 布梳住某　　　　y 女取雨俗

a 他匣马袜　　　　ia 家佳虾压　　　　ua 瓜耍话抓

ɤ 车蛇德各　　　　ie 茄姐接铁　　　　uɤ 多过喝落　　　yɤ 靴月脚掘

ɛ 才柴街外　　　　　　　　　　　　　uɛ 块快坏揣

ɔ 报爆招贸　　　　iɔ 教浇表彪

ei 梅肺飞窄　　　　　　　　　　　　　uei 灰惠雷鬼

əu 路斗手鹿　　　　iəu 流牛纠绿

ər 二耳而儿

ɛ̃ 贪咸展饭　　　　iɛ̃ 剑念箭天　　　　uɛ̃ 短关官穿　　　yɛ̃ 圆权元渊

ʌ̃ 汤丈忘胖　　　　iʌ̃ 娘墙姜江　　　　uʌ̃ 黄筐床窗

əŋ 沉成根更　　　　iəŋ 林灵匀鹰　　　uəŋ 婚红准肿　　yəŋ 轮用群穷

(əʔ 胳石吃可)　　(iəʔ 一)　　　　(uəʔ 出窟)　　(yəʔ 黢)

说明：

① [uɤ yɤ] 中的 [ɤ] 实际音值是 [ə]。

② [a ia ua] 主元音的实际音值是 [ᴀ]。

③ [ɐ] 的舌位介于 [ɛ] 与 [e] 之间。

④ [ɔi] 的主要元音比标准的 [ɔ] 略高，且有微小动程。

⑤ [əu iəu] 中 [u] 的实际音值是 [ɯ]。

⑥ [ɛ̃ iɛ̃ uɛ̃ yɛ̃] 鼻化色彩较轻。

⑦ [ʌỹ iʌỹ uʌỹ] 的韵尾发音时，阻碍部位未闭合，口腔气流通过同时带有鼻音色彩。

⑧ [əŋ iəŋ uəŋ yəŋ] 的韵尾 [ŋ] 的实际音值是 [ɲ]。

⑨ 入声单字音全部舒化，[əʔ] 组入声韵字只出现在语流中。邢向东、孟万春（2006）记录甘泉方言有 5 个入声韵：[əʔ iəʔ uəʔ yəʔ iɛʔ]（其中 iɛʔ 韵仅"觅"1 字）。我们 2010 年调查时，没有 [iɛʔ] 韵，"觅"读 [˰mi]。

三　单字调 4 个（不包括入声调）

阴平 31　　　　高开婚喝桌袜麦

阳平 24　　　　穷寒娘房夺食白

上声 51　　　　古口好女愧盗导

去声 42/44　　　近厚爱唱共害用

（入声 32　　　胳石出黢卜革不）

说明：

①阴平、上声、去声（42）调型相近，高低不同。

②去声单字调多读 42 调值，有的字读 44 调值，没有明显的规律。与上声对比发音时，自觉将上声读 51、去声读 44。部分古去声字及古全浊声母上声字读上声，如：慨碍蔼逝避饵伪。

③甘泉石门镇离县城 18 公里，石门镇话阴平与城区相比较舒缓，常常读为 312；去声单字调一般读降调 42，只有在要求与上声比较时读 44。

④入声调短促，只在语流中出现。

四　非叠字两字组的连读变调

甘泉话的非叠字两字组，前字与后字各 5 个调类，共 25 种组合。只有前字变调，后字不变调。其中阳平、去声、入声不变调，阴平和上声发生变调。

甘泉话的 25 个两字组中有 7 组发生变调。阴平做前字，在阴平、上声前变读 24 调，在阳平、去声、入声前变读 21 调。上声在上声前变读 24 调，在去声前有两种读法，一种不变调，一种变读 21 调（与绥德、米脂等方言相近）。去声单字调 42、44 两读，在阴平前通常读 44 调，在入声前读 42 调，在其他声调前 42、44 自由变读，没有明显规律。连读中产生一个新的调值 21。见表 1-5。

表 1-5　甘泉话非叠字两字组连读变调表

后字 前字	阴平 31	阳平 24	上声 51	去声 42/44	（入声 32）
阴平 31	**24+31** 甘泉 kɛ̃ tɕʰyɛ̃	**21+24** 灰尘 xuei tʂʰən	**24+51** 浇水 tɕʰiɔ ʂuuei	**21+42/44** 装袄棉袄 tʂuʌɣ̃ ŋɔ	**21+32** 装饰 tʂuʌɣ̃ ʂəʔ
阳平 24	**24+31** 洋葱 iʌɣ̃ tsʰuəŋ	**24+24** 羊脑 iʌɣ̃ nɔ	**24+51** 羊腿 iʌɣ̃ tʰuei	**24+42/44** 羊肉 iʌɣ̃ zəu	**24+32** 粮食 liʌɣ̃ ʂəʔ
上声 51	**51+31** 土滩 tʰu tʰɛ̃	**51+24** 响雷惊雷 ɕiʌɣ̃ luei	**24+51** 采访 tsʰɛ fʌɣ̃	**51+42/44** 土路 tʰu ləu **21+42/44** 彩带 tsʰɛ tɛ	**51+32** 首饰 ʂəu ʂəʔ
去声 42/44	**44+31** 事先 sɿ ɕiɛ̃	**42/44+24** 叫人 tɕiɔ zəŋ	**42/44+51** 市场 sɿ tsʰʌɣ̃	**42/44+42/44** 事后 sɿ xəu	**42+32** 事实 sɿ ʂəʔ
（入声 32）	**32+31** 直端 tʂəʔ tuɛ̃	**32+24** 值钱 tʂəʔ tɕʰiɛ̃	**32+51** 吃苦 tʂəʔ kʰu	**32+42/44** 吃饭 tʂəʔ fɛ̃	**32+32** 不出 pəʔ tʂʰuəʔ

第六节　延长话音系

一　声母 26 个（包括零声母在内）

p 波补抱兵　　pʰ 破盘盆笨　　m 马帽满没　　f 斧肺妇方　　v 娃微王弯

t 低第店动	tʰ 土图天弟	n 拿怒脑嫩	l 利楼兰农
ts 在寨争纸	tsʰ 吵柴才字	s 私诗事生	z □
tʂ 证知猪装	tʂʰ 丑锄船赵	ʂ 声书蛇勺	ʐ 认锐闰酿
tɕ 精经聚足	tɕʰ 瞧桥清净	ȵ 泥年硬业	ɕ 心欣邪肃
k 高盖街归	kʰ 筐狂况柜	ŋ 饿袄安肮	x 灰惠鞋喝
∅ 而五亚远荣			

说明：

①塞音闭塞较紧，爆破猛烈。[pʰ tʰ tsʰ tʂʰ tɕʰ kʰ] 送气强烈。

②鼻音声母 [m n ŋ] 伴有同部位浊塞音成分，实际音值接近 [mᵇ nᵈ ŋᵍ]。

③ [n] 与洪音韵母相拼，[ȵ] 与细音韵母相拼，二者互补。为了突出方言特点，分成两个声母。[ȵ] 与韵母 [i] 相拼时，带有很浓的摩擦色彩，实际音值接近 [ȵᶻ]。

④ [v] 唇齿色彩不明显，实际音值接近 [ʋ]。

⑤ [z] 母字少，常用于象声词，如："疼得□□ [zəŋ⁵¹zəŋ⁵¹] 地""风把电线吹得～～ [zɿ⁵¹zɿ⁵¹] 地"。

⑥ [x] 出现在 [a][ɤ] 韵前时带有小舌颤音 [ʀ]。

二　韵母38个（包括只在语流中出现的入声韵，不包括儿化韵）

ɿ 资支师时			
ʅ 知迟制世	i 眉奇丽利	u 布梳住某	y 女取雨俗
ɑ 他匣马袜	iɑ 家佳虾压	uɑ 瓜耍话抓	
ɤ 多车落帮	iɤ 墙强两药₁	uɤ 过光黄国	
e 遮车社	ie 茄凉轻脚药₂		ye 靴确月雪
ɛ 才柴街外		uɛ 块快坏揣	
ɔ 报爆招贸	iɔ 教浇表彪		
ei 梅肺飞色		uei 灰惠雷国	
əu 路斗手绿	iəu 流牛纠柳		
ər 而儿耳二			

ɛ 贪咸展饭　　　　iɛ 剑念箭天　　　　uɛ 短关官穿　　　　yɛ 圆权元渊
aỹ 汤丈放胖　　　　iaỹ 娘墙姜江　　　　uaỹ 黄筐床窗
əŋ 沉成根更　　　　iəŋ 林灵匀鹰　　　　uəŋ 婚红准肿　　　　yəŋ 轮用群穷
（əʔ 胳石实木）　　（iəʔ 一劈踢极）　　（uəʔ 出窟秃哭）　　（yəʔ 燃）

说明：

① [ŋ] 摩擦色彩重。

② [u] 与 [tʂ tʂʰ ʂ z] 相拼时实际音值是 [ʯ]，与其他声母相拼时实际音值是 [u]。

③ [uɤ] 的 [ɤ] 唇形略圆，实际音值接近 [o]。

④ [e] 是假开三章组字"遮车社"的白读韵母。

⑤ [ɔ iɔ] 的主元音有微小的动程。

⑥ [ɛ] 组韵母鼻化色彩较轻。韵母 [ɛ] 与舌根声母 [k kʰ x] 相拼时，产生轻微的 [i] 介音，[ɛ] 舌位也随之变高。

⑦ [aỹ] 组韵母的主要元音较标准音的位置略微靠前。韵尾发音时，阻碍部位未闭合，口腔气流通过同时带有鼻音色彩。

⑧ 延长入声字的单字音已经舒化，[əʔ] 组韵只出现在语流中，读 [yəʔ] 韵的只有"燃"一字。

三　单字调3个（不包括入声调）

阴平 232　　　诗高方专喝拉袜

阳平 24　　　穷才寒娘房习夺

上去声 51　　米有远撒地妇用

（入声 54　　胳实吃不石一出）

说明：

① 阴平是以上升 23 为主的调型，32 属于降尾部分，因为听感明显所以记出。也有部分字读 31 调，大多来自入声字，部分来自平声，例如"生格宿目梯"等。

② 阳平与阴平听感上有点像。部分古浊平字读阴平调，如：蛇柴鞋林。

③ 上声、去声单字调合流，在连读变调中有区别。

④ 入声调短促，只在语流中出现。

四 非叠字两字组的连读变调

延长话的上去声分别来自古清上、次浊上与古去声、全浊上，连调行为有同有异。本节列表时，用 a 代表前者，用 b 代表后者。

延长话的非叠字两字组，前字与后字各 4 个调类，上去声分为两类，共 25 种组合。只有前字变调，后字不变调。阳平、去声、入声不变调，阴平和上声发生变调。

25 个两字组中有 9 组发生变调。阴平做前字，在阴平前变读 24 调，在阳平、上去声 a、上去声 b、入声前变读 21 调。上去声 a 做前字，在上去声 a、上去声 b 前都变读 21 调。上去声 b 在阳平、入声前变读 44。连读中产生两个新调值 21、44。见表 1-6。

表 1-6 延长话非叠字两字组连读变调表

前字＼后字	阴平 232	阳平 24	上去声 51 a	上去声 51 b	（入声 54）
阴平 232	**24+232** 浇花 tɕʰiɔ xua	**21+24** 刷牙 ʂua ȵia	**21+51** 煎水开水 tɕiɛ ʂuei	**21+51** 翻把反悔 fɛ̃ pa	**21+54** 疯吃 fəŋ tʂʰəʔ
阳平 24	24+232 晴天 tɕʰiɛ̃ tʰiɛ̃	24+24 延长 iɛ tʂɑɣ	24+51 寻死 ɕiəŋ sɿ	24+51 油匠 iəu tɕʰiɑɣ	24+54 白吃 pʰei tʂʰəʔ
上去声 51 a	51+232 好天 xɔ tʰiɛ̃	51+24 柳林 liəu liəŋ	**21+51** 冷雨冰雹 la y	**21+51** 耍弄 ʂua luəŋ	51+54 有福 iəu fəʔ
上去声 51 b	51+232 汽车 tɕʰi tʂʰe	**44+24** 地形 ti ɕiəŋ	51+51 下雨 xa y	51+51 画匠 xua tɕʰiɑɣ	**44+54** 会吃 xuei tʂʰəʔ
（入声 54）	54+232 实心 ʂəʔ ɕiəŋ	54+24 出门 tʂʰuəʔ məŋ	54+51 出水出汗 tʂʰuəʔ ʂuei	54+51 识字 ʂəʔ tsʰɿ	54+54 不哭 pəʔ kʰuəʔ

第二章　晋语志延片的特点

第一节　语音特点

关于晋语志延片的语音特点,《中国语言地图集》(1987)、《中国语言地图集(第2版)》(2012)均有说明,并且都是主要围绕入声展开,这与志延片特殊的地理位置有关。志延片处于晋语与中原官话的过渡地带,晋语和中原官话的主要区分标准正是有无入声,入声的重要性不言而喻。

《中国语言地图集》(1987)的说明,指出志延片入声的演变规律:"志丹、吴旗两县古入声的全浊声母字今读阳平,清音声母字及次浊音声母字今多读阴平,与中原官话一致,只有少数清音声母字今读入声。延川、安塞只有少数入声全浊音声母字今读阳平,多数字仍读入声。"《中国语言地图集(第2版)》(2012:101—102)的说明与第一版基本一致,不过更加详细:"古入声字有不同程度的舒化。其方式大体分为两种:①古入声字舒化与韵摄及古声母的清浊有关。来源于咸山宕江梗二等的入声字,大多已舒化,其中清入、次浊入归阴平,全浊入同阳平,类似于关中一带的中原官话;来源于深臻曾梗三四等通的入声字仍保留喉塞尾[ʔ]。②延安、甘泉、延长古入声字单字调近90%已舒化,但在口语高频词中仍保留入声读法。入声舒化的规律是清入、次浊入归阴平,全浊入同阳平,类似于关中一带的中原官话。"我们对入声韵和入声调的调查结果与以上说明基本吻合。

除了上述入声的特点,下列语音特点也能够反映晋语志延片方言的基本语音面貌。

一 声母特点

晋语志延片方言与陕北晋语大部分方言点（如：绥德、榆林、横山、神木等）的声母基本一致。志延片各县方言声母的数量（包括零声母在内）一般是25—26个。其中，吴起、志丹、延安有25个声母，与普通话相比，吴起、志丹多出 [z v] 两个声母，延安有 [z] 母无 [v] 母。安塞、甘泉、延长有26个声母，比吴起、志丹多出一个 [ŋ] 声母，主要是部分古疑影母今开口呼字的声母不同，吴起、志丹读同泥母 [n]，安塞等五县读 [ŋ] 母。

从古音类看，志延片方言声母的帮系（帮并微母除外）、端组（定母除外）、泥组、精组（从母除外）、晓组的古今演变规律与北京话大致相同。

从音值看，志延片各县方言的鼻音声母均带有同部位的浊塞音成分，读 [m^b n^d ŋ^g]。晋语的并州片、吕梁片、五台片（如米脂、绥德、子洲）等几十个方言点都是如此。这一特点应是从唐五代西北方音中继承下来的。（罗常培1933：142—143）

1. 古全浊声母已全部清化。古并、定、从、澄、崇、群母字，今逢塞音、塞擦音时，平声字读送气音，仄声字部分读不送气音，部分读送气音，读送气音的字数各县差异较大。详见第三章的讨论。

古邪母字的今读规律为：止摄字读 [s] 或 [tsʰ] 声母，通合三字文读 [s] 母白读 [ɕ] 母，其余不分开合读 [ɕ] 母，"瑞"字例外。在六县方言中，"祠"白读音声母为 [s]，文读音声母为 [tsʰ]；"俗"白读音声母为 [ɕ]，文读音声母为 [s]。"随穗"在吴起、志丹、安塞没有文白异读，只读 [s] 声母；在延安、延长、甘泉，白读音声母为 [ɕ]，文读音声母为 [s]。

表2-1 晋语志延片老户话古邪母字例字表

	邪假开三	徐遇合三	祠止开三	随止合三	囚流开三	寻深开三	旋~磨山合三	象宕开三	俗通合三入
吴起	₅ɕiɛ	₅ɕy	₅s̩/₅tsʰ̩	₅suei	₅ɕiəu	₅ɕiəŋ	₅ɕyæ̃	ɕiʌỹ°	₅ɕy/₅su
志丹	₅ɕie	₅ɕy	₅s̩/₅tsʰ̩	₅suei	₅ɕiəu	₅ɕiəŋ	₅ɕyæ̃	ɕiʌỹ°	₅ɕy/₅su
安塞	₅ɕiɛ	₅ɕy	₅s̩/₅tsʰ̩	₅suei	₅ɕiəu	₅ɕiəŋ	₅ɕyæ̃	ɕiʌỹ°	₅ɕy/₅su
延安	₅ɕie	₅ɕy	₅s̩/₅tsʰ̩	₅ɕy/₅suei	₅ɕiəu	₅ɕiəŋ	ɕyɛ̃	ɕiaŋ°	₅ɕy/₅su
甘泉	₅ɕie	₅ɕy	₅s̩/₅tsʰ̩	₅ɕy/₅suei	₅ɕiəu	₅ɕiəŋ	ɕyɛ̃	ɕiʌỹ°	₅ɕy/₅su
延长	₅ɕie	₅ɕy	₅s̩/₅tsʰ̩	₅ɕy/₅suei	₅ɕiəu	₅ɕiəŋ	ɕyɛ̃	ɕiaỹ°	₅ɕy/₅su

古船、禅母字今多读擦音声母，逢平声读 [ʂ] 或 [tʂʰ] 声母，逢仄声都读 [ʂ] 母；止摄开口字不分平仄都读 [s] 母。船母平声字一般今读擦音声母，只有"船、乘、唇"读塞擦音声母。禅母平声字大部分今读塞擦音声母，小部分今读擦音声母。在本片老户话中，"仇~人、蝉~~飞蛾、尝、偿、殖骨~、植木~、辰时~"的白读音声母都是 [ʂ]，符合规律。

古奉母字今读 [f] 母，古匣母字在洪音韵母前读 [x] 母，在细音韵母前读 [ɕ] 母。

2. 古知庄章组声母今读 [ts tʂ] 两组声母，其中知二庄开口及章组止摄字与精组洪音字合流读 [ts] 组，知三章（止开三例外）、庄组合口合流读 [tʂ] 组，宕开三庄组、江开二知庄组今读合口呼韵母，随合口字演变。其分合规律、字音的分布表现出非常强的一致性。止开三日母字一般读零声母，止开三之外的日母字今读 [ʐ] 声母。"日臻开三（~头）、惹假开三（~人）"两字的白读音安塞、延安读零声母，同止开三日母字。

表 2-2　晋语志延片老户话知庄章日母字例字表

	茶假开二澄	债蟹开二庄	枝止开三章	猪遇合三知	周流开三章	真臻开三章
吴起	tsʰa₋	tsE⁻	tsʅ₋	tʂu₋	tʂəu₋	tʂəŋ₋
志丹	tsʰa₋	tsE⁻	tsʅ₋	tʂu₋	tʂəu₋	tʂəŋ₋
安塞	tsʰa₋	tsE⁻	tsʅ₋	tʂu₋	tʂəu₋	tʂəŋ₋
延安	tsʰa₋	tsɜɛ⁻	tsʅ₋	tʂu₋	tʂəu₋	tʂəŋ₋
甘泉	tsʰa₋	tsE⁻	tsʅ₋	tʂu₋	tʂəu₋	tʂəŋ₋
延长	tsʰɑ₋	tsE⁻	tsʅ₋	tʂu₋	tʂəu₋	tʂəŋ₋
	缠山开三澄	装宕开三庄	充通合三昌	惹假开三日	儿止开三日	揉流开三日
吴起	tʂʰæ₋	tʂuʌỹ₋	tʂʰuŋ₋	ər⁻/ʐʅ⁻	ɻ⁻	ʐəu⁻
志丹	tʂʰæ₋	tʂuʌỹ₋	tʂʰuŋ₋	ər⁻/ʐʅ⁻	ɻ⁻	ʐəu⁻
安塞	tʂʰæ₋	tʂuʌỹ₋	tʂʰuŋ₋	ər⁻/ʐʅ⁻	ɻ⁻	ʐəu⁻
延安	tʂʰɛ₋	tʂuaŋ₋	tʂʰuŋ₋	ər⁻/ʐʅ⁻	ər⁻	ʐəu⁻
甘泉	tʂʰɛ₋	tʂuʌỹ₋	tʂʰuŋ₋	ər⁻/ʐʅ⁻	ɻ⁻	ʐəu⁻
延长	tʂʰɛ₋	tʂuɑỹ₋	tʂʰuŋ₋	ər⁻/ʐʅ⁻	ɻ⁻	ʐəu⁻

3. 古见系开口二等字大部分颚化为舌面音，少数字在白读中保留舌根音读法。保留舌根音声母的见系开口二等字在全区较为一致。辑录如下：

【假】哈蛤下

【蟹】楷揩芥街崖搌解~开绳子 鞋解~开（明白、懂得）懈松~~（松垮垮）

【效】搞

【咸】咸馅匣

【山】闲忙~瞎

【江】项~圈巷港壳夯

【梗】更三~庚更~加坑格客赫吓~诈衡耕耿杏革隔核审~核果~

从字数看，志延片方言古见系开口二等字今读舌根音声母的字多于北京话，与其他陕北晋语及关中方言基本一致。

4. 古疑影母合流，其中开口字与泥母有牵连，合口字与微母有牵连。

古疑影母开口一等字一般今读鼻音声母 [n] 或 [ŋ]。吴起、志丹读 [n] 母，安塞、延安、甘泉、延长读 [ŋ] 母。大部分开口二三四等字今读零声母，部分读 [ȵ] 母，同泥母。读 [ȵ] 母的多是疑母字，影母字较少。古疑影母合口今洪音字与微母字合流，除延安外的各县方言与 [u] 相拼时读零声母，前有半元音 [w]，与 [u] 以外的韵母相拼时都读 [v] 母。合口今细音字都读零声母。延安话的疑影母合口字不论今韵母为洪音、细音，均读零声母。

表2-3　晋语志延片老户话疑影母字例字表

	饿疑果开一	袄影效开一	牙疑假开二	艺疑蟹开三	疑疑止开三	燕影山开四	鱼疑遇合三	五疑遇合一	委影止合三
吴起	nuə˧	˧ɔ	˨ia	i˧	˨ȵi	iæ˧	˨y	˧u	˧vei
志丹	nuə˧	˧ɔ	˨ia	i˧	˨ȵi	iæ˧	˨y	˧u	˧vei
安塞	ŋuə˧	˧ɔ	˨ȵia	i˧	˨ȵi	iæ˧	˨y	˧u	˧vei
延安	ŋuɤ˧	˧ŋɔ	˨ȵia	i˧	˨ȵi	iɛ˧	˨y	˧u	˧uei
甘泉	ŋuɤ˧	˧ŋɔ	˨ȵia	i˧	˨ȵi	iɛ˧	˨y	˧u	˧vei
延长	ŋuɤ˧/ɤ˧	ŋɔ˧	˨ȵia	i˧	˨ȵi	iɛ˧	˨y	u˧	vei˧

二 韵母特点

晋语志延片方言韵母的数量如下：延安 35 个，安塞、甘泉 36 个，吴起、志丹 37 个，延长 38 个。吴起、志丹、安塞、延安、甘泉五县方言与陕北晋语大部分方言一致，韵母文白异读不丰富，也不成系统。延长方言果、止、宕江、臻、曾、梗等摄存在成系统的文白异读。

（一）果摄

吴起、志丹、延安、安塞、甘泉五县方言，果摄一等韵开合口合流，几乎一致读合口呼韵母：吴起、志丹、安塞读 [uə]，延安读 [uɤ]。甘泉大都读 [uɤ] 韵，部分见系字（"歌何荷个讹和禾"）读 [ɤ] 韵。受权威方言的影响，新派的一等见系字读 [ɤ/ə] 韵。

延长话的果摄一等韵今读较为复杂，有文白异读。文读：不论开合都读 [uɤ] 韵。白读：开合口部分合流，帮、泥组合口字并入开口读 [ɤ] 韵，精组开口字并入合口读 [uɤ] 韵；端组、见系开合口有别，端组开口读 [ɤ] 韵，合口读 [uɤ] 韵，见系开口多读 [ɤ] 韵，合口多读 [uɤ] 韵。

表 2-4　志延片老户话果摄一等字例字表（例字只标注白读音）

	多	大	锣	左	歌	我	婆	躲	挪	坐	科	禾
吴起	₌tuə	taᵓ	₅luə	ᶜtsuə	₌kuə	ᶜvuə	₅pʰuə	ᶜtuə	luəᵓ	tsuəᵓ	₌kʰuə	₅xuə
志丹	₌tuə	taᵓ	₅luə	ᶜtsuə	₌kuə	ᶜvuə	₅pʰuə	ᶜtuə	luəᵓ	tsuəᵓ	₌kʰuə	₅xuə
安塞	₌tuə	taᵓ	₅luə	ᶜtsuə	₌kuə	ᶜŋuə	₅pʰuə	ᶜtuə	luəᵓ	tsʰuəᵓ	₌kʰuə	₅xuə
延安	₌tuɤ	taᵓ	₅luɤ	ᶜtsuɤ	₌kuɤ	ᶜŋuɤ	₅pʰuɤ	ᶜtuɤ	luɤᵓ	tsʰuɤᵓ	₌kʰuɤ	₅xuɤ
甘泉	₌tuɤ	taᵓ	₅luɤ	ᶜtsuɤ	₌kɤ	ᶜŋuɤ	₅pʰuɤ	ᶜtuɤ	luɤᵓ	tsʰuɤᵓ	₌kʰuɤ	₅xɤ
延长	₌tɤ	tʰaᵓ	₅lɤ	ᶜtsuɤ	₌kuɤ	ᶜŋɤ	₅pʰɤ	ᶜtuɤ	lɤᵓ	tsʰuɤᵓ	₌kʰuɤ	₅xɤ

吴起、志丹、延安、甘泉四县方言，果摄三等韵没有文白异读。安塞、延长果开三有文白异读，果合三只有文读。

表 2-5 晋语志延片老户话果摄三等韵今读韵母表

	茄果开三	瘸靴果合三
吴起	iɛ	yə
志丹	ie	yə
安塞	ia/iɛ	yə
延安	ie	yɤ
甘泉	ie	yɤ
延长	ia/ie	ye

（二）假摄

志延片假摄二等韵，延安、吴起、志丹、安塞、甘泉读 [-a] 韵，延长读 [-ɑ] 韵。假开二非见系字读 [a/ɑ] 韵；见系字读 [ia/iɑ] 韵，个别字白读无 [i] 介音。合口二等字一般读 [ua/uɑ] 韵。除延安外的各县方言，疑影母合口二等字读 [v] 声母、[a/ɑ] 韵母。如志丹：爬 ₌pʰa｜沙 ₌sa｜家 ₌tɕia｜下 xaᵒ｜瓜 ₌kua｜蛙 ₌va。

吴起、志丹、安塞、延安、甘泉五方言，假摄开口三等韵不存在文白异读，其今读韵母的主要元音与二等韵不同，精组、影组字与章日组字的韵母不同。五县读音各有参差。假开三精组、影组字，吴起、安塞读 [iɛ] 韵，志丹、延安、甘泉读 [ie] 韵。章日组字，吴起、志丹、安塞读 [ʅə] 韵，延安、甘泉读 [ʅ] 韵。吴起有一字例外，"蔗 tʂaᵒ 甘~" 读 [a] 韵，保留麻韵中古时期的读音，是滞古成分。

延长话"车遮社"三字有文白异读，文读韵母为 [ʅ]，白读韵母为 [e]。其余字的读音与延安、甘泉相同，章日组读 [ʅ] 韵，精组、知组、影组读 [ie] 韵。

表 2-6 晋语志延片老户话假开三今读韵母表

方言点	假开三 精组影组（例字：姐爷）	章日组（例字：蛇惹车遮社）
吴起	iɛ	ʅə（a 蔗）
志丹	ie	ʅə
安塞	iɛ	ʅə
延安	ie	ʅ
甘泉	ie	ʅ
延长	ie	e（车遮社）/ ʅ

（三）遇摄

志延片遇摄字的今读韵母基本一致，一般读 [u əu y]。遇合一（泥组除外）、遇合三非组及知系字今读 [u] 韵。遇合三泥组、精组、见系字今读 [y] 韵。遇合一泥组字韵母裂化为 [əu]，精组字与遇合三知系字韵母带有舌尖元音色彩，音值接近 [ɿ ʮ]。[ɿ ʮ] 与 [u] 互补分布，所以归纳为一个音位。

表 2-7　晋语志延片老户话遇摄字例字表

	租遇合一定	奴遇合一泥	吕遇合三来	斧遇合三非	梳遇合三生	榆遇合三以
吴起、志丹、安塞、延安、甘泉	ˌtsu	ˌnəu	ˤly	ˤfu	ˌʂu	ˌy
延长	ˌtsu	ˌnəu	lyˤ	fuˤ	ˌʂu	ˌy

此外，"娶~媳妇"六县一致读 [tsʰɿ]，甘泉、延长"取"读 [tsʰɿ]，都属于滞古成分，应是中古时代"鱼虞有别"的残存。

（四）蟹止摄

志延片蟹止摄字的今读韵母基本一致，音类分合与绥德、榆林等方言完全相同，如：贝 ≠ 败，回 ≠ 怀，怪 ≠ 桂，介 = 借。且蟹止摄泥组合口字都读合口呼韵母。

除帮组全部以及部分见晓组字外，蟹摄开口一等和二等合流，读 [ɛ] 韵。蟹摄开口三四等字（知系除外）一般读 [i] 韵，知系字读 [ʅ] 韵。蟹摄合口一三四等合流，与二等有别：一三四等帮非组字读 [ei] 韵，其他读 [uei] 韵，二等读 [ɛ uɛ] 韵（延安 [εe uεɜ]）。

止开三与蟹开三四等韵合流（精组除外），一般读 [i] 韵，帮组"碑卑悲美"读 [ei] 韵，精庄章组字读 [ɿ] 韵，知组字读 [ʅ] 韵。止合三与蟹合三合流，非组字读 [ei] 韵，其他读 [uei] 韵。

有些止合三字以及个别蟹合一三等字读如鱼韵字，反映出"支微入鱼"是志延片方言曾经存在过的一个语音层次。吴起、志丹、安塞、延安、甘泉有"肥 ˌɕi ｜ 尾 ˤi"，延长有"岁 ɕyˤ ｜ 垒类泪 lyˤ ｜ 随~上人家上礼髓 ɕy ｜ 吹 tɕʰy ~灯 ｜ 醉 tɕyˤ ｜ 穗 ɕyˤ ｜ 慰 yˤ ｜ 肥 ˌɕi ｜ 尾 iˤ ｜ 水睡 ʂuˤ"。

表 2-8　晋语志延片老户话蟹止摄字例字表

		吴起、安塞	志丹、甘泉	延安	延长
蟹开一	贝帮	pei⁼	pei⁼	pei⁼	pei⁼
	在从	tsE⁼	tsʰE⁼	tsʰεe⁼	tsʰE⁼
	改见	ˉkE	ˉkE	ˉkεe	kE⁼
蟹开二	戒见	tɕie⁼	tɕie⁼	tɕie⁼	tɕie⁼
蟹开三	例来	li⁼	li⁼	li⁼	li⁼
	世书	ʂʅ⁼	ʂʅ⁼	ʂʅ⁼	ʂʅ⁼
	计见	tɕi⁼	tɕi⁼	tɕi⁼	tɕi⁼
止开三	眉明	ˌmi	ˌmi	ˌmi	ˌmi
	紫精	ˉtsʅ	ˉtsʅ	ˉtsʅ	ˉtsʅ
	师生	ˌʂʅ	ˌʂʅ	ˌʂʅ	ˌʂʅ
	奇群	ˌtɕʰi	ˌtɕʰi	ˌtɕʰi	ˌtɕʰi
蟹开四	米明	ˉmi	ˉmi	ˉmi	mi⁼
	妻清	ˌtɕʰi	ˌtɕʰi	ˌtɕʰi	ˌtɕʰi
蟹合一	背帮	pei⁼	ˌpei	ˌpei	ˌpei
	妹明	mei⁼	mei⁼	mei⁼	mei⁼
	雷来	ˌluei	ˌluei	ˌluei	ˌluei
	罪从	tsuei⁼	tsuei⁼	tsuei⁼	tsuei⁼
	回匣	ˌxuei	ˌxuei	ˌxuei	ˌxuei
蟹合二	怀匣	ˌxuE	ˌxuE	ˌxuεe	ˌxuE
蟹合三	废非	fei⁼	fei⁼	fei⁼	fei⁼
	岁心	suei⁼	suei⁼	suei⁼	ɕy⁼/suei⁼
	桂见	kuei⁼	kuei⁼	kuei⁼	kuei⁼
止合三	泪来	luei⁼	luei⁼	luei⁼	ly⁼/luei⁼
	醉精	tsuei⁼	tsuei⁼	tsuei⁼	tɕy⁼/tsuei⁼
	揣初	ˌtʂʰuE	ˌtʂʰuE	ˌtʂʰuεe	ˌtʂʰuE
	水书	ˉʂuei	ˉʂuei	ˉʂuei	ʂu⁼/ʂuei⁼

（五）效流摄

志延片效摄一二三四等字，今读韵母的主元音相同。效摄一等、二等非见系、三四等知系字读 [ɔ] 韵，如：报 pɔ⁰ | 抄 ₀tsɔ | 照 tʂɔ⁰；二等见系、三四等非知系字读 [iɔ] 韵，如：敲 ₀tɕʰiɔ | 苗 ₂miɔ。

流摄字一般读 [əu iəu] 韵。部分流开一明母字、流开三非组字与遇摄合流，读 [u] 韵，如：某 ₂mu | 否 ⁰fu | 妇 fu⁰。流开一帮组个别字的韵母读如效摄，如：剖 ₀pʰɔ | 茂贸 mɔ⁻ | 矛 ₂miɔ/₂mɔ。

（六）咸山摄舒声韵

咸山摄舒声韵的音类分合与关中话相同，与陕北绥德、榆林等方言不同。其特点是：①今读韵母是主元音相同的一组韵母：吴起、志丹、安塞读 [æ iæ uæ yæ] 韵；延安、甘泉、延长读 [ɛ iɛ uɛ yɛ] 韵。②咸山摄三四等的舒声韵和入声舒化韵不合流，面≠灭，愿≠月。

陕北晋语大部分方言点，如佳县、子洲、绥德、米脂、横山、榆林、神木、靖边、子长等，咸山摄舒声韵今读洪音的主元音相同，为一组韵母；今读细音的主元音相同，是另一组韵母。今读细音韵母的主元音比洪音韵母的主元音舌位高，与三四等入声舒化韵以及部分阴声韵（果摄三等、假开三章组除外、部分蟹开二见系字）合流。例如：欠＝姜＝茄＝筐（不计声调，下同），线＝泄＝写＝蟹，宣＝薛＝靴。

吴起等六县方言咸山摄舒声韵的今读规律如下：

咸山摄开口一二等舒声字一般读 [æ/ɛ] 韵；见系二等字读 [iæ/iɛ] 韵，个别字保留舌根音声母，读 [æ/ɛ] 韵，如：咸馅闲。咸山摄开口三四等知系舒声字读 [æ/ɛ] 韵，其他读 [iæ/iɛ] 韵。

山摄合口一二等舒声字（帮组、影组除外）读 [uæ/uɛ] 韵，帮组、影组读 [æ/ɛ] 韵。山摄合口三四等知系舒声字读 [uæ/uɛ] 韵，其他一般读 [yæ/yɛ] 韵，个别字读 [iæ/iɛ] 韵，如：恋缘沿铅。咸山摄合口三等非组舒声字读 [æ/ɛ] 韵。

表 2-9 晋语志延片老户话咸山摄开口舒声字例字表

咸摄	南开一泥	甘开一见	衫开二生	闲开二匣	监开二见	尖开三精	占开三章	店开四端
山摄	难开一泥	干开一见	山开二生		间开二见	煎开三精	战开三章	电开四定
吴起志丹安塞	₌nǣ	₌kǣ	₌sǣ	₌xǣ	₌tɕiǣ	₌tɕiǣ	tʂǣ°	tiǣ°
延安甘泉延长	₌nẽ	₌kẽ	₌sẽ	₌xẽ	₌tɕiẽ	₌tɕiẽ	tʂẽ°	tiẽ°

表 2-10 晋语志延片老户话咸山摄合口舒声字例字表

	盘山合一帮	豌山合一影 弯山合二影	官山合一见 关山合二见	凡咸合三奉 烦山合三奉	全山合三从	圆山合三云 元山合三疑	穿山合三昌	玄山合四匣
吴起志丹安塞	₌pʰǣ	₌vǣ	₌kuǣ	₌fǣ	₌tɕʰyǣ	₌yǣ	₌tʂʰuǣ	₌ɕyǣ
延安甘泉延长	₌pʰẽ	₌vẽ	₌kuẽ	₌fẽ	₌tɕʰyẽ	₌yẽ	₌tʂʰuẽ	₌ɕyẽ

（七）宕江摄舒声韵

吴起、志丹、安塞、延安、甘泉五县方言，宕江摄舒声韵母合流，不存在文白异读，吴起、志丹、安塞、甘泉读 [-ʌɣ̃] 韵，延安读 [-aŋ] 韵。

宕江摄开口舒声字韵母一般读 [ʌɣ̃ iʌɣ̃/aŋ iaŋ]，宕开三庄组、江开二知庄组今读合口呼 [uʌɣ̃/uaŋ]，随合口字演变。宕摄合口舒声字韵母（非组除外）读 [uʌɣ̃/uaŋ]，非组读 [ʌɣ̃/aŋ]。如延安：汤宕开一透 ₌tʰaŋ｜张宕开三知 ₌tʂaŋ｜方宕合三非 ₌faŋ｜绑江开二帮 ˤpaŋ｜凉宕开三来 ₌liaŋ｜江江开二见 ₌tɕiaŋ｜光宕合一见 ₌kuaŋ｜庄宕开三庄 ₌tʂuaŋ｜窗江开二初 ₌tʂʰuaŋ。

延长城关话，江摄舒声韵没有文白异读，读 [-ɑɣ̃] 组韵。宕摄舒声韵一般读 [-ɑɣ̃] 韵，与江摄一致，部分字有白读音，白读韵母为 [ɤ iɤ uɤ]，与果摄、宕开三入声字（知系除外）合流。例如：汤 ₌tʰɤ｜狼 ₌lɤ｜桑 ₌sɤ｜长 ₌tʂɤ｜伤 ₌ʂɤ｜尝 ₌ʂɤ｜上 ʂɤ°｜肠 ₌tʂʰɤ｜娘 ₌niɤ｜羊 ₌iɤ｜强墙 ₌tɕʰiɤ｜霜 ₌ʂuɤ｜忘 vuɤ°｜黄 ₌xuɤ｜光 ₌kuɤ｜

惶恟~ ₅xuɤ│壮 tṣuɤ°。延长城关宕摄有白读、江摄没有，这反映出二摄早期有别，与吕梁片、汾河片方言接近。

与延长城区相比，延长张家滩话宕江摄舒声韵都有文白异读，而且字数更多，这说明张家滩话在音类的层次上比城关话较晚，演变速度更慢。延长张家滩宕江摄舒声字具体读音和声母组系见表2-11。

表2-11 延长张家滩宕江摄舒声字等今白读音及声母组系表

今韵母	ɤ	白读一 iɤ	白读二 ie	uɤ
来源	宕开一 宕开三知章组 江摄帮组 果开一 果合一帮泥见组 假开三章日组	宕开三非知系	宕开三来母字 假开三精影组	宕开三庄组 宕合口微母字 江摄知庄组 果合一端精见组

具体读音如下：

①部分宕开一帮组、宕开三知章组、江摄帮组舒声字白读韵母为[ɤ]，与果开一合流。如：帮鞋~子 ₋pɤ│汤 ₋tʰɤ│狼 ₋lɤ│长 ₋tṣɤ│涨掌沟~ tṣɤ°│伤 ₋ʂɤ│尝 ₅ʂɤ│上绱~鞋 ʂɤ°│绑 pɤ°。

②部分宕开三（知系除外）舒声字今白读韵母为[iɤ]或[ie]，与宕开三（知系除外）的入声字合流。如：娘 ₅niɤ│粮量~长短 ₅liɤ│凉 ₅lie│两 liɤ°/ lie°│将浆~水蒋 ₋tɕiɤ│墙 ₅tɕʰiɤ│箱厢 ₋ɕiɤ│酱 tɕiɤ°│相~貌象像 ɕiɤ°│强 ₅tɕʰiɤ│羊 ₅iɤ│向 ɕiɤ°│样 iɤ°│姜 ₋tɕiɤ│瓤 ₅ʑɤ。

③部分宕开三庄组、宕摄合口、江摄知庄组字白读韵母为[uɤ]，与果合一合流。如：庄装 ₋tṣuɤ│疮窗 ₋tṣʰuɤ│状壮 tṣuɤ°│创闯 tṣʰuɤ°│霜双 ₋ʂuɤ│忘 vuɤ°│黄 ₅xuɤ│光 ₋kuɤ│惶恟~ ₅xuɤ。

"宕摄白读与果摄完全合流是山西吕梁山以西、南区方言的重要特点，陕西沿河方言均程度不同地存在同类现象。……结合罗常培、龚煌城的考察，宕果合流属于唐宋西北方音的层次。"（邢向东2007a）延长宕摄白读与果摄合流，正是属于唐宋西北方音的层次，比吴起等县宕江摄舒声韵的层次要早。

（八）深臻曾梗通摄舒声韵

深臻曾梗通 5 摄舒声韵，深臻并入曾梗通。吴起、志丹、安塞、延安、甘泉读 [-əŋ] 韵，没有文白异读。

延长城区，深臻曾通 4 摄没有文白异读，读 [-əŋ] 韵。梗摄舒声韵一般读 [-əŋ] 韵，与其他老户话相同。部分开口字有白读音。梗开二非知系白读韵母有 [ɑ]，字数少，例如：冷 lɑᵒ｜打 tɑᵒ。梗开二三四等字知系白读韵母为 [ɤ]，例如：生声 ₛɤ；非知系字白读韵母为 [ie]，例如：平 ₛpʰie｜明 ₛmie｜硬 n̠ieᵒ｜井 tɕieᵒ｜轻 ₛtɕʰie｜晴 ₛtɕʰie｜钉 ₛtie｜另~家（分家）lieᵒ。

延长张家滩臻开三、曾开三、梗开三部分字也存在文白异读，白读 [ie] 韵，比城关范围广、字数略多。例如：邻~家 ₛlie｜平 ₛpʰie｜明名 ₛmie｜井 tɕieᵒ｜清轻 ₛtɕʰie｜晴 ₛtɕʰie｜净 tɕʰieᵒ｜听 ₛtʰie｜灵 ₛlie｜另单~ lieᵒ｜星 ₛɕie｜醒 ɕieᵒ。

（九）入声韵

志延片六县方言保留入声韵的数量稍有差异：吴起、志丹、安塞、甘泉、延长有 4 个入声韵 [əʔ iəʔ uəʔ yəʔ]；延安仅有 3 个入声韵 [əʔ iəʔ uəʔ]。

吴起、志丹、安塞三县方言的入声韵，咸山宕江 4 摄几乎全部舒化，深臻曾梗通 5 摄大多舒化，少数保留入声韵，少数舒入两读。延安、甘泉、延长方言入声韵的读字音和口语音之间存在差异，在读字时完全舒化，口语中深臻曾梗通的部分入声字仍保留入声韵读法。①

吴起、志丹、安塞、延安、甘泉五县方言的入声韵舒化后，音类分合及韵母音值与关中方言相近，与其他晋语有差异。延长北接延川，西连延安，表现出过渡性特点：深臻曾梗通入声韵舒化的规律与吴起等相同，咸山宕江入声韵的舒化规律与延川、绥德相近。

1. 咸山摄入声韵的今读

吴起、志丹、安塞、延安、甘泉五县方言，入声韵舒化后，咸山摄开口一等端系入声韵读同假开二非见系字，读 [a] 韵；见系入声韵多读同果摄一等，读 [uə/uɤ] 韵，

---

① "读字音"是指朗读单字时的发音，"口语音"是指某字在双音节词、多音节词或短语中的发音。如延安，"石"读单字时为 [ʂʅ]，在"石头"一词中为 [ʂəʔ ₋tɕ]，前者是读字音，后者是口语音。

也有个别字读 [ɤ] 韵，如吴起：葛 ₌kɤ。咸山摄开口二等入声韵读同假开二，读 [a ia] 韵。咸山摄开口三四等入声韵读同假开三，知系字读 [ʅə/ɤ] 韵，其他读 [iɛ/ie] 韵。咸合三入声韵今读 [a] 韵。山合一入声韵读同果摄一等 [uə/uɤ] 韵，山合二入声韵读同假合二 [ua] 韵，山合三四等入声韵多读 [uə yə/uɤ yɤ] 韵，"血"读 [iɛ/ie] 韵，同榆林方言。

延长话咸山摄开口一等见系入声字读 [ɤ] 韵、山摄合口三四等入声字读 [uɤ ye] 韵，与吴起等县方言不同。其余相似。

表 2-12　晋语志延片老户话咸山摄开口入声例字表

	塔 咸开 一透	喝 咸开 一晓	炸 咸开 二崇	夹 咸开 二见	猎 咸开 三来	褶 咸开 三章	辣 山开 一来	割 山开 一见	杀 山开 二生	舌 山开 三船	揭 山开 三见	切 山开 四清
吴起	₌tʰa	₌xuə	₅tsa	₌tɕia	₌lie	₌tʂʅə	₅la	₌kuə	₅sa	₅ʂʅə	₌tɕiɛ	₌tɕʰiɛ
志丹	₌tʰa	₌xuə	₅tsa	₌tɕia	₌lie	₌tʂʅə	₅la	₌kuə	₅sa	₅ʂʅə	₌tɕie	₌tɕʰiɛ
安塞	₌tʰa	₌xuə	₅tsa	₌tɕia	₌lie	₌tʂʅə	₅la	₌kuə	₅sa	₅ʂʅə	₌tɕiɛ	₌tɕʰiɛ
延安	₌tʰa	₌xuɤ	₅tsa	₌tɕia	₌lie	₌tʂɤ	₅la	₌kuɤ	₅sa	₅ʂɤ	₌tɕie	₌tɕʰie
甘泉	₌tʰa	₌xuɤ	₅tsʰa	₌tɕia	₌lie	₌tʂɤ	₅la	₌kuɤ	₅sa	₅ʂɤ	₌tɕie	₌tɕʰie
延长	₌tʰa	₌xɤ	₅tsʰa	₌tɕia	₌lie	₌tʂɤ	₅la	₌kɤ	₅sa	₅ʂɤ	₌tɕie	₌tɕʰie

表 2-13　晋语志延片老户话咸山摄合口入声例字表

	法咸合三非	沫山合一明	阔山合一溪	刷山合二生	雪山合三心	说山合三书	月山合三疑	缺山合四溪
吴起 志丹 安塞	₌fa	₌muə	₌kʰuə	₅sua	₌ɕyə	₅ʂuə	₌yə	₌tɕʰyə
延安 甘泉	₌fa	₌muɤ	₌kʰuɤ	₅sua	₌ɕyɤ	₅ʂuɤ	₌yɤ	₌tɕʰyɤ
延长	₌fa	₌mɤ	₌kʰuɤ	₅sua	₌ɕye	₅ʂuɤ	₌ye	₌tɕʰye

2. 宕江摄入声韵的今读

吴起、志丹、安塞、延安、甘泉五县方言，宕江摄入声韵舒化后的读音比较一致，开合口合流，并与果摄合流读 [uə yə/uɤ yɤ] 韵。

延长话的宕江摄入声字舒化后的读音较复杂，江摄入声字只是部分并入宕摄，知系字宕江有别。宕摄入声字舒化后，开口一等（精组除外）一般读 [ɤ] 韵，精组读 [uɤ] 韵；开口三等知系读 [ɤ] 韵，泥精组见系读 [ie] 韵；合口读 [uɤ ye] 韵。江摄入声字舒化后，帮组读 [ɤ] 韵，知系读 [uɤ] 韵，见系读 [ie] 韵。此外，延长话宕摄"药"字两读，读 [.ie] 与 [.iɤ]。

表 2-14　晋语志延片老户话宕江摄入声例字表

	恶宕开一影	着睡～ 宕开三澄	脚宕开三见	药宕开三以	郭宕合一见	剥江开二帮	捉江开二庄	学江开二匣
吴起	⸢nuə	⸣tʂʰuə	⸢tɕyə	⸢yə	⸢kuə	⸢puə	⸢tsuə	⸣ɕyə
志丹 安塞	⸢ŋuə		tɕyəʔ/⸢tɕyəʔ					
延安 甘泉	⸢ŋuɤ	⸣tʂʰuɤ ⸢tsuɤ	⸢tɕyɤ ⸢tɕʰyɤʔ/⸢tɕyɤʔ	⸢yɤ	⸢kuɤ	⸢puɤ	⸣tsuɤ	⸣ɕyɤ
延长	⸢ŋɤ	⸣tʂʰɤ	⸢tɕie	⸢ie/⸢iɤ	⸢kuɤ	⸢pɤ	⸣tsuɤ	⸣ɕie

3. 深臻曾梗通入声韵的今读

志延片方言口语中仍保留入声韵，今读入声韵的字多来自深臻曾梗通。

深臻摄入声字舒化后，归向与关中话一致：开口字读 [i ŋ] 韵，合口字读 [u y] 韵。曾梗摄入声字舒化后，德陌麦三韵和职韵庄组字读 [ei uei] 韵；开口三四等（庄组除外）读 [i ŋ] 韵。部分通摄入声字舒化后多读 [u] 韵，通合三精组、见系字读 [y] 韵。例如延安：湿 ⸢ʂŋ | 笔 ⸢pi | 术 ⸣su | 德 ⸢tei | 色 ⸢sei | 客 ⸢kʰei | 麦 ⸣mei | 踢 ⸢tʰi | 族 ⸣tsʰu | 俗 ⸣ɕy。

三　声调特点

晋语志延片方言中，吴起、志丹、安塞话有 5 个单字调：阴平、阳平、上声、去声、入声；延安、甘泉话有 4 个单字调：阴平、阳平、上声、去声，入声调只出现在语流中；延长话 3 个单字调：阴平、阳平、上去声，古上声字与古去声字合流，入声调只出现在语流中。

表 2-15　晋语志延片老户话单字调表

	平声			上声			去声			入声		
	清	次浊	全浊	清	次浊	全浊	清	次浊	全浊	清	次浊	全浊
吴起	阴平 12	阳平 13		上声 52			去声 43			入声 32		
志丹	阴平 121	阳平 14		上声 52			去声 42/44			入声 43		
安塞	阴平 121	阳平 24		上声 52			去声 31/33			入声 43		
延安	阴平 21	阳平 243		上声 53			去声 442			（入声 5）		
甘泉	阴平 31	阳平 24		上声 51			去声 42/44			（入声 32）		
延长	阴平 232	阳平 24		上去声 51						（入声 54）		

晋语志延片方言中，古平声字均按古声母的清浊分阴阳。吴起、志丹、安塞、延安、甘泉五县方言，古清声母上声字和次浊声母上声字今读上声；古全浊声母上声字和古去声字今读去声。除了有少数去声字读同上声外，无论是单字调还是连读调，上声、去声互不相混。延长话比较特别，单字调上声与去声合流为上去声 51，但在连读变调中有区别。相邻的延川话也是如此。这是陕北晋语同关中话接触的结果。至于入声舒化后的归调规律，六县方言都是清入、次浊入多归阴平，全浊入多归阳平。详见第三章的讨论。

关中话对志延片方言声调的影响非常明显，例如：志延片入声舒化后的归调规律，上声、去声、阴平的调型等。影响最明显的是上声。上声是关中话的强势调，志延片上声的调型向关中话趋同，都是高降调，与其他陕北方言上声读降升调不同。例如：吴起 52，志丹 52，安塞 52，延安 53，甘泉 51。其次是去声，志延片出现了与关中话去声高平调相近的读法。例如：吴起的去声 43 在听感上接近高平调，延安话去声 442 高平部分明显。其他县方言的去声虽以读降调为主，不过在志丹、甘泉方言中，去声有时读高平调，成为一个自由变体。最后是阴平，延安、甘泉都读与关中话一样的低降调：延安 21，甘泉 31。

第二节　过渡性特点

处于晋语和中原官话过渡地带的志延片方言，其过渡性在语音、词汇、语法三个层面都有体现。

一　语音方面

1. 晋语志延片方言在音类、音值上兼有中原官话与陕北晋语的特点。志延片古全浊声母仄声字平声送气，仄声字部分送气部分不送气，送气的字由东向西递减；古知庄章组声母字的分合和音值属于昌徐型：知二庄及章组止摄字读 [ts] 组，知三章读 [tʂ] 组；古疑影母字今读 [ŋ n v ∅]；深臻曾梗通合流为后鼻音韵母。这四点是陕北晋语、中原官话秦陇片的共同特点。果摄字的今读；咸山摄舒声韵的今读：不分洪细读成一组韵母；入声韵和入声调舒化的规律；单字调的调型：上声及部分阴平、去声。这几点则与关中话一致，与晋语不同。总体上看，志延片在音类、音值上还是与关中话具有很大的一致性。而口语中存在入声韵和入声调，则与晋语相同。学界之所以把志延片归入晋语，主要根据就是其有入声这个特点。换言之，志延片方言的语音中兼有关中话[①]和陕北晋语的特点，且以关中话的特点居多，特别是构成志延片主体的吴起等五县方言，中原官话的色彩更为浓厚。

不过笔者认为，志延片方言深臻曾梗通五摄舒声韵合流，应当是晋语底层的反映，而不是中原官话秦陇片影响的结果。志延片南部主要和关中片接壤，其中洛川、黄陵、宜川等方言，都是深臻与曾梗通有别。只有富县话深臻曾梗通合流。富县在黄陵北面，甘泉之南，它的深臻曾梗通不分，也当是晋语底层的遗留，不是受秦陇片影响的结果。

---

① 本节所说的关中话，一般包括关中境内的中原官话秦陇片、关中片方言。下文将会看到，志延片方言的一些重要语音特点（如深臻曾梗通舒声韵合流）与秦陇片相同。有些特点则是秦陇片、关中片共有的，如果一定要指明与某某片相同或相异，反倒过于机械，也容易以偏概全。

2. 志延片老户话两字组的连调形式，往往叠置着关中话和晋语两个层次，而且晋语的连调形式显然是后来的层次。以延安老户话为例："上声＋去声""去声＋非上声"都有两种连调形式，分别接近关中话和陕北晋语。"上声53+去声442"的两种连调形式分别是：一种前字不变调53+442（如：水地、买票），一种前字变低降调21+442（如：改造、考试），前者近关中话，后者近陕北晋语。"去声442+非上声21/243/442"的两种连调形式分别是：一种前字变读42调（如：晕车、象棋、后背），一种前字变读44调（如：算命、鲫鱼、树叶儿），少数词语可以读两种连调形式，如"背心、算命、事多"，既可读42+442，也可读44+442。前者近陕北晋语，后者近关中话，特别是"去声＋阴平"变读442+21，与关中话毫无二致。延安老户话还有一种比较特殊的词调形式22+31，前字以阴平为主，如"木植、师傅、钢的、先生"等，这个调接近关中话，其中有些词语（如：钢的、先生）又能读24+0。张崇主编《陕西方言词汇集》（2007）已注意到了这种现象，并指出后面"这种连读变调实际上是二十世纪以来榆林地区向延安长期移民造成的，但现在六七十岁的地道的延安人也这样说"。这说明陕北晋语的连调形式是新近的层次，是"向晋语回归"的演变。

二 词汇方面

我们用邢向东老师编制的《秦晋两省黄河沿岸方言的历史和现状研究·词汇调查提纲》对志延片各县词汇进行了调查，再对照贺雪梅（2017）列举的陕北晋语403个特色高频词、2017年度"语保工程·陕西汉语方言调查"中绥德话的词汇表，发现志延片方言的词汇具有一致性，同时也存在差异，词汇面貌非常复杂，其中混杂着关中话和晋语的不同说法。具体表现如下。

1. 大部分词语的词形与陕北晋语或关中话相同，语音上接近关中话。如：志延片"早烧早霞、落窝鸡孵小鸡的老母鸡、耍麻搭出问题、恓惶可怜"等词，与陕北晋语、关中话词形相同，声韵母相近，但声调调值同关中话，而与陕北晋语不同。再如延安话的"绿豆、着得能接受"，与陕北晋语和关中话词形相同，但读音与关中话相近，与陕北晋语只是声母相同，韵母、声调都不同。

2. 部分词语的词形与关中话相同，与晋语不同。如志延片六县说"响雷、玉麦、荞麦"，不说"吼雷、金稻黍、荞面"。吴起等五县（安塞除外），都说"星星"，不说"星宿"。再如延安：说"舅母"，不说"妗子"，说"割杀挣扎着吃完"，不说"杀割"，说"电壶热水瓶"，不说"暖壶"，说"东岸儿、西岸儿"，不说"东面、西面"，前面可以说的是关中话对应的词形，后面的不说的是陕北晋语词。

3. 部分词语的词形与陕北晋语相同，与关中话不同。如延安话说"山水洪水、月尽儿年三十、软大米糯米、气短呼吸困难"，同陕北晋语，关中话（如西安话）对应的词形是"洪水、大年三十（儿）、糯米、气喘"。

4. 部分词语有两种说法，分别对应关中话和陕北晋语，形成叠置。如安塞、延安、甘泉的"煎水 / 滚水开水"；延安、延长的"黑老哇 / 老哇乌鸦"；延长的"月亮 / 月儿"；安塞的"星星 / 星宿"；安塞、延安、甘泉、延长的"碎 / 猴小"。"/"前的说法同关中话，"/"后的说法同陕北晋语。

5. 志延片方言中有一些分音词和圪头词，但比陕北晋语少，各县具体情况不同。如志延片六县都说"卜拉拨、的溜提、圪崂角落、圪溜弯、圪膝膝盖"等，但都不说"圪都拳头"。安塞、甘泉、延长说"卜来摆"，吴起、志丹、延安说"摆"。安塞、延长说"卜烂绊"，吴起、志丹说"绊"，延安、甘泉既说"卜烂"又说"绊"。吴起、安塞、延安、甘泉说"台台台阶"，不说"圪台台"，而志丹、延长两种都说。

6. 晋语的一些典型特征词，志延片方言有些说，有些不说。如志延片都说"冷子冰雹、脑头、脚踪脚印、幸娇惯、难活生病、年时去年、婆姨妇女"等，但是不说"圪都拳头、屎子屁股、甚什么、瓮缸、后生小伙子（延长除外）"等。吴起、志丹说"碎小"，不说"猴"。

以上特点反映了志延片方言复杂的词汇面貌，反映了晋语、关中话词汇在该片方言中叠置、错综的现状。笔者在延安调查老户话时，发音合作人经常强调有些词是上头话的说法，当地老户话不说。这说明延安话与上头话之间存在明显的差异。志延片分音词、圪头词相对较少，也体现出接近关中话的特点。分音词、圪头词是晋语典型的构词和构形方式，系统性很强，它不仅属于词汇层面，也属于语法层面，而语法在语言的发展中相对稳固，分音词、圪头词较少，表明关中话的层次在志延片中具有很深的历史深度。晋语词汇多，则是由于志延片各县在行政上长期属于陕北，底层方言属于陕北晋语，加之陕北内部交流频繁，本地榆林移民众多，晋语的影响力和渗透力自然不弱。在五台片、吕梁片晋语和志延片方言长期接触的历史背景下，晋语的词汇逐渐进入并替换了一部分原属中原官话的词汇。方言中存在的词汇替换现象典型地反映了这一过程，例如："旁边"义以前说"旁岸儿、半岸儿"，现在"半起儿"的说法更普遍；"捉迷藏"原来说"藏老猫儿后儿"，现在也说"藏猫猫"。后者都是上头话的特征词。

三　语法方面

语法是语言中较为稳定的因素，但我们考察发现，即使在语法方面，志延片方言也兼具关中话和陕北晋语的特点，体现出从陕北晋语到中原官话过渡的特点。例如：志丹话表程度高，最常用的格式有两种，"$k^h ə ʔ$＋形容词"和"形容词＋（得＋很/太太）"，前者是程度副词做状语，是陕北晋语的典型格式，如"可好嘞""可大嘞"；后者是程度副词或程度副词的重叠形式做补语，是关中话的典型形式，如"嫽得很/嫽得太太""大得很/大得太太"。再如延安话，句末兼表肯定语气和现在时（正然态）的助词是"哩 li^0"，如"我吃饭着哩"；位于句中的完成体标记是"咾 $lɔ^0$"（相对于普通话的"了₁"），与关中话相同；但句末兼表肯定语气和现在时（已然态）的"了 $lẽ^0$"，则与陕北晋语相同，如："我吃咾饭了"。

四　结语

通过以上描写和分析可以看出，晋语志延片在语言的多个层面都表现出中原官话和晋语的过渡性特点。入声字的情况反映早期志延片方言当属于晋语，而单字音、连读变调、部分特征性词语，则又显示中原官话的层次也很深。可以说，中原官话的特点与晋语的特点，在志延片方言中几乎达到了水乳交融的程度。如果说陕北话是"'有入声'到'无入声'的过渡地带"的话，那么志延片就是过渡地带方言的那一片狭义的"过渡带"。

近几十年，作为"上头话"的陕北晋语对志延片产生了长期的影响，最突出的是单字音（尤其是入声字），其次是词汇，最后是语法。这种影响持续发挥作用，各县新派方言的晋语特征日益增加，其中延安话最明显，已经形成了稳定的具有更多晋语特征的通行语——新延安话。

第三章 晋语志延片老户话的语音演变

第一节 声母的演变

一 古全浊声母的演变

（一）志延片古全浊声母的今读与类型

志延片老户话，古全浊声母今逢塞音塞擦音存在文白异读，文读系统平声送气，仄声不送气，白读系统平声送气，仄声部分送气，部分不送气，其中仄声读送气音的字各点差异较大。本节讨论白读音。

我们根据《方言调查字表》(1981)制作了《古全浊声母字调查表》进行专题调查。《古全浊声母字调查表》剔除了《方言调查字表》中本片方言不用的字，包括287个仄声字，其中有88个上声字，123个去声字，76个入声字。调查结果的统计数据见表3-1。

表3-1 晋语志延片老户话古全浊塞音塞擦音声母仄声字今读送气音的字数与比例表

方言点	吴起	志丹	安塞	延安	甘泉	延长
送气音字数	33	33	81	90	57	136
比例	11.5%	11.5%	28.2%	31.4%	19.9%	47.4%

从表3-1可以看出：

①志延片方言古浊塞音塞擦音声母仄声字（下文简称为古全浊仄声字）今读送气音声母的字数，吴起、志丹相同，所占比例仅为11.5%；延长接近50%（延川相近）；延安、安塞、甘泉，比例在19%—30%左右。地理分布上呈现出由东而西递

减的趋势：东部的延长＞中部的延安、安塞、甘泉＞西部的吴起、志丹。

②安塞、延安、甘泉居于志延片的中央地带，呈现出以延安为中心的一种递减趋势。甘泉石门镇话保留的古全浊仄声字今读送气音声母的字数较多，也只是72字，比例为25.1%，仍低于延安的31.7%。延安是延安地区的政治、经济、文化中心，有可能是区域优越感使当地人下意识地保留自身方言固有的某些语音特征。

徐通锵（1990）将古浊塞音塞擦音（並定从澄群床诸纽）在现代山西方言中的语音表现，大致分为以下三个类型：①平仄分音区，按声调平仄分化，平声送气仄声不送气。晋北、晋中、晋东南都有平仄分音的方言，如：兴县、大同、忻州、太原、寿阳、长治、晋城等。②送气区，白读系统不论平仄一律送气，主要集中在晋南，如：洪洞、临汾、闻喜、万荣等。③不送气区，白读系统不论平仄一律不送气，如：太谷、祁县、平遥、文水等。乔全生（2005）把晋方言古全浊声母的今读析为四种类型，送气型、不送气型、平送仄不送型、平不送仄送型。与徐文相比增加了第四种类型——平不送仄送型，"可能是一、二种类型的混合体"。按照上述分类标准，可将晋语志延片古全浊声母的今读划分为以下两种类型。

1. 平送仄不送型

吴起、志丹古全浊塞音塞擦音声母字，平声读送气清音，仄声88%以上读不送气清音、读送气清音的不足12%，因此基本属于平送仄不送型。北京话，西安话，晋语五台片、大包片、上党片都属于这种类型。

2. 送气型

延长古全浊仄声字部分读送气清音，部分读不送气清音，读送气音的字数为136，与晋南方言保留的送气音字数（120至160之间）相近，应属"送气型"。安塞、延安、甘泉古全浊仄声字读送气音的字占到19%—30%左右，虽然比例不是很高，但与陕北晋语古全浊声母字的主流读音相比，仄声读送气音的字还是多出很多，所以归入"送气型"也未尝不可。

各点读送气音的字各异，辑录如下：

①吴起

【並】部簿捕稗败倍婢避馞面~、耙佩叛仆瀑；

【定】舵簟笛、艇挺沓特突；

【从】褯造噍；

【澄】绽花~开了着睡~撞；

【崇】镯；

【群】强勉~跪柜掘。

②志丹

【並】部捕倍败避鼻勃饽面~，耙佩叛仆瀑；

【定】舵垫笛，艇挺沓特突；

【从】造褯錾噍；

【澄】绽着睡~撞；

【崇】镯；

【群】强勉~跪柜窘~迫。

③安塞

【並】薄簿部步捕败倍焙背鼻瓣伴拌~汤钹拔被避傍勃饽面~病白闭，耙佩叛仆瀑；

【定】舵驮垛递杜肚淡蛋垫夺独读叠碟，艇挺沓特突；

【从】坐座自字造褯噍杂捷贱践截匠凿贼族；

【澄】柱赵绽蛰侄传~记撞着睡~宅~子；

【崇】寨铡镯；

【群】强勉~跪柜轿件橛。

④延安

【並】薄~荷部簿步捕败倍背焙被避鼻瓣办不得~（来不及）拔伴搭~儿拌~~汤笨~蛋饽面~傍~晚薄穷家~业泊雹白病，耙佩叛仆瀑；

【定】舵驮~笼杜肚弟递地淡碟谍蛋垫夺囤粮~独~生子女犊毒，艇挺沓特突；

【从】坐褯在字造就捷~径路截錾匠净嚼贼族；

【澄】柱住拉~赵绽侄直着睡~撞郑~庄（延长地名）；

【崇】寨南~砭（延安地名）栈~羊铡镯；

【群】强勉~跪柜旧件健康~（健康）橛冰~（冰溜子）圈猪~窘。

⑤甘泉

【並】部簿步败倍被避鼻瓣辫拌伴办不得~（来不及）白，耙佩叛仆瀑；

【定】驮笼~肚弟兄~淡地碟独读毒，艇挺沓特突；

【从】坐座裤在字造噍捷~径路嚼净族；

【澄】绽侄撞；

【崇】炸栈~羊镯；

【群】强勉~跪柜轿旧件健康~（健康）。

甘泉石门比城区保留的送气音字多出以下字：【並】背笨病；【定】杜动；【从】贱尽贼；【澄】柱住赵重轻~；【崇】铡；【群】圈猪~。这说明甘泉城区方言的演变速度较周边乡镇快。

⑥延长

【並】簿部步捕罢~了败倍焙被避鼻抱蚫瓣办不得~（来不及）便~宜（现成的）拔辫伴拌笨勃饽面~傍薄~厚泊棒雹白病并合~，耙佩叛仆瀑；

【定】舵大驮~笼垛杜肚待怠弟地递稻豆碟谍弹子~蛋佃垫奠酒~断段缎锻夺囤粮~锭笛动洞独读犊毒，艇挺沓特突；

【从】坐座裤尿~子在罪自字造噍就杂捷集截錾践贱尽匠嚼贼族静净；

【澄】柱住坠赵绽辙阵这~儿侄丈杖着睡~撞直~性子值择轴车~郑~庄（延长地名）重轻~；

【崇】助寨炸栈~羊铡镯；

【群】强勉~跪柜轿舅阿~旧妗件健康~（健康）圈猪~橛冻~儿（冰溜子）近局。

（二）志延片"送气型"方言古全浊声母仄声字今读送气音的保留条件

1. 外部因素

志延片以东、以南的方言都属于古全浊声母仄声字今读送气音的方言。

志延片东面是山西方言的"全浊送气"中心区，包括晋南芮城、平陆等23点以及晋西的隰县、永和、大宁、蒲县、汾西5点。中心地区方言往往呈辐射状影响周边的方言。"总的来说，方言离中心地区越近，送气字音保留得越多，离中心地区越远，送气字音保留得越少。"（王福堂2010：178）志延片老户话"全浊送气"的分布规律与此吻合，古全浊声母仄声字保留送气音的字数由东而西递减：延长最多，字数与晋南方言相当，安塞、延安、甘泉次之，吴起、志丹最少。这反映出位于晋南、晋西的"全浊送气"中心区对沿河方言——延长话有直接影响，而对延安、甘泉、安塞、志丹、吴起方言的影响呈逐渐减弱的态势。

志延片南面是关中方言。张维佳（2005：241—243）在考察关中方言古全浊声母的读音时发现，"古全浊声母今读在关中方言片内形成一种'涡状'分布，中心地区读送气少，周边地区读送气多"。"最多的是东府的渭南、华县、华阴、大荔、合阳、澄城、韩城、宜川、白水、铜川、洛川、黄陵、丹凤等地"。其中的宜川、洛川、黄陵位于延安地区南部，与志延片相接。志延片方言古全浊仄声字的送气特征与邻近的关中方言一致，这种一致性在某种程度上减缓了志延片安塞、延安、甘泉、延长等方言的古全浊仄声字从送气声母向不送气声母演变的速度。

吴起、志丹的地理位置偏西偏北，晋南、吕梁方言以及关中方言对吴起、志丹话影响都比较小。吴起、志丹话的古全浊仄声字读送气音声母的字数与陕北绥德、榆林等方言相当，这些字因为与陕北大多数方言一致而得以保留。

2. 内部因素

志延片古全浊声母字以调类为条件，平声送气，仄声部分送气。从现有的研究成果看，古全浊仄声字的送气与否，一般与声类、韵类关系不大，但在某些方言中与阳入调有很大关系。晋语吕梁片方言中，古全浊仄声字今读送气音的大都是阳入字，陕北晋语的神木南乡方言、吴堡方言也都是如此。另外"晋西及晋北白读层保留送气音的字，绝大多数是古浊入字"。（韩沛玲 2006）这表明以上方言的全浊送气与阳入调之间存在某种联系，邢向东老师认为，"入声字发音急促，有利于保留送气成分"（邢向东 2002：100），"全浊送气和阳入调之间有一种互相依存的倚变关系"（邢向东 2007a）。

志延片方言古全浊仄声字的送气与否在声类、韵类上都找不出明显的规律，那么是否也和入声调类有关系呢？

志延片方言入声舒化严重，入声调不分阴阳。古全浊入声字今既读送气声母又读入声调的字，延长、延安、安塞仅有 1 字；甘泉、吴起、志丹为零。如此看来，就志延片而言，全浊送气的保留与阳入调没有关系。

为了进一步弄清志延片"古全浊仄声字送气"与调类的关系，我们统计了志延片各县方言古全浊仄声字今读送气音的字在全浊上声、去声、入声中的分布字数与比例。从统计结果看，古全浊入声字保留送气音字的比例，在吴起、志丹、安塞、延安、甘泉五县方言中略高，但并没有表现出明显的优势；在延长话中反而略低。从具体字数看，各方言古全浊仄声送气字在上去入各调类分布比较均匀，与晋南方言（王福堂 2010：177）相同。见表3-2。

表3-2　晋语志延片老户话古全浊声母仄声字今读送气音字在各调类中的分布表

方言点 \ 送气音字数及比例	全浊上声字88 字数	比例	全浊去声字123 字数	比例	全浊入声字76 字数	比例	今读入声调的字
吴起	11	12.5%	12	9.8%	10	13.2%	/
志丹	10	11.4%	13	10.6%	10	13.2%	/
安塞	23	26.1%	31	25.2%	27	35.5%	局
延安	27	30.7%	32	26.0%	29	38.2%	/
甘泉	18	20.5%	23	18.7%	16	21.1%	/
延长	49	55.7%	47	38.2%	40	52.6%	/

通过以上的比较与分析，我们认为：志延片方言"全浊送气"的保留与声类、韵类、调类都没有直接关系，紧邻"全浊送气"中心区的地理位置以及与邻近的关中方言送气特征的一致性是影响志延片"古全浊仄声字送气"保留的决定因素。

（三）志延片古全浊声母的演变

志延片方言古全浊声母的今读分为两种类型：平送仄不送型和送气型。送气型方言点中，延长话与晋南方言相似，仄声字虽然是部分送气，但送气字较多，所占比例超过50%，其早期方言当属于古全浊字清化后不论平仄都送气的类型。与延长话相比，志延片其他方言里古全浊声母今读塞音、塞擦音为送气清音的所占比例并不高。尽管如此，从历时角度看，我们认为志延片方言在早期都属于古全浊字清化后不论平仄都送气的类型。

首先，属于"平送仄不送型"的吴起、志丹话有少数古全浊仄声字读送气音的"例外"字，实则是早期全浊声母不论平仄一律送气的语音层次的反映。分析吴

起、志丹的这些"例外"字,我们发现:①与普通话同样读送气音的字占三分之一,如:佩耙沓叛突强特艇挺仆瀑。②方言常用字占近三分之一,如:部倍败避撞着睡~镯跪柜。③"造"与反切合并有关,是例外。④还有些是对一般人而言不知道本字的常用字:裤 tɕʰiɛ˞ 尿~~（尿布）| 撬 tɕʰɤʔ 倒~ | 绽 tsʰə˞ 花~开了 | 馂 ˳pʰuə 面~。方言常用字往往因为较高的使用频率得以保留旧读,不知道本字的常用字因为语言与文字分离而保留旧读。"因为语言（语音和语义）与文字处于一种分离状态,这样,它们便得以避免主流汉语以文字作为媒介的语言渗透,没有随'大流'发生变化。"（万波 2009:208）所以,我们认为以上"全浊仄声送气"的"例外"字是底层的残存形式,不是方言扩散的结果。

其次,晋语志延片地处西北,当与古代西北方音有继承关系。根据高本汉（2003）的拟音,《切韵》系统的三套塞音塞擦音声母:全清、次浊和全浊,分别读不送气清音、送气清音和送气浊音。发展到了唐五代宋西北方音,全浊声母开始出现"清化"的趋势,读送气清音。关于这一点,前辈学者已有过许多讨论。罗常培先生（1933:29）研究《大乘中宗见解》的汉藏对音材料发现:除"凡梵、怠道第大地盗定达,着"等 11 字外,其余全浊声母字都变成次清,读送气音。罗先生的结论是"唐五代西北方言的全浊声母已经清化"。邵荣芬先生（1963）对敦煌文献中别字异文的研究结果反映出:十世纪西北方言中全浊声母已经消失。周祖谟先生（2001:296—309）也认为唐五代时期西北方言中全浊声母变成了清声母。李范文《宋代西北方音》（1994:122、248）通过对《番汉合时掌中珠》中西夏汉互注材料的分析,认为宋代时汉语西北方言的全浊声母已经清化,清化后读送气音。从以上各家观点看,唐五代宋时西北方言的全浊声母都读送气清音。显然,志延片方言"全浊仄声送气"的特点并非"无源之水",而是与唐五代宋西北方音一脉相承的。

再者,根据现有的研究成果,早期属于古全浊声母字不论平仄都读送气音的方言在西北地区分布的范围相当广,志延片就包括在此范围之内。李如龙、辛世彪（1999）指出:"近年来的调查显示,我国西北地区的山西、陕西、甘肃等地的方言固有的'白读音'里也存在大片的送气音区,而且连成一片。"王福堂（2010:177）明确指出,古全浊声母清化后全部送气的方言分布地区"大致以山西晋南、晋中西部以及陕北这一片地区最为集中"。根据上面几位学者及张维佳、李建校、吴媛等的考察，这个"送气音区"分布在山西晋南、晋西，陕西关中、陕北，甘肃的东部地区，还有河南西部与晋南关中交界的灵宝、陕县。此外，古全浊仄声送气字音在陕南、宁夏、青海等地也有多少不等的分布。以上地区在地理上连成一片，志延片大致位于这一区域的东部地区。

综上，我们可以确定，古全浊声母清化后，在志延片中曾经不分平仄都读送气音，"全浊送气"是曾经存在过的一个历史层次。不过由于权威方言的影响，志延片方言"全浊送气"的现象已逐渐萎缩，部分古全浊仄声字的声母发生了从送气到不送气的演变。

目前，志延片古全浊仄声字的演变仍在进行中，不送气的新读是演变的方向，在方言中以词汇扩散的形式逐步替换送气的旧读，普通话的强势推广加快了此种演变的速度。

据调查，各县新派方言古全浊仄声字读送气音的字，各点相同的有：①"佩枇耙沓叛突强_{勉~}特艇挺仆瀑"，与普通话相同；②跪褯饽_{面~}绽_{花~}开了造。其余辑录如下：

  吴起：部簿避撞着镯噍

  志丹：部避撞镯噍

  安塞：部捕避撞焙舵怠递噍着

  延安：部避撞簿焙

  甘泉：橛_{木~}（送气不送气两读）

  延长：部捷_{~径}路撞

从以上罗列的情况可以看出，各县新派方言比较一致，残存的古全浊仄声字读送气音的字数并不多，一般是口语高频词或不知道本字的字，其中大多数在整个陕北晋语乃至北方话中也读送气音声母。这说明，志延片各县新派方言古全浊仄声字由送气向不送气声母的演变已经接近尾声。

二 古知庄章组声母的演变

志延片方言中，古知庄章组声母读 [ts] [tʂ] 两组声母，其分合规律、字音的分布体现出非常强的一致性。知二庄开口及止开三章组字与精组洪音字合流，读 [ts]

组、知三章（止开三章组例外）及庄组合口字合流，读 [tʂ] 组。效开二"抓爪"、臻开三"榛臻"例外，读 [tʂ] 母；山合二"篡"例外，读 [ts] 母。

（一）志延片知庄章精组声母的今读类型

从古知庄章精组的音类分合来看，汉语知庄章精组声母的今读通常有三种类型：合流型、二分型、三分型。志延片知庄章精组的今读属于二分型。熊正辉（1990）将官话区分 [ts][tʂ] 的类型概括为济南型、南京型、昌徐型三种。济南型是精组读 [ts] 类，知庄章都读 [tʂ] 类；南京型是庄组三等和精组读 [ts] 类，庄组二等和知章组读 [tʂ] 类；昌徐型是知二庄开口、章组止摄与精组合并，读 [ts] 类，知三章组（章组止摄开口三等除外）及知二庄组合口读 [tʂ] 类。志延片知庄章精组的今读规律与昌徐型吻合。昌徐型也是西北方言中最普遍的类型。

庄初升、万波（2019）进一步将昌徐型细分为典型的昌徐型 A0、变异的昌徐型 A1 和 A2。A0 型是今读开口呼的知二庄精组字读 [ts] 组声母，今读合口呼的知庄章字读 [tʂ] 组声母，例如徐州话。A1 与 A0 的区别在于知庄章今合口呼字声母的音值不同，A0 读 [tʂ、tsʰ、ʂ]，A1 读 [pfu-、pfʰu-、fu-] 或以 [fu-] 对应 A0 的 [ʂu-]。A2 与 A0 最大的不同是，A2 型的知庄章今合口呼字全读 [ts] 组，开口知三章有的读 [tʂ] 组，有的读 [t、tʰ] 或 [k、kʰ]，如昌黎话、陕西商县话（张家塬）。

依照上述分类，志延片方言知庄章的今读属于二分型，具体到音值，则属于典型的昌徐型。

（二）典型的昌徐型分布的范围

知庄章的二分型在汉语方言里分布极广，向北一直延伸到新疆、内蒙古，向西一直延伸到青海，向南一直延伸到湘语、赣语区，向东一直延伸到胶辽半岛。昌徐型是二分型下的次类型，分布的范围也很大：中原官话汾河片、关中片、洛徐片（徐州）、秦陇片（西宁）、郑曹片（赣榆）、南疆片（焉耆）、兰银官话的北疆片（乌鲁木齐）、河西片（民勤）、北京官话的仓惠片（沧州）、保唐片（天津）、北疆片（温泉）、胶辽官话的青州片（平度）、登连片（文登）等。（王临惠 2003a：64）其中，徐州话、陕西定边话（属中原官话秦陇片）、宁夏海原话、固原话、甘肃敦煌话、新疆乌鲁木齐话、民勤话都属于典型的昌徐型。那么，典型的昌徐型在志延片周边方言里分布的具体情况如何呢？

陕北晋语知庄章的今读比较统一，以典型的昌徐型为主流形式。李建校（2011：20—30）对陕北晋语（延安以北县市）中知庄章组的今读声母进行了讨论，其中知二庄与知三章有别，大部分方言点属于典型的昌徐型，作者叫"[tʂ]组为主型"；只有位于黄河边的坑镇佳县、宋家川吴堡、岔上吴堡、张家山吴堡、枣林坪绥德、义合绥德6个方言点不同，作者叫"[ts]组为主型"：宕江摄庄组开口、江摄知组二等开口和知庄章合口读[ts]组，梗开二知组读[tʂ]组。（李建校2011：26）"[ts]组为主型"与陕北晋语其他方言点的读音恰恰相反，而与黄河对岸的山西临县等方言一致。山西中部有16个方言点将知庄章合口并入了精组洪音[ts]组，包括西区的临县、柳林、离石，中区的孝义、介休、平定、和顺等方言，形成一条狭长的方言带。（王洪君2007）坑镇等6个方言点与临县、柳林隔河相望，其知庄章合口字读[ts]组声母应该是受到后者影响的结果。

志延片东面黄河对岸的山西方言的知庄章今读类型比较丰富。王洪君（2007）对山西101个方言点的古知庄章组今读音进行了深入考察，将其分为3大类，I 知庄章两分型；II 知庄章合一型；III 知庄章精四组合一型。知庄章两分的 I 型有57个方言点，数量最多，广泛分布在山西各个地区。这57个点细分为4个小类，区别主要是合口字的归并与音值。其中第①种"开口知二庄（ts组）知三章（tʂ组，晋东南或为tʃ组、tɕ组）；合口归并为tʂ组"，与志延片知庄章声母的分合类似，都属于昌徐型。这种类型分布在29个方言点，其中属于典型昌徐型的有23个点：大同、天镇、山阴、朔县、阳高、左云、右玉、代县（止蟹合三、通合三等入 ts）、繁峙、岢岚、保德、偏关、河曲、中阳、汾阳、大宁、永和（合口 tʂ 似不是全部）、蒲县（合口 tʂ 似不是全部）、石楼、霍州、乡宁、垣曲、襄汾。这23个点多数分布在山西省的北部、西部，属于晋语大包片、五台片、吕梁片及中原官话汾河片。

志延片南边的关中方言，包括西安、铜川、宝鸡、渭南、咸阳5市全区，延安地区的黄陵、黄龙、洛川、宜川、富县以及商洛、安康地区的部分县市，共计50多个县市，分属中原官话关中片、汾河片和秦陇片。张双庆、邢向东（2012）指出：关中方言古知系开口字一般以知二庄、知三章为分野发生分化，知二庄读舌尖前音[ts tsʰ s z]，与精组声母合流，知三章读[tʂ tʂʰ ʂ z]，独立为一个音类，读[tʂ/t]或[k/

c]组声母。属于官话方言知系开口字分 [ts tʂ] 类型中的昌徐型。而古知系合口字在关中方言中读音比较复杂：关中东部华县等 17 个方言点知系合口与精组合流，在其他点并未合流。未合流的方言又有三个小类：知系合口字分别读 [tʃʷ] 组、[pf] 组、[tʂ] 组（开口呼韵母）。因而关中方言知庄章的今读类型应当属于变异的昌徐型。

志延片西面是甘肃、宁夏，方言属于中原官话秦陇片与陇中片，其中甘肃陇东地区与吴起、志丹相邻。有关甘肃陇东地区的方言材料极少。《甘肃方言概况》（1960：4）提到，陇东地区的方言"部分 tʂ 组字读成了 ts 组，这些字包括古知庄章三组的开口二等字（江摄除外）和同组的止、流、深摄三开口三等字"。《陕甘宁青四省区汉语方言的分区（稿）》（张盛裕、张成材 1986）列举了"猪出书入"四字的读法分类与分布，其中声母的音值没有发生变异的是己类与丁类。己类读 [tʂu、tʂʰu、ʂu、ʐu]，分布极广，分布在陕西的勉县，宁夏的银川、固原、吴忠、中卫、贺兰等 15 处，甘肃的平凉、靖远、临夏、永靖、榆中、民勤、嘉峪关市、酒泉、古浪、天祝、盐池等 27 处。丁类读 [tʂɿ、tʂʰɿ、ʂɿ、ʐɿ]，分布在陕西的陇县[①]、延安市（今宝塔区）、甘泉、延长、定边、白河、平利、镇安、商南、柞水 10 处，甘肃的庆阳、环县、华池、合水、敦煌 5 处，宁夏的西吉。

由上可见，典型的昌徐型主要分布在陕西北部、山西北部和西部、甘肃东部、宁夏的大部分地区，在地理上连成一片，志延片大致位于此片的西部。王洪君（2007）运用历史层次分析法考察山西方言知庄章的三种类型，认为"I 型方言应该是方言的原生层次"。（I 型是知庄章两分型。——引者注）此结论也可以推用到志延片，即志延片的知庄章声母的格局同样是方言的原生层次，不是其他方言影响的结果。

（三）志延片知庄章声母今读形成的时间

志延片方言知庄章声母的今读有三个特点：知二庄组与知三章两分，止开三章组读同庄组开口，江开二知庄组和宕开三庄组读合口。已有学者对这三个特点的形成时间做过研究。

[①]《关中方音调查报告》与张维佳（2005：73—74）《字音对照表》中，陇县的古知系合口呼字记作 [tʂɿ- tʂʰɿ- ʂɿ- ʐɿ-]。张双庆、邢向东（2012）认为，如果用严式记音法，应当被记作 [tʃʷ tʃʰʷ ʃʷ ʒʷ]。

罗常培（1933）通过对反映晚唐五代西北方音的敦煌文献的研究，认为唐五代西北方音中知庄章组声母已混而不分。邵荣芬（1963）通过对敦煌俗文学别字异文的考察以及对罗常培的汉藏对音材料的比较，结论稍有不同。邵先生认为："可以相信当时三等韵里的知、章两组声母已经不能分辨"，"我们似乎只能肯定止摄崇母和常母的不分"，即庄组只是一部分字并入知、章组，其他庄组仍然独立。至于知组二等的表现如何，邵文没有讨论。万波（2009：224—231）结合各家的研究，比照了以下几种文献材料，明末清初张自烈的《正字通》，元代周德清的《中原音韵》，南宋吴棫的《韵补》，反映五代宋初实际语音的毋昭裔的《尔雅音图》，反映唐五代西北方音的敦煌文献，最后得出如下结论：知二庄组与知三章两分类型在晚唐五代即已形成，经过两宋、元、明、清而仍保留在现代赣语、客家话以及部分山西、山东方言里。现在看来也保留在陕北晋语里。

中古止摄开口章组字读同知二庄组也是由来已久。桑宇红（2009）整理、归纳近代汉语文献后发现，在近代汉语时期，止摄开口三等知庄章组字存在三种读音类型：①止开三知组与章组合流，与庄组对立，《古今韵会举要》《蒙古字韵》《西儒耳目资》属于这种类型；②止开三庄组与章组合流，与知组对立，《中原音韵》《韵略易通》《韵略汇通》《交泰韵》《五元方音》属于这种类型；③止开三知、庄、章三组声、韵均合流，《重订司马温公等韵图经》《音韵集成》属于此类。包括志延片在内的陕北晋语保持知二庄组和知三章的对立，止开三章组读同庄组，属于第②类。反映这种类型的几部韵书以《中原音韵》（1324）为最早。忌浮（1964）指出：《中原音韵》中"中古止摄开口章组进入支思韵与庄组字合并……"，这说明最晚从元代起，这类方言中止开三庄章组已经合流，与知组对立。

江开二知庄组和宕开三庄组今读合口呼是官话、晋语的普遍特征，北京、济南、太原、武汉、合肥、扬州都是如此。麦耘（2010）认为："按现在掌握的材料，最早表现江摄知照组读合口的材料大概是南宋的《四声等子》。至于宕摄照二组字，在元代《蒙古字韵》里还标着一个性质未明的'h'介音，在《中原音韵》里才正式归合口。"从时间先后可以看出，由于阳韵和江韵合流，宕开三庄组字受到江开二庄组字的影响，变读合口。

李建校（2011：27）认为，陕北晋语知庄章的语音格局应该在唐五代西北方音里就已经初步形成。综合以上研究成果，我们认为：唐五代时只是初步形成了知庄章的两分，其余止开三章组、江开二知庄组和宕开三庄组等的读音是后来逐步形成的。志延片知庄章的今读格局与《中原音韵》一类方言一脉相承，此格局最晚在元代已经形成。因为知庄章的今读格局形成已达数百年，加之与周边很大范围内的方言一致，使得志延片知庄章声母非常稳定，即使在今天强势的普通话影响下仍未产生改变。至今，志延片不管是老户话、移民话还是新派话，知庄章的今读规律基本一致。其他陕北晋语也是如此。

三　古疑影母开口字的演变

（一）志延片古疑影母开口字的今读

古疑影母开口一等字一般读鼻音声母，安塞、延安、甘泉、延长读 [ŋ] 母，吴起、志丹没有 [ŋ] 母，读 [n] 母，与泥母读音相同。受共同语影响，少数非常用字读零声母，如：阿哀埃昂；志丹、吴起的"我"字读 [v] 声母。疑影母开口一等字一般今读开口呼韵母，果开一、宕开一入不同，今读合口呼，但不论韵母是开口呼还是合口呼，鼻音声母都是一致的。

古疑影母开口二三四等字，在志延片方言中大部分读零声母，部分读同泥母，读 [n] 母（细音韵母前为 [ȵ] 母①）。读 [n] 母的多是疑母字，影母字较少。疑影母开口二三四字一般今读齐齿呼韵母，少数入声字（宕开三入、江开二入）读撮口呼韵母。也有例外：蟹开二"挨~住崖捱~打矮~子"，今读开口呼韵母，其中，"崖捱~打矮~子里选将军"在六县一致读 [n] 母，"挨~住"在吴起、志丹读 [n] 母，在其他四县读 [ŋ] 母。

志延片老户话中古疑影母开口二三四字今读 [n] 母（包括 [ȵ]）的字，辑录如下。

吴起：【疑】崖捱~打倪宜谊疑拟咬牛凝仰硬孽业逆；

　　　【影】挨矮压。

志丹：【疑】崖捱~打倪宜谊疑拟咬牛眼凝仰硬孽业逆；

---

① [ȵ] 是 [n] 的音位变体，故下文的讨论中不涉及。

　　　　【影】挨矮压。

安塞：【疑】牙崖捱~打倪宜谊疑拟咬牛凝仰硬孽业逆；

　　　　【影】挨矮压。

延安：【疑】牙芽崖捱~打倪谊疑拟咬牛酽言~传（说话）眼颜凝仰硬孽业逆；

　　　　【影】哑亚挨矮鸭蔫死~压。

甘泉：【疑】牙芽崖捱~打倪宜谊疑拟咬牛言~传眼颜砚凝银仰硬孽业逆；

　　　　【影】挨矮蔫死~压鸭押~宝。

延长：【疑】牙芽衙雅崖涯捱倪谊疑拟咬牛眼颜雁严言~传酽砚硬银仰凝业孽逆；

　　　　【影】鸦亚哑挨矮鸭押~宝压。

　　由上可见，志延片古疑影母开口二三四等今读 [n] 母的字差异不是太大，字数从多到少依次为：延长＞甘泉＞延安＞安塞、志丹、吴起，大致呈现出由东至西、由南向北递减的趋势。

　　（二）志延片古影疑母开口字的演变

　　包旭玲（2005）、赵学玲（2007）在分析中原官话汾河片以及其他汉语方言古疑影母今读的类型时，均以今四呼作为观察的角度。包旭玲（2005）认为，"汾河片古疑影母是按照今四呼的不同而分化。"乍看之下，志延片疑影母的读音似乎也同今四呼对应整齐：在开口呼前，安塞等四县读 [ŋ] 母、吴起与志丹读 [n] 母；在齐齿呼、撮口呼前读 [ȵ] 或零声母；在合口呼前读 [v] 或零声母。但有两个例外：①在吴起、志丹、安塞、延安、甘泉五县方言中，果开一疑母字今读鼻音声母、合口呼韵母，这与合口呼韵母前疑影母读 [v/ø] 的规律不符。例如吴起、志丹：饿俄鹅 [nuə]。②蟹开二疑母字"捱~打崖矮~子"，各县都读 [n] 母、开口呼韵母。在安塞、延安、甘泉、延长话中，疑影母在开口呼前读 [ŋ] 母，读 [n] 则不合规律。如果从中古音的开合口以及"等"的角度看，志延片方言的疑影母在开口一等字前今读 [ŋ] 母，在开口二等字前今多读 [n] 母。这样的话，上述两个所谓的"例外"都不是例外，反而合乎规律。所以，志延片方言的古疑影母不是按照今四呼的不同而分化的，准确地说，是以中古音的开合、韵等为条件而分化的。

由此，我们对中原官话"汾河片古影疑母是按照今四呼的不同而分化"这一判断产生怀疑。查阅《山西方言调查研究报告》，运城的"我饿"两字，芮城、永济、平陆的"饿"字都读 [ŋ] 母、[uo] 韵，与吴起等方言一致，说明这些方言疑影母的演变并不是按照今四呼的不同分化的。由于北京话的影响，很多方言果摄见系字 [u] 介音脱落，韵母由合口呼变为开口呼，蟹开二疑母字产生零声母的文读。因此从共时平面看，确实与开口呼前疑影母读 [ŋ]、细音前部分读零声母的两条规律吻合。方言的演变覆盖了曾经存在过的事实。如果就此简单地认为古疑影母以今四呼为条件分化，必然会导致对演变过程的错误推断。从志延片方言以及汾河片的运城、芮城、永济、平陆的方言事实来看，古疑影母是以古音的开合、韵等为条件而分化。

《切韵》时代的疑母是牙音，影母是喉音，读音不同。根据高本汉的拟音，疑母为 [*ŋ]，影母为零声母，韵母前加喉塞音 [*ʔ]。（高本汉 2003：259、538）

1. 疑影母开口一等字的演变

安塞、延安、延长、甘泉四县方言，疑影母开口一等字读 [ŋ]，保留了疑母的中古读音，影母读同疑母，影母并入了疑母，"大约因为影母是喉塞音 [ʔ]，发音部位转移为舌根鼻音 [ŋ]，是很自然的"（王力 2008：684）。这种类型在北方方言里分布最广，东北官话、冀鲁官话、中原官话、兰银官话、西南官话和晋语大部分方言都有分布。吴起、志丹疑影母开口一等字读 [n] 母。这种情形与河北保定等地相同，影母"大约是先过渡到疑母 [ŋ]，然后伴随着疑母开口字，一起转入泥母 [n]"（王力 2008：685）。在陕北晋语里，榆林、吴起、志丹三县方言没有 [ŋ] 母，疑影母开口一等字读同泥母，当是 [ŋ] 母进一步演变的结果。

2. 疑影母开口二三四等字的演变

志延片方言疑影母开口二三四等字读 [n] 母或零声母。开口三等影组字都读零声母，影、喻母字合并较早，演变规律相同。延长话疑影母开口二三四等字今读 [n] 母的字数最多，我们以延长话为例，分析疑影母开口二三四等字合流的具体情形。

剔除方言不用的字，包括入声字（随合口演变的入声字"额"不计入），《方言调查字表》所列疑母开口二三四等字数分别是：16、26、4，影母开口二三四等字数分别是 16、56、6。延长话疑影母开口二三四等字的具体读音及字数见表 3-3。影母三等字读零声母的字数太多，表中只举例，其余省略不列。

表 3-3　延长老户话疑影母开口二三四等字今读声母表

声母 韵等			疑母字		影母字
		字数	具体字	字数	具体字
二等 疑 16/ 影 16	n	12	牙芽衙雅崖涯捱咬眼颜雁硬	8	鸦亚哑挨矮鸭押~宝压
	∅	3	岳山~岳姓~乐	7	丫勒轧握莺鹦樱
	ŋ	1	严把吃的盖~	1	挨
三等 疑 26/ 影 56	n	12	谊疑拟牛酽业孽言~喘银仰凝逆	0	（无）
	∅	14	艺宜仪蚁义议毅沂验严~肃吟谚虐迎	56	倚椅伊医意衣依（其余略）
四等 疑 4/ 影 6	n	2	倪砚	0	（无）
	∅	2	尧研	6	幺~二三烟燕姓~燕~子宴噎

从表 3-3 可以观察到：①疑、影母开口二等字较少，且字数相当，今读为 [ŋ] [n][∅]，形成叠置的三个层次。读 [n] 的都是方言口语常用字，读 [∅] 的基本是书面语用字，读 [ŋ] 的是"挨严"两个口语高频字。很明显，疑母二等的演变路径是 *ŋ > n > ∅。疑母二等字"严"读 [ŋ] 是保留了中古读音。"挨"是影母二等字，也读 [ŋ] 母，说明影母二等是在疑母二等演变为 [n] 之前就并入疑母，然后一起向 [n] 演变。那么，影母开口二等的演变路径就是 *ʔ > ŋ > n > ∅。疑影母开口二等还有 20 字读 [n] 母，说明志延片方言疑影母开口二等字 n > ∅ 阶段的演变正在进行，还未完成。②开口三四等，影母 62 字无一例外都读零声母，疑母 14 字读 [n] 母，16 字读零声母。这说明影母三四等没有经历过与疑母合流为 [ŋ] 的阶段。疑母部分演变为零声母，部分今仍读 [n] 母，但读零声母的比例高于二等字，表明它受到影母的吸引，先于二等开始由 [n] 母向零声母演变，只是这一演变至今没有完成。疑母三四等的演变路径是 *ŋ > n > ∅，影母三四等的演变路径是 *ʔ > ∅。

从以上的分析可以看出，志延片方言开口一二等字是影母并入疑母，山西方言"各地皆是如此"；开口三四等字是疑母并入影母，与山西北区方言相同。（白静茹 2008：83）影母开口一二等字在疑母开口一二等字均读 [ŋ] 的阶段并入疑母，影母发生了 *ʔ > ŋ 的演变，一等保持疑母的中古读音 [ŋ]（吴起、志丹发生的 ŋ > n 的演变是后期的变化），二等合流后，因为滋生 [i] 介音，导致声母前化，先发生了 ŋ > n 的变化，在较晚期又由于权威方言的影响，发生了 n > ∅ 的变化。疑影母开口三四等字合流时，疑母 ŋ＞n 的演变接近完成，因为影母三四等字数量远远超过疑母三四等字，所以疑母跟随影母发生了 n＞∅ 的演变。

高本汉曾分析过 [ŋ] 发音部位前移的现象，认为是在高元音 [i] 或 [y] 的影响下，声母发音部位前移，直至颚化为舌面鼻音，与泥母细音字合流。（高本汉 2003：260）吴起、志丹疑影母开口一等字 ŋ＞n 的演变与此性质不同，疑影母开口一等字韵母中没有 [i]，当然不是受到高元音的影响导致声母发音部位前移。一种可能是，当疑母开口二三四等字大规模地发生 ŋ＞n 的演变时，吴起、志丹两方言的疑母一等字因为类推作用，也出现了相同的演变，其时已经并入疑母开口一等的影母也随之转入泥母 [n]。更大的可能是方言影响的结果。陕北晋语中，疑影母开口一等字读 [n] 母的方言，除了吴起、志丹话就只有榆林话。榆林与吴起、志丹之间隔着靖边、横山等县，行政上又分属榆林市与延安市，方言互相影响的可能性不大。而与吴起、志丹相邻的甘肃陇东地区的方言（包括环县、华池、庆阳等），"开口呼的零声母一般读 n，只有韵母 ɤ 前头读 ŋ"（甘肃师大中文系方言调查室 1960：5），与吴起、志丹情形基本相同。《中国语言资源集·甘肃》也反映，与吴起、志丹相邻的庆城县、宁县，疑影母一等字"爱影、熬疑、岸疑、安影、恩影"均读 [n] 母开口呼，庆城县"鹅、饿"也读 [n] 母合口呼。（莫超 2022：150，165，185，206，208，226）吴起、志丹话的疑影母开口一等字读 [n] 母可能是甘肃陇东方言影响的结果，或者是这一带方言的区域特征。

以上演变过程用公式图示如下：

①疑母一等 *ŋ（→ n：吴起、志丹）

    ↑

 影母一等 *ʔ

②疑母二等 *ŋ → n → ∅

   ↑

 影母二等 *ʔ

③疑母三四等 *ŋ → n

     ↓

 影母三四等 *ʔ → ∅

表面看来，疑母开口二等、三四等都经历了 ŋ > n > ∅ 的演变过程，但促使演变发生的起因不同，所以时间上并不重叠。疑影母保持 [ŋ] 音，在时间上应当属于比较早期的层次。疑影母洪音发展到 [∅] 是受到权威方言的影响，属于文读层，在时间上代表了最晚近的层次。疑母今细音读 [n]、影母今细音读 [∅]，在时间层次上介于较早期与晚期之间。

综上，志延片方言疑影母的演变有自身的特点。与北方官话相比，虽然都是疑影母合流，但二者的演变轨迹不同。北方官话中的影母到宋代就和喻母合并读零声母了。元代的《中原音韵》里，大部分疑母字加入了影喻母读零声母的行列；少数字独立或和泥母合并。丁邦新（1998：139）认为：《中原音韵》中疑母字大部分已经与影母、喻母合流，变成了零声母。明兰茂的《韵略易通》跟《中原音韵》声母的情况相差无几，只是代表当时声母系统的《早梅诗》①中已无疑母。可见，北方官话是疑母并入影母。晋语志延片与之不同，开口一二等字是影母并入疑母，开口三四等字是疑母并入影母，走的是大多数晋语和部分西北官话的路子。

第二节　入声韵的演变

一　入声韵的保留

吴起、志丹、安塞三县方言的入声字，咸山江 3 摄已完全舒化，宕摄有个别字未舒化，深臻曾梗通 5 摄多数已经舒化，少数保留入声韵，另有少数字舒入两读。延安、甘泉、延长话入声字的读字音和口语音之间存在差异，读单字时完全舒化，口语中深臻曾梗通 5 摄的部分入声字仍保留入声韵读法。

志延片方言入声韵的今读表现出以下三个特点：

---

① 《早梅诗》："东风破早梅，向暖一枝开；冰雪无人见，春从天上来。"作者兰茂用这首诗的二十个字代表当时官话的二十个声母。

1. 只有一组入声韵，开合齐撮兼备。唯延安话的入声韵只有开齐合三呼，缺少撮口呼。

2. 各县方言保留入声韵的字较少。此处"保留入声韵的字"既包括任何条件下都读入声韵的字，也包括舒入两读的字。志延片方言保留入声韵的字数大致呈现出由北向南递减的趋势。

各县方言今读入声韵的字辑录如下。根据今读情形分两类列之："入"代表该类字只有入声韵读法，"舒入两读"代表该类字有舒声韵与入声韵两种读法。

①吴起

入：【深开】十什湿入【臻开】笔毕七漆一【臻合】骨窟忽黢出【宕开】胳郝【曾开】黑【梗开】赫尺石踢吃【通合】木哭复穆竹

舒入两读：【深开】立缉拾执及吸【臻开】必弼质失日【臻合】不突戍屈【曾开】克逼熄媳力识织职【梗开】昔赤射劈剔【通合】秃谷福服目麴束褥曲

"拾立必不力秃谷"读字音为入声韵，口语音有时为舒声韵。

②志丹

入：【深开】十湿【臻开】一【臻合】不黢出【宕开】胳【曾开】逼【梗开】踢吃【通合】木哭

舒入两读：【深开】入及吸【臻开】毕七质漆膝~圪失乞~丐【臻合】骨~殖窟【宕合】霍藿【曾开】识~字式【梗开】碧只尺射一~~站起适~合石剔【通合】曲复~习

"碧质"读字音为入声韵，在"碧~绿质~量"（文读词）中为舒声韵。

③安塞

入：【深开】十【臻开】一【臻合】不黢忽窟出【宕开】胳【曾开】逼【梗开】石踢剔吃【通合】木

舒入两读：【深开】立~即集~合袭~击汁~水急~性子吸~住【臻开】膝圪~盖质~量实~际失~败漆~门乞~讨【臻合】没突骨~头戍【宕开】削剥~脚~片子【宕合】藿~香【曾开】特~别熄~火织~布识~字黑~的【梗开】吓~诈革~命擗~开劈脊~背心籍~贯狄~仁杰核桃~【通合】扑秃哭督福穆宿逐叔淑~女掬绿~色促烛束褥~子曲~折局~长

"秃"的读字音读入声韵，在"秃~子"中读舒声韵。

④延安[①]

入:【深开】十什拾【臻合】不出【宕开】胳郝姓~【曾开】识【梗开】敌

舒入两读:【臻开】一质~量失损~【臻合】核~桃窟~窿【曾开】食刻式饰【梗开】石吃吓~诈赤~胳膊适释笛墨~【通合】触接~

⑤甘泉：读字音全部舒化，口语音中存在舒入两读。

舒入两读:【臻开】实一【臻合】不出窟黢【宕开】胳【曾开】食【梗开】革石尺吃【通合】卜

⑥延长：读字音全部舒化，口语音中存在舒入两读。

舒入两读:【深开】十什拾入【臻开】失实一【臻合】不忽核~桃出窟~窿【宕开】胳【曾开】黑植木~极积~【梗开】脊~背赤尺石~头劈踢吃【通合】木哭独福目穆

另外，各县方言中也有一些中古非入声字普遍读入声，包括圪头词前缀、分音词前字、舒声促化字、有音无字词。这些字有的存在舒入两读，入声读法出现在口语常用词中。

圪头词前缀或分音词前字，如：卜~拉（摸）孛~篓圪~蹴（蹲）疙~瘩忽~咙（喉咙）□kʰəʔ分音词前字，~郎"（腔）得~溜（提）耷~揽（下垂）。

舒声促化字，如：子园~指~头那~些（他们）这~些怎~么个一~只~管可~多个（好多个）去~学校相~打（打架）蛤~蟆跋~拉（脚上拖着没有鞋后帮的鞋）忒零~撅（零碎地花钱）咳~嗽轴一~辘线（一轴儿线）咕雁~噜（大雁）做~过了（糟了）葫~芦

有音无字的，如延安：□tʰəʔ~零撅啦（形容物件零部件松动的样子），□uəʔ温~子水（半开不开的水），□tsʰəʔ明光~浪（形容明亮的样子）。

3. 舒入两读的表现形式非常丰富。

从上文罗列的例字可以看出，舒入两读是志延片老户话入声字今读的常见形式。其表现形式非常丰富，有以下几种情形：①读字音仍读入声韵，在某些词中读舒声韵，读舒声韵的词多是书面语词或新词。这类字字数较少。如吴起："毕~业

[①] 这是2010年的调查结果。2017年，笔者再次调查延安话入声字，调查结果与此不同，单字音无入声。两次调查结果也与张崇（2007）不同，张著"延安与延安方言"一节列举了一些延安话中保留入声韵的字，其中有些字在我们调查时读舒声韵，如"席集毒橘国熟"等。可能与选择的发音人不同有关。

不~行力~量谷~子"；志丹："碧~绿质~量"；再如安塞："秃~子"。②读字音舒化，口语词中读入声韵。如延安："吃 tṣʅ₁、吃 tṣhəʔ₂饭"。③读字音舒化，同一个词内同一个入声字舒入两读。如安塞："识字 ṣəʔ₅/ɿ₂ tsʅʔ"。④读字音舒化，同一个入声字组成不同的词，在某些词中读入声，在另一些词中读舒声。这是吴起等六县入声最常见的舒入两读形式。如吴起："戌"——ɕyəʔ₅~狗亥猪、ɕy 戌~变法；志丹："式"——ṣəʔ₅~样、ɿ₂ 公~；延安："石"——ṣəʔ₅~头、ɿ₂ 玉~。有些入声字的入声韵读法只保留在个别特定的词语中。如"射"字有舒声、入声两个来源，其中入声来源的读音，在部分晋语中已经不存在了。延长在"一射站起"里读入声韵；吴起在"一射两砍、一射站起"里读入声韵。再如安塞，"狄、穆"二字在专有名词"狄仁杰、穆桂英"中读入声韵。以上几种情况从①到④，舒声韵的使用范围逐步扩展，入声韵的使用范围逐步缩小，正是中古入声韵在舒化过程中的渐变性的表现。

入声韵消失是汉语方言演变的大趋势，舒入两读的现象是入声韵消变这一总趋势的一种过渡性表现。无论是何种形式的舒入两读都表明志延片的入声处于演变过程中的不稳定状态。志延片方言中，咸山宕江 4 摄的入声字都已经舒化，而深臻曾梗通 5 摄入声字，吴起、志丹、安塞、延安话中大多也已舒化，少数保留入声韵或舒入两读；甘泉、延长读字音都已经舒化，入声韵读法仅保留在口语音中，常用词成为入声残存的最后阵地之一，说明两县入声韵的舒化已经接近尾声。

我们也观察到在延安、安塞的入声字有回头演变的情形。以延安话为例。

2017 年笔者全面调查延安老户话，再次调查了延安话的入声字。此次的调查结果是单字音无入声，入声只出现在语流中。语流中，中古入声字仍读入声的辑录如下：

【深开】十什拾入[①]~脏（脏）

【臻开】不实欢~（行动敏捷自如）失张狂~道一~个

【臻合】不骨打~隆儿（打滚儿）窟水~子（水坑）出

[①] 一般写同音字"日"。

【宕开】胳~膊袼~褙

【曾开】识黑~小子（蟋蟀）直副词：~一夜食猪~槽子

【梗开】格~式核~桃石吃劈三~二马（形容处理事情粗略、迅速的样子）

【通合】毂击打：~咾一伙

2017年与2010年两次调查结果不同，主要原因是两次发音人不同。我们在深入调查后发现：延安65岁以下男性的语音在新延安话和陕北晋语的影响下，变化明显。（高峰2020a，2020b）第一次的主要发音人是赵应生，1952年出生，到2017年时恰好65岁。第二次的主要发音人是高树旺，1944年出生，比赵年长八岁。赵应生单字音中入声字增加，正是延安话向陕北晋语回归的表现。

二 入声韵的今读类型

陕北晋语与山西方言隔河相望，关系密切。山西方言的同类现象可以作为观察晋语志延片方言的参照系。王洪君（1990）指出："山西方言入声韵的演变就其在今方言中的分合可以分为以下四种类型：（一）四组韵母型，（二）三组韵母型，（三）两组韵母型，（四）一组韵母型。"参照上述分类，吴起、志丹、安塞、延安、甘泉五县方言属于四组韵母型；延长话也属于四组韵母型，但兼具延川话入声字的某些特点，表现出过渡性特征。

（一）吴起、志丹、安塞、延安、甘泉入声韵的今读类型

吴起、志丹、安塞、延安、甘泉五县方言的入声字今派入四组韵：低元音a组，中前元音e组，中后元音o组，高元音i组。在两组中元音中，咸山一入、宕江入的主元音偏后，属o组，曾开合一入、梗开二入、咸山三四入的主元音偏前，属e组。

低元音a组，包括咸山开二、山合二、咸山开一非见系、咸山合三帮系的入声字，与假开二同音。例字见表3-4，下同。

表 3-4　晋语志延片老户话入声低元音组例字表①

	夹咸开二	察山开二	刷山合二	滑山合二	答咸开一	辣山开一	法咸合三 发山合三
吴起、志丹、安塞、延安、甘泉	˛tɕia	˛tsʰa	˛ʂua	˛xua	˛ta	˛la	˛fa

中前元音 e 组，没有撮口呼，齐齿呼来自咸山开三四，读 [ie/iɛ]，与假开三合流；开合两呼来自曾开合一、梗开二，读 [ei uei]，与蟹止摄合口合流。

表 3-5　晋语志延片老户话入声中前元音组例字表

	叶咸开三	跌咸开四	灭山开三	铁山开四	或曾合一	客梗开二
吴起、安塞	˛iɛ	˛tiɛ	˛miɛ	˛tʰiɛ	˛xuei	˛kʰei
志丹、甘泉	˛ie	˛tie	˛mie	˛tʰie		
延安					˛xuei/˛xuɤ	˛kʰei/˛kʰɤ

中后元音 o 组，o 多发生展唇化。来自咸山开一见系、山合一、山合三四、宕江及通合三庄组，与果摄合流。其中，咸山开一见系、山合一、山合三章组、宕开一、宕开三知系、宕合一、江开二知系、通合三庄组的入声舒化韵读 [uə/uɤ]，山合三四、宕开三非知系、宕合三见系、江开二非知系的入声舒化韵读 [yə/yɤ]。

表 3-6　晋语志延片老户话入声中后元音组例字表

	鸽咸开一 割山开一	脱山合一	说山合三	落宕开一	勺宕开三	郭宕合一
吴起、志丹、安塞	˛kuə	˛tʰuə	˛ʂuə	˛luə	˛ʂuə	˛kuə
延安、甘泉	˛kuɤ	˛tʰuɤ	˛ʂuɤ	˛luɤ	˛ʂuɤ	˛kuɤ
	捉江开二	雪山合三	缺山合四	药宕开三	攫宕合三	岳江开二
吴起、志丹、安塞	˛tʂuə	˛ɕyə	˛tɕʰyə	˛yə	˛tɕyə	˛yə
延安、甘泉	˛tʂuɤ	˛ɕyɤ	˛tɕʰyɤ	˛yɤ	˛tɕyɤ	˛yɤ

高元音 i 组，主要来自深臻通、曾梗三四入，舒化韵读高元音或舌尖元音 [i (ʅ)、u、y]，入声韵读 [-əʔ]。

---

① 若延安、甘泉、延长话的例字在语流中有入声读音，也在例字表列出。下同。

表 3-7　晋语志延片老户话入声高元音组例字表

	急深开三	拾深开三	笔臻开三	吉臻开三	出臻合三	突臻合三	食曾开三
吴起	₅tɕi	səʔ₅/₅ɿ	piə₅ʔ	₅tɕi	tʂʰuəʔ₅	tʰuəʔ₅/₅tʰu	₅ɿ
志丹	₅tɕi	₅ɿ	₅pi	₅tɕi	tʂʰuəʔ₅	₅tʰu	₅ɿ
安塞	tɕiəʔ₅/₅tɕi	₅ɿ	₅pi	₅tɕi	tʂʰuəʔ₅	tʰuəʔ₅/₅tʰu	₅ɿ
延安	₅tɕi	sə₅ʔ	₅pi	₅tɕi	tʂʰuəʔ₅/₅tʂʰu	₅tʰu	ɿ₅ʔ/₅sɿ
甘泉	₅tɕi	₅ɿ	₅pi	₅tɕi	tʂʰuəʔ₅/₅tʂʰu	₅tʰu	sə₅ʔ/₅sɿ
	力曾开三	石梗开三	适梗开三	踢梗开四	吃梗开四	哭通合一	足通合三
吴起	liəʔ₅/₅li	sə₅ʔ	₅ɿ	tʰiə₅ʔ	tʂʰə₅ʔ	₅kʰuəʔ	₅tɕy/₅tsu
志丹	₅li	sə₅ʔ/₅sɿ	sə₅ʔ/₅sɿ	tʰiə₅ʔ	tʂʰə₅ʔ	₅kʰuəʔ	₅tɕy/₅tsu
安塞	₅li	sə₅ʔ	₅ɿ	tʰiə₅ʔ	tʂʰə₅ʔ	kʰuəʔ₅/₅kʰu	₅tɕy/₅tsu
延安	₅li	sə₅ʔ/₅sɿ	sə₅ʔ/₅sɿ	₅tʰi	tʂʰə₅ʔ/₅tʂʰʅ	₅kʰu	₅tɕy/₅tsu
甘泉	₅li	sə₅ʔ/₅sɿ	sə₅ʔ/₅sɿ	₅tʰi	tʂʰə₅ʔ/₅tʂʰʅ	₅kʰu	₅tɕy/₅tsu

（二）延长入声韵的今读类型

延长北接延川，西连延安，表现出过渡性特点。

在延川话中，入声派入三组韵，a 组，ɤ～ɛ 组，ɜ 组。a 组的来源与吴起等五县方言的 a 组来源相同。ɤ～ɛ 组，开合两呼来自山咸一见系入、宕江入（洪音），齐撮两呼来自咸山三四入与宕江入（细音）。ɤ～ɛ 组的主元音，开合两呼读后元音 [ɤ]，齐撮两呼读前元音 [ɛ]，虽然在音值上存在前后的差异，但不构成对立，可配为一组。ɜ 组主要来自深臻曾梗通入。深臻曾梗通入今分长入、短入，长入读 [ɜ iɜ uɜ yɜ] 韵，短入读 [ɜʔ iɜʔ uɜʔ yɜʔ] 韵。

延长话的入声低元音组、高元音组与吴起等五县方言相同；中元音组中，曾一入、梗开二入今读 [ei uei] 韵，与吴起五县方言相同，其余与延川话相同。延长话与吴起等方言相比，中元音组音类分合的差异在于：①宕江入（今细音）、咸山三四入合口字，吴起等方言读 [yə/yɤ] 韵，归中后元音组，延长话读 [ie ye] 韵，归中前元音组，与延川话相同。② 宕江入（今洪音）字，吴起等方言读 [uə/uɤ] 韵；延长话的宕开入、江开入帮组读 [ɤ] 韵，宕合入、江开知系入读 [uɤ] 韵。

延长话的入声字读音举例见表 3-8、3-9、3-10，为便于比较，同时列出延川话的读音。

表 3-8　延长、延川话入声低元音组例字表

	甲咸开二	察油~山开二	刷山合二	滑山合二	答咸开一	辣山开一	法咸合三 发山合三
延长	₋tɕia	₋tsʰa	₋sua	₋xua	₋ta	₋la	₋fɑ
延川	tɕia₋①	₋tsʰa	sua₋	₋xua	₋ta	la₋	fa₋

表 3-9　延长、延川话入声中元音组例字表

	鸽咸开一 割山开一 各宕开一	脱山合一	说山合三	勺宕开三	郭宕合一	捉江开二	黑曾开一
延长	₋kɤ	₋tʰuɤ	₋suɤ	₋sɤ	₋kuɤ	₋tʂuɤ	xəʔ₋/₋xei
延川	kɤ	tʰuɤ	suɤ	sɤ	kuɤ	tʂuɤ	xɤ
	国曾合一	客梗开二	叶咸开三	跌咸开四	灭山开三	铁山开四
延长	₋kuei/₋kuɤ	₋kʰei	₋ie	₋tie	₋mie	₋tʰie
延川	₋kuɤ	kʰɤ	iɛ₋	tiɛ₋	miɛ₋	tʰiɛ₋
	雪山合三	血山合四	脚宕开三	矍宕合三	岳江开二
延长	₋ɕye	₋ɕie	₋tɕie	₋tɕye	₋ie
延川	ɕyɛ₋	ɕiɛ₋	tɕiɛ₋	tɕyɛ₋	iɛ₋

表 3-10　延长、延川话入声高元音组例字表

	急深开三	拾深开三	笔臻开三	吉臻开三	突臻合一	出臻合三	食曾开三
延长	₋tɕi	ʂʅ₋/₋ʂʅ	₋pi	₋tɕi	₋tʰu	tʂʰuəʔ₋/₋tʂʰu	ʅ₋
延川	tɕiɜʔ₋/tɕiɜ₋②	ʂʅɜ₋	piɜʔ₋/piɜ₋	tɕiɜʔ₋/tɕiɜ₋	tʰuɜʔ₋/tʰuɜ₋	tʂʰuɜʔ₋/tʂʰuɜ₋	ʂʅɜ₋
	力曾开三	石梗开三	适梗开三	踢梗开四	吃梗开四	哭通合一	足通合三
延长	₋li	ʂʅ₋/₋ʂʅ	ʅ₋	tʰiəʔ₋/₋tʰi	tʂʰəʔ₋/₋tʂʰʅ	kʰuəʔ₋/₋kʰu	tɕyəʔ₋/₋tɕy
延川	liɜ₋	ʂʅɜ₋	ʂʅɜʔ₋/ʂʅɜ₋	tʰiɜʔ₋/tʰiɜ₋	tʂʰɜʔ₋/tʂʰɜ₋	kʰuɜʔ₋/kʰuɜ₋	tɕyɜʔ₋/tɕyɜ₋

---

① 是长入调。
② 前短入、后长入。

（三）与西安、绥德的比较

如前所述，吴起、志丹、安塞、延安、甘泉五县方言入声韵类的分合比较一致，只有韵母的音值存在差异。为了更好地说明其入声韵的演变，我们选择延安话、延长话为代表，与西安、绥德（黑维强 2016a：91—94）进行比较。

表 3-11　晋语志延片老户话入声韵今读韵母表

古韵类		今韵母	西安	延安	延长	绥德
山咸二入（含同摄开一非见系入、合三帮系入）			a ia ua	a ia ua	ɑ iɑ uɑ	a ia ua
山咸一	见系入		uo	uʏ	ʏ	ə
	山合一入				uʏ	ə uo
宕江入（洪）	宕开入 江开入帮组		uo	uʏ	ʏ	ə
	宕合入 江开知系入				uʏ	uo
宕江入（细）			yo	yʏ	ie	ie ye
咸山三四入	开口	知系	ə	ʏ	ʏ	ə
		非知系	ie	ie	ie	ie
	合口	知系	uo	uʏ	uʏ	uo
		非知系	yo	yʏ	ye	ie ye
梗二入 曾一入	开口	帮端泥组	ei	ei	ei	ie
		知系见系				ə
	合口		uei	uei	uei	uo
深臻通入、曾梗三四入			i(ʅ) u y	i(ʅ) u y	i(ʅ) u y	i(ə) y

表 3-11 反映出志延片与西安等方言在入声韵的演变上存在如下关系。

①吴起等五县方言，入声舒化后的韵类分合及韵母音值与关中方言相近，说明它们的入声韵舒化走了与关中方言相同的演变路向。关中方言中，入声字的今读韵母保留了一些早期的元音的高低对立，但韵类合并严重，吴起等五县方言照搬了这些对立与合并。

②延长话的咸山宕江 4 摄入声舒化后的韵母与延川、绥德话大致相同，深臻曾梗通 5 摄入声舒化后的韵母与吴起五县方言及关中方言一致。这种情形表明，很可能在延长话与关中方言发生接触时，延长话的咸山宕江 4 摄入声字已经舒化，而深臻曾梗通 5 摄入声字还未开始舒化或刚刚开始舒化。受到北上的关中方言的影响，延长话的深臻曾梗通 5 摄入声字选择了关中方言的舒化规律。

三　入声韵的舒化与韵摄、声母的关系

（一）入声韵的舒化与韵摄的关系

从本节第一部分所罗列的例字可以看出，中古入声字在志延片各方言中多读舒声韵，其中咸山江摄入声字已经全部舒化，宕摄个别入声字未舒化，今读入声韵的字主要分布在深臻曾梗通 5 摄。志延片方言入声舒化的顺序符合"低元音入声韵先舒化，高元音组的入声韵后舒化"（王洪君 1990）的普遍规律。

为了观察志延片方言入声韵的舒化与韵摄的关系，我们统计了各方言点入声舒化字在各摄的分布数量，见表 3-12。入声舒化字包括已经彻底舒化以及正在发生舒化的"舒入两读"的入声字。为了比较的方便，表 3-12 各摄入声字的总数统一采用《方言调查字表》剔除生僻字后的数量，比实际调查所得的字数略多。因为相差不大，并不影响比较的结论。

表 3-12　晋语志延片各县老户话入声舒化字在各摄的分布统计表

	吴起	志丹	安塞	延安	甘泉、延长
咸摄 69	69	69	69	69	69
山摄 112	112	112	112	112	112
宕摄 66	64	65	65	63	66
江摄 26	26	26	26	26	26
深摄 26	22	24	25	23	26
臻摄 56	46	52	50	54	56
曾摄 48	47	47	47	47	48
梗摄 97	92	95	93	96	97
通摄 80	75	78	79	80	80

根据上表，以上的排列次序没有完全相同的。我们发现，除了同样印证"低元音组的入声韵先舒化、高元音组的入声韵后舒化"的一般规律外，似乎不能在微观的层面看到更明显的规律。这是因为志延片方言的入声韵舒化程度较高，特别是甘泉与延长两方言单字音的入声舒化已经接近完成，所以难以细致地反映具体的演变轨迹。同时也说明，志延片方言入声韵的舒化，采用的是词汇扩散的方式，因此在各方言之间没有形成统一的步调。

（二）入声韵的舒化与声母的关系

刘淑学（2000）、李建校（2011：102—106）从声母清浊的角度分别对河北方言、陕北晋语的入声韵进行过分类统计，以了解声母的清浊对入声韵舒化的影响。我们也试图从这个角度看一下志延片入声韵舒化与声母清浊的关系。

依据《方言调查字表》所录的入声字，剔除方言中不用的"镬苶瘌篥哕秾机焌柞蓋鏌鑋泥搥弎饬莕檗挪喫斛锝"等字，共得全清入235字，次清入92字，全浊入139字，次浊入114字。志延片方言入声韵在各声母中的分布情况见表3-13。

表3-13　晋语志延片老户话入声舒化字在声母中的分布统计表

	吴起	志丹	安塞	延安	甘泉	延长
全清入235字	207 88.1%	218 92.8%	206 87.7%	224 95.3%	230 97.9%	228 97.0%
次清入92字	78 84.8%	80 87.0%	82 89.1%	86 93.5%	87 94.6%	84 91.3%
全浊入139字	130 93.5%	134 96.4%	127 91.4%	132 95.0%	136 97.8%	132 95.0%
次浊入114字	105 92.1%	112 98.2%	111 97.4%	114 100%	114 100%	111 97.4%

从古声母清浊的角度看，不同类声母的入声字舒化速度的快慢如下：

吴起：全浊入＞次浊入＞全清入＞次清入

志丹：次浊入＞全浊入＞全清入＞次清入

安塞：次浊入＞全浊入＞次清入＞全清入

延安：次浊入＞全清入＞全浊入＞次清入

甘泉：次浊入＞全清入＞全浊入＞次清入

延长：次浊入＞全清入＞全浊入＞次清入

其中，延安、甘泉、延长一致，都是次浊入＞全清入＞全浊入＞次清入，吴起、志丹、安塞略有不同。不过，还是反映出次浊入舒化比例较高，次清入舒化比例较低，这与陕北绥德、神木、米脂情形相仿。（李建校2011：102—106）

第三节 声调的演变

一 上声与去声

（一）吴起、志丹、安塞、延安、甘泉的上声与去声

吴起、志丹、安塞、延安、甘泉五县方言，古上声清声母、次浊声母字今读上声，古上声全浊声母字和古去声字今读去声。吴起、志丹、安塞、甘泉话的上声、去声单字调调型相近，调值不同。只有延安上声53，去声442，上声、去声调型不同。吴起、志丹、安塞、延安、甘泉五县方言都有部分古去声、全浊上字读如上声，暂未发现古清上、次浊上字读如去声的。李建校（2011：120）调查的安塞高桥话，上声31、去声53，有部分清、次浊上不读上声31，混入去声53中，只有中古清、次浊上读53调的，没有全浊上、去声读31调的。"因此，只能是上声归入去声。"这与我们2010年调查的结果恰恰相反，我们调查的结果是：高桥话的上声52、去声31，与同县的沿河湾话基本一致。

吴起等五县方言读入上声的古去声、全浊上字列举如下：

吴起（79字）：厦射赦华~山吐呕~处~所虑滤豫~剧赋赴附戍载~重慨碍沛尬契系关~佩会~计刽桧晦溃块吷譬避荔氏弃饵恃伪痹讳畏纬盗导膏少复~兴骤嗅憾撼缆陷敛殓浸枕动词诞栈佐谏铜片栋笺患串慎抗畅创倡逊称~心挺泳咏控统铳次（"次"上去两读）。

志丹（68字）：厦吐呕~处~所虑滤赋赴附戍载~重概碍沛尬契佩会~计刽桧晦溃

块吠譬避荔氏饵恃伪痹讳畏纬盗导膏少骡嗅憾撼缆敛殓浸枕动词诞栈佐谏铜片楝笺慎抗畅刨倡逊称~心挺泳咏控统铳。

安塞（58 字）：吐虑滤处~所庶薯署赋赴屡载满~慨碍蔼尬块譬避至饵伪翡讳畏导绕~线撼憾缆羡片趟辆畅创倡饷访釜腐辅蟹赵阜柄艇挺泳咏控汞铳俭诞稗枕动词撞讽。

延安（60 字）：吐虑滤处~所庶薯署赋赴讣屡载满~慨碍蔼尬块譬避荔至饵伪翡讳畏导绕~线撼憾缆羡片趟辆畅创倡饷访釜腐辅赵负阜柄艇挺泳咏控汞铳俭诞稗枕动词戆讽。

甘泉（54 字）：吐处~所恕署薯赋赴屡载满~慨碍蔼逝避饵伪愧盗导绕~线撼憾缆谏羡片趟辆畅创倡饷访簿釜腐辅纣柄艇挺泳咏控汞铳俭赦庶稗块枕动词撞讽。

以上五县方言古去声、全浊上字今读上声的字数差别不是很大。仔细分析起来，这些字可以分为以下 6 个小类。① 与北方话的"共变字"①，即与其他北方方言相同的字。如：署薯釜腐辅屡饵伪纬翡缆俭敛殓枕动词访饷讽柄艇挺统泳咏佐。②陕西方言的"共变字"，即在陕西方言中普遍都读上声的古去声、全浊上字。如：会~计吐呕~处~所载~重碍蔼片导避。③陕北晋语的"共变字"，即在陕北晋语中普遍都读上声的古去声、全浊上字。除了上列的陕西方言的"共变字"外，还有"慨膏创"3 字。④关中方言的"共变字"（邢向东、张双庆 2011），即在关中方言中普遍都读上声的古去声、全浊上字。除了上面的陕西方言的"共变字"外，还有"厦沛佩块晦讳盗憾撼倡"。这些字的调值与普通话去声调值相近，应该是从普通话直接借入调值造成的。⑤其他。多是口语中不用或少用的字，如：赴赋戍虑滤骡尬谏铜笺栈刨吠譬恃痹讳畏铳逊憾撼嗅浸慎抗楝赦诞，大概是从普通话直接借入调值的结果。⑥"系关~串溃~脓"等少数口语常用字，与陕北晋语去声的调值相近，当属于晋语底层与关中方言的调类、调值错配。

邢向东、张双庆（2011）在分析、研究关中方言例外上声字时指出：普通话去声调值的影响是导致关中方言去声字读上声的因素之一。该文认为，关中话的

---

① "共变字"是邢向东、张双庆（2011）《关中方言例外上声字探究》中提出的概念。

上声调值与普通话的去声调相似，方言上声是高降调，普通话去声是全降调。因此，在普通话对方言施加影响时，方言有可能因这种调类和调值之间的"错位对应"，而直接借入普通话的调值，即方言区的人在模仿普通话发音时，误解方、普之间声调的对应关系，造成误读式的声调例外。吴起等县老户话的上声也是高降调，与普通话去声调值相似。我们认为，上述吴起等五县方言中，部分口语中不用或少用的去声字今读上声的原因也当作如是观，这部分字的调值是直接借入本片方言的。

相邻的延长及延川话上去声已经合流。上去声合流的条件首先是原上声和去声的调型相同、调值相近。延安话上、去声单字调的调型不同，缺乏合流的前提条件。吴起、志丹、安塞、甘泉四县方言的上声都是高降调，去声主要是中降调，二者调型相同，已经具备了合流的前提条件。如果没有其他外在因素的影响，这四县方言的上声、去声也会朝着合流的方向演变。就目前的情形来看，虽然吴起、志丹、安塞、延安、甘泉方言的部分去声字读同上声，但无论是单字调还是连读调都不相混，特别是连调模式中，上声、去声没有混同的迹象。详见表3-14、3-15。加之普通话上去有别的影响，我们认为，吴起等五县的上声与去声很可能不会像延长、延川一样走上合流的道路。

表 3-14　吴起等五县方言上声、去声做前字的两字组连读变调表
（加粗是需要比较的上声、去声调值，表 3-15 同）

单字调 调类 组合	吴起 上 52、去 43	志丹 上 52、去 42/44	安塞 上 52、去 31/33	延安 上 53、去 442	甘泉 上 51、去 42/44
阴平前	**52**+12≠**43**+12	**52**+121≠**42**+121	**52**+121≠**33**+121	**53**+31≠**44/42**+31	**51**+31≠**44**+31
阳平前	**52**+13≠**43**+13	**52**+14≠**42**+14	**42**+24≠**33**+24	**42**+24≠**44/42**+24	**51**+24≠**42/44**+24
上声前	**13**+52≠**43**+52	**14**+52≠**44**+52	**24**+52≠**33**+52	**24**+53≠**44**+53	**24**+51≠**42/44**+51
去声前	**52**+43≠**43**+43	**52**+42≠**44**+44/42	**52**+31≠**33**+31/33	**53**+42≠**44/42**+42	**51**+42≠**42/44**+42
入声前	**52**+32≠**43**+32	**52**+43≠**42**+43	**52**+43≠**33**+43	**53**+5≠**44/42**+5	**51**+32≠**42**+32

表 3-15　吴起等五县方言上声、去声做后字的两字组连读变调表

单字调 调类 组合	吴起 上 52、去 43	志丹 上 52、去 42/44	安塞 上 52、去 31/33	延安 上 53、去 442	甘泉 上 51、去 42/44
阴平后	13+52≠21+43	14+52≠21+42	24+52≠21+31/33	24+53≠21+442	24+51≠21+42
阳平后	13+52≠13+43	14+52≠14+42	24+52≠24+31/33	24+53≠24+442	24+51≠24+42
上声后	13+52≠13+43	14+52≠52+42/44	24+52≠52+31	24+53≠21+442	24+51≠51/21+42
去声后	43+52≠43+43	44+52≠44/42+42	33+52≠33+31/33	44+53≠44+422	42/44+51≠42/44+42
入声后	3+52≠3+43	4+52≠4+42	4+52≠4+31/33	5+53≠5+442	3+51≠3+42

例如甘泉话：

①上声、去声做前字

上声/去声+阴平，51+31≠44+31：火车 ≠ 货车，采花 ≠ 菜花。

上声/去声+阳平，51+24≠42/44+24：考人 ≠ 靠人，点名 ≠ 店名。

上声/去声+上声，24+51≠42/44+51：搅水 ≠ 叫水，打早 ≠ 大早。

上声/去声+去声，51+42≠42/44+42：腿部 ≠ 退步，长大 ≠ 涨大。

上声/去声+入声，51+32≠42+32：史实 ≠ 事实，狗吃 ≠ 够吃。

②上声、去声做后字

阴平+上声/去声，24+51≠21+42：发火 ≠ 发货，填好 ≠ 填号。

阳平+上声/去声，24+51≠24+42：寻死 ≠ 寻事，长远 ≠ 常怨（经常抱怨）。

上声+上声/去声，24+51≠51/21+42：有底 ≠ 有地，小暑 ≠ 小树。

去声+上声/去声，42/44+51≠42/44+42：大小 ≠ 大笑，乱溷（乱弄）≠ 乱动。

入声+上声/去声，3+51≠3+42：实底 ≠ 实地，一掌 ≠ 一丈。

（二）延长的上去声

延长话中，上声、去声单字调合流。读上去调 51。

延长话的上去声有两个来源：古清上、次浊上字和古去声、全浊上字。为行文方便，在本小节中，直接称前者为"上声"，后者为"去声"。上声、去声作为两字组的后字一律不变调，没有分别。上声在上去声前变读 21 调，在其他调类前不变调；去声在阳平前、入声前变读 44 调，在其他调类前不变调。

表 3-16　延长话上去声做前字的两字组连读变调表

上声做前字			去声做前字		
调类	调值	例词	调类	调值	例词
上声+阴平	51+232	火山 xuɤ sẽ	去声+阴平	51+232	放松 faɤ suaŋ
上声+阳平	51+24	火柴 xuɤ tsʰᴇ	去声+阳平	**44+24**	放羊 faɤ iaɤ
上声+上去声	**21+51**	火警 xuɤ tɕiəŋ 火势 xuɤ ʂʅ	去声+上去声	51+51	放手 faɤ ʂəu 放假 faɤ tɕia
上声+入声	51+54	有福 iəu fəʔ	去声+入声	**44+54**	会吃 xuei tʂʰəʔ

表 3-16 显示，延长话上声和去声作为前字，只有在阴平前同调，在阳平、上声、去声前都不同调，如：买猪＝卖猪，井绳≠敬神，举手≠锯手，水窖≠睡觉，狗吃≠够吃。说明延长的上声、去声虽然单字调合流，但连读中还是分大于合。

汉语方言中，由于语音的历时变化，有些调类在单字调中合并，但在连读变调中保留区别的情形为数不少。例如，陕北神木话中，阴平、上声单字调合流读 213，连调行为有同有异：在阳平、去声后连调行为相同，而在阳平、阴平上、去声、入声前和阴平上、入声后连调行为不同。（邢向东 2002：112）阴平与上声单字调合流、连读调有别，是包括神木话在内的晋语五台片方言的共同特征。银川话中，阳平、上声单字调合并。阳平上在阴平、阳平上前不变调，在去声和部分轻声字前依调类来源的不同区别为阳平（来源于古浊平）、上声（来源于古清上、次浊上）两类，各有各的连调行为。张安生（2005）认为，银川话"连调中上声 35 具有早期的特征"。浙江温岭话中，阳平和阳上单字调都读 31，但无论做两字组的前字或后字连调行为完全不同。（李荣 1979）神木、银川、温岭话的这种现象表明，连读变调大多反映了声调的早期面貌。可以推断，延长话上、去声不同的连调行为代表了上声、去声有别的层次，单字调合流是演变的结果。邻县延川话也是上去声合流，连调情况也同延长话相似。

前文说过，上去声合流的前提是上声与去声的调型相同、调值相近。吴起、志丹、安塞、甘泉方言的上声、去声具备合流的前提条件，但还没出现合流的迹象。方言特点的地域性差异常常是语言发展历史的投影。吴起等五县方言的上声、去声应该代表了延长以及延川上去声的早期形态。

二 入声

志延片方言入声调舒化后的归向比较一致。见表 3-17。表中"入声"不包括舒声促化字与舒入两读字，舒入两读字按照舒声调分归各调。

表 3-17 晋语志延片老户话入声舒化字归调表

古音类＼今声调	阴平	阳平	上声	去声	入声
吴起					
清入次浊入 420 字	**248** **59.0%**	62 14.8%	23 5.5%	61 14.5%	26 6.2%
全浊入 132 字	22 16.7%	**92** **69.7%**	3 2.3%	12 9.1%	3 2.3%
志丹					
清入次浊入 425 字	**251** **59.1%**	62 14.6%	14 3.3%	87 20.5%	11 2.6%
全浊入 135 字	20 14.8%	**97** **71.9%**	1 0.7%	16 11.9%	1 0.7%
安塞					
清入次浊入 411 字	**205** **49.9%**	102 24.8%	10 2.4%	82 20.0%	12 2.9%
全浊入 135 字	11 8.1%	**95** **70.4%**	1 0.7%	26 19.3%	2 1.5%
延安					
清入次浊入 419 字	**315** **75.2%**	47 11.2%	11 2.6%	46 11.0%	0
全浊入 136 字	16 11.8%	**101** **74.3%**	2 1.5%	17 12.5%	0
甘泉					
清入次浊入 402 字	**320** **79.6%**	31 7.7%	9 2.2%	42 10.4%	0
全浊入 131 字	22 16.8%	**89** **67.9%**	1 0.8%	19 14.5%	0

续表

古音类 \ 今声调	延长				
	阴平	阳平	上声	去声	入声
清入次浊入 420 字	**319** **76.0%**	33 7.9%	68 16.2%		0
全浊入 136 字	23 16.9%	**90** **66.2%**	23 16.9%		0

表 3-17 显示：各县具有共同点，都是古清入次浊入字归阴平、古全浊入字归阳平的比例最大。六县清入、次浊入字归阴平的比例大致呈现出由北向南递增的趋势。全浊入字归阳平的比例都是 70% 左右，具体字数相差不大，基本一致。可见，吴起等六县方言入声调的舒化基本遵循关中方言清入、次浊入归阴平，全浊入归阳平的演变模式，当是关中方言影响的结果。

第四章　晋语志延片上头话的音系及特点

在延安地区，"上头话"有两个含义，一是指榆林市境内的方言；一是指延安市境内榆林地区移民的方言。本书的"上头话"一般是第二个含义。为行文简练，本章用"上头话"统称吴起周湾话、志丹顺宁话、安塞化子坪话以及延长郭旗话，这几个方言都是榆林、绥德、米脂等地的移民方言。

第一节　上头话音系

一　吴起周湾话音系

（一）声母 25 个，包括零声母在内

p 波步抱兵	p^h 披跑骗盆	m 马帽满没	f 斧肺妇方	v 吴乌舞晚
t 低第店动	t^h 土图天田	n 怒脑熬暗		l 利楼兰农
ts 在寨争纸	ts^h 凑才柴齿		s 私诗事生	z □
tʂ 证知住装	$tʂ^h$ 厨揣丑船		ʂ 声书蛇勺	ʐ 认锐闰酿
tɕ 精经聚足	$tɕ^h$ 瞧桥清轻	ȵ 泥疑硬压	ɕ 心欣邪肃	
k 高盖街归	k^h 开葵跪况		x 灰惠鞋喝	
∅ 爷雨衣云融				

说明：

① [p p^h t t^h k k^h] 发音时阻塞有力，爆破较猛，[p^h t^h k^h] 送气强烈。

② 鼻音声母 [m n] 伴有同部位浊塞音成分，实际音值接近 [m^b n^d]。

③ [n] 与洪音韵母相拼，[ȵ] 与细音韵母相拼，二者互补。为了突出方言特点，分成两个声母。以下三个上头话方言点也是如此处理。

④ 微疑影母合口字都读 [v] 母。[v] 的摩擦色彩非常重。

⑤ [z] 母字少，"□ zuĩ²⁴²" 常用作象声词。

（二）韵母42个，不包括儿化韵

ɿ 资支师时

ʅ 知迟制世　　　　　i 眉奇丽利　　　　　u 布梳住某　　　　　y 女取雨俗

a 他匣马娃　　　　　ia 家佳虾压　　　　　ua 瓜耍话抓

ʅə 遮车社折

ɤ 合盒个歌　　　　　iɛ 茄借剑学　　　　　uə 课初喝弱　　　　　yɛ 靴圆元爵

ɐ 才柴街外　　　　　　　　　　　　　　　uɐ 块快坏揣

ɔ 报爆招贸　　　　　iɔ 教浇表彪

ei 梅肺飞白　　　　　　　　　　　　　　　uei 灰惠雷或

əu 路斗手鹿　　　　　iəu 流牛纠油

ɛ 贪咸展饭　　　　　　　　　　　　　　　uɛ 短关官穿

ər 耳而儿二

ã 狼房王棒　　　　　iã 娘墙姜粮　　　　　uã 黄筐床窗

ũ 沉成根更　　　　　iũ 林灵匀鹰　　　　　uũ 婚红准肿　　　　　yũ 轮群穷熏

aʔ 喝瞎德摘色　　　　iaʔ 夹接结脚　　　　　uaʔ 刷桌刮国戳

ɜʔ 拨握恶热　　　　　iɜʔ 跌掠灭麦　　　　　uɜʔ 说脱　　　　　　　yɜʔ 月雪绝岳

əʔ 湿失识石郝　　　　iəʔ 立密踢力　　　　　uəʔ 突出霍谷叔　　　　yəʔ 黢屈足局

说明：

① [a ia ua] 主元音的实际音值是 [ᴀ]。

② [ɤ] 是受普通话影响下产生的新韵母，字数较少。

③ 有的年轻人在读 [ɐ] 韵母时，会带有轻短的 [i] 韵尾。

④ [ɔ] 在去声时几乎没有动程，但在平声、上声时有微小的动程，带有模糊的 [ʊ] 韵尾。

⑤ [ɛ] 与舌根音声母相拼时，滋生过渡音 [ɯ]。

⑥ [ã iã uã] 的 [a] 的实际音值接近 [ɒ]，鼻化色彩较轻。

⑦ [ɯ̃ iɯ̃ uɯ̃ yɯ̃] 的 [ɯ] 发音时发音部位较紧张，[ɯ̃ uɯ̃] 与 [iɯ̃ yɯ̃] 相比，舌位略低且发音部位略松弛。

⑧ [ɜʔ iɜʔ uɜʔ yɜʔ] 的 [ɜ] 的实际音值是 [ᵊɜ]，有极短的过渡音。[uɜʔ] 仅辖"说脱"两字。

（三）单字调 4 个

平声 242　　方房天田婚学毒

上声 213　　古比口丑好女有

去声 52　　　近变唱汉共害用

入声 32　　　杀实各跌阔骨月

说明：

①平声调降尾部分明显，与 24 听感不同，所以记为 242。平声不分阴阳，但在连读中有区别。

②上声 213 的 21 只是略微下降，起点的实际高度比 2 度低，比 1 度略高。部分平声字、上声字混读，有时平声读作上声，有时上声读作平声，无规律可循。这种平声字与上声字混读的现象与移民的底层方言有关。有的移民来自神木、绥德等地，神木、绥德两方言都是阴平与上声合流。

③入声调不急促，比较舒缓。

二　志丹顺宁话音系

（一）声母 26 个，包括零声母在内

p 波步抱兵　　pʰ 披跑骗盆　　m 马帽满没　　f 斧肺妇方　　v 吴乌舞晚

t 低第店动　　tʰ 土图天递　　n 脑拿难能　　　　　　　　　l 利楼兰农

ts 在寨争纸　　tsʰ 凑才柴齿　　　　　　　　s 私诗事生　　z □

tʂ 证知住装　　tʂʰ 厨揣丑船　　　　　　　　ʂ 声书蛇勺　　ʐ 认锐闰酿

tɕ 精经聚足　　tɕʰ 瞧桥清轻　　n̡ 泥疑硬压　　ɕ 心欣邪肃

k 高盖街归　　kʰ 开葵跪况　　ŋ 爱熬偶恩　　x 灰惠鞋喝

∅ 爷而亚远荣

说明：

①[p pʰ t tʰ k kʰ] 发音时阻塞有力，爆破较猛，[pʰ tʰ kʰ] 送气强烈。

②鼻音声母 [m n ŋ] 伴有同部位浊塞音成分，实际音值接近 [mᵇ nᵈ ŋᵍ]。

③微疑影母合口字都读 [v] 母。[v] 发音时，上齿与下唇内侧紧紧接触，但摩擦较轻。

④[z] 母字少，"□zuɣ̃²³" 常用作象声词。例如：咿咿～～嚎哭甚嘞？

（二）韵母 43 个，不包括儿化韵

ɿ 资支师时

ʅ 知迟制世　　　　　i 眉奇丽利　　　　u 布梳住某　　　　y 女取雨俗

a 他匣马娃　　　　　ia 家佳虾压　　　　ua 瓜耍话抓

ʅə 者扯舌惹

ɤ 额鹤格　　　　　　　　　　　　　　　uə 哥盒初乐　　　　yə 娘

　　　　　　　　　　iɛ 姐借剑白血　　　　　　　　　　　　yɛ 瘸全略约

e 才柴街外　　　　　　　　　　　　　　ue 块快坏揣

ɔ 报爆招贸　　　　　iɔ 教浇表彪

ei 梅肺美飞　　　　　　　　　　　　　　uei 灰惠雷类

əu 路斗手鹿　　　　　iəu 流牛又幽

ər 耳而儿二

ɛ̃ 贪咸展饭　　　　　　　　　　　　　　uɛ̃ 短关官穿

ɑ̃ 狼房王棒　　　　　iɑ̃ 娘墙姜江　　　uɑ̃ 黄筐床窗

ɯ̃ 沉成跟更　　　　　iɯ̃ 林灵匀鹰　　　uɯ̃ 婚红准肿　　yɯ̃ 轮用群穷

aʔ 喝插法擦　　　　　iaʔ 夹掐鸭切脚　　uaʔ 刷劐桌捉

ɤʔ 折各恶握　　　　　iɤʔ 叶跌灭鳖　　　uɤʔ 豁戳落作　　yɤʔ 雪缺虐角

əʔ 黑湿吃殖　　　　　iəʔ 立匹力惜　　　uəʔ 入霍突绿　　yəʔ 橘屈曲局

说明：

① [a ia ua] 主元音的实际音值是 [ᴀ]。

② [ɤ] 韵是新产生的韵母，读 [ɤ] 韵的字较少。

③ [yə] 韵只有"娘"一字，用于"娘娘 [nyə²³nyə²¹] 奶奶"。

④ [ɛ̃] 与舌根音声母相拼时，有明显的过渡音 [ɯ]。[ɛ̃] 的主元音较标准的舌位略低，鼻化韵色彩较轻。

⑤ [ã iã uã] 的 [a] 的实际音值接近 [ɑ]，鼻化韵色彩较轻。

⑥ [ɯỹ iɯỹ uɯỹ yɯỹ] 在阳平、上声音节，[ɯ] 比标准的舌位略低，实际音值接近 [ɤ]。[ɯỹ] 与舌根音声母相拼时的实际音值为 [ũ]。

⑦ [aʔ iaʔ uaʔ] 的 [a] 的实际音值是 [ɐ]。

（三）单字调 4 个

平声 23　　　方房天田婚学毒

上声 212　　古比口丑好女有

去声 52　　　近变唱汉共害用

入声 33　　　答辣跌集笔不药

说明：

①平声不分阴阳，但在连读中有区别。少数清平字读 33 调，与榆林话相同，如："青清新婚"。志丹顺宁有部分移民的原籍是榆林市（今榆阳区），少数清平字读 33 调，应该是底层的遗留。

②上声 212 的 21 只是略微下降，起点的实际高度比 2 度低，比 1 度略高。

③入声调不急促，比较舒缓。

三　安塞化子坪话音系

（一）声母 26 个，包括零声母在内

p 波步抱兵　　pʰ 披跑骗盆　　m 马帽满没　　f 斧肺妇方　　v 吴乌舞晚

t 低第店动　　tʰ 土图天递　　n 拿怒脑能　　　　　　　　　l 利楼兰农

ts 在寨争纸　　tsʰ 凑才柴齿　　　　　　　　s 私诗事生　　z □

tʂ 证知住装　　tʂʰ 厨揣丑船　　　　ʂ 声书蛇勺　　ʐ 认锐闰酿
tɕ 精经聚急　　tɕʰ 瞧桥清轻　　　　ȵ 泥疑硬压　　ɕ 心欣邪肃
k 高盖街归　　kʰ 开葵跪况　　　　ŋ 饿袄安肮　　x 灰惠鞋喝
Ø 爷而亚远荣

说明：

① [p pʰ t tʰ k kʰ] 发音时阻塞有力，爆破较猛。[pʰ tʰ tɕʰ kʰ] 送气强。

② 鼻音声母 [m n ŋ] 伴有同部位浊塞音成分，实际音值接近 [mᵇ nᵈ ŋᵍ]。

③ 微疑影母合口字都读 [v] 母。[v] 发音时，上齿与下唇内侧紧紧接触，但摩擦较轻。

④ [ʐ] 母字较少，"□ zuɯŋ⁵¹" 常用作象声词，例如"伤口跳得～～地疼"。

（二）韵母 39 个，不包括儿化韵

ɿ 资支师时

ʅ 知迟制世　　　　i 眉奇丽利　　　　u 布梳住某　　　　y 女取雨俗

ɑ 他匣马娃　　　　iɑ 家佳虾压　　　uɑ 瓜耍话抓

ʅə 者扯舌惹

ɤ 河课盒喝~彩　　　　　　　　　　　　uɤ 河初盒烙

　　　　　　　　　　iɛ 姐借剑血　　　　　　　　　yɛ 全瘸略悦

e 才柴街外　　　　　　　　　　　　　ue 块快坏揣

ɔ 报爆招贸　　　　iɔ 教浇表彪

ei 梅肺飞北　　　　　　　　　　　　　uei 灰惠雷鹿

ɤu 路斗手猴　　　iəu 流牛又幽

ɛ 贪咸展饭　　　　　　　　　　　　　uɛ 短关官穿

ər 耳而儿二

ã 狼房王棒　　　　iã 娘墙姜江　　　uã 黄筐床窗

uŋ 沉成跟更　　　iuŋ 林灵匀鹰　　uuŋ 婚红准肿　　yuŋ 轮用群穷

aʔ 喝涩杀各塞摘　　iaʔ 夹接跌裂脚角　　uaʔ 聒刷说郭国　　yaʔ 雪月药镢岳

əʔ 黑湿吃殖　　　iəʔ 立匹力惜　　　uəʔ 入出豁绿　　　yəʔ 橘屈曲局

说明：

① [ɤ] 是近些年新出现的韵母。部分果摄一等见系字以及咸开一见系入声字，老派读 [uɤ] 韵，新派读 [ɤ] 韵。[uɤ] 的实际音值接近 [uə]。

② [ɛ] 与舌根音声母相拼时，滋生轻微的过渡音 [ɯ]。

③ [ã iã uã] 的 [a] 的实际音值接近 [ɒ]，鼻化色彩较轻。

④ [ɯŋ iɯŋ uɯŋ yɯŋ] 的 [ɯ] 较标准的舌位略低，发音也较松弛；韵尾 [ŋ] 的实际音值接近 [ɲ]。

⑤ [əʔ] 组入声韵在单念时较舒缓，主要元音从 [ə] 滑向 [ʌ]，也可以记为 [ə^ʔ]。

（三）单字调 4 个

平声 23　　方房天田婚学毒

上声 213　　古比口丑好女有

去声 51　　近变唱汉共害用

入声 43　　接渴刷突握或木

说明：

①平声不分阴阳，但在连读中有区别。

②上声 213 的 21 只是略微下降，起点的实际高度比 2 度低，比 1 度略高。

③入声调不急促，比较舒缓。

四　延长郭旗话音系

（一）声母 26 个，包括零声母在内

p 波步抱兵　　pʰ 披跑骗盆　　m 马帽满没　　f 斧肺妇方　　v 吴乌舞晚

t 低第店动　　tʰ 土图天递　　n 怒脑拿能　　　　　　　　　l 利楼兰农

ts 在寨争纸　　tsʰ 凑才柴齿　　　　　　　　s 私诗事生　　z 吟

tʂ 证知住装　　tʂʰ 厨揣丑船　　　　　　　　ʂ 声书蛇勺　　ʐ 认锐闰酿

tɕ 精经聚足　　tɕʰ 瞧桥清轻　　ȵ 泥疑硬压　　ɕ 心欣邪肃

k 高盖街归　　kʰ 开葵跪况　　ŋ 饿袄安肮　　x 灰惠鞋喝

ø 爷而亚远荣

说明：

① [p pʰ t tʰ k kʰ] 发音时阻塞有力，爆破较猛。[pʰ tʰ tɕʰ kʰ] 送气强。

② 鼻音声母 [m n ŋ] 伴有同部位浊塞音成分，实际音值接近 [mᵇ nᵈ ŋᵍ]。

③ 微疑影母合口字都读 [v] 母。[v] 发音时，上齿与下唇内侧紧紧接触，但摩擦较轻。

④ [z] 母字少，"□ zəŋ⁵²" 常用作象声词，如"伤口跳得～～地疼"。

（二）韵母38个，不包括儿化韵

ɿ 资支师时

ʅ 知迟制世　　　　　i 眉奇丽利　　　　u 布梳住某　　　　y 女取雨俗

ɑ 他马答撒　　　　　iɑ 家佳虾压　　　　uɑ 瓜耍抓滑

ɤ 婆车蛇薄　　　　　　　　　　　　　　uɤ 多初脱乐

ɛ 才柴街外　　　　　ie 茄姐天烟　　　　ue 块快坏揣　　　　ye 靴选雪月

ɔ 报爆招贸　　　　　iɔ 教浇表彪

ei 梅肺飞配　　　　　　　　　　　　　　uei 灰惠雷或

əu 路斗手鹿　　　　　iəu 流牛纠绿

ɜ 贪咸展饭　　　　　　　　　　　　　　uɜ 短关官穿

ər 耳而儿二

ã 汤丈忘胖　　　　　iã 娘墙姜江　　　　uã 黄筐床窗

əŋ 沉成根更　　　　　iəŋ 林灵匀鹰　　　uəŋ 婚红准肿　　　yəŋ 轮用群穷

aʔ 鸽瞎各特　　　　　iaʔ 夹鳖觉麦　　　uaʔ 豁刷郭桌　　　yaʔ 雪绝缺月

əʔ 湿胳直复　　　　　iəʔ 集笔极踢　　　uəʔ 出做谷竹　　　yəʔ 橘黢足局

说明：

① [ɛ] 与舌根音声母相拼时，滋生轻微的过渡音 [ɯ]。

② [ã iã uã] 的 [ɑ] 的实际音值接近 [ɒ]，鼻化色彩较轻。

③ [əŋ iəŋ uəŋ yəŋ] 韵尾的实际音值是 [n]。

（三）单字调4个

平声23　　　　方房天田婚学毒

上声 213　　古比口丑好女有

去声 52　　 近变唱汉共害用

入声 43　　 涩得踏拆突脚木

说明：

①平声不分阴阳，但在连读中有区别。

②上声 213 的 21 只是略微下降，起点的实际高度比 2 度低，比 1 度略高。

③入声调不急促，比较舒缓。

第二节　上头话的语音特点

一　声母特点

志延片上头话的声母与陕北晋语大多数方言一致，也与老户话基本一致。上头话与老户话声母的主要区别在于，疑影母合口洪音字与微母字合流后的今读声母不同：上头话中都读 [v] 母，延安话老户话读零声母，其他老户话与 [u] 相拼时读零声母，其他时候读 [v] 母。

志延片上头话有 25—26 个声母，包括零声母在内。其中，周湾话 25 个声母，顺宁话、化子坪话、郭旗话都是 26 个声母，多出一个 [ŋ]。周湾、化子坪、顺宁、郭旗的声母分别与本县县城话一致。

志延片上头话声母的具体特点如下：

1. 帮系（帮並微母除外）、端组（定母除外）、泥组、精组（从母除外）、晓组古今演变规律与北京话大致相同。

2. 古並、定、从、澄、崇、群母都已经清化，今逢塞音、塞擦音时，平声送气，仄声多数不送气。各点古全浊声母仄声字逢塞音、塞擦音读送气音的字较少，也比较一致，如："部簿捕稗倍败避（[pʰ]）舵（[tʰ]）造绽（[tsʰ]）撞着镯（[tʂʰ]）跪（[kʰ]）"。

古船、禅母字今多读擦音声母，逢平声读 [ʂ] 或 [tʂʰ]，逢仄声读 [ʂ]；止摄开口

不分平仄都读 [s]）。古奉母今读 [f]，古匣母在洪音韵母前读 [x]，在细音韵母前读 [ɕ]。

3. 古知庄章组声母今读 [ts tʂ] 两组声母，属于典型的昌徐型：知二庄开口与精组洪音字合流读 [ts] 组，知三章（止开三例外）、庄组合口合流读 [tʂ] 组。

表 4-1　晋语志延片上头话知庄章精（洪音）母例字表

	茶澄 假开二	债庄 蟹开二	枝章 止开三	猪知 遇合三	周章 流开三	真章 臻开三
周湾	₌tsʰa	tsEᵒ	₌tsʅ	₌tsu	₌tsəu	₌tsɯ̃
顺宁	₌tsʰa	tsEᵒ	₌tsʅ	₌tsu	₌tsəu	₌tsɯỹ
化子坪	₌tsʰɑ	tsEᵒ	₌tsʅ	₌tsu	₌tsəu	₌tsɯŋ
郭旗	₌tsʰɑ	tsEᵒ	₌tsʅ	₌tsu	₌tsəu	₌tsəŋ

	缠澄 山开三	装庄 宕开三	充昌 通合三	苏心 遇合一	紫精 止开三	凑清 流开三
周湾	₌tʂʰɛ	₌tʂuã	₌tʂʰuɯ̃	₌su	ᵋtsʅ	tsʰəuᵒ
顺宁	₌tʂʰɛ̃	₌tʂuã	₌tʂʰuɯỹ	₌su	ᵋtsʅ	tsʰəuᵒ
化子坪	₌tʂʰɛ	₌tʂuã	₌tʂʰuɯŋ	₌su	ᵋtsʅ	tsʰəuᵒ
郭旗	₌tʂʰɛ	₌tʂuã	₌tʂʰuəŋ	₌su	ᵋtsʅ	tsʰəuᵒ

4. 部分古见系开口二等字保留舌根音声母。例如：哈蛤下楷揩介街崖摆解～开带子鞋解～开（明白）懈松～～（松垮垮）搞港壳夯咸馅匣闲忙～瞎项～圈巷更三～庚更～加坑格客赫吓～诈衡耕耿杏革隔核审～核果～。

5. 古疑影母字合流。

古疑影母开口一等字一般读鼻音声母，周湾读 [n]，顺宁、化子坪、郭旗读 [ŋ]。疑影母开口二三四等字，大部分读零声母；部分（多数疑母字）读 [ȵ] 母，与泥母读音相同。疑影母合口洪音字与微母合流，都读 [v] 母。

表 4-2　晋语志延片上头话疑影母例字表

	饿 果开一疑	袄 效开一影	牙 假开二疑	艺 蟹开三疑	疑 止开三疑
周湾	nuəᵒ	ᵋnɔ	₌ȵia	iᵒ	₌ȵi

续表

	饿 果开一疑	袄 效开一影	牙 假开二疑	艺<蟹开三疑	疑 止开三疑
顺宁	ŋuə˚	ˬŋɔ	ˬnia	i˚	ˬn̠i
化子坪	ŋuɤ˚	ˬŋɔ	ˬnia	i˚	ˬn̠i
郭旗	ŋɤ˚	ˬŋɔ	ˬnia	i˚	ˬn̠i

	燕 山开四影	鱼 遇合三疑	五 遇合一疑	委 止合三影	沤 流开一影
周湾	iɛ˚	ˬy	ˤvu	ˤvei	ŋəu˚
顺宁	iE˚	ˬy	ˤvu	ˤvei	ŋəu˚
化子坪	iE˚	ˬy	ˤvu	ˤvei	ŋəu˚
郭旗	ie˚	ˬy	ˤvu	ˤvei	ŋəu˚

二 韵母特点

志延片上头话各方言韵母的数量如下：周湾 42 个，顺宁 43 个，化子坪 39 个，郭旗 38 个。韵母的文白异读不丰富，也不成系统。

（一）果摄

志延片上头话的果摄一等韵开合口完全合流。周湾、顺宁读合口呼韵母 [uə]，已产生文读音韵母 [ɤ]。周湾的"个"字例外，只读 [ɤ] 韵。化子坪话果摄一等韵一般读 [uɤ]，少数见系字读 [ɤ] 韵。郭旗话果摄一等韵（见系及帮组除外）读 [uɤ] 韵，见系字多读 [ɤ] 韵，个别字读 [uɤ]，帮组字的今读与延长县城老户话相同，读 [ɤ] 韵。

果摄三等韵没有文白异读，一律读 [ie/iE][ye/yE] 韵。

表 4-3 晋语志延片上头话果摄一等例字表

	多	大	锣	左	歌	我
周湾、顺宁	ˬtuə	ta˚	ˬluə	ˤtsuə	ˬkuə/ˬkɤ	ˤvuə
化子坪	ˬtuɤ	ta˚	ˬluɤ	ˤtsuɤ	ˬkɤ	ˤŋuɤ
郭旗	ˬtuɤ	tʰa˚	ˬluɤ	ˤtsuɤ	ˬkɤ	ˤŋɤ

续表

	婆	躲	摞	坐	科	禾
周湾、顺宁	₋pʰuə	ˀtuə	luə˚	tsuə˚	₋kʰuə	₋xuə
化子坪	₋pʰuɤ	ˀtuɤ	luɤ˚	tsuɤ˚	₋kʰuɤ	₋xuɤ
郭旗	₋pʰɤ	ˀtuɤ	luɤ˚	tsuɤ˚	₋kʰɤ˚	₋xuɤ

（二）假摄

1. 志延片上头话假摄二等韵，周湾、顺宁读 [-a] 韵，化子坪、郭旗读 [-ɑ] 韵。假摄开口二等韵非见系字读 [a/ɑ] 韵；开口二等韵见系字读 [ia/iɑ] 韵；合口二等韵一般读 [ua/uɑ] 韵，疑影母字读 [v] 母、[a/ɑ] 韵。

表 4-4 晋语志延片上头话假摄例字表

	爬	沙	家	下	瓜	蛙
周湾、顺宁	₋pʰa	₋sa	₋tɕia	xa˚	₋kua	₋va
化子坪、郭旗	₋pʰɑ	₋sɑ	₋tɕiɑ	xɑ˚	₋kuɑ	₋vɑ

2. 志延片上头话假摄开口三等韵今读韵母的主要元音与二等韵不同，精组、影组字与章日组字的韵母不同。读音各有参差，见表 4-5。

表 4-5 晋语志延片上头话假开三今读韵母表

方言点	假开三	精组影组（例如：姐爷）	章日组（例如：车惹）
周湾		iɛ	ʅə
顺宁		iɛ	ʅə
化子坪		iɛ	ʅə
郭旗		ie	ɤ

（三）遇摄

志延片上头话遇摄字的今读韵母基本一致。遇合一（泥组除外）、遇合三非组、知章组字今读 [u] 韵，遇合一泥组字今读 [əu] 韵，遇合三泥组、精组、见系字今读

[y] 韵，遇合三庄组字今读 [uə/uɤ] 韵，与老户话读 [u] 韵不同，与榆林境内"上头话"相同。

表 4-6　晋语志延片上头话遇摄例字表

	租 遇合一定	炉 遇合一来	吕 遇合三来	斧 遇合三非	梳 遇合三生	榆 遇合三以
周湾、顺宁	tsu˨	ləu˩	ly˥	fu˥	ṣuə˩	y˩
化子坪、郭旗	tsu˨	ləu˩	ly˥	fu˥	ṣuɤ˩	y˩

（四）蟹止摄

志延片上头话蟹止摄字的今读韵母基本一致，音类分合与大多数老户话以及陕北绥德、榆林等方言相同。暂未发现"支微入鱼"现象。

蟹摄开口一等和二等合流，周湾今读 [ɛ iɛ] 韵，顺宁与化子坪今读 [e iE] 韵，郭旗今读 [ɛ ie] 韵，一等帮组都读 [ei] 韵。蟹摄开口三四等合流，一般今读 [i] 及 [ʅ] 韵。蟹摄合口一三四等合流，其中帮非组读 [ei] 韵，帮非组之外各组读 [uei] 韵。蟹摄合口二等周湾与郭旗今读 [ɛ uE] 韵，顺宁与化子坪今读 [e ue] 韵。

止摄开口三等与蟹摄开口三四等韵合流，一般今读 [i] 韵，帮组"卑悲美"今读 [ei] 韵，精庄章组读 [ɿ] 韵，知组读 [ʅ] 韵。止合三与蟹合三合流，非组读 [ei] 韵，其他读 [uei] 韵。

表 4-7　晋语志延片上头话蟹止摄例字表

	开口			合口		
例字	周湾	郭旗	顺宁 化子坪	例字	周湾 郭旗	顺宁 化子坪
贝蟹开一帮	pei˥	pei˥	pei˥	杯蟹合一帮	pei˩	pei˩
在蟹开一从	tsɛ˥	tse˥	tse˥	妹蟹合一明	mei˥	mei˥
改蟹开一见	kɛ˩	ke˥	ke˥	雷蟹合一来	luei˩	luei˩
戒蟹开二见	tɕiɛ˥	tɕie˥	tɕiE˥	罪蟹合一从	tsuei˥	tsuei˥
米蟹开四明	mi˩	mi˩	mi˩	回蟹合一匣	xuei˩	xuei˩
例蟹开三来	li˥	li˥	li˥	怀蟹合二匣	xuɛ˩	xue˩

续表

开口				合口		
例字	周湾	郭旗	顺宁 化子坪	例字	周湾 郭旗	顺宁 化子坪
妻蟹开四清	₋tɕʰi	₋tɕʰi		废蟹合三非	feiᵒ	feiᵒ
世蟹开三书	ʂʅᵓ	ʂʅᵓ		岁蟹合三心	sueiᵒ	sueiᵒ
计蟹开三见	tɕiᵒ	tɕiᵒ		桂蟹合三见	kueiᵒ	kueiᵒ
眉止开三明	₋mi	₋mi		泪止合三来	lueiᵒ	lueiᵒ
紫止开三精	ʿtsʅ	ʿtsʅ		醉止合三精	tsueiᵒ	tsueiᵒ
师止开三生	₋ʂʅ	₋ʂʅ		揣止合三初	₋tʂʰuɛ	₋tʂʰuɛ
奇止开三群	₋tɕʰi	₋tɕʰi		水止合三书	ʿʂuei	ʿʂuei

（五）效流摄

志延片上头话效流摄字今读韵母与志延片老户话相同。效摄今读 [ɔi ɔ] 韵，流摄一般读 [əu iəu] 韵。部分流开一明母字、流开三非组字与遇摄合流，读 [u] 韵，例如：某 ʿmu| 否 ʿfu| 妇 fuᵒ。

（六）咸山摄舒声韵

志延片上头话中，咸山摄舒声韵的韵类分合与老户话不同，与陕北绥德、榆林等方言相同。咸山摄舒声韵在各点都分成两套：今读洪音的主元音相同，为一组韵母；今读细音的主元音相同，是另一组韵母。四个方言咸山摄的音类分合一致，区别在于有的音值不同：周湾洪音韵母读 [ɛ uɛ]，细音韵母读 [iɛ yɛ]；顺宁洪音韵母读 [ɜ̃ uɜ̃]，细音韵母读 [iɐ yɐ]；化子坪洪音韵母读 [ɛ uɛ]，细音韵母读 [iɐ yɐ]；郭旗洪音韵母读 [ɛ uɛ]，细音韵母读 [ie ye]。细音韵母的主元音大都比洪音韵母的主元音舌位高，不带鼻音韵尾或鼻化色彩，与三四等入声舒化韵以及部分阴声韵（果摄三等、假开三章组除外、部分蟹开二见系字）合流。例如：（不计声调）欠＝姜＝茄＝笪，线＝泄＝写＝蟹，宣＝薛＝靴。这种音韵现象在晋语里十分常见："咸山摄三四等字读 ie ye 是普遍现象，是咸山摄主要元音受介音影响而高化的结果。"（邢向东 2007a）

表 4-8　晋语志延片上头话咸山摄开口舒声例字表

	南 咸开一泥 难 山开一泥	甘 咸开一见 干 山开一见	衫 咸开二生 山 山开二生	闲 山开二匣
周湾	nɛ˰	kɛ˰	sɛ˰	xɛ˰
顺宁	nɛ̃˰	kɛ̃˰	sɛ̃˰	xɛ̃˰
化子坪	nɛ˰	kɛ˰	sɛ˰	xɛ˰
郭旗	nɛ˰	kɛ˰	sɛ˰	xɛ˰

	监 咸开二见　尖 咸开三精 间 山开二见　煎 山开三精		占 咸开三章 战 山开三章	店 咸开四端 电 山开四定
周湾	tɕiɛ˰		tʂɛ˚	tiɛ˚
顺宁	tɕiɛ˰		tʂɛ̃˚	tiɛ˚
化子坪	tɕiɛ˰		tʂɛ˚	tiɛ˚
郭旗	tɕiɛ˰		tʂɛ˚	tiɛ˚

表 4-9　晋语志延片上头话咸山摄合口舒声例字表

	盘 山合一帮	豌 山合一影 弯 山合二影	官 山合一见 关 山合二见	凡 咸合三奉 烦 山合三奉
周湾	pʰɛ˰	vɛ˰	kuɛ˰	fɛ˰
顺宁	pʰɛ̃˰	vɛ̃˰	kuɛ̃˰	fɛ̃˰
化子坪	pʰɛ˰	vɛ˰	kuɛ˰	fɛ˰
郭旗	pʰɛ˰	vɛ˰	kuɛ˰	fɛ˰

	全 山合三从	圆 山合三云 元 山合三疑	穿 山合三昌	玄 山合四匣
周湾	tɕʰyɛ˰	yɛ˰	tʂʰuɛ˰	ɕyɛ˰
顺宁	tɕʰyɛ˰	yɛ˰	tʂʰuɛ̃˰	ɕyɛ˰
化子坪	tɕʰyɛ˰	yɛ˰	tʂʰuɛ˰	ɕyɛ˰
郭旗	tɕʰye˰	ye˰	tʂʰuɛ˰	ɕye˰

（七）宕江摄舒声韵

志延片上头话宕江摄舒声韵母合流，没有文白异读，今读 [ã iã uã] 韵，鼻化

色彩较轻。宕开三庄组、江开二知庄组今读合口呼韵母。例如：汤宕开一透 ₌tʰɑ̃| 张宕开三知 ₌tʂɑ̃| 方宕合三非 ₌fɑ̃| 绑江开二帮 ₌pɑ̃| 凉宕开三来 ₌liɑ̃| 江江开二见 ₌tɕiɑ̃| 光宕合一见 ₌kuɑ̃| 庄宕开三庄 ₌tʂuɑ̃| 窗江开二初 ₌tʂʰuɑ̃。

（八）深臻曾梗通摄舒声韵

志延片上头话深臻曾梗通 5 摄舒声韵，深臻并入曾梗通，没有文白异读，即：针深＝真臻＝蒸曾＝征梗，林深＝邻臻＝陵曾＝灵梗，墩臻＝东通，云臻＝容通。四个方言点的区别在于具体音值不同：周湾读 [ɯ̃ iɯ̃ uɯ̃ yɯ̃] 韵，顺宁读 [ɯɣ̃ iɯɣ̃ uɯɣ̃ yɯɣ̃] 韵，化子坪读 [ɯŋ iɯŋ uɯŋ yɯŋ] 韵，郭旗读 [əŋ iəŋ uəŋ yəŋ] 韵。

（九）入声韵

关于入声韵的演变，详见第三节的讨论。

三　声调特点

（一）上头话的单字调

志延片上头话的四个方言都有平上去入四个调类，单字调的调型、调值非常接近。平声不分阴阳，都是以上升为主的调型，上声都是降升调，去声都是高降调，入声调都不很急促，比较舒缓。见表 4-10。

表 4-10　晋语志延片上头话的声调表

古调类 今声调	平声			上声			去声			入声		
	清	次浊	全浊	清	次浊	全浊	清	次浊	全浊	清	次浊	全浊
周湾	平声 242			上声 213			去声 52			入声 32		
顺宁	平声 23			上声 212			去声 52			入声 33		
化子坪	平声 23			上声 213			去声 51			入声 43		
郭旗	平声 23			上声 213			去声 52			入声 43		

上头话的源方言属陕北晋语的五台片和大包片，其上声、去声与源方言基本一致，但平声、入声表现不同。

榆林各县的代表方言都是平声分阴阳，其中五台片阴平与上声合流、大包片阳平与上声合流，这说明阴平、阳平分化的时间较早。只有在移民方言接触区有平声不分阴阳的情形，例如定边白泥井话。"白泥井各县移民混居，声调合并严重，阴平、阳平、上声三个单字调合流，调值213，与绥德米脂的阴平上、榆林横山的阳平上相同，是这些县区移民方言接触的结果。"（高峰2020c）我们认为，志延片上头话平声不分阴阳肯定不是存古的现象，是与老户话接触的结果。

　　吴起、志丹、安塞、延长四县老户话的阴平与阳平的相似度高，阴平字与阳平字有混读现象，例如志丹话有部分古浊平字读如阴平调：田＝天，绳＝升，红＝魂。吴起、安塞话阴平和阳平的调型相同，都是低升调，区别是调值不同。调查时比字显示，在同等时长里，阴平只跨越1度，阳平跨越2度，所以阴平较阳平舒缓。而志丹、延长话的阳平是低升调，阴平虽然是升降调，但调尾下降部分是自然收音时产生的衍音，阴平的上升部分约占整个音节时长的三分之二，下降部分约占三分之一，所以听感上仍主要是升调。见表4-11。另外四县老户话虽然单字调中平声分阴阳，但在连调中，阴平、阳平在阴平、上声前没有区别，都读阳平调。例如吴起话：当兵 tʌɣ¹³pieŋ¹²，朝西 tʂʰo¹³ɕi¹²，汤水 tʰʌɣ¹³ʂuei⁵²，朝北 tʂʰo¹³pei⁵²。

　　正是因为老户话阴平和阳平在听感上比较相近，连读时在阴平、上声前的调值相同，导致非母语者的移民难以分辨，误以为没有区分，所以移民方言在向老户话趋同的时候就形成了平声不分阴阳的特点。

表4-11　晋语志延片各县上头话与老户话平声比较表

吴起话	阴平 12	安塞话	阴平 121
	阳平 13		阳平 24
吴起周湾话	平声 242	安塞化子坪话	平声 23
志丹话	阴平 121	延长话	阴平 232
	阳平 14		阳平 24
志丹顺宁话	平声 23	延长郭旗话	平声 23

　　志延片上头话四点的入声调比较舒缓，也当是方言接触的结果。与榆林地区的晋语相比，志延片老户话入声舒化严重，入声字保留少。在老户话以及权威方言

的影响下，上头话即使仍保留入声韵，但舒化是入声演变的方向，入声调变得舒缓正是入声舒化的表现。

（二）上头话入声舒化后的归调

志延片上头话各点的入声字保留较多，入声字舒化的比例较低。不过从有限的已经舒化的入声字的声调，还是能看出其舒化后归调的某些特点。入声舒化字在上头话中的归调情况见表4-12。

表4-12 晋语志延片上头话入声字归调表

古音类 \ 今声调	平声	上声	去声	入声
周湾					
清入次浊入 416 字	38 9.1%	11 2.6%	**49** **11.8%**	318 76.4%
全浊入 134 字	**45** **33.6%**	2 1.5%	10 7.5%	77 57.5%
顺宁					
清入次浊入 415 字	36 8.7%	32 7.7%	**69** **16.6%**	278 67.0%
全浊入 135 字	**52** **38.5%**	3 2.2%	9 6.7%	71 52.6%
化子坪					
清入次浊入 417 字	**78** **18.7%**	14 3.4%	64 15.3%	261 62.6%
全浊入 135 字	**57** **42.2%**	2 1.5%	18 13.3%	58 43.0%
郭旗					
清入次浊入 425 字	61 14.4%	44 10.4%	**90** **21.2%**	230 54.1%
全浊入 132 字	**79** **59.8%**	2 1.5%	16 12.1%	35 26.5%

周湾、顺宁、化子坪、郭旗话入声舒化字的归调具有以下特点：

1. 整体来看，入声字舒化的速度，郭旗最快，周湾最慢，即：郭旗＞顺宁＞化子坪＞周湾。

2. 清入、次浊入字舒化后，四个方言都是归平声和去声的字较多。归平声显然是老户话"清入、次浊入字归阴平"的规律影响所致。至于去声则需要仔细分析。这部分归去声的入声舒化字，主要有3个来源。以郭旗为例，①包括北方方言统一读去声的，如"玉泄跃逸亿忆肉六郁育剧赦液腋"；②陕北晋语统一读去声的，如"卜萝~膝吃~盖幅一~画"；③还有一些口语中不常用的字在普通话中读去声的，如"妾萨拉~撒猝怵鲫遏扼蓄储~粟"等。

3. 顺宁和郭旗话的清入、次浊入字舒化后归上声的比例较高。这部分归上声的字主要有2个来源。①连读调调值固化到单字调，属于"连调固化式音变"的一种变异形式。邢向东等（2011）提出"连调固化式音变"，有些字的连调调值固化到单字上，演变为单字调。顺宁、郭旗话的连读调值和单字调调值不同，有的连读调固化，经历了从连读变调倒推出单字调的过程。例如：有些清入、次浊入舒化字在方言中常做轻声词的尾字，读21调，如"萨菩~掇拾~络联~页儿~禄福~"等字。因为上声做前字也常读21，由此反向类推出单字调，于是部分字就读了上声213。另外，志延片老户话的清入、次浊入舒化后多归阴平21或31，做词语前字也多读低降调。顺宁和郭旗话吸纳了老户话的部分口语词的连调形式，就包括清入、次浊入舒化字做前字的，然后从前字的连读调值21推出单字调——上声213。如郭旗话："北方21+23、作文21+23、切菜21+52"等，"北作切"单字也读上声213。"北"顺宁和郭旗都读上声，也有可能是受普通话的影响。②一些口语中不常用的字在普通话中读上声214的，在这四个方言中折合成上声213。

4. 全浊入字舒化后的归调比较一致，都是多归平声。志延片上头话的平声是以上升为主的调型，与关中话、老户话的阳平相似，所以我们认为，上头话全浊入字的归调与关中话、老户话基本一致，其实质是全浊入归入浊平（阳平）。

邢向东、孟万春（2006）把陕北方言入声调的演变分为三类五式：第一类，绥德、佳县型，入声字舒化后向调值接近的舒声调靠拢；第二类，甘泉、延长型，入声字舒化后向关中方言靠拢；第三类，清涧、延川型，介于前两类之间。第三类又分清涧式与延川式。清涧式：入声字舒化后，清入、次浊入字与调值接近的舒声调合并，全浊入则与关中话保持一致；延川式：咸山宕江摄中的清入、次浊入字失落韵尾但独立成调，全浊入字与关中话一致。

总的看来，志延片上头话的入声舒化字数较少，入声舒化规律还不是特别明显。就目前看，入声调的演变大致属于第三类"清涧、延川型"，但既不同于清涧也不同于延川，也许应该分出第三类的第三式"郭旗式"：入声字舒化后，清入、次浊入字多归阴平与上声，全浊入则与关中话保持一致，这是老户话入声舒化的规律以及"连调固化"共同作用的结果。

第三节　上头话入声韵的演变

王洪君（1990）根据入声韵今音形式主元音的舌位及韵类的分合，把山西方言的入声韵分为四组韵母型、三组韵母型、两组韵母型、一组韵母型，并把山西方言入声韵的出发点归为：低、中前、中后、高四组塞尾韵。低元音组来自咸山开二入、山合二入、咸山开一非见系入、咸山合三帮系入。中元音组来自咸山一三四入、宕江入、梗二入。较高元音组来自臻深曾梗通入、梗三四入。下文的讨论就以王先生的分类作为出发点。

志延片上头话与山西方言入声韵出发点的分歧主要在于曾一入、梗开二入的分合。山西方言曾一入与梗二入有别，曾一入归高元音组，梗二入归中低元音组。志延片上头话曾一入与梗开二入合流，归中元音组。曾一入、梗开二入同变也是整个陕北晋语和关中话的特点。因此，志延片上头话入声韵出发点的中元音类来自咸山一（见系）三四入、宕江入、曾一入、梗二入。

一　入声韵的类型

为了调查志延片方言，我们制作了《四类入声字调查表》，该表共有550个入声字。使用这个表调查后发现，志延片上头话中，各方言点保留的入声字不等，周湾话 395 字，顺宁话 349 字，化子坪话 319 字，郭旗话 265 字。周湾、顺宁话中，咸山宕江 4 摄的入声字部分舒化，部分保留入声韵；深臻曾梗通 5 摄入声舒化字较少，入声韵保留较完整。化子坪、郭旗话各韵摄的入声字都是部分舒化，部分保留入声韵，咸山宕江 4 摄的入声字舒化的比例略高于深臻曾梗通 5 摄。

根据入声韵的读音，志延片上头话的四个方言点可以分为两种类型：三组入声韵母型、两组入声韵母型。

（一）三组入声韵母型

周湾、顺宁话今有三组入声韵：[aʔ]组，[ɜʔ]组，[əʔ]组。

1. 周湾话 [aʔ] 组主要来自咸山开一入、咸山开二入、山合二入、咸山合三入、曾一入、曾开三庄组、梗开二入。[ɜʔ] 组主要来自咸山三四入、山合一入、宕江入。[əʔ] 组主要来自深臻通入、曾梗三四入。例见表 4-15、4-16、4-17，下同。

周湾话的 [ɜʔ] 组入声韵表现出向 [aʔ] 组与 [əʔ] 组演变的趋势。已经变化的字辑录如下：

咸开三四入：iaʔ 接聂镊猎叶页业切，əʔ 摄涉折~断，iəʔ 劫怯噎屑；

山合一入：aʔ 末，uaʔ 聒；

山合三四入：aʔ 袜，iaʔ 血；

宕江入：aʔ 各阁搁，iaʔ 脚，uaʔ 郭宕摄桌捉江摄，ɜʔ 胳郝宕摄朴江摄，uɜʔ 藿霍劐作宕摄。

2. 顺宁话 [aʔ] 组、[əʔ] 组、[ɜʔ] 组字的主要来源与周湾话的基本相同。

顺宁话的 [ɜʔ] 组入声韵保留也不完整，同样表现出向 [aʔ] 组与 [əʔ] 组演变的趋势。已经变化的字辑录如下：

山合一入：aʔ 拨泼沫末，uaʔ 脱，其余舒化；

山合三四入：aʔ 袜，uaʔ 说，iaʔ 血；

宕江入：aʔ 搁（搁≠各阁）宕摄驳江摄，iaʔ 脚药宕摄觉角江摄，uaʔ 劐宕摄桌捉江摄，ɜʔ 郝缚宕摄朴江摄，uɜʔ 藿霍宕摄。

表 4-13　周湾、顺宁话入声韵中元音组演变概况

	总字数	已舒化字数	aʔ 组韵字数	ɜʔ 组韵字数	əʔ 组韵字数
周湾	249	85	35	118	11
顺宁	249	93	54	93	9

将以上辑录的已经变化的例字和表 4-13 的数据结合起来，可以看出：①顺宁话中，中元音组的入声舒化的字数和向 [aʔ][əʔ] 两组演变的字数都比周湾话略多，说明顺宁话的中元音组入声韵的演变速度比周湾话快。②周湾、顺宁话的中元音组入声韵既有向 [aʔ] 组演变的，也有向 [əʔ] 组演变的，甚至属同一摄的字分别向 [aʔ] 组与 [əʔ] 组演变，例如咸摄开口三等入声字，章组并入 [əʔ]（涉），精组并入 [aʔ] 组（接聂镊）。不过并入 [aʔ] 组的字数明显多于并入 [əʔ] 组的字数，表现出主要向 [aʔ] 组演变的倾向。③在两个方言中，[ɜʔ] 组的撮口呼韵母没有出现向 [aʔ] 组与 [əʔ] 组的演变情况。④咸山开一见系入、曾一入在周湾、顺宁话中一致并入 [aʔ] 组。梗开二入在顺宁话中全部归入 [aʔ] 组，在周湾话中大部分归入 [aʔ] 组，仍有"麦脉"读 [iɜʔ] 韵。山合一入在顺宁话中只余"豁"一字读 [uɜʔ] 韵，演变接近完成，在周湾话中则只有"聒"一字并入 [aʔ] 组，演变才刚刚开始。咸山开合三四入在周湾、顺宁话中都是部分并入 [aʔ] 组，正在演变的过程中。

（二）两组入声韵母型

化子坪、郭旗话今有两组入声韵：[aʔ] 组，[əʔ] 组。

化子坪、郭旗话入声韵的格局和来源非常一致。[aʔ] 组主要来自咸山宕江入、曾一入、梗开二入，即周湾、顺宁话今读 [aʔ] 组和 [ɜʔ] 组的韵摄（包括曾开三入庄组字"侧测色啬"），化子坪、郭旗话是合为一组 [aʔ] 组。例如化子坪话的咸山摄下列字读 [aʔ] 组韵：接聂叶页跌怯贴_{咸摄}，鳖哲折~_断列烈裂热铁结捏噎撤设薛雪月_{山摄}，等等。[əʔ] 组主要来自深臻通入、曾梗三四入。化子坪、郭旗话中，宕江摄、曾开一、梗开二的入声字部分舒化，仍保留入声韵的字多数并入 [aʔ] 组，少数并入 [əʔ] 组，保留入声韵的字辑录如下：

化子坪 aʔ 组：各阁搁脚约药镬郭_{宕摄}，剥桌捉角觉戳确岳_{江摄}，则塞刻克特格_{曾摄}，百拍客择泽摘责革隔册策_{梗摄}；

əʔ组：胳郝恶宕摄，得德黑肋勒曾摄，吓~诈、梗摄。

郭旗 aʔ组：各阁搁恶落脚药镬劐郭宕摄，剥桌捉角觉浊戳确岳壳握江摄，得则塞刻克特肋曾摄，窄格拍拆客择泽摘责革隔麦脉梗摄；

əʔ组：胳郝作宕摄，德黑曾摄，吓~诈、梗摄。

表 4-14　晋语志延片上头话入声韵母组及主要来源表

		低元音 aʔ 组	中元音 ɜʔ 组	较高元音 əʔ 组
三组入声韵母型	周湾	咸山开一二入 山合二入 山合三帮系入① 曾一入与梗开二入	咸山开合三四入 山合一入 宕江入	深臻通入 曾梗三四入
	顺宁	咸山开一二入 山合二入 山咸合三帮系入 曾一入与梗开二入	咸山开合三四入 山合一入（"豁"1字） 宕江入	深臻通入 曾梗三四入
两组入声韵母型	化子坪 郭旗	咸山入 宕江摄入 曾开一入与梗开二入	（无）	深臻通入 曾梗三四入

下面以入声韵出发点的低元音组、中元音组、较高元音组三类分别举例。

表 4-15　晋语志延片上头话入声韵低元音组例字表

	周湾	顺宁	化子坪	郭旗
夹咸开二	tɕiaʔ˞	tɕiaʔ˞	tɕiaʔ˞	tɕiaʔ˞
炸油~ 咸开二	˰tsɑ	˰tsɑ	˰tsɑ	˰tsɑ
刷山合二	ʂuaʔ˞	ʂuaʔ˞	ʂuaʔ˞	ʂuaʔ˞
滑山合二	xuaʔ˞	˰xua	˰xuɑ	˰xuɑ
答咸开一	taʔ˞	taʔ˞ / ˰ta	˰tɑ	˰tɑ
辣山开一	laʔ˞	laʔ˞	˰lɑ	laʔ˞
法咸合三	˚fa	faʔ˞	˰fɑ	˰fɑ
发山合三	˚fa	faʔ˞	˰fɑ	˰fɑ

---

① 周湾话的咸合三帮系入声字已经舒化。

表 4-16　晋语志延片上头话入声韵中元音组例字表

	周湾	顺宁	化子坪	郭旗
鸽咸开一晓	kaʔ˒	kaʔ˒	kaʔ˒	kaʔ˒
割山开一见	kaʔ˒	kaʔ˒	kaʔ˒	kaʔ˒
脱山合一透	tʰuɜʔ˒	tʰuaʔ˒	tʰuaʔ˒	ˬtʰuɤ
说山合三书	ʂuɜʔ˒	ʂuaʔ˒	ʂuaʔ˒	ʂuaʔ˒
各宕开一见	kaʔ˒	kɜʔ˒	kaʔ˒	kaʔ˒
勺宕开三禅	ˬʂuɜ	ˬʂuɜ	ˬʂuɤ	ˬʂuɤ
郭宕合一见	kuaʔ˒	kuɜʔ˒	kuaʔ˒	kuaʔ˒
捉江开二庄	tʂuaʔ˒	tʂuaʔ˒	tʂuaʔ˒	tʂuaʔ˒
则曾开一精	tsaʔ˒	tsaʔ˒	tsaʔ˒	tsaʔ˒
黑曾开一晓	xəʔ˒	xəʔ˒	xəʔ˒	xəʔ˒
国曾合一见	kuaʔ˒	kuaʔ˒	kuaʔ˒	ˬkuɤ
客梗开二溪	kʰaʔ˒	kʰaʔ˒	kʰaʔ˒	kʰaʔ˒
叶咸开三	iaʔ˒	iɜʔ˒	iaʔ˒	ˬiɛ
跌咸开四	tiɜʔ˒	tiɜʔ˒	tiaʔ˒	tiaʔ˒
灭山开三	miɜʔ˒	miɜʔ˒	ˬmiɛ	ˬmiɛ
铁山开四	tʰiɜʔ˒	tʰiɜʔ˒	tʰiaʔ˒	tʰiaʔ˒
雪山合三心	ɕyɜʔ˒	ɕyɜʔ˒	ɕyaʔ˒	ɕyaʔ˒/ɕyɛ
血山合四晓	ɕiaʔ˒	ɕiaʔ˒/ɕiɛ	ɕiaʔ˒/ɕyaʔ˒	ɕiaʔ˒
脚宕开三见	tɕiaʔ˒	tɕiaʔ˒	tɕiaʔ˒	tɕiaʔ˒
钁宕合三见	tɕyɜʔ˒	tɕyɜʔ˒	tɕyaʔ˒	tɕyaʔ˒
岳江开二疑	yɜʔ˒	yɜʔ˒	yaʔ˒	yaʔ˒

表 4-17　晋语志延片上头话入声韵高元音组例字表

	周湾	顺宁	化子坪	郭旗
急深开三	tɕiəʔ˒	tɕiəʔ˒	tɕiəʔ˒	tɕiəʔ˒/ˬtɕiɿ
拾深开三	ʂʅʔ˒	ʂʅʔ˒	ʂʅʔ˒	ʂʅʔ˒
笔臻开三	piəʔ˒	piəʔ˒	piəʔ˒	piəʔ˒
吉臻开三	tɕiəʔ˒	tɕiəʔ˒	tɕiəʔ˒	ˬtɕiɿ

续表

	周湾	顺宁	化子坪	郭旗
突臻合一	tʰuəʔ˳	tʰuəʔ˳	tʰuəʔ˳	tʰuəʔ˳
出臻合三	tʂʰuəʔ˳	tʂʰuəʔ˳	tʂʰuəʔ˳	tʂʰuəʔ˳
食曾开三	ʂəʔ˳	ʂəʔ˳	ʂəʔ˳	ʂəʔ˳
力曾开三	liəʔ˳	liəʔ˳	liəʔ˳	liəʔ˳
石梗开三	ʂəʔ˳	ʂəʔ˳	ʂəʔ˳	ʂəʔ˳
适梗开三	ʂəʔ˳	ʂəʔ˳	ʂəʔ˳	ʂəʔ˳
踢梗开四	tʰiəʔ˳	tʰiəʔ˳	tʰiəʔ˳	tʰiəʔ˳
吃梗开四	tʂʰəʔ˳	tʂʰəʔ˳	tʂʰəʔ˳	tʂʰəʔ˳
哭通合一	kʰuəʔ˳	kʰuəʔ˳	kʰuəʔ˳	kʰuəʔ˳
足通合三	tɕyəʔ˳/tsuəʔ˳	tɕyəʔ˳/tsuəʔ˳	tɕyəʔ˳/tsuəʔ˳	tɕyəʔ˳/₍tsu

二 入声韵的演变

志延片上头话入声韵演变的总特点是保持塞音韵尾、韵类合并。其中，周湾、顺宁话正在从三组入声韵向两组入声韵演化，化子坪、郭旗话的入声韵类已经合并为两组。这种入声韵的演化途径与陕北晋语大多数方言一致，与老户话塞音韵尾失落、韵类合并的演化途径不同，也与延川话入声长化"延伸—归并"的演变途径不同。

如前所述，志延片上头话中，咸山开二入、山合二入、咸山开一非见系入、咸山合三帮系入字归 [aʔ] 组，深臻通、曾梗三四入字归 [əʔ] 组，在上头话各点没有分歧。而从中元音组出发的咸山三四入、山合一入、宕江入、曾一入与梗开二入的归类有分歧。除了少数字归入 [əʔ] 组外，中元音组在周湾、顺宁表现出与 [aʔ] 组合流的趋势，在化子坪、郭旗已经归入 [aʔ] 组。

三组入声韵向两组入声韵演变，是山西方言、陕北晋语入声韵常见的演变方式之一。在发生这一演变时，通常情况是出发点为中元音组的入声韵发生变化，正如王洪君（1990）指出的："在入声韵类的演变中，中元音组不稳定。"原因在于，中元音组入声韵与低、高两组入声韵的主要元音都比较接近，特别是在塞音韵尾发音清晰的情形下，主要元音相对比较模糊，从听感上与低高两组入声韵的区别不甚显著，因此比较容易向两组入声韵归并。至于归并的具体方向，不同的方言表现不同。例如，在山西方言中，吕梁各点（柳林、离石、方山、孝义、汾阳、兴县）、晋东南的长治、晋中的太原中元音组入声韵文读多归 [əʔ] 组，只有梗开二入归 [aʔ] 组；在雁北、晋中（除太原文读）、晋东南（除长治）多归 [aʔ] 组。（王洪君 1990）而在陕北神木方言中该组韵母多归 [əʔ] 组，少数字归 [aʔ] 组，如：剥驳握桌捉戳镯聒觉角。（邢向东 2002：225—228）

周湾、顺宁、化子坪、郭旗四个方言不约而同地选择了中元音组入声韵向 [aʔ] 组归并的路向。在志丹与安塞，各自的榆林移民聚居区在地理上连成一片，志丹顺宁话、安塞化子坪话的这种共同的演变，可能是方言影响的结果。但是在吴起与延长，移民聚居区都是偏居一隅，在地理上与其他榆林移民聚居区都不相连，那么，这种共同的演变就很有可能与移民的源方言有关。周湾、顺宁、化子坪、郭旗话都有三组入声韵的痕迹，在榆林地区，只有榆林话、横山话、靖边话、米脂话有三组入声韵，周湾等方言的来源方言应当就是其中之一。根据高峰（2010b），榆林话中，中元音组入声韵也出现了向 [aʔ] 组或 [əʔ] 组入声韵归并的趋势，并且 [aʔ] 组是主要的演变方向。榆林话中元音组入声韵已经发生变化的字辑录如下：

归入 aʔ 组：劫怯咸开三切山合一聒山开四拙山合三桌卓捉戳镯浊江开二特塞耳~则曾开一测侧厕色啬曾开三泽择宅窄摘责拆策册梗开二酌绰宕开三；

归入 əʔ 组：黑曾开一吓~唬诈（吓唬），梗开二。

可见，周湾、顺宁、化子坪、郭旗话的入声韵正是沿着与榆林话相同的方向演变，可以认为是在榆林等源方言的基础上进一步演变的结果。

三　入声韵的舒化

周湾、顺宁、化子坪、郭旗话的部分入声字已经舒化，入声字舒化后的归韵基本一致。已经舒化的入声字中，来自咸山开一非见系、咸山开二、山合二、山咸合三帮系的字读 [a ia ua] 或 [ɑ iɑ uɑ] 韵；来自咸山开一见系的字多读 [ɤ] 韵，有的读 [uə] 或 [uɤ] 韵；来自山合一、宕开一、宕开三知系、江开二知系的字读 [uə] 或 [uɤ] 韵；来自咸山开三四的字读 [iɛ] 或 [ie] 韵；来自宕开三的字读 [yɛ] 或 [ye] 韵；

来自深臻通、曾梗三四的字读 [i(ʅ) u y] 韵。来自曾开合一、梗开二的入声舒化字一般读 [ei uei] 韵，帮组字读音有差异：周湾、郭旗读 [ei] 韵，顺宁、化子坪有的读齐齿呼韵母 [ie] 或 [iɛ]。

表 4-18　晋语志延片上头话入声舒化例字表（"/"表示未舒化）

	周湾	顺宁	化子坪	郭旗
捺山开一入泥	naᵒ	₋na	nɑᵒ	nɑᵒ
鸭咸开二入影	₋ia	₋ia	₋ia	₋ia
铡山开二入崇	₋tsa	₋tsa	₋tsa	₋tsa
刮山合二入见	/	₋kua	₋kuɑ①	/
乏咸合三入奉	₋fa	₋fa	₋fa	₋fa
罚山合三入奉	/	/	/	₋fɑ
合咸开一入匣	₋xə	₋xuə	₋xʌ	₋xɤ
活山合一入匣	₋xuə	₋xuə	₋xuɤ	₋xuɤ
薄宕开一入並	₋puə	₋puə	₋puɤ	₋pʰɤ
勺宕开三入禅	₋ʂuə	₋ʂuə	₋ʂuɤ	₋ʂuɤ
镯江开二入崇	₋tʂʰuə	₋tʂʰuə	₋tʂʰuɤ	₋tʂʰuɤ
碟咸开四入定	₋tiɛ	₋tiɛ	₋tiɛ	₋tie
别山开三入帮	₋piɛ	₋piɛ	₋piɛ	₋pie
略宕开三入来	/	₋lyɛ	₋lyɛ	/
北曾开一入帮	₋pei	/	₋pei	₋pei
或曾合一入匣	₋xuei	₋xuei	/	₋xuei
白梗开二入並	₋pei	₋piɛ	₋piɛ	₋pie
粒深开三入来	₋li	₋li	₋li	₋li
律臻合三入来	lyᵒ	₋ly	/	₋ly
亿曾开三入影	iᵒ	iᵒ	iᵒ	iᵒ
易梗开三入以	iᵒ	iᵒ	iᵒ	iᵒ
牧通合三入明	muᵒ	muᵒ	muᵒ	muᵒ
玉通合三入疑	yᵒ	yᵒ	yᵒ	yᵒ

---

① 化子坪"刮"舒入两读。

第五章　从延安老户话看晋语志延片的形成与嬗变

晋语志延片位于陕北晋语的最南端，处于陕北晋语与关中方言接触的前沿。志延片老户话与关中方言的接触深刻而久远。此外，志延片分布的地区在近代以来接纳了大量的榆林移民，这些榆林移民与当地老户的日常接触几乎每天都在发生，他们所操的上头话与老户话的碰撞每天都在上演。志延片既有老户话，又有上头话，既存在老户话与关中方言的接触，又存在老户话与上头话之间的接触，并且接触的类型、程度各不相同，志延片方言因此显现出纷繁复杂的表象。这给了我们一个很好的机会，来观察方言因接触而发生的种种变化。本章至第七章就是从不同的角度观察晋语志延片发生的方言接触。

第一节　延安老户话的底层方言

本书所谓"底层方言"，指延安老户话早期所属的方言，而不是指语言接触理论中所谓的"语言底层（language substratum）"。

延安位于晋语与中原官话接触的前沿地带，中原官话与晋语两大方言的特点，在延安老户话中几乎达到了水乳交融的程度，延安老户话无疑是一个融合型方言。判断一个融合型方言的形成，首先要判断何为其底层方言。在2010—2011年，2015—2018年的几次调查中，下面的问题一直使我们感到困惑：在延安老户话乃至整个晋语志延片方言中，晋语、中原官话哪个是底层方言？延安老户话的层次到底是晋语→中原官话，还是中原官话→晋语？《中国语言地图集》第1版、第2

版中关于延安、延长、甘泉方言的归属，由原来画归中原官话而变为晋语志延片，除了显性地保留入声这个标准之外，应当还隐含着编者对这一片方言的深层次思考。

一　如何离析底层方言

在摸底调查中，我们首先发现：在延安，如今会说老户话的往往是60多岁以上的老年人，50岁以下的人几乎都已改说新的通行语——新延安话。而50岁至60岁的老户的方言语音比较驳杂，往往兼具两者的特点，属于老话到新话的过渡阶段。与老户话相比，新延安话具有更多的晋语特征。新延安话是上头话对延安老户话发生强烈影响的结果，这种影响当始于1928年（见下文）。根据使用者的年龄段来推算，大约是在20世纪70年代形成了新延安话。因此，要想确定延安老户话的底层方言，必须弄清楚方言中的晋语特征是这一波的影响所致还是原有的层次。上头话冲击延安话的时间在百年之内，所以新旧层次容易辨析。调查中我们选择了四位60岁以上的发音人，几位发音人对于自己和父辈或祖父辈说法不同的地方，通常都能分辨，这样就基本剥离出了新的晋语层次。发音人中，今年80岁的高树旺老人年龄最大，仅小学文化，且常年居住在老户聚居的村子，也未曾去外地工作，所以他的语言面貌相对比较保守。我们认为，以高树旺老人的方言为代表的延安老户话，剥离新的层次后基本能够反映父辈的方言面貌，能够据以分析延安话的底层方言。

陕北晋语、中原官话关中片的代表方言分别是绥德话、西安话。下文比较绥德、延安、西安三地方言[①]，同时观察其他陕北晋语和关中方言，目的是看延安老户话（下文简称"延安话"）与二者孰近孰远，以判断其底层方言。比较中特别注意避免把新的晋语层次误判为底层的成分。

二　从语音系统看延安老户话的底层方言

延安老户话中的语音成分及其特点，从与周边方言的关系看可以分为三种。

[①] 绥德话材料来自黑维强（2016a），西安话的语法材料来自兰宾汉（2011），西安话的词汇材料来自王军虎（1996、1997）。延安老户话材料为笔者调查所得。

一是与多数陕北晋语、关中话一致的部分。"一致"是指在三地方言中，某些中古声母与韵摄的音类分合关系一致，读音相同或相近。例如：假开二、遇合一、遇合三（知系除外）、蟹止摄、效流摄等，具体如下。假摄二等今读是 [a] 组韵母，如（以延安为例，下同）：马 ⁻ma｜家 ₋tɕia｜瓜 ₋kua。遇摄（一等精组和三等知系除外）今读 [u y] 韵，如：布 puᵓ｜姑 ₋ku｜女 ⁻ny｜鱼 ₋y。蟹止开口今读 [ɛɛ uɛɛ] 韵与 [i ɿ ʅ] 韵，如：来 ₋lɛɛ｜低 ₋ti｜泥 ₋ni｜狮 ₋ʂʅ｜世 ʂʅᵓ；合口今读 [ei uei] 韵，如：杯 ₋pʰei｜最醉 lueiᵓ。效流摄今读 [ɔ ci ue iəu] 韵，如：包 ₋pɔ｜跳 tʰciᵓ，豆 təuᵓ｜流 ₋liəu。

二是与陕北晋语一致的部分，主要有4点。①声母系统。延安话声母的数量、音值、声类分合，与绥德话等陕北晋语基本一致。②假开三章日组今读带有舌尖音色彩的韵母ʅə，如：车 ₋tʂʅə｜蛇 ₋ʂʅə。③遇合一精组今读 [u] 韵，如：租 ₋tsu｜醋 tsʰuᵓ。④深臻与曾梗通摄舒声韵合流，如：痕恒 ₋xəŋ｜心星 ₋ɕiəŋ｜炖洞 tuəŋᵓ｜薰兄 ₋ɕyəŋ。

三是与关中方言一致的部分，主要有5点。①果摄今读 [uɤ yɤ] 韵，如：我 ⁻ŋuɤ｜瘸 ₋tɕʰyɤ｜靴 ₋ɕyɤ。与陕北晋语的不同在于果合三的今读音值，延安今读 [yɤ] 韵，陕北晋语今读 [ye] 韵。②咸山摄舒入有别，舒声韵读鼻化韵 [ɛ̃ iɛ̃ uɛ̃ yɛ̃] 韵，如：山 ₋sɛ̃｜剪 ⁻tɕiɛ̃｜关 ₋kuɛ̃｜远 ⁻yɛ̃。③宕江摄入声舒化后与果摄合流，如：各 ₋kuɤ｜学 ₋ɕyɤ。④德陌麦三韵和职韵庄组字入声舒化后读 [ei uei] 韵，如：北百 ₋pei，涩色 ₋sei，灰或 ₋xuei。⑤ 4 个单字调的调型与调值。阴平 21、上声 52，与关中方言一致；阳平 243、去声 442，在连调中做前字往往变读 24 或 44，变调调值与关中方言阳平 24、去声 44 相同。

可见，延安老户话的语音兼有关中话和陕北晋语的特点。与关中方言一致的部分所辖字数远远大于跟陕北晋语一致的部分，因此关中方言的色彩更浓。不过，从声母系统、深臻曾梗通合流、口语中入声字的保留，可以看出延安老户话的底层方言是晋语。

首先，延安老户话的声母系统，除了没有 [v] 母（v→∅ 属于音值变化），其余与陕北晋语绥德等方言完全相同，与西安话不同。以知系合口字的读音为例，延安话与绥德等方言一致，为 [tʂ tʂʰ ʂ ʐ] 母，合口呼韵母。关中诸方言：西安话为 [pf pfʰ f v] 母，是比较特殊的读音；其他方言，咸阳等东府方言大致读舌叶音 [tʃ tʃʰ ʃ ʒ]，与精组合口字不混；鄠邑区等部分与精组合口字合流，读舌叶音 [tʃ tʃʰ ʃ ʒ]，岐山、凤翔、扶风等西府话读 [tʂ tʂʰ ʂ ʐ] 母与开口呼韵母。（张双庆、邢向东 2012）例如：

表 5-1

	猪	出	书	如
绥德	tʂu˧	tʂʰu˧	ʂu˧	ʐu˧
延安	tʂu˧	tʂʰu˧	ʂu˧	ʐu˧
西安	pfu˧	pfʰu˧	ʃu˧	vu˧
咸阳	tʃu˧	tʃʰu˧	ʃu˧	ʒu˧
鄠邑区	tʃu˧	tʃʰu˧	ʃu˧	ʒu˧
岐山	tʂʅ˧	tʂʰʅ˧	ʂʅ˧	ʐʅ˧

其次，延安老户话、陕北晋语均为深臻摄舒声韵归入曾梗通，这也是晋语的重要特征之一，是与西安为代表的关中话的重要区别。尽管中原官话秦陇片方言也是如此，但延安话受到秦陇片方言的影响较小，因为延安与相邻的秦陇片之间隔着白于山脉，历史上也从未属于同一政区。另外，延安南部地区改用关中方言的县，紧挨延安的是富县和宜川，再往南是黄陵、洛川、黄龙，其中只有富县同晋语，其余均同关中话，为深臻与曾梗通摄相分。延安、富县的深臻与曾梗通相混，应是晋语的底层成分。例如：

表 5-2

	真	蒸	信	姓	棍	共	运	用
绥德	tʂəŋ˧		ɕiəŋ˧		kuəŋ˧		yəŋ˧	
延安	tʂəŋ˧		ɕiəŋ˧		kuəŋ˧		yəŋ˧	
富县①	tʂəŋ˧		ɕiəŋ˧		kuŋ˧		yŋ˧	
黄龙②	tʂẽ˧	tʂəŋ˧	ɕiẽ˧	ɕiəŋ˧	kuẽ˧	kuŋ˧	yẽ˧	yŋ˧
西安	tʂẽ˧	tʂəŋ˧	ɕiẽ˧	ɕiŋ˧	kuẽ˧	kuŋ˧	yẽ˧	yŋ˧

---

① 富县材料引自 2020 年《陕西方言集成·延安卷》。
② 黄龙材料引自 2020 年《陕西方言集成·延安卷》。

再次，延安老户话中古入声的单字音已完全舒化，部分字在口语词汇中仍然保留入声韵和入声调[①]。这是志延片延安、甘泉、延长等方言的共同特点。这些字中的入声读法是底层方言的遗留还是新一波晋语影响的结果呢？"口语高频词是抵制舒声化扩散的牢固阵地。"（邢向东、孟万春 2006）一般来说，口语词中容易保留存古性的语音特点，也容易出现方言的创新，但不容易借入共同语和权威方言的读音。单字音、书面语词中则更容易借入权威方言的读音。例如绥德话，也是入声字在单字音中已经舒声化，口语中大部分仍读入声。因此，这种口语中保留的入声读法，应当是一种存古现象，反映它的语音系统的底层是晋语。

三　从词汇看延安老户话的底层方言

与父辈相比，不同发音人词汇的变化主要体现为部分词语的叠置，少数已经被替换的词语也能根据记忆找到老的说法。叠置的词语代表了新老不同的层次。例如（"/"左边是老派，右边是新派）：冰雹/冷子，门背后/门圪垯，宜=个儿/现在。大都是老的说法与关中话同，新的说法主要与陕北晋语同（少数与普通话同），体现新一波的晋语影响，老派说法则反映关中话的影响深刻。

剥离了新晋语层次的词语，延安老户话底层方言的词汇面貌还是比较清晰的。我们据此来比较绥德、延安、西安三地词汇。《绥德方言调查研究》《西安方言词典》和《中国濒危方言志·陕西延安老户话》的词汇表，都是以《方言词语调查条目表》（《方言》2003 年第 1 期）为基础调查整理而成，便于逐条比较并统计。我们选择了天文、地理、时令/时间、植物、动物、亲属称谓词、动词、形容词八类。比较结果是：三地相同的词语总数占 41.5%，延安老户话与陕北晋语相同的词汇占 32.4%、部分相同的 6.4%，与西安话相同或部分相同的 8.3%，其余是延安话特有的词汇，占 11.3%。详见表 5-3。表中"相同"是指完全相同，即同一词条的说法，数量一样，词形一致；"部分相同"是指延安话与绥德话、西安话部分说法相同。例如：绥德话、延安话说"结实、耐"，西安话说"结实"，延安话与绥德话就属于"相同"，与西安话就属于"部分相同"。

[①]　依据 2016 及 2018 年调查结果，与第二章的"延安话音系"略有差别。

表 5-3 绥德、延安、西安三方言八类词汇比较表

类别 \ 词语数量	三地相同	与绥德话相同	与西安话相同	延安话独有
天文 97 条	49	25 / 部分相同 1	6	16
地理 79 条	39	29	4	7
时令/时间 108 条	58	20 / 部分相同 7	8 / 部分相同 1	14
植物 108 条	48	21 / 部分相同 13	13 / 部分相同 2	11
动物 127 条	56	28 / 部分相同 14	9	20
亲属称谓词 93 条	18	33 / 部分相同 12	14 / 部分相同 1	15
动词 129 条	38	58 / 部分相同 8	12	13
形容词 128 条	55	68 / 部分相同 1	2	2

延安话有大量与绥德话、西安话共同的词汇。三方言相同的词条数量，天文、地理、时令/时间、植物、动物、形容词 5 类均超过或接近 50%，动词类不足 30%，亲属称谓类最少，不足 20%。

延安话与绥德话相同的词语数量庞大，与西安话相同的较少。以上 8 类词都是如此，形容词的表现最为显著：总共 128 条，除了三地都相同的 55 条词语外，与晋语相同的就有 68 条，而与关中话相同的只有 2 条 "毛乱事情杂乱，烦躁不安" "美气"。

延安话中既有晋语的典型特色词也有关中话的典型特色词，前者数量相对较多。西安或关中话口语中的特色词，在延安话中数量较少，延安话与之对应的几乎都是晋语的说法。例如：白雨又大又急的阵雨，颡 sa²¹ 头，爨 tsʰuɛ̃²¹ 香等。像 "颡" 这类在关中话里极其典型的特色词语，也是日常高频词，如果延安话的底层是关

中方言，这些词语不可能被轻易弃用。延安老户话没有使用这些词的痕迹，说明延安话的底层方言不是关中话。反过来，一直在延安话中活跃的"脑（阳平）""婆姨""难活"等陕北晋语乃至晋语中最典型的特色词，则将延安话的底层指向陕北晋语。

综上，词汇方面，延安老户话与绥德话一致性更强，二者相同的词汇数量远多于与西安话相同的，尤其是一些反映方言整体或早期特征的词语，将延安老户话的底层方言指向陕北晋语。

四　从语法看延安老户话的底层方言

语法是语言系统中最稳固的。方言语法中一些独特的语序和构式，如果不是发生方言替换（彻底覆盖），是很难改变的。陕北晋语、关中方言、延安话在语法上同大于异，区别不大，但仍然在一些独特的语序和语法功能词上体现出一定的差异。在这种情况下，一般是延安话与绥德话相同，与西安及其他关中方言不同。

（一）几种特殊的语序

语序涉及语言、方言类型，是相当稳固的语法特征。兰宾汉（2011：360—369）列举了西安话的6种特殊语序[①]。其中有3种，绥德话、延安话与之相同，即：①"最NP+A/V"，如：咱村最王银锁有钱咧。全家人最我的嘴笨。②"给NP+不VP"，如：李二狗给田大明不还钱。你咋给娃不讲故事呢？③"VO着呢"，如：我正在屋里吃饭着呢。小军镇儿现在在教室里写作业着呢。其他3种形式，即①"甚不A/V"，②"不A一点"，如：不疼一点。不好看一点。意思比"一点不A"略轻，③"把O没/不VP"（"把O不VP"据孙立新2013：657补充），绥德话和延安老户话的语序，都跟西安话相反。请比较：

1. 甚不A/V——不咋A/V

（1）今年的葡萄甚不贵。（西安）

今年的葡萄不咋贵。（绥德）

[①] 兰著例举7种特殊语序，其中"知不道_{不知道}"已经词汇化，所以此处仅提及其余6种。

今年的葡萄不怎么／不咋贵。（延安）

（2）王老师甚不批评人。（西安）

王老师不咋批评人。（绥德）

王老师不怎么／不咋批评人。（延安）

2. 不 A 一点——一点不 A

（3）疼不疼？不疼。／不疼一点。／一点不疼。（西安）

疼不（疼）？不疼。／一点儿也不疼。（绥德、延安）

3. 把 O 没／不 VP（引自孙立新 2013：657）

（4）他把你就看不起。（西安）

那他就看不起你。（绥德、延安）

（5）我们几个人把他没寻来。（西安）

我们几个没把那他寻上。／我们几个没寻上那他。（绥德、延安）

（二）"A 得 C"与"可 A 哩"

形容性状的程度，西安话及关中话"少用程度状语，代之以程度补语，如'嫽得很、嫽得太（太）、嫽扎了、美得很、美得太（太）、整扎了'"（邢向东、蔡文婷 2010：3）。这种"A+得+C"结构因此成为关中方言乃至整个西北官话的句法特征之一。延安话可用形容词及晋语、关中话共有的程度副词"扎"做程度补语，但中心语和程度补语之间不能插入"得"，更是很少用"A+得+程度副词"，而常用状中结构"可+A+哩"，后者正是晋语的基本句法格式之一。延安话没有"A 得很、A 得太太"等关中方言最常见的形补结构，这一点也同绥德话相同。如上面西安话的说法，延安话只说"可好哩、可美哩"，不能说"好得很、美得很"。例如：

（6）天热得很。／天热得太太。（西安）

天可烧嘞。（绥德）

天可烧哩。（延安）

（7）肚子疼得很。／肚子疼得太太。（西安）

肚子可疼嘞。（绥德）

肚子可疼哩。（延安）

（8）累扎了。（西安）

　　　熬扎了。（绥德、延安）

（三）表是非问的语气副词

表达是非问，延安话和其他陕北晋语、关中方言一样，主要依赖上升语调。陕北晋语没有专门的是非问语气词，关中话可以用"吗"，但也可以不用。最大的区别是，关中话（尤以西安一带东府方言为甚）有一个专表是非问的疑问副词"得是"，多用于句子谓语前，也可用于句首和句末。而陕北晋语则多用"是不"，放在句首表是非问。延安话与绥德话相同，用"是不+NP+VP"，不用"NP+得是+VP"。例如：

（9）张红得是（是）西安人？（西安）

　　　是不张红是西安人？（绥德、延安）

（10）老张得是把自行车没咧？（西安）

　　　是不老张把自行车没了？（绥德、延安）

以上所讨论的前三种语序问题，都涉及句中否定词的位置，涉及否定词与动词、形容词短语、处置式的表层关系，是方言语法中具有类型学意义的基本特征，是相当稳固的格式。从更大的方言格局来看，它们以西北官话（包括关中方言）为一派，以晋语（包括陕北晋语）为一派，互相形成对立。而表程度的"A+得+C"与"可+A+哩"的对立，表是非问的"得是"与"是不"的对立，都是关中方言与陕北晋语类型特征的重要区别，前者是关中话的"特征句式、特征词"，后者是陕北晋语的"特征句式、特征词"，其性质比词汇中的特征词还重要。在这些重要特征上，延安老户话都近晋语而远关中。如果延安话早期存在这些属于关中话的格式，是不可能在短期内消失的。

总之，延安话与关中方言、陕北晋语之间在一些语法特征上的异同，同样将延安老户话的底层方言指向陕北晋语。延安老户话与榆林地区方言一样，都是"北方话里的山里话"。（高峰2020a）

五　小结

综上所述，语音方面，从咸山摄舒声韵的读音、单字调的读法、古入声字舒化后的韵母和归调看，延安老户话中关中方言的色彩更为浓厚；但根据声母系统、深臻曾梗通舒声韵、口语保留入声字来看，还是以晋语为基底的。词汇方面，延安话的词汇也是以陕北晋语为核心，与关中方言相同的占少数，特征性词语的表现尤为突出。语法方面，在一些反映方言类型的基本语序上，延安话属于陕北晋语的类型，而与关中方言相差甚大。因此，延安老户话的底层方言应为陕北晋语。可以说，它是具有浓厚的关中方言色彩的陕北话。这正反映了志延片方言在晋语和中原官话整体格局中的特殊的过渡性地位。

第二节　延安老户话的形成及嬗变

方言接触是影响延安老户话形成、演变的重要因素。延安老户话的形成经历了两个阶段，第一阶段是底层晋语的沉淀，第二阶段是关中方言的侵蚀。这与延安的历史行政归属和权威方言的扩散有关。（高峰 2020a）

一　延安的历史沿革

据《延安市志》（延安市志编纂委员会 1994：45—47）记载，延安历史上为边关之地，中古以前由周边游牧民族和中原王朝交替控制，民族迁徙、接触十分频繁。当处于中原王朝控制下时，汉族人民迁往屯垦戍边、发展农业。当中原王朝国势衰颓时，周边游牧民族趁虚而入夺取控制权。延安与北部的榆林地区往往为同一个民族所据，如西汉以后一段时期的匈奴、东汉后期至魏晋的羌胡、北朝的稽胡、北宋的党项。

《中国历代政区沿革》（《中国历代政区沿革》编写组 1996）、《中国古今地名大词典》（《中国古今地名大词典》编纂委员会 2005）详细记载了历代各州府的辖地。秦汉时期，延安隶上郡。上郡的辖境约当今陕西中北部及毗邻的内蒙古部分地区。隋唐时隶延安郡、延州，名称多次更迭。延安郡辖境约当今陕西省延川、子长、志丹、宜川与黄河之间地区。延州辖境约当今陕西延安、安塞、延长、延川、志丹等地。北宋时属延安府、隶鄜延路。鄜延路辖境约当今宜君、黄龙、宜川等县以北，吴堡县及大理河、白于山以南地区。南宋沿设鄜延路。元置延安路，隶陕西行中书省。元延安路辖境约当今陕北全境。明改延安路为延安府，隶陕西等处承宣布政使司。明延安路辖境约当今陕西省宜君、黄龙等县以北，宜川、吴堡、府谷以西，葫芦河下游和白于山以东，及内蒙古自治区鄂托克旗、伊金霍洛旗和乌审旗等地。清、民国沿设延安府，隶陕西省榆林道（驻榆林）。榆林道辖境约当今榆林和延安北部地区。(《中国历代政区沿革》编写组1996：43、63、176、241、269、293，《中国古今地名大词典》编纂委员会2005：1191，1192，2984）也就是说，从秦代始，凡是中原王朝统治时期，延安北部与榆林全境或南部均属同一行政区。直到清雍正年间，延安府辖境缩小，仅包括今延川、延长、宜川、甘泉、安塞、子长、志丹、吴起、定边、延安10县区，从此与榆林地区分治。（薛平拴2001b：178）清雍正以后，延安地区才与榆林地区在三级行政区划上脱钩。

延安与今榆林地区不仅地域相连，而且在历史上的很多时候都被同一个民族所据，在历史行政区划上也长期同属。这些因素使得延安与榆林地区之间关系密切。《明史·兵志三》记载，正统年间榆林筑城以后，"岁调延安、绥德、庆阳三卫军分戍"（转引自葛剑雄等1997：295）。这说明明代时延安与榆林联系频繁。周振鹤、游汝杰（2006：56）指出："汉语方言区划和历史政区的关系特别密切。"与陕北北部的亲密关系决定了延安话与其他陕北晋语方言的一致性。

二 人口来源及移民情况

根据居民的口述，延安老户的人口来源分为三类：（一）明以前的土著后裔，数量较少。（二）明代移民，主要来自山西。最早的迁入时间可以追溯到明代洪武年间。（三）清代以及民国初的移民，迁出地不一，既有山西、榆林地区、关中，也有四川等。从老户的构成来看，来自晋语区的居民应为主体。

延安境虽秦代已置县，但由于是边境之地，战乱频发，加之自然灾害，人口波动较为剧烈。据《延安市志》记载，历史上延安曾发生过几次剧烈的人口下降。唐代安史之乱后，延州仅存938户。(《延安市志》1994：275）宋金之际，宋、金在关中、陕北激战三年，兵火所及之地，残破不堪，人口锐减，陕北"延安（府）、廊、坊州皆残破，人民存者无几"（薛平拴 2001b：241）。明崇祯二年（1629）、五年（1632）大饥，饿殍遍野（《延安市志》1994：10）。明清之际，延安府由于严重自然灾害及连年战乱，人民或死或逃，"存者止十分之二"（薛平拴 2001b：292）。同治元年至光绪六年（1862—1880），因为回民起义及大旱，人口下降严重。

人口剧烈下降后，一旦社会进入稳定期，必然有外来的移民迁入。可以找到的相关记载仅有几处。北宋庆历元年（1041），延州在险要地方修筑 11 个城堡，继又招民垦荒，"可食之田尽募民耕之，延安遂为乐土"（司马光《传家集》卷 76《庞公墓志铭》，转引自葛剑雄等 1997：54）。"洪武九年（1376），明太祖下令'迁山西汾、平、泽、潞之民于河西，世业其家'。这批移民由山西省迁入，大概主要被安置在今陕北一带。"（薛平拴 2001b：367）明代进行了大规模的移民屯田，陕西境内共 10 卫，延安有延安卫。因记载缺漏，已难知历代移民的详情。但从以上有限的记载来看，延安历史上的移民，应当与山西的关系最为密切，这也与陕北其他地方的移民来源相似。（邢向东等 2012：17—25）

1928 年，榆林地区发生特大旱灾，大量的人口涌入延安地区，逐渐形成榆林移民远超延安老户的局面，进而影响了老户话的面貌。因此，20 世纪 20 年代成为一条分界线，延安本地把这个时间之前的居住者和迁入者均称"老户"，之后的迁入者称为"新户"。

三　延安老户话的形成

延安大多数老户是明洪武及以后的山西移民。洪武时期山西迁出移民虽然数量巨大，但迁入地主要是京师、河北、河南和山东（葛剑雄等 1997：476）。仅见洪武九年（1376）的大移民录于乾隆《绥德州直隶州志》，迁入地是陕北各地，不只延安一地，这说明当时迁入延安的山西移民的数量可能并不多。在"明初，洪武二年（1369），肤施县有 3310 户，35580 人"（《延安市志》1994：90）。土著的数量不少。洪武九年（1376）及以后的山西移民与延安土著相比，人数上可能并不占优势。这些山西移民也不可能来自一时一地，应该是从山西各地辗转迁来的。各方移民涌入，外来的方言与土著方言之间通过彼此的接触，最终的结果不外乎是方言融合或方言转用。延安老户话中没有明显的山西晋语的底层残留，说明移民转用土著方言的可能性更大。同时，明初移民的母语是山西晋语，延安话的底层是陕北晋语，陕北晋语和山西晋语具有的共同性，是移民方言转用延安土著方言的内在因素。这种情况也可以理解为转用中有融合。而洪武以后未见记载的移民则可能是流民，陆续迁入延安。因为迁入时间不集中，所以逐渐被迁入地方言同化。

结合移民情况来看，延安方言的形成应该在明代之前。一地通行语的形成和传播，需要安定的社会环境和一定的人口。宋、夏在陕北地区的争夺，既影响了延安地区的人口稳定，也造成了延安、榆林地区民族人口的融合。宋金之际，延安成为前线，"人民存者无几"，之前即使有了比较统一的方言，也极有可能随之消散。直到元"皇庆元年（1312），肤施县约有409户，5913人，此后境内较安定，人口增长"（《延安市志》1994：90）。元代延安再未发生过剧烈的人口下降，到明朝建立时的1368年达到3310户，35580人，这为当时通行语的形成提供了必要的社会环境和人口条件。因此，当是在元代皇庆元年（1312）之后，延安社会渐趋安定、人口较为稳定的情况下，形成了属于早期陕北晋语的延安方言。所以，延安话的形成时间大致是在元代。

四　延安老户话的嬗变

延安老户话在方言接触和融合中形成，也在方言接触下发生系列的演变，形成了与晋语先疏远再回归的演变轨迹。

（一）延安老户话向关中方言靠拢

关中方言是陕西省内的权威方言，是中原官话中具有代表性的方言。"中唐以后关中方音取得了优势地位，成为通语的基础方言。"（储泰松2005：5）唐都长安位于关中中部，是有唐一代的政治、经济、文化中心。关中方言与河洛方言一道，是当时汉语共同语的基础方言，而且地位越来越重要。唐朝以后，长安（西安）虽不再是全国的政治、文化中心，但它仍然是陕西乃至西北的政治、文化中心，仍然对省内各地的方言产生影响。就陕北地区来看，关中方言一路北上，对陕北南部地区持续施加影响，最远到达吴起、志丹、安塞、延长一线，对陕北腹地方言的影响则较小。

观察关中方言对延安老户话的影响,既要看到整个志延片方言的整体,又要注意延安的特殊性。延安曾经长期作为州府所在地,是陕北南部地区的行政中心。它与西安的关系,比周边其他地区更为密切,语言上受到关中方言更多的影响是顺理成章的。以西安话为代表的关中方言是强势方言,延安方言是弱势方言,前者对后者施加了强烈而持续的影响,导致延安老户话部分原有的晋语成分被覆盖,代之以关中方言的一些整体性特征。比如,入声字的单字音全部舒化,4个舒声调的调型和调值完全属于关中方言的系统,德陌麦韵入声字舒化后读 [ei uei] 韵。这些特点都带有一定的系统性,由此可以看出关中方言影响的深度和广度。不过,延安老户话在接纳关中方言成分、整体上受到后者影响的时候,并未丢失原有的根本性的晋语特征。换句话说,老户话具有浓厚的关中方言色彩,但终究还是属于晋语。

(二) 延安老户话向晋语回归

延安老户话是老的通行语,如今已经被新的通行语新延安话所替代。新延安话的产生主要是上头话持续影响的结果。

新延安话的语音系统中叠置着三个层次:一是延安老户话,二是上头话,三是普通话。新延安话在语音方面对老户话既有继承也有改变,继承了老户话的连调形式,以及与上头话一致的部分。同时增加了陕北晋语的特征,音类分合与上头话趋同,如咸山摄三四等舒声韵、入声韵合流,单字音中出现入声调等。新延安话也明显受到普通话的影响,如古全浊声母字的今读为平声送气、仄声不送气,果摄与遇摄今读韵母的音值与普通话相近。不过可以看出,上头话的影响在先,层次较深,普通话的影响在后,层次较浅。比如,音类分合关系的变化多涉及上头话,音值变化则有的涉及上头话,有的涉及普通话。

新延安话的产生、延安老户话的濒危主要是上头话持续影响的结果。1928年陕北大旱,绥德、米脂、横山一带饥民大量逃荒到延安,延安人口迅速增长。1923年延安人口为19967人,1935年增加到29054人。(《延安地区志》2000:90—91) 1949年之后,榆林移民仍然大量向延安迁移,逐渐形成了榆林移民人数远超本地老户的局面。榆林移民众多,且多聚居,因此移民方言不仅没有被同化,反而对延安老户话产生较大的冲击，甚至在有些村庄由于人数优势而同化了老户话。特别是近几十年来，"地处陕北晋语北端的神木、府谷、榆林、横山、靖边等地，随着国家重化工能源基地的建设，经济强劲增长，对外经贸、人口交流日趋频繁，其中最突出的是陕北地区南、北之间人口交流加剧。到北部打工的人的方言受到当地方言的影响，移居南部的北部人则把他们的方言带到了南部"（邢向东、孟万春 2006）。

可见，20世纪以来，上头话以大量移民做桥梁，对延安方言施加了强大的影响。同时，由于延安成为中国革命的红色首都，陕甘宁边区的特殊存在又大大强化了延安人的"陕北认同"。以上因素导致延安老户话停止了向关中方言靠拢的步伐，转而向陕北晋语回归，最终导致新延安话的形成与老延安话的濒危。延安方言由此经历了"晋语底层—向关中方言靠拢—向晋语回归"的螺旋式的演变过程。当然，延安老户话的底层方言原本就是陕北晋语，这个根本原因使得延安方言向典型晋语的回归顺畅而迅速。

第三节 从延安老户话到新延安话

"新延安话"是延安新的通行语，城区年轻人几乎全部使用新延安话。凡是在城区上过学或正在上学的，不管来自哪个乡镇，不管母语是老户话还是上头话，都积极学说新延安话。下文将"新延安话"简称为"新话"，"老户话"简称为"老话"。

一 新延安话音系

（一）声母25个，包括零声母在内

p pʰ m f v t tʰ n l ts tsʰ s tʂ tʂʰ ʂ ʐ tɕ tɕʰ ȵ ɕ k kʰ ŋ x ∅

说明：

① [n] 出现在洪音韵母前，[ȵ] 出现在细音韵母前。

② [v] 唇齿音色彩清晰。

（二）韵母 33 个

ɿ	ʅ		ɐ	ə	ɛ	ae	ei	oɤ	uɤ	aỹ	ɤɻ	əʔ
i			ia		iɛ			ioɤ	iuɤ	iaỹ	iɤɻ	iəʔ
u			ua	uə	uɛ	uae	uei			uaỹ	uɤɻ	uəʔ
y					yɛ						yɤɻ	

说明：

① [uə] 韵中 [u] 的实际音值是 [ɯ]，主要元音 [ə] 受介音的影响，唇形略圆。

② [iɛ yɛ] 的主要元音舌位比标准的 [ɛ] 略高。

③ [aỹ] 组韵母的鼻音尾比较松，有变成鼻化韵的倾向。

④ [ɤɻ iɤɻ] 中的 [ɤ] 实际音值是 [ɯ]。

⑤ [əʔ] 等入声韵的主要元音 [ə] 比央元音略低，塞音尾明显。

（三）单字调 5 个

阴平 232，阳平 242，上声 312，去声 52，入声 54。

说明：

①阴平与阳平调型相似，阳平 242 比阴平 232 上升部分略急。发音人能明确区分阴平与阳平，但是当阳平字单独出现时，往往读如阴平，不容易辨别。也有个别阳平字读成阴平调的情况。

②上声实际上是一个双曲调，后部到 2 度以后，还有下降。

二　从老话到新话的变化

新话与老话既有一致性，又有明显的变化。新话与老话保持一致的部分，往往是老话与上头话基本一致的部分，例如：声母的音类和音值（古全浊仄声字除外），韵母中古假摄、遇摄（遇合三知系除外）、蟹止摄、效流摄、宕江摄的发音，深臻与曾梗通摄舒声韵母合流。这种一致性保证了新话对老话的基本音类分合关系的继承。

新话与老话的不同之处，主要表现为晋语特点的强化，关中方言色彩的减退。

（一）声母的变化

新话的声母系统和老话基本相同，仅多了 [v] 母。古疑影母合口与微母今合口呼字，老话是零声母字，新话读 [v] 母。变化明显的是古全浊声母仄声字的读音。新话、老话的古全浊声母字今逢塞音、塞擦音时，平声字读送气音，仄声字部分送气，部分不送气。不过，在调查的古全浊声母仄声字中，老话读送气音的多达 93 字，新话只有 16 字，即：簿饽面~驮囤强裢，耙佩叛仆瀑艇挓沓特突，其中 10 字与普通话相同。上头话中，古全浊声母仄声字读送气音声母的字较少，而新话比上头话更少，应是上头话和普通话双重影响的结果。

（二）韵母的变化

1. 音类的变化

老话的韵母中，中古果摄韵母、咸山摄舒声韵及入声舒化韵与关中方言相同或相近，与陕北晋语不同。这几类字新话与上头话趋同，发生了音类分合的变化。

（1）果摄韵母，新话的音类分合与上头话趋同，音值与普通话趋同。其中非见系字老话读 [ɯ] 韵，新话读 [uə] 韵；见系字老话读 [uɤ] 韵，新话读 [ə] 韵。果合三老话读 [yɤ] 韵，与一等韵平行；新话读 [yɛ] 韵，与一等韵不平行，与开口三等韵（茄）平行。例如（前老后新，下同）：搓 tsʰuɤ²¹ → tsʰuə²³² | 婆 pʰuɤ²⁴³ → pʰuə²⁴² | 哥 kuɤ²¹ → kə²³² | 瘸 tɕʰyɤ²⁴³ → tɕʰyɛ²⁴²。

（2）遇合一泥组字，老话读 [əu] 韵，与同摄精组字读 [u] 韵不同。新话根据年龄不同分别读 [əu] 韵或 [u] 韵，大体上 30 多岁及以下的年轻人普遍读 [u] 韵，年龄 40 岁左右及 40 岁以上的普遍读 [əu] 韵。我们 2017 年调查时的两名新话发音人，40 岁的高鹏程读 [əu] 韵，31 岁的高旭读 [u] 韵。读 [əu] 韵是陕北大部分方言的共性，[u] 韵则是普通话的读法，与同摄精组字同韵。

表 5-4　延安老话与新话遇合一泥组字读音比较表

		奴	炉	鲁	怒	路
	老话	nəu²⁴³	ləu²⁴³	ləu⁵³	nəu⁴⁴²	ləu⁴⁴²
新话	40 岁左右及以上	nəu²³²	ləu²⁴²	ləu³¹²	nəu⁵²	ləu⁵²
新话	30 多岁及以下	nu²³²	lu²⁴²	lu³¹²	nu⁵²	lu⁵²

（3）咸山摄舒声韵的今读韵母，老话是主元音基本相同的一组鼻化韵母 [ɛ̃ uɛ̃ iɛ̃ yɛ̃]。新话是 [ɛ uɛ iɛ yɛ]，不带鼻化色彩。这一点与上头话相同。不同的是，上头话的这类韵母往往根据洪、细分为主元音不同的两组，如绥德话为 [æ uæ] [ie ye]。新话的这组韵母既保留了老话一组的主元音，又吸收了上头话里没有鼻音色彩的音值特点。例如：南难 nɛ̃^{243} → nɛ^{242}｜盘 pʰɛ̃^{243} → pʰɛ^{242}｜监尖 tɕiɛ̃^{21} → tɕiɛ^{232}｜店电 tiɛ̃^{442} → tiɛ^{52}｜官关 kuɛ̃^{21} → kuɛ^{232}｜圆元 yɛ̃^{243} → yɛ^{242}。

（4）老话中，单字音没有入声韵，语流中出现一组入声韵 [əʔ iəʔ uəʔ] 韵。新话同样是保留 [əʔ iəʔ uəʔ] 韵，但范围扩大，不仅语流中有入声韵，单字音中也有入声韵。例如：木 məʔ^{54}｜集 tɕiəʔ^{54}｜毒 tuəʔ^{54}｜褥 ʐuəʔ^{54}。

（5）入声韵舒化后韵类的分合、韵母的音值，老话都与关中方言相近，新话与上头话相近。新话与上头话入声舒化韵唯一的区别是曾开一和梗开二帮组入声字，上头话读齐齿呼韵母，新话读 [ei ae] 韵，与普通话相近。具体如下：

宕江摄入声韵舒化后，老话读 [uɤ yɤ] 韵，新话读 [ə uə yɛ] 韵。例如：恶 ŋuɤ^{21} → ŋə^{232}｜药 yɤ^{21} → yɛ^{232}｜脚 tɕyɤ^{21} → tɕyɛ^{232}｜捉 tʂuɤ^{21} → tʂuə^{232}｜学 ɕyɤ^{24} → ɕyɛ^{242}。

德陌麦韵和职韵庄组入声字舒化后，老话读 [ei uei] 韵，新话读 [ə ei ae] 韵。例如：德 tei^{21} → tə^{232}｜色 sei^{21} → sə^{232}｜客 kʰei^{21} → kʰə^{232}｜麦 mei^{21} → mae^{232}。

咸山摄三四等入声韵（知系除外）舒化后，老话不与舒声字合流，读 [ie yɤ]；新话舒入合流，读 [iɛ yɛ]，即：面 = 灭 miɛ^{52}，愿 = 月 yɛ^{52}。咸山摄三四等入声韵（知系除外）舒化后舒入合流，是大多数陕北晋语的共同特点。

2. 音值的变化

部分韵摄，新话与老话在音类分合关系上保持了一致，但音值发生了变化，变化后的音值更接近普通话。如蟹摄韵母老话读 [ɛɜ uɛɜ]，开口度和动程均比较小，新话读 [ae uae]，开口度和动程明显加大。例如：鞋 xɛɜ^{243} → xae^{242}｜坏 xuɛɜ^{442} → xuae^{52}。再如效摄韵母，老话读 [ɔ iɔ]，动程不明显，新话读 [ɔo iɔo]，动程明显。例如：老 lɔ^{53} → lɔo^{312}｜笑 ɕiɔ^{442} → ɕiɔo^{52}。

（三）声调的变化

新话和老话单字调系统有同有异。新话 5 个单字调，比老话增加了一个入声调。老话的去声 442 先平后降，连读变调常读 42，已显示出晋语的影响。新话声调受到晋语的影响更加明显：阴平 232、阳平 242、去声 52 的调型与其他陕北晋语相似。而上声 312 是降升调，前半部分下降明显，带有老话的色彩。新话的单字调先行变化，连调仍保留老话的形式，因此单字调和部分连调形式存在不对应的情况。

入声字舒化后归调的规律，老话与关中方言基本一致：清入、次浊入字归阴平，全浊入字归阳平。新话则是上头话、老话、普通话共同影响的结果。新话入声字舒化后不论声母清浊，归阴平的字最多，其次是归去声（次浊入归阴平和去声的字数基本相当）。入声字不按声母清浊分化，是上头话（例如绥德话）的特点，归去声的字则与普通话读法相近。新话入声舒化后 60% 归阴平，阴平与阳平调型相近，却无一字归阳平，应该是受老话清入、次浊入多归阴平这一规律影响所致。例如，在新话中，"热福辣挖贼"归阴平，与老话相同；"舌"也归阴平，则属于新话的创新；"色月"归去声，"属"归上声，则与普通话相对应，应该是受普通话影响的结果。

新话继承了老话的部分连调模式，这正是新话带有老话色彩的主要原因。以两字组连读变调为例，阴平、阳平、入声做前字时的调值，新话与老话完全相同：阴平前字均读 24 或 21；阳平均读 24；入声均读 5。上声、去声做前字时的调值，新话与老话调型相近：上声新话读 31 或 24，老话读 53/21 或 24；去声新话读 52，老话读 42 或 44。

表 5-5　延安老话与新话非叠字两字组连读调比较表

前字		阴平		阳平		上声		去声		入声	
阴平	老	24+21	当官	21+243	清明	24+53	亲口	21+442	书记	21+54	天黑
	新	24+232		21+242		24+312		21+52			
阳平	老	24+21	爬山	24+243	农民	24+53	骑马	24+442	徒弟	24+54	寻吃
	新	24+232		24+242		24+312		24+52			
上声	老	53+21	火车	53+243	口粮	24+53	打水	53+442	买菜	31+54	讨吃
	新	31+232		31+242		24+312		31+52			

续表

前字		阴平		阳平		上声		去声		入声	
去声	老	42+21	旱滩	42+243	过年	44+53	上礼	42+442	菜地	52+54	会吃
	新	52+232		52+242		52+312		52+52			
入声	老	5+	21	5+	243	5+	53	5+	442	5+54	黢黑
	新		232		242		312		52		
			一斤		一船		一本		吃饭		

此外，一部分来自清入、次浊入的舒化字，新话不管单字调读上声还是去声，在去声前均读 21（阴平），与老话相同。如"月 [yɛ⁵²]"单字调是去声，在"月亮 [yɛ²¹liaŋ⁵²]"中变读 21。新话阴平字的重叠式，也与老话的词调完全相同，读 22+31，如"刀刀 [tɔɔ²²tɔɔr³¹]"。

综上，在剧烈的方言接触下，延安老话到新话不是彻底的方言转用，而是在外来移民的强势方言和普通话的共同作用下，部分保留，逐渐改变，以至"脱胎换骨"。

晋语志延片老户话的一致性较强，各县的地理位置、人文历史、移民情况等均相近，因此，我们认为志延片其他老户话的形成和嬗变当与延安老户话的相仿。

从目前西北方音史和晋语史的研究成果来看，唐宋时期，今山西省以西地区存在一个地域广大的"唐宋西北方言"。结合各县人文历史及移民情况看，志延片方言在唐宋时期，大致和整个陕北晋语一样，属于当时的汉语西北方言。宋夏、宋金在这一带的争战，导致剧烈的人口流动和不同民族人口的融合，方言发生了一定程度的混化。到元代逐渐稳定下来，形成了具有鲜明晋语特质的老户话。之后，受到北上的权威方言关中方言的长期影响，老户话遂向关中方言靠拢，带上了浓郁的关中方言色彩。近几十年来，受到榆林移民带来的上头话的冲击，老户话又增加了晋语的特点。志延片方言由此经历了晋语底层—向关中方言靠拢—向晋语回归的曲折的演变过程。

第六章　晋语志延片与关中方言的
接触类型及演变[①]

晋语志延片作为晋语和中原官话之间的过渡性方言，经历了"底层晋语—向中原官话关中片靠拢—向晋语回归"的螺旋式演变过程。这些变化，既反映时间上的演化关系，又反映空间上的接触关系。志延片晋语就是在关中方言与晋语、老户话与上头话两个维度的接触中演变，形成了自己独特的融合型、过渡性方言的特点。为了方便表述，下文在使用"陕北晋语"时一般不包括志延片。

第一节　晋语志延片与周边方言的接触

根据《中国语言地图集（第2版）》，晋语志延片北边是陕北晋语（五台片、吕梁片、大包片），西边是中原官话秦陇片陇东小片，南边是中原官话关中片与汾河片[②]，东边黄河对岸是山西晋语吕梁片隰县小片。

根据学界对唐宋西北方音的考察，其时西北方言的范围很广，地域覆盖晋陕甘宁等地区。因此，陕北晋语、秦陇片方言、山西晋语之间具有的一些共同特点，

[①] 本章志延片以外的语料来源：邢向东《神木方言研究（增订本）》，中华书局，2020；黑维强《绥德方言调查研究》，北京师范大学出版社，2016；王军虎《西安方言词典》，江苏教育出版社，1996；孙立新《关中方言语法研究》，中国社会科学出版社，2013；陈立中、余颂辉《甘肃合水太白方言自然口语语料类编》，南京大学出版社，2015。

[②] 延安市境内宜川话今属中原官话汾河片，洛川、黄陵今属关中片，富县今属秦陇片，也许是关中方言覆盖的结果。不过要证明这一点需要深入的方言调查和历史材料的挖掘。

多属于同源性质，不宜分析为接触所致的趋同结果。如：深臻与曾梗通合流等。换言之，志延片与甘肃方言、山西晋语具有同源性质，互相接触的历史久远，接触引发的演变不易辨别（柯蔚南 2018；邢向东、张建军 2022）。

从志延片方言的现状看，中原官话秦陇片、山西晋语对它的影响有限。秦陇片对志延片语音上的影响似乎只辐射到吴起、志丹，例如：两县方言中疑影母字今开口呼读 [n] 母，与陇东片相同，与其他县读 [ŋ] 母不同。词汇上，志延片只与陇东方言相近的词语较少。而山西晋语主要对沿河的延长方言产生影响，对整个志延片的影响，现在能看到的是古全浊声母仄声字今逢塞音、塞擦音的字数从东至西递减。"古全浊声母今逢塞音、塞擦音的白读，不论平仄今读送气清音，原本是汾河片中原官话的特征。这一现象沿着吕梁山脉西侧一路向西向北、过黄河到陕北，遍布整个吕梁片晋语，辖字数量逐渐减少，直至变成官话方言平声送气、仄声不送气的类型。"（沈明、秋谷裕幸 2018）

晋语志延片所受到的主要影响，早期来自南面的关中方言，后期来自榆林移民的陕北晋语。早期老户话与关中方言的方言接触是生活地域上相邻的人群之间的方言接触，是晋语与中原官话的接触；后期老户话与上头话的接触是移民方言与迁入地原有方言之间发生的接触，是晋语内部方言之间的接触。从老户话演变的角度看，这两类方言接触当分属输入型与感染型。感染型是曹志耘先生（2002a：199）提出的，指某一方言与邻界方言势力相当，在发展变化的过程中互相影响，各自都带有对方方言的某些特征。

第二节　晋语志延片与关中方言的接触

一　晋语志延片与关中方言接触的类型

高峰（2011）发现，晋语志延片老户话与关中方言的接触属于输入型，即强势的关中方言向弱势的老户话输入自己的语言特征。

以西安话为代表的关中方言不仅是陕西的权威方言，在整个西北地区都有很高的权威。长期以来关中方言以西安、咸阳一带为中心向四周辐射,主要是向西、北两个方向扩散。最典型的表现如:古德陌麦韵及职韵庄组入声字读 [ei uei] 韵,一直扩散到中原官话秦陇片、陇中片、南疆片;单字调的调型特征,同样覆盖或深刻影响了西北地区的方言。就省内而言,宋代以来西安长期作为陕西省的首府,延安则是州府所在地。地理上的相连、行政上的归属,造成心理上的趋近,使关中方言一路北上,影响到达志延片及延川、清涧。

关中方言对志延片的影响力,还可以从秦、晋两省沿河方言的比较中得到印证。邢向东等(2012:49—50)观察到:秦、晋两省黄河沿岸方言入声韵、入声调的演变,河西大大快于河东,这一差异是两岸方言之间的重大区别。并指出:"陕北晋语的入声韵由北向南逐渐减少的态势非常明显,山西晋语则不甚明显。可见,关中方言对陕北晋语的影响力远远大于汾河片方言对于山西晋语的影响……"

志延片老户话虽然经历了被关中方言逐步侵蚀的过程,但并没有被完全覆盖,没有发生方言的转用。与关中方言接触引发的语音演变,主要集中在韵母和声调方面,包括中古果摄、假开三、遇摄、咸山摄舒声的读音,入声韵的舒化,声调的变化。词汇方面,老户话与绥德话有大量的共有词汇,显示出与陕北晋语更强的一致性,只与西安话相同的词语,所占各类的比例约在 20% 以内。语法方面,老户话具有鲜明的晋语特征,只有个别与晋语不同、与关中方言相同的语法现象。

二 接触引发的方言演变

如前所述,晋语志延片与关中方言的接触属于输入型,即关中方言的某些特征输入到志延片老户话中。[①]

延安老户话的某些深层的语音、词汇、语法特点都将其底层方言指向晋语。整个晋语志延片方言都应作如是观。因此,我们以绥德话(典型陕北晋语)、西安话(关中方言代表)为参照,同时也考量关中方言和陕北晋语的普遍性特点,来观察老户话在与关中方言接触下发生的演变。通过比较,可以发现具体的演变现象,并归纳出接触的规律。

---

① 这种输入型的接触性演变,吴福祥(2007)叫作语言特征的跨语言"迁移",即某个语言特征由源语迁移到受语之中。

总的来说，晋语志延片老户话既保留了陕北晋语的一些主要特征，也深受以西安话为代表的关中方言的影响，具有了关中方言的某些特征①。

（一）语音演变

关中方言、陕北晋语乃至陇东方言，声母的音类（西安一带知庄章日合口字除外）基本相同。因此，与关中方言接触引发的老户话的语音演变，主要集中在韵母和声调方面。

1. 果摄字的音类与音值

吴起等五县老户话的果摄字读音与西安话趋同，音类分合一致且音值相近，果摄一等韵（多左哥婆坐过）读合口呼的 [uə] 类韵，果合三（瘸靴）读 [yə] 类韵。延长话的果摄字则未受关中方言的影响，其果摄的读音与陕北晋语相同，开口呼 [ɤ] 韵、合口呼 [uʴ] 韵（绥德话有特殊演变，不赘），果摄三等韵读 [ie ye]；不同的是果合一帮组并入了开口，与山西晋语吕梁片相同，如：波 pɤ²³²｜婆 pʰɤ²⁴。

表 6-1　绥德话、老户话、西安话果摄韵母今读表

		绥德	吴起、安塞/志丹	延安、甘泉	延长	西安
果摄一等	开口 端泥组	əŋ	uə	uɤ	ɤ	uo
	精组	əŋ	uə	uɤ	uɤ	uo
	见系	ə	uə	uɤ	ɤ	uo
	合口 帮组	uo	uə	uɤ	ɤ	uo
	端组	uo	uə	uɤ	uɤ	uo
	泥组	əŋ	uə	uɤ	ɤ	uo
	精组	uo	uə	uɤ	uɤ	uo
	见系	uo	uə	uɤ	uɤ	uo
果开三（茄）		ie	iɛ/ie	ie	ie	iɛ
果合三		ye	yə	yɤ	ye	yə

---

① 实际上，关中话对西北的辐射，是向西、向北，不仅到达晋语志延片以及延川、清涧，也到达甘肃、宁夏、青海等地的秦陇片、陇中片、河州片。因此，有些关中话的语音特征、词语说法等，在志延片、秦陇片中是相同的。所以，晋语志延片所具有的关中方言的特征，当然主要是关中话直接辐射的结果，同时也可能是与受到关中话影响后的甘肃等秦陇片方言接触的结果。这属于两个不同的层次，难以区分，但总的来说，都是关中方言影响的结果，故本书不加区分。

2. 假开三的读音

老户话假开三今读与西安基本相同，精组、影组字（姐写爷）读 [iɛ/ie] 韵，章日组字（者车蛇舌）今读韵母读 [ʅə] 或 [ʅ] 韵，延长特别，章日组字还保留白读 [e] 韵。

表 6-2 绥德话、老户话、西安话假开三韵母今读表

	精组			影组			章日组	
	斜	姐	写	借	爷	也	野	夜	蛇	车
绥德	i				ia		ie		ʅə
吴起、安塞/志丹、延安	iɛ/ie						ʅə
甘泉	ie						ʅ
延长	ie						ʅ	e/ʅ
西安	ie						ʅɛ

3. 遇摄的读音

老户话遇合一精组字（租粗苏）与绥德话相同，今读 [u] 韵，而西安话及其他关中方言读 [ou] 韵。遇合三庄组字（锄梳数蔬助）与西安话趋同，今读 [u] 韵，与绥德话读 [uo] 韵不同。同为遇摄的韵母因声母不同而有两个相反演变方向。遇摄三等庄组字读 [u] 或 [uo] 类韵，实际反映的是庄组与知章组韵母是否有别，这是早期声类之分导致的韵类分合，陕北晋语分，关中方言合，志延片随关中方言。而遇合一精组字在关中话裂化为复元音，只涉及韵类，是较晚期的变化，因此没有覆盖到志延片。

表 6-3 绥德话、老户话、西安话遇摄韵母今读表

	遇合一			遇合三			
	帮组、端组、见系	精组	泥组	非组	知系		泥组、精组、见系
					庄组	非庄组	
绥德	u	u	əu	u	uo	u	y
老户话	u	u	əu	u	u	u	y
西安	u	əu	əu	u	u	u	y

4. 咸山摄舒声韵的韵类分合

咸山摄舒声韵的韵类分合，是晋语和中原官话的重要区别之一，既涉及音类也涉及音值。大多数晋语的咸山摄舒声韵今读两组韵母，洪音韵母与细音韵母的主元音不同（绥德 [æ uæ][ie ye] 韵），都不带鼻音韵尾，也没有鼻化色彩。吴起等六县方言则与西安话趋同，咸山摄舒声韵的今读韵母是主元音基本相同的一组韵母，且带有鼻化色彩，今读 [æ̃ iæ̃ uæ̃ yæ̃] 韵或 [ɛ̃ iɛ̃ uɛ̃ yɛ̃] 韵。

表 6-4 绥德话、老户话、西安话咸山摄舒声韵今读表

	开口呼、合口呼	齐齿呼、撮口呼
绥德	æ uæ	ie ye
吴起、志丹、安塞	æ̃ uæ̃	iæ̃ yæ̃
延安、甘泉、延长	ɛ̃ uɛ̃	iɛ̃ yɛ̃
西安	ã uã	iã yã

5. 入声韵的舒化方向

吴起、志丹、安塞、延安、甘泉老户话入声韵舒化规律与关中方言趋同。例如：山合口三四见系入读 [yə/yɤ] 韵（月缺）、曾一入、梗开二入读 [ei uei]（黑麦国），深臻曾梗通入大都读 [i/ɿ u y] 韵（执悉物息剧击），这三点都与关中方言相同、与晋语不同。而延长话则一分为二，咸山宕江入按照陕北话的规律舒化，深臻曾梗通入按照关中方言的模式舒化。例如：咸山一见系入（喝割）、宕开一、宕开三知系入、江开二帮组入（各勺剥），读 [ɤ] 韵，山合三四非知系入（月决）、宕合三见系入（钁）读 [ye] 韵，宕开三和江开二的见系入（药学）读 [ie] 韵，这三点都与陕北晋语相同，与老户话读 [uə/uɤ][yə/yɤ] 韵不同；深臻曾梗通入大都读 [i/ɿ u y] 韵（执悉物息剧击），与关中方言相同，与晋语不同。

6. 声调

志延片在声调上的整体特征与关中方言的一致性很高，关中方言特征明显。

志延片之外的陕北晋语，阴平、上声都是降升调（五台片阴平、上声合流），阳平多是中平调，去声是高降调，如绥德话：阴平上 213、阳平 33、去声 51。而关中方言的阴平是低降调，上声是高降调，去声是平调，如西安话：阴平 21、上

声 53、去声 44。

关中方言的上声是强势调，凡受到关中方言影响的方言，上声几乎都与关中方言趋同。志延片六县老户话的上声，吴起 52、志丹 52、安塞 52、延安 53、甘泉 51、延长 51。其次是去声，去声情况复杂，除延长外其他县的去声都具有平调的特点。志丹 44/42，安塞 33/31，甘泉 42/44，存在两读的现象，显示关中方言（平调）与陕北晋语（高降）的竞争关系；吴起 43，延安 442，则是两种去声调型协同的结果。延长话去声与上声合流，读高降调 51，调型与绥德话去声、西安话上声相同。再次是阴平，仅影响了延安（21）、甘泉（31）的阴平调值。伴随单字调的变化，志延片老户话采取了关中方言的连调形式。另外，入声调舒化的归向也与关中方言一致：清上、次浊上归阴平，全浊上归阳平。

综上，在与强势的关中方言的接触中，志延片老户话不断输入关中方言的成分，逐渐磨损、丢失原有的一些语音特征，使自己的语音系统朝着关中方言的方向发展演变。比较而言，延长话在六县方言中最保守，保留晋语的特点最多，与关中方言趋同的限于假开三精组影组、遇合三庄组、咸山摄舒声韵、深臻曾梗通入声的舒化韵、上声调值等。说明延长话所受关中方言的影响没有吴起等县老户话的程度深。这与延长位于黄河岸边的地理位置有关。在陕北晋语中，黄河沿岸方言是最为古老、复杂的（邢向东 2006：13）。

（二）词汇演变

词汇方面，我们选择延安老户话为代表，与绥德话、西安话做全面的比较。将《绥德方言调查研究》《西安方言词典》和《陕西延安老户话》的词汇逐条比较，以发现老户话借入了哪些词语。同时，也参阅了《甘肃合水太白方言自然口语语料类编》（陈立中、余颂辉 2015）及《陇右方言词语疏证》（安忠义 2011）。

延安老户话与绥德话有大量的共有词汇，显示出与陕北晋语更强的一致性。详细比较词表可知，延安老户话与绥德话的各类共有词语数量，均接近或超过该类总数的 90%。其中约 50% 是西北方言所共有的词语，即绥德、延安、西安三方言相同的词语。例如：天河，扫帚星，黄风，西北风，烧_{去声}霞，雨，冷子，露水，虹，豌豆，蒜，奔颅_{前额}，牙叉骨，岔气_{急性胸胁痛}，要麻搭_{出问题}，不顶事，难看/

丑，牢，硬，软，恓惶可怜、冲刺鼻、说话直、恼生气。其余40%左右的词语仅与陕北晋语一致。

延安话中，只与西安话相同的词语，所占各类的比例约在1%—15%。其中有少量延安话、西安话、甘肃方言都相同的词语，如"洋芋、荞麦"。这是因为西安话与甘肃方言同属中原官话，存在一些区别于晋语的共有词语。不过，延安话与西安话、甘肃方言共同拥有的词语数量极少，加之仅与西安话相同的词语数量比仅与甘肃方言相同的①要多，说明关中片对志延片的影响比秦陇片大。

下面列举延安话中只与关中话相同或明显受关中话影响而形成的词语。延安话的服饰、商业与交通、交际、学校、代词、数词、量词、副词、附加成分（形容词叠音后缀、四字格后缀等）这九类中，暂未找到只与西安话相同而与绥德话不同的词语。

"/"表示兼有两种说法，"（　）"里是晋语的说法。

【天文】月亮，星星，云，雪花儿，下雾，卜霜。

【地理】渠/水渠，坡地（/圠va°地），胡壑/土坯子，钢泥，煎水（/滚水）开水。

【时令、时间】大后年外后年，大半天，清早，春里（/春上），夏里（/夏上），秋里（/秋上），冬里（/冬上），往年（/往每年）。

【农业】粪坑，辘轳车/推土车，围脖子骡马脖子上戴的夹板儿下面的布垫儿。

【植物】玉麦玉米，倭瓜南瓜，荞麦，洋芋，萝卜干儿，黄豆，树叶子（/树叶儿），桑叶儿。

【动物】母牛，母鸡（/草鸡），野鸡，蜈蚣，臭虫。

【房舍】鞍间房，街门（/大门）。

【器具用品】小板凳儿，瓶瓶儿，酒盅儿（/酒盅盅），电壶暖壶。

【一般称谓】柳娃子（/贼娃子/三只手）小偷。

【亲属称谓】大舅子内兄，姑妈（/姑），伢伢（/姨姨），叔伯（/伯叔）。

【身体医疗】唾沫星子唾沫点子，肩胛骨。

---

① 延安话有少数词语仅与甘肃陇东方言相同或相近，而与周边其他方言不同。例如：风圈儿，撮子，舅母，旋儿头顶发旋，单旋儿，双旋儿，卜拉蒸的拌了面的洋芋条儿，屄门肠子下来了脱肛，铅笔旋儿转笔刀，胡子生儿老生，藏老猫儿后儿捉迷藏（合水：藏猫猫猴儿），押腰伸腰，嚷仗吵架。

【饮食】糖稀。

【红白大事】陪房（/嫁妆）。

【日常生活】魇住了梦魇、逛眼失眠。

【讼事】认眼认账，戳儿/萝卜坨子邮政专用的公章，坨坨公章。

【文体游戏】翻绞绞（西安翻交交），打毛猴儿抽陀螺。

【动词】捂住，着气（/害气）生气。

【位置】东岸儿东面，西岸儿西面。

【形容词】毛乱事情杂乱，烦躁不安，碎（/猴）小，帮间儿不错。

还有些词条陕北晋语有多种说法，西安话只有其中一种说法，延安老户话多种择一，与西安话相同。

（三）语法演变

陕北晋语与关中方言在语法上同大于异。总的来看，志延片老户话的语法具有鲜明的晋语特征，与晋语不同、与西安话相同的语法现象很少。详见第三节。

第三节　晋语志延片向关中方言借贷的方式

典型的接触性演变是语言特征的跨语言"迁移"，即某个语言特征由源语迁移到受语之中，或者说，受语从源语中获得某种干扰（吴福祥2007）。从受语的立场来看，就是对源语（源方言）语言特征的"借用"。杨永龙（2022）指出："借用（borrowing）是语言接触导致的一种语言演变模式。"

志延片从关中方言借入了部分语言特征，所用借贷方式常见于其他方言接触或语言接触，如赣东北汉语方言的接触（胡松柏等2009），不过学者们的命名有所不同。

一　语音的借贷

瞿建慧（2010）将方言之间的语音借贷分为规则借贷和音值借贷，音值借贷又分为等值借贷、近似借贷和对应借贷。志延片的语音借贷主要是规则借贷和近似音值借贷。目前，语音借贷的阶段已经完成，志延片的语音系统与关中方言趋同，说明双方接触的程度较深。

（一）规则借贷

规则即语音结构规律。志延片的规则借贷，是用关中方言的音类分合规律替换原有的语音规律。以下几条音类分合规律都与典型的陕北晋语不同，而与关中方言相同，属于规则借贷。

1. 遇合三庄组与知章组字合流读 [u] 韵。如延安（下同）：助 = 著 tʂu⁴⁴²，梳 = 书 ʂu²¹。

2. 德陌麦韵和职韵庄组字与止蟹摄合口字合流，读 [ei uei] 韵。如：百 = 杯 pei²¹，或 = 灰 xuei²¹，国 = 龟 kuei²¹。

3. 咸山摄舒声韵今读为主元音相同的一组鼻音韵母，与入声韵有别。如：天 tʰiẽ²¹ ≠ 铁 tʰie²¹，宣 ɕyẽ²¹ ≠ 雪 ɕyɤ²¹。

4. 入声调舒化后，清、次浊声母字归阴平，全浊声母字归阳平。如：阔 kʰuɤ²¹｜入 zu²¹｜白 pei²⁴³。

另外还有，吴起等五县老户话（延长除外），果摄一等韵开合口合流为合口呼 [uə] 类韵。如：罗 = 骡 luɤ²⁴³，哥 = 锅 kuɤ²¹。

（二）音值借贷

当陕北晋语与关中方言音类分合规律相同、具体音值不同时，志延片老户话的音值往往更接近关中方言，当是"音值借贷"的结果。

1. 果合三、山合三四见系入声字读 [yə] 类韵。关中方言该韵母的主元音是后半高或央元音，如西安、合阳 [yə]，旬邑 [yo]。陕北晋语的主元音则是前元音，如绥德 [ye]。志延片与关中方言相同，如吴起、志丹、安塞：靴 ₌ɕyə｜月 ₌yə｜缺 ₌tɕʰyə；延安、甘泉：靴 ₌ɕyɤ｜月 ₌yɤ｜缺 ₌tɕʰyɤ。

2. 上声读高降调。同关中方言。如：吴起、志丹、安塞 52 调，延安 53 调，甘泉、延长 51 调。如吴起：九 tɕiəu⁵²│井 tɕiəŋ⁵²。

3. 阴平读低降或中降调。关中方言的阴平普遍是低降调 21，这一规律影响到延安（阴平 21）和甘泉（阴平 31）。如甘泉：抓 tʂua³¹│婚 xuəŋ³¹。

声调是方言最明显的表征，是"方言语感"的第一要素，能够直观地反映方言面貌。第 2、3 两点，使得志延片方言乍一听就像是一种关中话，体现出关中方言的显著影响。

（三）语音叠置

志延片存在陕北晋语和关中方言语音特征的叠置，主要集中在声调方面。

1. 去声调值的叠置。关中方言的去声是高平/次高平（55/44 调），陕北晋语的去声是高降调（如绥德 52）。志延片中，志丹去声读 44/42，安塞读 33/31，甘泉读 42/44，都存在两读，形成同一调类中不同调值的叠置：有的体现在不同字上，有的体现在同一字上。相邻的吕梁片清涧话也是如此。这种现象表明，关中方言"去声读高平/次高平调"的特点并没有像"上声读高降调"一样完全覆盖志延片方言。分别来自关中方言与陕北晋语的两种去声调值形成竞争，并且与上声发生纠葛。在志丹、安塞、甘泉表现为不同调值的叠置，在延长话中则陕北、关中两类方言的上声、去声互相妥协，导致上声、去声合流为上去声（51）。从变化方向看，还是志延片跟着关中方言走。周边的延川、宜川均与延长一样，上去声合流。

2. 连读调的叠置。志延片存在陕北晋语与关中方言两种连调模式的叠置，具体表现为：同样的声调组合，甚至同一组词具有两种连调模式。其中去声调的叠置最常见，即使是单字调统一，连读中也有叠置的情况。如延安去声单字调为 442，但连读中出现 42 调：背心 pei⁴²/⁴⁴ɕiəŋ²¹、电影院 tiẽ⁴²/⁴⁴iəŋ²¹yɛ̃⁴⁴²。再如"阴平+轻声"，甲组 24+0 同陕北晋语：根子 kəŋ²⁴tsʅ⁰；乙组 21+0 同关中方言：虱子 sei²¹tsʅ⁰、日头 ər²¹tʰəu⁰。乙组前字多来自清入、次浊入，延安话借入了关中方言入声舒化后的单字调和连读调。还有三字组，阴平+阴平+阴平，甲组 24+21+21 同陕北晋语：中西药 tʂuŋ²⁴ɕi²¹yɤ²¹、背黑锅 pei²¹xei²¹kuɤ²¹；乙组 21+24+21，首字同关中方言，次字仍同陕北晋语：收音机 ʂəu²¹iəŋ²⁴tɕi²¹、葱心儿绿 tsʰuɻ²¹ɕiəŋ²⁴liəu²¹。

二　词汇的借贷

方言词汇接触的基本趋势是弱势方言向强势方言借入词汇成分。志延片的词汇借贷以名词为主，动词、形容词很少。这与梅耶（2008：36）谈到词汇借用问题时所述一致：动词和形容词比起名词来通常是原有的为多。志延片向关中方言借贷词汇，有以下四种方式。

（一）整词借用

整词借用是指将关中方言的某些词语完整借入，代替了原来的晋语词。例如延安话的以下词语与关中方言相同，与陕北晋语不同：月亮，云，雪花儿，下霜，胡墼土坯，大后年外后年，大半天，玉麦玉米，荞麦，电壶热水瓶，毛 [mu²⁴] 乱事情杂乱，烦躁不安，等等。像"胡墼土坯、玉麦、毛乱"之类的词，都属于关中方言乃至整个西北官话的特征词。

某类词借入后，其构词成分的组合能力反而比在原方言中更强，类推生成新词。这是词汇借贷中常见的"过度类推"现象。例如：关中话用"岸儿"表方位，可以和"东西南北、左右前后、两、旁"等组合成"东岸儿东边、旁岸儿旁边"等词。延安话借入了这些词，又扩大了"岸儿"的组合能力，类推造出新词：阴岸儿背阴处、阳岸儿向阳处、半岸儿旁边、对岸儿对面儿。

（二）近似借用

近似借用指非完整借用关中方言的某些词语，按照本地人的理解、用本方言的规律加以改造。又分为两种情况：一种是形近音近义同，如"荨麻疹"，延安说"风刺 fəŋ²¹tsʰɿ⁴⁴²"，与陕北晋语"风片子、风颗子"不同，而与西安话"风飔 fəŋ²¹sɿ⁰"音近。"习惯用左手的人"延安说"左瓜拉子 tsuɤ⁵³kua⁰la²¹tsɿ⁰"，与陕北晋语"左撇子"不同，与西安"左瓜蛋"形近。一种是形同音近但意义对应错位，如"帮间儿"，西安话义为"差不多"，延安话义为"比较好、不错"。

（三）多词择一

有的词陕北晋语有多种说法，关中方言只有其中一种，志延片老户话往往选择与关中方言相同的说法，舍弃其他的表达方式。例如陕北晋语下列词语存在多种说法，延安只有和关中方言相同的第一种说法：端午／五月端午，辣子／辣辣子，大辣子／菜辣子，树梢子／树梢梢，老鼠／圪崂儿家，老鸹／黑老鸹_{乌鸦}，狗熊／熊，小叔子／婆家兄弟，大姑子／婆家姐姐，小姑子／婆家妹子，弟兄／弟兄子_{哥哥和弟弟}，儿媳妇儿／媳妇子，孙子媳妇儿／孙媳妇儿／孙媳妇子，外孙子／外甥，等等。

（四）词语叠置

来自陕北晋语和关中方言的说法叠置并存。如安塞、延安、甘泉、延长"小"同时说"猴"和"碎"，"猴"是陕北晋语特征词，"碎"是关中方言特征词。如果画一张方言地图，这一带就是典型的两条同言线重叠的地带。再如延安话（晋语／西安话）：伯叔／叔伯，草鸡／母鸡，春上／春里，往每年／往年，车克﹦郎﹦／车厢。还有延长话：月儿／月亮；安塞话：星宿／星星。

三　语法的借贷

语法的借贷，即语法迁移。由于陕北晋语和关中方言在句法上区别不大，志延片从关中方言借入的句法成分较少，没有语音和词汇那样明显。不过，在构词法、虚词、句法格式等方面，还是能观察到方言接触带来的变化。

（一）借用语气词

虚词的借用是语法迁移中的常见现象。志延片及清涧话借入了关中方言表肯定的句末语气词"哩"，读轻声 [li][lie] 或 [lei]。关中方言西安、咸阳、鄠邑区等说"咧 [liɛ]"。陕北晋语中，神木、榆林、绥德、吴堡说"嘞 [ləʔ]"，府谷、延川是入声"咧 [liəʔ]"。

志延片方言中带"哩"的句子，往往由陕北晋语的句式加上关中方言的语气词构成。例如：

（1）这个手巾儿可脏哩，撩咾。

（2）华山高哩。

（3）你吃米饭哩吃馍馍哩？

（4）才写咾一半儿，还写着哩。

"可+AP+哩""AP+哩""X哩+Y哩""还+VP+着哩"等，从句式看是典型的陕北晋语，从语气词看又是关中方言的，两种来自不同方言的句法手段，自然地糅合在志延片方言中，毫无违和感。

（二）重叠词与儿化词的融合

陕北晋语的重叠名词多于关中方言，儿化词则少于关中核心地区。志延片方言的儿化词语比北部的五台片、吕梁片多，延安老户话甚至出现了"儿化泛化"现象（高峰2019b）。

西北官话中，不少方言用重叠加后缀形式表示小称义，以"AA 儿式""AA 子式"最为普遍。关中的西安、鄠邑区、富平等方言AA儿式和AA子式并存（邢向东2020b）。关中话中，纯粹的AA式重叠词很少，AA儿式则很常见，如：桌桌儿、盆盆儿、疤疤儿。陕北晋语的AA式对应关中话的AA儿式。志延片出现了"瓶瓶儿、刀刀儿、雀雀儿"等，显然是受关中方言影响所致。延安老户话还有不少陕北晋语区少见的"AB儿B儿""A儿A儿B"的重叠形式，是把关中方言的儿化词同陕北晋语的ABB、AAB式叠加到一起，形成的一种"合璧"形式。例如：柳树毛儿毛儿_柳絮_、门口儿口儿起_门口处_。

（三）语法叠置

志延片方言中存在陕北晋语、关中方言的典型句法格式并存的现象。略举两例。

1. 表程度高的"状+中"式与"中+补"式并存

志延片中，吴起话、志丹话表程度高时最常用的格式有两种："可 k^həʔ+A"和"A+得+很、A+（得）+太太"，前者用程度副词做状语，是陕北晋语的典型格式；后者用程度副词"很/太（太）"做补语，是关中方言的典型格式。这两种格式在两个方言中并存并用。如志丹话：

（5）这瓜可甜哩！／这瓜甜得很！

（6）邻家的新家具可好哩。／邻家的新家具好得太太着哩。

2. 表短时貌的"V一V儿"与"V给下"的并存

志延片老户话可用"V一下""V一V儿""V给下"表示动量减小。据邢向东（2021a），"V一下"表短时貌涵盖整个西部官话和部分晋语，分布极广。"V一V儿"是中原官话部分方言的表达形式，在关中片、秦陇片、汾河片的少数方言中不同程度地存在，但都不是能产形式，陕北晋语中基本没有分布，在志延片部分动词可换用此形式。"V给下"是陕北晋语中表短时貌最普遍的手段。志延片"V一V儿""V给下"并存并用，前者当是关中方言的影响所致。如延安话：

（7）咱歇一下/歇一歇儿/歇给下再干。

（8）你坐着，我进去换一下/换一换儿/换给下衣裳。

（9）有什么好办法，让我想一下/想给下想一想。（不说"想一想儿"）

第四节 晋语志延片与关中方言的接触特点及趋同策略

一 接触特点

晋语志延片与关中方言接触的特点，既有输入型方言接触的普遍性，又有其独特性。

（一）方言接触具有单向性

志延片与关中方言的接触具有单向性，这也是输入型方言接触普遍具有的特点。"单向性"指强势方言对弱势方言的单向作用，只有前者对后者施加影响，后者不能对前者产生影响。在这种单向影响下，强势方言向弱势方言输入语言特征，弱势方言的语言系统与强势方言趋同。福建南平官话与闽方言的接触即是一例：因接触而发生变化的一方总是南平官话，周边闽语并不因为南平官话的存在发生了什么值得注意的变化。南平官话语音层面出现了与包围它的闽语趋同的现象。（陈瑶、陈婷婷2020）

从上文对接触引发的方言演变以及志延片借贷方式的分析可以看出，语音、词汇、语法层面都呈现出关中方言的单向影响，志延片向关中方言的趋同。语音层面最有代表性，声、韵、调三方面均朝着关中方言的方向发展演变。延长话属于志延片向吕梁片的过渡方言，受到的影响没有其他县的程度深。

（二）输入成分属于关中方言一致性强的早期特征

志延片方言形成的时间大致在元代（高峰 2020b）。其与关中方言的输入型接触发生较早，输入的语音特点也属早期特征，有些晚期形成的特点未对志延片产生影响。比如，陕北晋语与关中方言古知庄章组字的读音同属北方方言中分 [ts][tʂ] 的"昌徐型"，开口字完全一致；合口字陕北晋语一致读 [tʂ] 组，关中方言今读音分歧，有 [tʂ][tʃ][pf] 等读法。据邢向东（2021a：139—155）考察：关中话知系合口字今读的出发点，当为 [*tʂu-][*tʂʰu-][*ʂu-][*ʐu-]。咸阳类 [tʃ] 组声母晚于 [tʂ] 组，西安类 [pf] 组声母的形成是更晚期的变化。志延片中这类声母拼合口呼韵母时发 [tʂ] 组声母，与早期关中方言一致。我们推测，[tʃ][pf] 组声母形成时，关中方言对志延片的影响已经减弱，加之 [tʃ][pf] 类读音十分特殊，因此志延片没有借入。

此外，关中方言向志延片输入的成分具有较强的一致性。关中方言有些音类的读音分歧严重，难以对志延片产生影响。比如端精见组齐齿呼字的发音，在白涤洲 20 世纪 30 年代调查关中方言时已有 5 种类型，关系异常复杂。其中尖团合流、端组独立的一路，是北方方言的主流类型（邢向东 2021a：165—185）。志延片、陕北晋语均属该类。关中方言的演变总趋势是端精见齐齿呼字大合流（钉＝精＝经，听＝清＝轻），志延片方言未受影响。

与上面两种情况形成对照的是，遇摄三等庄组字（助初锄梳）的韵母，陕北晋语读 [uo] 韵，志延片随关中方言读 [u] 韵；咸山摄舒声韵，陕北晋语读纯口元音且按洪细分成两组韵母，志延片随关中方言合为一组鼻化韵。这两个特点显系关中方言长期稳定的语音特征。

（三）语音借贷＞词汇借贷＞语法借贷

方言接触引发的演变，是方言特征在方言之间的借贷和迁移。志延片与关中方言的接触中，从借入的顺序看，与其他方言接触及语言接触一样是词汇先行。但从借贷的结果看，却是语音借贷的速度最快、程度最深，词汇借贷次之，最后是语法借贷。

志延片和关中方言都属大北方方言，基本词汇、语法接近，语音不同。志延片当地人最易感知的这两片方言间的差异是典型特征词和语音差异。因为语音规则的系统性和对应性强，数量有限，易于学习，所以弱势方言向强势方言靠拢，自然以语音系统的趋同为主。语音系统中，声调是最具系统性、最有扩张力的部分，比如关中方言的两个典型的声调特征——上声读高降调、去声读高平/次高平调，已到达吕梁片的清涧一带，并致使延川等方言的上声、去声的单字调合流。这是由于声调属于超音段音位，在声、韵、调三个子系统中，数量最少、对应规律最易感知而覆盖面最广，并且通常调值（调型）的转移不会导致系统的混乱，因此最容易发生"调值的漂移"（邢向东 2008），被强势方言所同化。再看志延片的词汇借贷，深度和速度都不及语音借贷。方言接触或语言接触中，首先出现的都是某些典型特征词的借贷。但由于词汇数量巨大，系统性不强，弱势方言接受强势方言的词汇需要逐个替换，所以按照经济原则，志延片更多地保留原有词汇，改造为关中方言的发音。如延安"涩脾 sei^{21}pʰi^{243} 脾、上火 ʂaŋ^{44}xuɤ^{53}、姊妹 tsʅ^{53}mei^{0}"等，词形、词义同绥德话，发音同关中方言。志延片语法的借贷则最慢。这是因为邻近方言之间语法规律的差异最为隐蔽，较难觉察，尤其是句法，差异本来就小，最容易成为弱势方言中保留的方言底层。

二 趋同策略

"趋同策略"指弱势方言向强势方言趋同时采取的原则和方法。除了常见的语言借贷，志延片还通过"去典型化"和"择一求同"来实现与关中方言的趋同。

（一）去典型化

去典型化，是指去除或削弱语言的典型特征。志延片在语音、词汇、语法方面都有去典型化的表现，从而削弱了典型的晋语特征。

语音上最显著的表现就是入声舒化。入声是晋语的典型特征，而志延片各方言单字音中，入声大都已经舒化，特别是延安、甘泉、延长方言的入声字全部舒化，只在口语中保留少量带入声的词。

词汇上表现为去除部分陕北晋语特征词，代之以关中方言的说法。志延片方言中既有典型的晋语特色词，也有关中方言的特色词，前者数量相对较多，但比绥德等方言明显减少。例如：志延片不说晋语的"圪都拳头、屎子屁股、甚什么、瓮缸、后生小伙子（延长除外）"等，改说关中方言的"槌头、沟蛋子、啥、缸、小伙子"。

分音词、圪头词、重叠式是晋语典型的构词和构形方式，是地域色彩较浓的方言特征。它们不仅属于词汇层面，也属于语法层面。语法上的去典型化，表现为这三类词数量大大减少，从而消减了陕北晋语的色彩。尤其是重叠词的缩减非常明显：从陕北北部的神木—榆林—绥德—延安一路向南，重叠词数量逐渐减少。最北边的神木话，其重叠式名词完全是开放的，几乎不可计数，靠南的延安老户话的常用重叠式名词只有 100 多个（高峰 2019b）。例如（其他陕北晋语——志延片）：

卜来摆—摆	卜捞拨—拨拉		
圪拧—拧	圪低—低下	圪痴痴—痴痴	圪渣渣—渣渣
锅锅—锅	凳凳—凳子	花瓣瓣—花瓣儿	汗褂褂—汗褂儿

这种构词形态上的去典型化也见于广西湘语与桂林官话的接触中。"广西湘语'XA'式状态形容词条目明显少于湖南湘语，表明广西湘语受到'XA'式状态形容词少的桂林官话的影响，在一定程度上湖南湘语特色减弱，逐渐趋同于桂林官话。"（罗昕如 2017：447）

（二）择一求同

吴福祥（2020）认为，"择一"作为语言接触中结构重组的一种方式，主要是指这样的情形：复制语（受语）具有两种或两种以上的结构形式（比如 A、B）来表达同一种语法功能，而模式语（源语）表达同样语法功能的结构形式只有一种（A 或 B）；于是，复制语的使用者从 A、B 两种或两种以上的结构形式中选择其中之一，以与模式语建立起一对一的等同关系。

志延片出现了与此相同的结构重组方式，可以概括为"择一求同"，主要发生在构词法中。关中方言小称形式"儿缀"与"子缀"并存，子缀词更发达，这一点越往西越显著。志延片方言只选择了"儿缀"，子缀词的数量与其他陕北方言相当，没有明显的增加。关中话里的许多子缀词，志延片对应的是重叠词或儿缀词。例如（西安—延安）：

  月娃子—月娃娃 墓生子—墓生生 头首子—头首首（重叠式：晋语词）
  六指子—六指儿 月婆子—月婆儿 树苗苗子—树苗苗儿（儿化：非晋语词）

  与此相关，虽然关中方言 AA 儿与 AA 子并存，且 AA 子式是其典型特征，远播甘肃、宁夏、青海等地，但这一点几乎未对志延片造成影响。如关中方言高频词"棍棍子、道道子、歪歪子、斜斜子"，志延片方言只说"棍棍儿、道道儿、歪的、斜的"。这也是志延片选择"儿缀"的结果。

  "子缀"在关中方言与陕北晋语中的语法意义不同，在关中方言中可表小称，在陕北晋语中几乎没有小称义，"儿缀"则是双方共有的小称手段。志延片如果借入"子缀"表小称，表小称和不表小称的新旧语法义会导致感知上的混乱，影响交流（高峰 2019b）。反过来，大量扩展两者共有的儿缀手段，则是最经济、方便的途径，志延片"弃其异，取其同"，使得儿化词大行其道。词汇借贷中的"多词择一"也体现了同样的趋同策略。

三 结语

  晋语志延片处于晋语同中原官话的过渡地带，受到权威方言的深刻影响，曾表现出向关中方言"一边倒"的倾向，所以志延片更多的是反映出输入型接触的特点，不能按照一般过渡地带的方言来观察。

  结合已有研究成果看，晋语志延片的借贷方式、向关中方言趋同的策略具有普遍性，也见于其他语言接触或方言接触。从接触的特点看，志延片方言接触既有输入型接触的共性——单向性，又有自己的个性，如输入强势方言特征时同样是词汇先行，但借贷的结果则表现为语音借贷的速度最快、程度最深，词汇借贷次之，最后是语法借贷。这一点与语言接触引发的演变不同。语言接触引发的演变，"发生借贷与迁移最常见的是词汇，但也可以是句法、形态及音系等结构特征"（吴福祥 2020）。也与系统相差较远的方言接触不同，如陕南的客家方言岛、赣方言岛与当地方言的接触，都是词汇借贷的程度要大于语音的借贷。

第七章　晋语志延片老户话与上头话接触的类型与规律

晋语志延片的四片移民聚居区，老户以村庄为单位，以小聚居的方式居住，总体上人数较少。因为榆林移民人数占绝对优势，上头话成为区域内的优势方言，并进而演变为区域通行语。2010—2011年调查时，这些聚居区内，年龄较大的老户人的语音受到上头话的影响较小，50来岁以下的老户人受到的影响较大，有的在外说上头话，在家说老户话，形成"双方言现象"。而在老户聚居、移民人数不占绝对优势的区域，老户话属于优势方言，影响着上头话，上头话对老户话的影响则比较有限，例如延安宝塔区川口乡川口村。

晋语志延片中，老户话与上头话接触的具体情形在各县并不完全相同，但方言接触均呈现出单向性：如移民聚居区周湾等四个上头话，均向老户话趋同，老户话对上头话产生影响，而不被移民方言所影响；再如道镇三代移民的上头话都受到老户话的单向影响，老户话似乎只有古全浊声母读送气音字数的减少是与上头话一致，其实这是普通话影响的结果。延安方言复杂，方言接触阶段性地呈现出单向性：早期的延安老户话是通行语和强势方言，早期移民都改说延安老户话，近晚期延安老户话受到上头话的包围和冲击，形成了具有更多晋语特征、仍带有老户话烙印的新延安话。新延安话是老户话和上头话的融合体，演变为新的通行语与强势方言，现在新派都改说新延安话，并且辐射到临近的安塞区和志丹县。所以虽然形成了"各自都带有对方方言的某些特征"的方言，但并不属于感染型（曹志耘2002a：199）的方言接触，因为老户话与上头话两种方言从未势力相当，而是一直存在强势方言和弱势方言之分。延安老户话从强势方言演变为弱势方言，上头话从弱势方言演变为强势方言，强弱势方言的逆转改变了方言演变的方向，形成了新延安话这种融合方言。安塞沿河湾何家沟老户话也是如此。

我们分别从两个方言出发来观察到底是谁影响谁以及影响的程度如何。本章第一节"晋语志延片老户话对上头话的影响"是从上头话的角度看老户话对上头话的影响，第二节"晋语志延片上头话对老户话的影响"是从老户话的角度看上头话对老户话的影响。

第一节　晋语志延片老户话对上头话的影响

榆林移民迁入晋语志延片的各县，部分被安置在移民聚居区内，部分与老户杂居。在周湾、顺宁、化子坪、郭旗的四个移民聚居区内，来自榆林地区的移民说的是基本一致的区域通行语。对此，我们可以通过抽样调查具有代表性的个体的语音来了解集体的语音状况，并进而观察方言的接触性演变。但在榆林移民与老户杂居的区域，情况比较复杂，不仅在不同的区域所发生的接触演化情况不同，就是在同一个区域内也不同，可以说是因人而异，每个榆林移民的语音都存在不容忽视的差异。因此，我们以点代面，选择甘泉道镇的方言接触作为个案进行分析。我们认为，选择个案进行分析，一来可以展示志延片上头话与老户话接触的具体情形，二来可以发现具体的演变规律与演变特点。

一　周湾话等上头话发生的演变

如第四章所述，榆林移民聚居区的通行语——周湾话、顺宁话、化子坪话、郭旗话的来源方言应当是大包片的榆林话、横山话、米脂话、靖边话之一。其中榆林话是权威方言，因此我们确定榆林话为参照方言。将周湾话等同榆林话、老户话一一比较后可知，这四个上头话由于老户话的影响而发生的变化主要有下列四点：

1. 榆林话有一组方言特征非常显著的韵母 [ũ iũ uũ yũ]，主要元音在周湾话里仍然读 [ũ]，在顺宁、化子坪、郭旗话中发生变异，分别读 [ɯɤ̃][ɯŋ][əŋ]。四种读音，从 [ũ] 到 [əŋ]，舌面后高不圆唇元音 [ɯ] 的色彩逐渐减弱，鼻化韵同时向鼻尾韵演变，从而降低了在听觉上"上头话"特色的显著程度。移民方言 [ũ] 到 [əŋ] 的变化，是与老户话相应的韵母音值趋同的结果。

2. 郭旗话的果摄一等韵帮组字今读 [ɤ] 韵，与榆林话读 [uə] 韵不同，与延长老户话一致，是老户话影响的结果。

3. 周湾话、顺宁话、化子坪话、郭旗话的入声韵以自主演变为主，沿着三组＞两组入声韵的路向演变。入声舒化的部分则受到老户话的影响，曾一入、梗开二入读 [ei uei]，部分入声舒化字的归调也遵循老户话"清入、次浊入多归阴平，全浊入多归阳平"的模式演变。入声舒化是必然的发展方向，在舒化的过程中，这四个方言都就近选择了老户话入声舒化的规律。

4. 周湾话等上头话，平声不分阴阳，入声调比较舒缓，均为老户话影响所致。与四个上头话发生接触的主要是吴起、志丹、安塞、延长四县的老户话。这四县老户话的阴平与阳平相似度高，阴平字与阳平字有混读现象，连读时在阴平、上声前的调值相同，因而阴平和阳平在听感上比较相近。非母语者不容易区分，所以移民方言在向老户话趋同的时候就形成了平声不分阴阳的特点。同时，老户话入声舒化严重，周湾等上头话的入声调舒缓也是舒化的一种表现。

从第四章与本节的分析看，这四片上头话主要表现为方言自身的演变，同时受到老户话的影响，影响主要表现在声调方面。这再次证明方言接触下调值的偏移最容易发生。

二 甘泉道镇上头话的个案分析

甘泉县道镇道镇村距甘泉县城 20 多公里，是镇政府所在地，村民约有 800 多人。道镇村一队的丁姓、高姓家族是道镇最早的住户，其余村民都是外来移民。这些外来移民包括老移民和新移民。老移民是同治年前后从山西和陕西榆林地区迁入的，因为定居时间较早，成为老户，说的是本地老户话。新移民主要来自榆林地区的子洲、绥德、米脂、横山等县，多数是 20 世纪 50 年代到 70 年代陆续迁入的，方言带有明显的"上头口音"，也有少数是 20 年代迁入的，方言已被老户话同化，说的是本地话。道镇村的老户仅占到三分之一，约三分之二都是新移民。

道镇老户与移民杂居，方言各异，方言接触正在发生，方言面貌呈现出歧异纷繁的状况。在道镇，老户话基本统一，但移民话却是因人而异。针对这种情况，我们选择了四位男性发音合作人，来观察上头话与老户话的接触及其引起的变化。首先，以定居道镇的时间为准选择了三位籍贯相同、基本同龄的发音合作人：第一代移民杜保荣，52岁，1984年举家从榆林米脂县迁入道镇；第二代移民刘高成，49岁，父辈在20世纪50年代初从榆林米脂县迁入道镇，本人在道镇出生；第三代移民吕忠祥，50岁，祖父辈在20世纪30年代初从榆林米脂县迁入道镇，本人在道镇出生。另外，还选择了同村老户丁炳忠，51岁，家族在同治年间从榆林子洲县移民而来。下文我们分别用"一代杜、二代刘、三代吕、老户丁"来指称以上四位发音人。

（一）米脂话主要的音韵特点（刘育林1990c：16—17）

为了便于比较，我们选择的都是原籍米脂的移民。在分析发音人的语音状况之前，先简述一下米脂话的主要音韵特点。

（1）古全浊声母并、定、从、澄、崇、群母字今逢塞音、塞擦音时，平声字读送气音，仄声字多读不送气音、少数读送气音。

（2）知二庄读[ts]组，与知三章读[tʂ]组分立。

（3）部分见系二等字声母白读为舌根音。

（4）疑影母开口一等字一般今读鼻音声母[ŋ]母。

（5）疑影母合口今洪音字与微母合流，读[v]母。

（6）果摄一等韵开合口合流。

（7）深臻曾梗通摄韵母合流。

（8）遇合一一般读[u]韵，泥组读[əu]韵；遇合三一般读[y]韵，知章组读[u]韵，庄组读[uo]韵。

（9）咸山摄舒声韵，今洪音韵母与细音韵母分为两组：[æ uæ]与[iɛ yɛ]。

（10）咸山摄三四等的舒声韵和部分入声舒化韵合流。

（11）有三组入声韵。

（12）咸山摄开口三四等入声字读同假开三。

(13) 山合一入、山合三四入与宕江入合流，读同果摄，读 [uo yɛ] 韵。

(14) 德陌麦三韵多保留入声韵。

(15) 阴平、上声合流。

以上（1）、（5）、（8）—（15）是米脂话与老户话明显不同的地方。

（二）移民发音人声母、韵母的变化

我们根据米脂话与道镇老户话声母、韵母的差异设立了9个考察项，以米脂话与老户丁的话为参照，通过比较考察项来判断发音人的语音是否发生变化以及变化的程度。见表7-1。表中"┤"表示与米脂话相同，"├"表示与道镇老户话相同，"┤├"表示部分与米脂话相同、部分与老户话相同。刘高成话保留两组入声韵，与米脂话、老户话都不同，因此未标符号。

表 7-1　甘泉道镇村移民方言声母、韵母的考察

考察项		一代杜	二代刘	三代吕
①古全浊仄声字今读送气音声母的字		┤	┤	┤├
②微疑影母合口字		┤	┤	┤
③遇合三庄组		┤	├	├
④咸山摄舒声韵		┤	┤	├
⑤咸山摄三四等舒入关系		┤	┤	├（┤个别字）
入声韵	⑥韵母数量	┤三组入声韵	两组入声韵	├一组入声韵
	⑦舒化字数	舒化126字	舒化305字	├舒化537字
⑧山合三四入宕江入（细音）舒声字		┤	┤	├
⑨德陌麦读入声韵		┤	┤├	├

表7-1显示，9个考察项中，一代杜的话只有第⑦项发生变化；二代刘的话有③⑥⑦⑨4项发生变化；三代吕的声母、韵母与老户话基本一致，只有第②项还保留米脂话的特征。第一代、第二代、第三代移民的声母与韵母呈现出与老户话逐渐趋同的演变倾向。

下面对四位发音人语音中声韵母的异同按序号加以说明。

①古全浊仄声字今读送气音声母的字数略增。一代杜与二代刘相同，与今米脂话基本一致；老户丁略多几字，三代吕与老户丁基本相同。与同县石门镇话与美水街道话相比，老户丁的古全浊仄声字今读送气音声母的字数较少，这与镇上随处可以听到的上头话以及普通话都有关系。

一代杜、二代刘：【並】部捕败倍避饽面~，耙佩叛仆瀑；【定】舵，艇挺查特突；【从】裤造；【澄】绽花~开了撞着睡~；【崇】镯；【群】强跪俭勤~康~健。

三代吕、老户丁比杜刘两人多出8字：寨递倍字地噍件圈猪~。

②微疑影母合口字 [v] 母摩擦色彩减弱，如：舞微晚乌窝位弯。一代杜、二代刘都读 [v] 母，[v] 的摩擦较重，与米脂话一致。三代吕也读 [v] 母，音类分合没变，但 [v] 的摩擦音色彩明显减轻。老户丁读 [v] 母与零声母，微疑影母合口字与 [u] 相拼时读零声母，与 [u] 以外的韵母相拼时读 [v] 母。

③遇合三庄组（如：梳锄），一代杜读 [uə] 韵，与米脂话的 [uo] 音色相近；二代刘、三代吕读 [u] 韵，与老户丁相同。

④咸山摄舒声韵（如：安烟湾冤）变为鼻音韵母。杜刘两人都读 [ɛ iɛ uɛ yɛ] 韵，没有鼻韵尾或鼻化色彩，与米脂话 [æ iæ uæ yæ] 相近。三代吕与老户丁相同，读 [ɛ̃ iɛ̃ uɛ̃ yɛ̃] 韵。与刘育林（1990c：16）所记米脂话的 [iɛ yɛ] 相比，杜刘两人的 [ie ye] 是元音有所高化。据笔者调查，米脂话这两个韵母主要元音舌位是比较高的，音值记成 [ie ye] 更准确。刘育林先生有可能是音位处理不同，所以在表 7-1 中不显示为与米脂话不同。

⑤咸山摄三四等舒声韵与入声韵由合而分。在一代杜、二代刘两人的口语中，咸山摄三四等舒入合流，读 [ie ye]，与米脂话一致，即：尖 = 接 ˬtɕie，冤 = 约 ˬye。老户丁的咸山摄三四等舒入不合流，即：尖 ˬtɕiɛ̃ ≠ 接 ˬtɕie，冤 ˬyɛ̃ ≠ 约 ˬye。三代吕与老户丁基本一致，但有个别字读 [ye] 韵，如：越 ˬye｜掘 ˬtɕye。

⑥入声韵母逐代递减。一代杜与米脂话一致，保留三组入声韵 [aʔ iaʔ uaʔ][iɛʔ yɛʔ][əʔ iəʔ uəʔ yəʔ]。[①] 二代刘保留两组入声韵 [aʔ iaʔ uaʔ][əʔ iəʔ uəʔ yəʔ]，一代杜

---

① 刘育林（1990c）把米脂话的入声韵记为 [aʔ iaʔ uaʔ][uoʔ][iɛʔ yɛʔ][əʔ iəʔ uəʔ yəʔ]。我们把 uoʔ 和 uəʔ 归入同一组。

口语中的 [iɜʔ yɜʔ] 两韵在二代刘的口语中并入了 [aʔ] 组与 [əʔ] 组。三代吕与老户丁的话相同，只有一组入声韵 [əʔ iəʔ uəʔ yəʔ]。

⑦入声舒化字数逐代递增。在《方言调查字表》所收的入声字中，剔除方言不用的字，共 537 个入声字。对四位发音人的调查结果是：一代杜有 126 字舒化，二代刘有 305 字舒化，三代吕与老户丁相同，入声字的读字音全部舒化，只在口语音中保留入声韵。

⑧山合三四入与宕江入今细音字（如"月缺约确"），舒化后，杜刘两人读 [ye] 韵，与米脂话 [yɛ] 相近，三代吕读 [yɒ] 韵，与老户丁相同。

⑨德陌麦三韵与职韵庄组入声字，一代杜多读入声韵，个别字"贼默魄陌"舒化；二代刘部分读入声韵 [aʔ əʔ uəʔ yəʔ] 韵，部分舒化，舒化后的韵母有的读 [ɣ uə] 韵，同米脂话，有的读 [ei] 韵，如"北百柏拍白麦"读 [ei] 韵，同老户话；三代吕与老户丁完全相同，全部舒化，读 [ei uei] 韵与 [ɤ uə] 韵。

表 7-2　甘泉道镇村四位发音人德陌麦三韵与职韵庄组入声例字表

		一代杜	二代刘	三代吕 老户丁
德韵入	北	piəʔ˲	pei˧	pei˧
	特	tʰɜʔ˲	tʰəʔ˲	tʰei˧
	黑	xəʔ˲	xəʔ˲	xei˧
	国	kuaʔ˲	kuɤ˥	kuɤ˥
	或	xuəʔ˲	xuəʔ˲	xuei˧
陌韵入	百	piɜʔ˲	pei˧	pei˧
	窄	tsɜʔ˲	tsei˧	tsei˧
	客	kʰɜʔ˲	kʰəʔ˲	kʰei˧
麦韵入	麦	miɜʔ˲	mei˧	mei˧
	策	tsʰaʔ˲	tsʰɤ˥	tsʰɤ˥
	隔	kɜʔ˲	kaʔ˲	kɤ˧
职韵入庄组	测	tsʰaʔ˲	tsʰaʔ˲	tsʰei˧
	色	saʔ˲	sɤ˥	sei˧

（三）移民发音人声调的变化

年龄相近的三位移民发音人，声调的差异非常大，不论单字调、入声归调都不一致，导致三人的语音听起来大不相同。

1. 单字调

表 7-3　甘泉道镇村四位发音人单字调表

	阳平	阴平	上声	去声	入声
米脂话	33		213	51	3
一代杜	35	213	42/213/423	51	43
二代刘	24	23/213	213/51（少数字）	51	43
三代吕	24	23/31	51（部分字读423）	44/42	32
老户丁	24	23/31	51（部分字读423）	44/42	32

表 7-3 显示：

①米脂话只有 4 个单字调，阴平与上声合流；一代杜、二代刘、三代吕与老户丁相同，都是 5 个声调，阴平、上声是两个独立的调类。三代吕的单字调已经与老户丁完全一致。

②老户丁的阴平读 23，阳平读 24，与吴起等县老户话的阴平调型相同，有可能代表了道镇老户话声调的早期形式，阴平的另一读 31 应该是受关中方言影响产生的新调值。老户丁及三代吕口语中部分上声字读 423 调值，在道镇话中属于"多余"的调值，实际上与县城新派话相同，反映了县城话对道镇话的影响。

③从一代杜与二代刘的单字调看，去声的稳定性最强，同米脂话一样读 51 调；其次是阴平，一代杜保持不变，二代刘发生变化，出现了与老户相同的 23 读法。阳平与老户话的阳平调型相同，但调值不同。入声调变得舒缓。上声的情况比较复杂。一代杜的上声发生明显变化，叠置着三种调值。他的上声字有的读 42，有的与米脂话一样读 213，还有少数字与县城新派话一样读 423，没有规律可循，但并非同一个上声字可以自由变读三种调值。上声字读 42，是在老户话的影响下产生的新调值。由于去声读 51，已经占据了高降调的位置，甘泉老户话的上声 51 就在一代杜的话中变异为 42。这样老户话的上声 51、去声 42 恰好在一代杜的话中

发生了"错位对应",变为上声42、去声51。二代刘的上声多读213(同米脂话),只有少数字与老户话一样读51,很可能是由于去声51的存在抵制了老户话上声51的渗透。

2. 入声归调

一代杜入声字舒化后的归调,明显受到老户话"清入、次浊入多归阴平,全浊入多归阳平"这一规律的影响:清入、次浊入舒化字29.2%归阴平,全浊入舒化字69.2%归阳平。二代刘的这两项比例都比一代杜高。三代吕与老户丁入声字舒化后的归调基本一致,不过,三代吕口语中的个别入声字存在舒入两读,如:喝 xəʔ/ₑxuə,出 tʂʰuəʔ/ₑtʂʰu,吃 tʂəʔ/ₑtʂʰ,熟 ʂuəʔ/ₑʂu。这表明,随着代数的增加,移民方言受老户话影响的程度在逐步加深。见表7-4。

表7-4 甘泉道镇村四位发音人的入声归调比较表

	清入、次浊入字		全浊入字	
	舒化字数	归阴平字数及比例	舒化字数	归阳平字数及比例
一代杜	89	26　　29.2%	39	27　　69.2%
二代刘	274	163　　59.5%	89	65　　73.0%
三代吕、老户丁	412	315　　76.5%	125	89　　71.2%

(四)小结

从上文的分析可以看出道镇上头话的演变具有以下几个特点:

(1)移民语音向老户话趋同的程度大致与移民的代数成正比。

(2)移民方言的声母系统几乎没有变化。移民与老户方言声母系统的一致性保证了声母系统的稳定。老户话与关中方言的接触也证明了这一点。

(3)未舒化的入声字按照陕北晋语中入声韵类合并的规律演变,方言接触下发生舒化的部分则选择老户话入声舒化的规律。聚居区的移民方言与一代杜、二代刘的方言不约而同都显示出这一特点。

(4)音类比音值的稳定性强。例如,四个聚居区的上头话在与老户话的接触中,音类的分合没有变化,只有深臻曾梗通5摄舒声韵母的音值发生了变异。变异的原因与下文所说的语音的突显度有关。

（5）声调最易漂移，调型趋同先行，调值可以不完全相同。与源方言相比，一代移民除入声舒化字略有增加外，声母和韵母没有明显变化。声调方面变化明显，一代移民的调类数量、阳平调型与老户话趋同（具体调值不同），上声出现了与老户话调型相同的读法（42）。（见表7-3）

三　上头话与老户话的接触规律

在周湾等移民聚居区、道镇移民与老户混居区，都存在上头话与老户话的接触，接触的结果都是上头话向老户话趋同。从中我们发现了以下接触规律。

（一）方言接触的深度与移民的居住状况、移民时间有直接的关系

通常混居较聚居状况下的方言接触深。在混居状况下，移民向原住民话趋同的程度大致与移民的时间成正比。与周湾等移民聚居区的方言接触相比，道镇第三代移民方言与老户话的接触深度更深，已经大致与老户话趋同。聚居区的移民方言具有向心力，这种向心力是一种拉力，拉住了移民方言向老户话靠拢的速度，影响着方言接触的深度。

混居初期，即使演变方向一致，移民方言也会出现歧异繁杂，甚至各人各样的情形。随着移民代数的递增，方言会逐渐趋于一致，或向强势方言趋同（如道镇，与老户话趋同），或产生融合接触双方方言特点的新的通行语（如延安宝塔区，形成新延安话）。

（二）"突显度"是方言接触中影响语音成分保留或变化的重要因素之一

"突显度（prominence）"是听觉语音学的术语。据《现代语言学词典》（戴维·克里斯特尔2000：288），"突显度"是指一个音或音节在其环境中比其他音或音节突出的程度，音长、音高、重音和固有音响等变化都是影响一个单位相对突显度的因素。简单说，"突显度"就是由于语音的相似程度的差异所引起的听觉上的差异。在语音系统中，有些音的相似度比较高，不易分辨；有些音的相似度比较低，容易分辨。例如，普通话中 [a ʌ ɑ] 的相似度较高；[p pʰ] 的相似度较低。在方言融合趋同的过程中，相似程度比较高的音不易发生变化，而那些相似程度

比较低的音容易发生变化。

相似度较高的音，在方言接触中演变不明显或较慢。例如，[vu] 与 [u] 相似度较高，甘泉道镇发音人三代吕在语音与老户话基本趋同的情形下，微母仍读 [v]，与上头话相近，只是摩擦减轻。对陕北晋语区人而言，陕北晋语的 [iɛ yɛ] 和老户话的 [iɛ̃ yɛ̃] 听感上相近，甘泉道镇发音人一代杜、二代刘的两个韵母都没有鼻化，读 [ie ye]。再如，米脂话去声读高降调 51，甘泉老户话去声多读 42，42 与 51 调型相同、调值不同，由于听感上非常接近，相似度较高，因此一代杜、二代刘的去声都没有变化。另外，上头话与老户话的接触中，周湾、道镇等移民方言的声母系统几乎没有变化，老户话与关中方言的接触中，老户话的声母系统几乎没有变化，深层的原因正是接触双方的声母相似度高。

相似程度比较低的音，在对比中更能突显出听感的差异。一方面，弱势方言中的突显度突出的语音容易发生变化，会向强势方言相应的语音靠拢，削弱听感差异。例如：榆林话的深臻曾梗通 5 摄舒声韵母读 [-ũ]，音值比较特殊，跟老户话相应的韵母的相似度较低，导致在聚居区的上头话中发生变化。不过，如果弱势方言的一方有保留母语、强调身份的意识，那么，突显度突出的语音反而会成为母语及身份标志，从而顽固地保留在口语中。我们在安塞、甘泉都遇到榆林二代、三代移民仍清晰地保留 [-ũ] 的情况。

另一方面，强势方言中突显度突出的语音，则会引发弱势方言的趋同演变。例如，老户话对上头话产生影响的那些语音特点，与关中方言对西北方言产生影响的语音特点几乎一致，恰恰都是突显度突出的语音。这些语音特点在移民方言中的覆盖面可以大致反映出其影响力的强弱，按照从强到弱的顺序依次排列如下。

声调方面：上声读高降调，入声舒化后清入次浊入归阴平、全浊入归阳平，去声读平调，阴平读低降调。

韵母方面：德陌麦三韵与职韵庄组入声读 [ei uei] 韵，咸山摄三四等入声韵读 [yə] 韵，遇合三庄组读 [u] 韵。

声母方面：古全浊声母仄声字读送气音。近年来普通话的推广削弱了这种影响力。

（三）音系格局对方言接触引发的语音变化具有制约作用

在道镇，面对老户话相同的语音特征或规律，不同的发音人表现出不同的反应。深层的原因正是音系格局的制约作用。"上声读高降调"是老户话语音的一个主要特征。面对这一特征，一代杜的话中部分上声读为 42，去声仍读 51，出现了"错位对应"。二代刘则只是少数上声字读如去声 51，没有出现 42 的读法。这是因为，一代杜与二代刘的去声读 51，已经占据了高降调的位置，阻止上声变读为 51。一代杜经过自主调整将老户话的上声 51 变异为 42，二代刘则表现出对这一语音特征有限的接受，把少数上声字读成 51。

第二节　晋语志延片上头话对老户话的影响
—— 从安塞何家沟老中少三代的语音差异看老户话与上头话的接触

在某些乡镇，老户话与上头话的接触频繁、直接，正是观察方言接触最好的窗口。本节主要考察在杂居区域内受到上头话影响而处于"变化"中的老户话。

"最好的、也是最直接的研究进行中的语言变化的途径是追踪虚时内的变化，即跨年龄段的语言变体的分布。"（威廉·拉波夫 2019：61）这种研究方法，徐大明（2006）翻译为"显象时间研究"。"传统历史语言学的研究使用真实时间（real time）的证据来展开讨论，进行中的变化的研究则强调显象时间（apparent time）的研究。""真实时间的研究是指对相同人群跨时间阶段的系列研究。显象时间的研究则是同时观察不同年龄组的表现以了解现在的语言变化进程。"（徐大明 2006：152）

我们选择的方言观察点是安塞沿河湾镇闫家湾村何家沟村民小组。何家沟是老户聚居的村庄，同乡其他村有很多榆林移民，何家沟村民的方言因而受到影响发生了变化，其中年龄较大的老年人的语音变化不明显，中年人以下的人群语音变化较明显。我们特意选取了家庭环境基本一致的老中少三代人作为发音合作人，以了解对象方言的变化进程。

2009 年调查时，发音合作人情况如下：

老年——周丕福，77 岁，初小文化程度，安塞县沿河湾镇何家沟村老户，农民。

中年——周建基，周丕福长子，52 岁，初中文化程度，农民。

少年——周阳阳，周建基侄子，14 岁，在离家两公里的沿河湾中学上初一。

一　安塞何家沟三位发音人的声韵调

（一）老年

声母 25 个：p、pʰ、m、f、v、t、tʰ、n、l、ts、tsʰ、s、z、tʂ、tʂʰ、ʂ、ʐ、tɕ、tɕʰ、ɕ、k、kʰ、ŋ、x、ø。

韵母 36 个：ʅ、ɿ、ər、i、u、y、a、ia、ua、ʅə、uə、yə、iɛ、ɛ、uE、ɔ、iɔ、ei、uei、əu、iəu、æ、iæ、uæ、yæ、ʌỹ、iʌỹ、uʌỹ、əŋ、iəŋ、uəŋ、yəŋ、əʔ、iəʔ、uəʔ、yəʔ。

单字调 5 个：阴平 121、阳平 24、上声 52、去声 31/33、入声 43。

（二）中年

声母与老年一致。

韵母 38 个：ʅ、ɿ、ər、i、u、y、a、ia、ua、ʅə、ə、uə、yə、iɛ、yɛ、ɛ、uE、ɔ、iɔ、ei、uei、əu、iəu、æ、iæ、uæ、yæ、aỹ、iaỹ、uaỹ、əŋ、iəŋ、uəŋ、yəŋ、əʔ、iəʔ、uəʔ、yəʔ。比老年的多出两个韵母：ə、yɛ。宕江摄舒声韵的主要元音有变化。

单字调 4 个：阴平上 213、阳平 24、去声 31/33、入声 43。中年清平字与清上、次浊上字合流，极少数清上、次浊上字读 52，如"饺达姐想"。

（三）少年

声母与老年、中年一致。

韵母 38 个：ʅ、ɿ、ər、i、u、y、a、ia、ua、ʅə、ə、uə、ie、ye、ɛ、uE、ɔ、iɔ、ei、uei、əu、iəu、æ、uæ、ã、iã、uã、əŋ、iəŋ、uəŋ、yəŋ、aʔ、iaʔ、uaʔ、əʔ、iəʔ、uəʔ、yəʔ。比中年的韵母多出 aʔ、iaʔ、uaʔ 三个入声韵，少了 yə、iæ、yæ。

咸山宕江摄舒声韵母的音值有变化。

单字调 4 个：阴平上 213、阳平 35、去声 51、入声 43。部分清平字与清上、次浊上字合流，读 213。

二 三代之间的语音差异

安塞何家沟三代的语音存在一些差别。比较而言，中年语音和老年接近，少年语音与中老年的差别较大。

（一）古全浊声母仄声字今读送气音声母的字数逐代递减

剔除方言不用的字，《方言调查字表》中共 287 个古全浊仄声字。三位发音人，从老年到中年、少年，古全浊仄声字今读送气音声母的字数分别是 81 字、36 字、25 字，呈现出明显的递减趋势。见表 7-5。

表 7-5 安塞老中少三代古全浊仄声字今读送气音声母的字

	同读送气音的字	老年	中年	少年
並	捕部焙避饽面~，耙佩叛仆瀑	薄簿步败倍背鼻辫伴拌~汤钹拔被傍勃病白闭	鼻倍傍	
定	舵驮递，艇挺沓突特	垛杜肚淡蛋垫夺独读叠碟	垫囤	囤
从	造噍	坐座自字褯杂捷~径路贱践截匠凿贼族	践凿坐匠	
澄	着睡~撞	柱赵绽蛰侄传~记宅~子	蛰传	
崇		寨铡镯	铡	
群	跪强勉~	柜轿件橛		
总计	24	57	12	1

老户话与上头话古全浊仄声字都有部分读送气音声母，比较而言，上头话保留送气的字数少；老户话（老年）演变速度慢，保留字数多。中年、少年的古全浊仄声字读送气音声母的字数减少主要是上头话影响的结果，其次与普通话的推广也有一定的关系。少年读送气音声母的全浊声母仄声字，绝大部分是整个陕西方言乃至官话和晋语都读送气音。如"佩叛仆瀑艇挺沓突特"普通话、官话和晋语

都读送气音声母,"部避饽舵造跪撞"在西北官话和晋语中普遍读送气音声母。而少年不保留送气音的字,普通话和多数官话、晋语方言一般不读送气音。

(二)果摄一等见晓组字与咸山摄开口一等见晓组入声字的分合以及今读韵母不同

老年无一例外都读 [uə] 韵,中年读 [uə ə] 两韵,少年读 [uə ə əʔ] 三韵("喝渴磕割"读作 [əʔ] 韵)。中年和少年都存在同一字 [uə][ə] 韵两读的情况。

表 7-6 安塞老中少"果、咸入、山入"摄读音例字表

例字年龄	哥 果开一见	可~以 果开一溪	我 果开一疑	俄 果开一疑	贺 果开一匣
老年	ˬkuə	ˤkʰuə	ˬŋuə	ˬŋuə	xuə˰
中年	ˬkuə①	ˬkʰə	ˬvuə	ˬŋə	xuə˰/xə˰
少年	ˬkə	ˬkʰuə/ˬkʰə	ˬvuə	ˬŋə	xuə˰/xə˰

例字年龄	科 果合一溪	喝 山开一晓入	渴 山开一溪入	磕 咸开一溪入	割 咸开一见入
老年	ˬkʰuə	ˬxuə	ˤkʰuə	ˬkʰuə	ˬkuə
中年	ˬkʰuə	ˬxə	ˬkʰə	ˬkʰuə	ˬkə
少年	ˬkʰə	xəʔ˳	kʰəʔ˳	kʰəʔ˳	kəʔ˳

(三)部分韵母的音类与音值发生变化

1. 遇合一精组、遇合三知系字、通合三知系入声舒化字("轴、缩"两字除外),[u] 韵和 [ts tsʰ s][tʂ tʂʰ ʂ z] 相拼时,老年带有明显的舌尖圆唇色彩;中年人稍微带有舌尖圆唇色彩,没有老年人那么明显;少年则读作舌面音 [u]。

2. 咸山摄舒声韵,老年、中年两位发音人是一组鼻音色彩较轻的鼻化韵 [æ̃ iæ̃ uæ̃ yæ̃],少年与上头话相同,今洪音韵母与细音韵母主元音不同,分为 [æ uæ][ie ye] 两组,不带鼻化或鼻音韵尾。

3. 宕江摄舒声韵母的音值,老年是 [-ʌɣ̃],中年是 [-aɣ̃],主要元音有变化,少年是 [-ɑ̃],与上头话相近,不带韵尾。

---

① 中年阴平、上声合流,阴平以赅上声。少年同中年。

（四）入声韵及入声字的数量增多

老年和中年都有一组入声韵：[əʔ iəʔ uəʔ yəʔ]。少年增加了低元音组入声韵，变为两组入声韵：[aʔ iaʔ uaʔ] 与 [əʔ iəʔ uəʔ yəʔ]。

剔除方言不用的字，《方言调查字表》561 个入声字中，老年人有 70 字读作入声，中年人 118 字，少年 170 字。老年今读入声韵的字全部来自深臻曾梗通 5 摄；中年今读入声韵的字主要来自深臻曾梗通，个别字来自山摄与宕摄；少年今读入声韵的字在咸山宕江深臻曾梗通诸摄都有分布。三代发音人口语中读入声韵的例字及例词辑录如下：

1. 老年

【山合】发 faʔ ~头

【深开】立 liəʔ ~即｜集 tɕiəʔ ~合｜袭 ɕiəʔ ~击｜汁 tʂəʔ ~子｜十 ʂəʔ ~个｜急 tɕiəʔ ~性子｜吸 ɕiəʔ ~住

【臻开】一 iəʔ ~个｜膝 ɕiəʔ 吃~盖｜漆 tɕiəʔ ~门｜质 tʂəʔ ~量｜实 ʂəʔ ~际｜失 ʂəʔ ~败｜乞 tɕʰiəʔ ~丐

【臻合】不 pəʔ ~行｜没 məʔ ~有｜黢 tɕʰyəʔ ~黑｜忽 xuəʔ ~然｜窟 kʰuəʔ ~窿｜出 tʂʰuəʔ ~来｜突 tʰuəʔ ~然｜骨 kuəʔ ~头｜戌 ɕyəʔ ~狗亥猪

【宕开】胳 kəʔ ~膊｜削 ɕyəʔ 剥~｜脚 tɕyəʔ ~片子

【宕合】藿 xuəʔ ~香

【曾开】特 tʰəʔ ~别｜黑 xəʔ ~的｜逼 piəʔ ~上了｜熄 ɕiəʔ ~火｜织 tʂəʔ ~布｜识 ʂəʔ ~字

【梗开】踢 tʰiəʔ ~球｜剔 tʰiəʔ ~骨殖｜核 xuəʔ 桃~｜吃 tʂʰəʔ ~饭｜石 ʂəʔ ~头｜吓 xəʔ ~诈｜革 kəʔ ~命｜擗 pʰiəʔ ~开｜劈 pʰiəʔ ~柴｜脊 tsəʔ ~背心｜籍 tɕiəʔ ~贯｜狄 tiəʔ ~仁杰

【通合】扑 pʰəʔ ~上去｜木 məʔ ~头｜哭 kʰuəʔ ~了｜督 tuəʔ ~促｜福 fəʔ ~气｜穆 məʔ ~桂英｜宿 ɕyəʔ ~舍｜逐 tʂuəʔ 追~｜叔 ʂuəʔ ~~｜淑 ʂuəʔ ~女｜掬 tɕyəʔ ~一｜绿① luəʔ ~颜色｜促 tsʰuəʔ ~进｜烛 tʂuəʔ 蜡~｜束 ʂuəʔ ~结｜属 ʂuəʔ ~家｜褥 ʐuəʔ ~子

---

① "绿"也读 [.liəu]。

曲 tɕʰyəʔ ~子｜局 tɕyəʔ ~长｜秃 tʰuəʔ ~子

舒声促化字：子 tsəʔ 尺~

分音词头：圪 kəʔ ~料｜圀 xuəʔ ~囵｜卜 pəʔ ~浪鼓

其中，"戍"在"戍狗亥猪"中读入声，在"戊戌变法"中读阴平；"狄、穆"二字仅在专有名词"狄仁杰、穆桂英"中读入声。山摄仅"发"一字有入声读法，且仅在"头发"一词中读入声，可能是轻声促化的结果。

2. 中年（与老年的差异）

【山合】多：袜 vaʔ ~子｜聒 kuəʔ ~耳朵

【深开】少：集急

多：执 tʂəʔ ~照｜什 ʂəʔ ~嘛｜湿 ʂəʔ ~了｜拾 ʂəʔ 收~｜入 zuəʔ ~门儿｜及 tɕiəʔ ~格

【臻开】多：笔 piəʔ 毛~｜毕 piəʔ ~业｜必 piəʔ ~须｜弼 piəʔ ~马温｜秘 miəʔ ~密｜蜜 miəʔ ~蜂｜侄 tʂəʔ ~女｜秩 tʂəʔ ~序｜室 ʂəʔ 教~｜日 zəʔ ~子｜吉 tɕiəʔ ~利

【臻合】多：猝 tsʰuəʔ 仓~｜术 ʂuəʔ 技~｜橘 tɕyəʔ ~子

【宕开】少：削

多：郝 xəʔ 姓~

【曾开】少：黑

多：则 tsəʔ 规~｜塞 səʔ ~住｜刻 kʰəʔ ~字｜力 liəʔ ~气｜直 tʂəʔ ~走｜侧 tsʰəʔ ~楞｜测 tsʰəʔ ~预｜色 səʔ ~颜｜啬 səʔ ~皮｜职 tʂəʔ ~业｜式 ʂəʔ ~公｜饰 ʂəʔ ~装｜殖 ʂəʔ ~骨｜植 ʂəʔ ~木~/tʂəʔ ~树｜极 tɕiəʔ ~端

【梗开】少：狄

多：择 tsəʔ ~选｜责 tsəʔ ~任｜璧 piəʔ 完~归赵｜积 tɕiəʔ ~德｜只 tʂəʔ ~一~鸡｜赤 tʂʰəʔ ~尻子｜尺 tʂʰəʔ ~子｜适 ʂəʔ ~合｜嫡 tiəʔ ~亲｜历 liəʔ ~史｜激 tɕiəʔ ~动

【通合】少：督叔淑掬束属

多：速 suəʔ ~度｜服 fəʔ ~气｜目 məʔ ~光｜竹 tʂuəʔ ~子｜筑 tʂuəʔ 建~｜菊 tɕyəʔ ~花｜触 tʂʰuəʔ ~电｜赎 ʂuəʔ ~回来

舒声促化字：子 tsəʔ 尺~

分音词头：圪 kəʔ ~料｜圀 xuəʔ ~囵｜骨 kuəʔ ~碌｜卜 pəʔ ~浪鼓

其中，山摄仅"发、袜、聒"三字，其中"发"只在"头发"一词中读入声，"袜"单字音舒入两读；"戌"的读音分布同老年一样。

3. 少年（与中年的差异）

少年多了一组低元音入声韵，今读入声韵的字比中年多，增加了咸山宕江摄的入声字。

【咸开】多：搨 tʰaʔ ~到纸上写｜鸽 kəʔ ~子｜喝 xəʔ ~水｜塌 tʰaʔ 房~了｜拉 laʔ ~人｜腊 laʔ ~月｜蜡 laʔ ~烛｜夹 tɕiaʔ ~子｜贴 tʰiəʔ ~上去

【山开】多：辣 laʔ ~子｜割 kəʔ ~肉｜葛 kəʔ 诸~亮｜杀 saʔ ~人｜楔 ɕiaʔ ~子｜设 ʂəʔ ~计｜憋 piəʔ ~住气｜铁 tʰiəʔ 打~｜切 tɕʰiəʔ ~开｜薛 ɕiaʔ 姓~

【山合】少：发袜聒

多：括 kʰuəʔ ~号｜阔 kʰuəʔ ~气｜豁 xuəʔ ~唇子｜刷 ʂuaʔ ~子

【深开】多：集 tɕiəʔ ~合｜急 tɕiəʔ ~性子｜级 tɕiəʔ 年~

【臻开】少：膝毕必弼秘

多：疾 tɕiəʔ ~病

【臻合】少：戌

多：屈 tɕʰyəʔ 受~

【宕开】多：落 luəʔ ~后｜各 kəʔ ~样｜阁 kəʔ ~子｜搁 kəʔ ~下｜剥 pəʔ ~削

【宕合】多：郭 kuəʔ 姓~｜扩 kʰuəʔ ~大

【江开】多：桌 tʂuəʔ ~子｜啄 tʂuəʔ ~木鸟｜戳 tʂʰuəʔ ~开｜觉 tɕyəʔ 感~｜角 tɕyəʔ ~~

【曾开】少：则塞~住

多：黑 xəʔ ~的｜克 kʰəʔ ~服｜媳 ɕiəʔ ~妇｜食 ʂəʔ ~粮｜值 tʂəʔ ~班｜蚀 ʂəʔ 日~

【梗开】少：璧

多：狄 tiəʔ ~仁杰｜滴 tiəʔ ~水｜绩 tɕiəʔ 成~｜柏 piəʔ ~树｜拆 tsʰəʔ ~开｜格 kəʔ ~式｜隔 kəʔ ~开｜射 ʂəʔ 一~站起｜击 tɕiəʔ 打~

【通合】少：曲

多：谷 kuəʔ ~子｜督 tuəʔ ~促｜毒 tuəʔ 有~｜叔 ʂuəʔ ~~｜熟 ʂuəʔ ~人｜掬 tɕyəʔ 一~｜足 tsuəʔ ~球｜俗 suəʔ ~气｜独 tuəʔ ~立｜读 tuəʔ ~书

少年读入声的分音词词头以及舒声促化字均同中年。[iaʔ] 韵只有 "夹~子" 一字。[uaʔ] 韵只有 "刷~子" 一字。

入声字数逐代增加，但并不是简单地增加，有些老年读作入声韵的字中年反而读作非入声，有些中年读作入声韵的字少年读作非入声。入声字既有舒化又有增多，看似矛盾，实质是入声舒化规律以及普通话、上头话影响共同作用的结果。

（五）入声韵舒化规律

我们以陕北晋语的绥德话和关中片的西安话为参照，观察老中少三代入声韵的舒化规律。这两种方言入声韵舒化后归向的不同主要在于：源于咸山开口一等见系入、咸山合口三四入、宕江开口入、曾开一入、梗开二入的字，舒化后的韵母不同。

安塞沿河湾何家沟老年发音人讲的是老户话，入声韵舒化归向与关中话相同。（详见第三章第二节）

中年入声韵舒化后的归韵与老年有同有异。凡是老年人读作 [yə] 韵的中年多读 [yɛ] 韵，同绥德话。咸山开口一等见系与宕江开口一等的入声韵舒化后，老年读 [uə] 韵，中年新增 [ə] 韵，中年如：喝 ₌xə｜磕 ₌kʰə｜渴 ₌kʰuə；乐 luəᵒ 快~｜恶 əᵒ。曾开一、曾开三庄组、梗开二入声韵舒化后，老年读 [ei] 韵，中年新增 [ə] 韵，中年如：得 ₌tə｜克客 kʰəᵒ｜摘 ₌tsei。读 [uə ei] 韵与老年相同，读 [ə] 韵与绥德话等榆林方言相同。

少年口语中，上述入声韵舒化后的读音与中年的基本相同，具体辖字略有不同。以舒化后读 [ə] 韵的入声字为例。中年、少年同读 [ə] 韵的入声字主要来自咸山开一见系、宕开一、曾开一（帮组除外）、梗开二（帮组除外），以上各摄入声字共计 49 字。中年有 41 字舒化，其中以下 23 字读 [ə] 韵：喝~酒磕喝~彩；搁胳（舒入两读）各阁郝鹤恶；墨默刻时~克；格客额赫策册革泽隔。少年 33 字舒化，其中以下 22 字读 [ə] 韵：合喝~彩；搁胳（舒入两读）各阁郝鹤恶乐快~着~紧；德则刻；格客额赫策册革泽。

根据以上分析可以看出：中年、少年入声字舒化后的归向既保留了老年的部分特点，又明显向上头话靠拢。少年入声舒化字比中年少，是向榆林方言进一步靠拢的结果。

表 7-7　安塞何家沟老中少部分入声韵舒化后韵母比较表

中古音		西安	老年	中年/少年		绥德
咸山入	开一见	uo	uə	uə	ə	ə
	合三四	yo	yə	uə	yɛ/ye[①]	ie ye
宕江入	洪音	uo	uə(ə)[②]	uə	ə	ə ye
	细音	yo	yə	yɛ/ye		ie ye
曾入	开合一	ei uei	ei uei	ei	ə uə	ie ə uo
梗入	开二	ei	ei	ei	ə	ie ə
备注				同老户话	同上头话	

（六）单字调发生变化

老年发音人的单字调是：阴平 121、阳平 24、上声 52、去声 31/33、入声 43。中年单字调发生的变化是：阴平、上声合流，都读 213。少年单字调同中年一样也是阴平、上声合流，都读 213，但去声读高降调 51，比老年、中年去声的降幅更明显。中年、少年阴平与上声合流以及调值的改变，少年去声调值的改变显然是受了上头话的影响。

另外，中年有 3 字读 44 调值：戌乂别甋乂。少年有 12 字读 44 调值：答搭钵膝蒯惜昔粥曲~折浊夕曰。应该是受榆林方言及普通话的影响。

（七）入声调舒化后的走向不同

老中少入声调舒化的规律不完全一致。详见表 7-8。

---

① 表中 yɛ/ye，表示中年和少年不同音值。
② 老年宕江摄入声字读 [ə] 韵仅"搁德" 2 字。

表 7-8　安塞何家沟中年、少年发音人的入声归调统计表

古音类 \ 今声调	中年			
	阴平上 213	阳平 24	去声 31/33	入声 43
古入声 532 字	153 28.8%	146 27.4%	123 23.1%	110 20.7%
清入、次浊入 401 字	146 36.4%	67 16.7%	103 25.7%	85 21.2%
全浊入 131 字	7 5.3%	79 60.3%	20 15.3%	25 19.1%

古音类 \ 今声调	少年			
	阴平上 213	阳平 35	去声 51	入声 43
古入声 569 字	92 16.2%	126 22.1%	178 31.3%	173 30.4%
清入、次浊入 428 字	85 19.9%	54 12.6%	158 36.9%	131 30.6%
全浊入 141 字	7 5.0%	72 51.1%	20 14.2%	42 29.8%

注：①三位发音合作人文化水平高低不同导致调查的古入声字总字数有差异。②中年上声读 52 字数较少，忽略不计。③凡两读者，重复计数。

邢向东、孟万春（2006）把陕北方言入声调的演变分为三类五式：第一类，绥德、佳县型，入声字舒化后向调值接近的舒声调靠拢；第二类，甘泉、延长型，入声字舒化后向关中方言靠拢；第三类，清涧、延川型，介于前两类之间。第三类又分清涧式和延川式，清涧式的入声字舒化后，清入、次浊入字与调值接近的舒声调合并，全浊入则与关中话保持一致；延川式的特点是，咸山宕江摄中的清入、次浊入字失落韵尾但独立成调，全浊入字与关中话一致。

老年口语中入声字舒化后调类的归向基本遵循关中话清入、次浊入归阴平，全浊入归阳平的演变模式，属于甘泉、延长型（详见第三章第三节）。中年与老年基本相同，不同之处在于：保留的入声字增多，入声舒化后归去声的字数也有增加，处于老年和少年入声演变的中间状态。少年全浊入声字共 72 字读阳平，占全浊入

舒化后总字数的 51.1%，与关中方言类似。清入、次浊入读阴平上的字较老年明显减少，读去声的字数增加近一倍，特别是次浊入有 77 字读去声，占舒化后总字数的 76.2%。少年的入声与去声调型相同、调值相近（去声 51，入声 43），少年清入、次浊入声字舒化后向调值相近的舒声调合并是演变的主流。这种演变还在进行，次浊入读阴平上的 27 字仍与老年相同，即与关中方言相同。少年入声调舒化模式正在关中式的基础上向清涧式靠拢，所以呈现出纷杂的面貌。

三 安塞何家沟方言演变的方向及原因

安塞何家沟老中少三代的语音差异，说明安塞方言在七八十年间经历了巨大的变化，并且仍然处于"变化中"。如此快速和剧烈的变化不是方言内部的渐变能达到的，必定受到某种外力的作用。我们从三代的差异中看到了安塞方言演变的方向。全浊仄声字读送气音字数的减少，入声字的增加，入声字舒化后韵母和声调的归向，阴平上声合流为 213 调值，均表明安塞方言受到榆林方言的影响并向榆林方言靠拢。特别是入声字的演变：安塞方言的入声字的演变是"部分回头演变"[①]（何大安 2004：36—37）。入声＞入声舒化＞入声化，这在入声舒化为主流趋势的整个汉语方言区包括晋语区是不多见的。这不是一种方言内部的自变，而是方言接触的结果。榆林方言保留大部分的入声韵和入声字，这一特点对安塞方言产生影响，并使其改变。除此之外，我们也注意到，安塞方言也像其他方言一样受到普通话的影响，但这种影响力并没有榆林方言的影响力大。比如，少年说"我"为 [ₑuo]；"太阳"说"太阳"，不说老派的"日头"等。

据《安塞县志》记载，清朝时期，安塞历经灾荒叠至，甘肃和关中回民起义的波及，加上光绪年间的空前饥荒，人口大量死亡或外流，造成十去八九、十室九空的境况。这给外来移民入住安塞留下很大空间。民国初期，榆林一带因天灾人祸，不少人逃难到安塞居住。特别是 1927 年至 1929 年，大量外地人口涌入安塞（主要来源于靖边、横山、榆林、佳县等地），导致本地人仅占 20%。1935 年安塞解放后，迁入大于迁出，人口达到 23976 人，来源仍然是榆林地区无地或少地的

---

① 因为并不是所有的已经舒声化的入声字都遵循再次入声化的规律，所以称之为"部分回头演变"。

人口。安塞当地的老户所占比例不足20%。1949年后仍有一些干部和客商迁入，1993年发现油田后又有大批外乡人迁入。安塞居民分为三类：一是安塞原居民，即家族在本地居住时间久远，完整或部分保留安塞老派语音；二是从榆林移居到安塞，居住时间三代以上的移民，虽然语言被安塞方言同化，但仍保留原移居地部分语音特点；三是从榆林移居到安塞，居住时间三代以下的移民，保留较完整的原移居地的语音特点。第一类和第二类在当地都被称为安塞老户，事实上语音面貌并不相同。

我们认为，造成现安塞移民三代以上仍保留原移居地语音的原因和安塞方言向榆林方言靠拢的原因是一致的。以1927年至1929年大移民为界，安塞方言的外在影响源发生了改变。老年人的入声字舒化模式、全浊仄声字读送气音字数多，表明关中方言向北扩张以扩散的方式影响到安塞方言。大移民之后，榆林移民数量极大，时间集中，一般又实行小聚居方式，这使得榆林方言替代关中方言成为强势方言，对安塞老派方言持续不断地进行"冲刷"——"即强势方言以自己的语言特征渐进性地'覆盖'该地区弱势方言中相应的特征"（曹志耘2002a：191）。因为安塞方言原本就是陕北方言，和榆林方言有共同之处，这种内在因素决定了安塞方言向榆林方言靠拢、向陕北方言回归。但最终的结果并不是安塞方言完全被榆林方言取代。这是因为一方面榆林移民虽然数量极大，却来自各县，方言语音同中有异，因而只能以榆林各县方言共有的典型的语音特征冲击安塞方言，自然不能全面"覆盖"安塞方言；另一方面，安塞老户客观上以自然村的形式聚居，也会保存一部分自身的固有特征。我们相信，面对外来方言的冲击，安塞方言曾经历了一段与榆林方言对抗、碰撞的时期。周丕福出生于1932年，同村的60多岁老人的口音就有改变，比如出生于1942年的周丕信（周丕福的堂兄弟）的入声字就明显比周丕福多。就此我们推断，安塞方言的这段对抗时间并不长，大约持续了十多年。由于安塞方言原本就是陕北方言的内因，加上本地人数与榆林移民人数比例悬殊的外因，处于榆林方言包围中的安塞老户方言，终不可逆转地变成一种弱势方言，逐渐收缩使用范围，放弃本方言的某些特殊成分，向榆林方言靠拢，向陕北方言回归。

从本章讨论的方言接触个案可以看出，与老户话跟关中方言的接触相比，老户话与上头话接触的广度、深度有限。原因在于：

1. 接触时间较短。晋语志延片在地理上与陕北晋语其他方言片相邻，老户话与上头话的接触应该很早就有。早期的移民因为分批陆续迁入，每次的移民在人数上没有形成优势，这种渐进式移民方式使移民一般改说原住民方言，并认同自己为老户。而今天志延片内老户话与上头话方言接触的现状，则始于1928年的陕北特大干旱引发的大移民，绥德、米脂、横山、榆林一带的饥民大量逃荒到志延片地区。因此，老户话与上头话之间发生剧烈碰撞的时间约百年。

2. 不存在悬殊的接触地位。如果短期的方言接触能引发某一方语音明显的演变，那么方言之间的势力必定悬殊。志延片的老户话、上头话势力的强弱并不绝对。双方在方言接触中的地位主要取决于分布与使用人口，哪种方言的分布范围广、使用人口多，哪种方言势力就大。其次也与县城话有关。各乡镇的人总是向县城的社会文化系统靠拢，包括向县城的语言系统靠拢。因此，县城中哪种方言是主要方言，哪种方言的势力就较大。正是因为老户话与上头话之间势力相差不是很大，所以有些语音成分的借贷就不容易发生，那么在不长的时期内发生的接触程度自然也不会太深。

下编 字音对照篇

晋语志延片字音对照表

凡 例

一 方言点

本表收入关中 10 个方言点的字音材料。排列顺序是：吴起县城关镇、志丹县金丁镇、安塞区沿河湾镇、延安市宝塔区（2017 年调查结果）、甘泉县美水街道、延长县七里村街道、吴起县周湾镇、志丹县顺宁镇、安塞区化子坪镇、延长县郑庄镇郭旗村。

二 字目

本表收入字目 1000 个。一个字目代表中古韵书中的一个字（词）。如果一个字（词）中的某义项韵书另有音读，就另立字目。

三 排序

所有字目先按中古韵摄排列，同摄字再分开合口、一二三四等、平上去入。摄的次序是：果、假、遇、蟹、止、效、流、咸、深、山、臻、宕、江、曾、梗、通。

同韵字目按中古声母排列，具体顺序为：帮（非）、滂（敷）、并（奉）、明（微）；端、透、定、泥、来，精、清、从、心、邪；知、彻、澄、庄、初、崇、生、章、昌、船、书、禅、日；见、溪、群、疑、晓、匣、影、云、以。

字目下面列出中古音韵地位，包括摄、等、呼、声、韵、调各项。

四 注音原则

一律用国际音标标写声母和韵母，单字调用数字标写调值。

五 方言字音

各方言点所收字音包括日常口语中单音词的读音和可以从复合词中离析出来的词素的读音。没有调查到某字读音的空缺。

方言中一个字（词）有几个读音的，分行排列，并根据读音之间的关系分别处理如下：

（一）异读

指一般异读。其中较常用的读音排列在前。不同的读音之间在意义、用法、语境上有区别的，遵照调查材料用脚注注出或在音节后说明，其中较普遍的差异注明"下同"。

（二）文白异读

白读在前，文读在后，用字下单横线表示白读，双横线表示文读。大多数文白异读不注明用法的差异，比较普遍的差异用脚注注出或在音节后说明。

（三）新老派读音

用音节后的"老、新"注明。

（四）单字读音

延安、甘泉、延长单字音没有入声，音标加"（　）"表示是语流中的入声读音。

方言＼字目	0001 多 果开一平歌端	0002 拖 果开一平歌透	0003 大~小 果开一去箇定	0004 锣 果开一平歌来	0005 左 果开一上哿精
吴起	tuə¹²	tʰuə¹²	ta⁴³	luə¹³	tsuə⁵²
志丹	tuə¹²¹	tʰuə¹²¹	ta⁴²	luə¹⁴	tsuə⁵²
安塞	tuə¹²¹	tʰuə¹²¹	ta³¹	luə²⁴	tsuə⁵²
延安	tuɤ²¹	tʰuɤ²¹	ta⁴⁴²	luɤ²⁴³	tsuɤ⁵³
甘泉	tuɤ³¹	tʰuɤ³¹	ta⁴²	luɤ²⁴	tsuɤ⁵¹
延长	tɤ²³²	tʰɤ²³²	tʰɤ⁵¹ ~得很 / tɑ⁵¹ ~小	lɤ²⁴	tsɤ⁵¹
吴起周湾	tuə²⁴²	tʰuə²⁴²	ta⁵²	luə²⁴²	tsuə²¹³
志丹顺宁	tuə²³	tʰuə²³	ta⁵²	luə²³	tsuə²¹²
安塞化子坪	tuɤ²³	tʰuɤ²³	tɑ⁵¹	luɤ²³	tsuɤ²¹³
延长郭旗	tuɤ²³	tʰuɤ²³	ta⁵²	luɤ²³	tsuɤ²¹³

方言＼字目	0006 歌 果开一平歌见	0007 个 果开一去箇见	0008 可 果开一上哿溪	0009 鹅 果开一平歌疑	0010 饿 果开一去箇疑
吴起	kuə¹²	kɤ⁴³ ~体 / kəʔ³² 一~	kʰuə⁵² ~以 / kʰəʔ³² ~好哩	nuə¹³	nuə⁴³
志丹	kuə¹²¹	kuə⁴² ~人 / kəʔ⁴³ 五~	kʰuə⁵² ~以 / kʰəʔ⁴³ ~好哩	nuə¹⁴	nuə⁴²
安塞	kuə¹²¹	kuə³¹ ~人 / kuəʔ⁴³ 一~	kʰuə⁵² ~以 / kʰəʔ⁴³ ~好呢	ŋuə²⁴	ŋuə³¹
延安	kuɤ²¹ kɤ²¹	kuɤ⁴⁴² ~人 / kɤ⁴⁴² ~体户儿	kʰuɤ⁵³ ~以	ŋuɤ²⁴³	ŋuɤ⁴⁴²
甘泉	kɤ³¹	kuɤ⁴⁴ / kɤ⁴⁴	kʰuɤ⁵¹ / kʰəʔ⁵¹ ~吃饱了	ŋuɤ²⁴ ŋɤ²⁴	ŋuɤ⁴²
延长	kuɤ²³²	kɤ⁵¹ ~体户 / kəʔ⁴³ 几~	kʰɤ⁵¹ ~以 / kʰəʔ⁵⁴ ~好嘞	ŋɤ²⁴	ŋuɤ⁵¹ ŋɤ⁵¹
吴起周湾	kuə²⁴² kɤ²⁴²	kɤ⁵²	kɤ²¹³ ~以 / kəʔ³² ~香嘞	nuə²⁴²	nuə⁵²
志丹顺宁	kuə²³ kɤ³³	kuə⁵² ~人 / kəʔ³³ 几~	kʰuə²¹² ~以 / kʰəʔ³³ ~美嘞	ŋuə²³	ŋuə⁵²
安塞化子坪	kɤ²³	kɤ⁵¹ ~体户 / kəʔ⁴³ 几~	kʰuɤ²¹³ ~以 / kʰɤ²¹³ ~以 / kʰəʔ⁴³ ~好嘞	ŋuɤ²³	ŋuɤ⁵¹
延长郭旗	kɤ²³	kɤ⁵² ~体户 / kəʔ⁴³ 几~	kʰɤ²¹³ ~以 / kʰəʔ⁴³ ~好嘞	ŋɤ²³	ŋɤ⁵²

晋语志延片字音对照表　189

方言＼字目	0011 河 果开一 平歌匣	0012 茄 果开三 平戈群	0013 破 果合一 去过滂	0014 婆 果合一 平戈并	0015 磨动 果合一 平戈明
吴起	xuə¹³	tɕʰiɛ¹³	pʰuə⁴³	pʰuə¹³	muə¹³
志丹	xuə¹⁴	tɕʰie¹⁴	pʰuə⁴²	pʰuə¹⁴	muə²⁴
安塞	xuə²⁴	tɕʰia²⁴ tɕʰie²⁴	pʰuə³¹	pʰuə²⁴	muə³³
延安	xuɤ²⁴³	tɕʰie²⁴³	pʰuɤ⁴⁴²	pʰuɤ²⁴³	muɤ²⁴³
甘泉	xuɤ²⁴	tɕʰie²⁴	pʰuɤ⁴²	pʰuɤ²⁴	muɤ²⁴
延长	xɤ²⁴	tɕʰiɑ²⁴ tɕʰiɛ²⁴	pʰɤ⁵¹	pʰɤ²⁴	mɤ²⁴
吴起周湾	xuə²⁴²	tɕʰiɛ²⁴²	pʰuə⁵²	pʰuə²⁴²	muə²⁴²
志丹顺宁	xuə²³	tɕʰiE²³	pʰuə⁵²	pʰuə²³	muə²³
安塞化子坪	xuɤ²³ xɤ²³	tɕʰiE²³	pʰuɤ⁵¹	pʰuɤ²³	muɤ²³
延长郭旗	xɤ²³	tɕʰie²³	pʰɤ⁵²	pʰɤ²³	mɤ²³

方言＼字目	0016 磨名 果合一 去过明	0017 躲 果合一 上果端	0018 骡 果合一 平戈来	0019 坐 果合一 上果从	0020 锁 果合一 上果心
吴起	muə⁴³	tuə⁵²	luə¹³	tsuə⁴³	suə⁵²
志丹	muə⁴²	tuə⁵²	luə¹⁴	tsuə⁴²	suə⁵²
安塞	muə³¹	tuə⁵²	luə²⁴	tsʰuə³¹	suə⁵²
延安	muɤ⁴⁴²	tuɤ⁵³	luɤ²⁴³	tsʰuɤ⁴⁴² tsuɤ⁴⁴²	suɤ⁵³
甘泉	muɤ⁴²	tuɤ⁵¹	luɤ²⁴	tsʰuɤ⁴⁴	suɤ⁵¹
延长	mɤ⁵¹	tuɤ⁵¹	lɤ²⁴	tsʰuɤ⁵¹	suɤ⁵¹
吴起周湾	muə⁵²	tuə²¹³	luə²⁴²	tsuə⁵²	suə²¹³
志丹顺宁	muə⁵²	tuə²¹²	luə²³	tsuə⁵²	suə²¹²
安塞化子坪	muɤ⁵¹	tuɤ²¹³	luɤ²³	tsuɤ⁵¹	suɤ²¹³
延长郭旗	mɤ⁵²	tuɤ²¹³	luɤ²³	tsuɤ⁵²	suɤ²¹³

方言＼字目	0021 果 果合一 上果见	0022 过~来 果合一 去过见	0023 课 果合一 去过溪	0024 火 果合一 上果晓	0025 货 果合一 去过晓
吴起	kuə⁵²	kuə⁴³	kʰuə⁴³	xuə⁵²	xuə⁴³
志丹	kuə⁵²	kuə⁴²	kʰuə⁴²	xuə⁵²	xuə⁴²
安塞	kuə⁵²	kuə³³	kʰuə³¹	xuə⁵²	xuə³¹
延安	kuɤ⁵³	kuɤ⁴⁴²	kʰuɤ⁴⁴²	xuɤ⁵³	xuɤ⁴⁴²
甘泉	kuɤ⁵¹	kuɤ⁴²	kʰuɤ⁴²	xuɤ⁵¹	xuɤ⁴²
延长	kuɤ⁵¹	kuɤ⁵¹	kʰuɤ⁵¹	xuɤ⁵¹	xuɤ⁵¹
吴起周湾	kuə²¹³	kuə⁵²	kʰuə⁵²	xuə²¹³	xuə⁵²
志丹顺宁	kuə²¹²	kuə⁵²	kʰuə⁵²	xuə²¹²	xuə⁵²
安塞化子坪	kuɤ²¹³	kuɤ⁵¹	kʰuɤ⁵¹ kʰuɤ⁵¹	xuɤ²¹³	xuɤ⁵¹
延长郭旗	kuɤ²¹³	kuɤ⁵²	kʰɤ⁵²	xuɤ²¹³	xuɤ⁵²

方言＼字目	0026 祸 果合一 上果匣	0027 靴 果合三 平戈晓	0028 把量 假开二 上马帮	0029 爬 假开二 平麻並	0030 马 假开二 上马明
吴起	xuə⁴³	ɕyə¹²	pa⁵²	pʰa¹³	ma⁵²
志丹	xuə⁴⁴	ɕyə¹²¹	pa⁵²	pʰa¹⁴	ma⁵²
安塞	xuə³¹	ɕyə¹²¹	pa⁵²	pʰa²⁴	ma⁵²
延安	xuɤ⁴⁴²	ɕyɤ²¹	pa⁵³	pʰa²⁴³	ma⁵³
甘泉	xuɤ⁴²	ɕyɤ³¹	pa⁵¹	pʰa²⁴	ma⁵¹
延长	xuɤ⁵¹	ɕye²³²	pɑ⁵¹	pʰɑ²⁴	mɑ⁵¹
吴起周湾	xuə⁵²	ɕyɛ²⁴²	pa²¹³	pʰa²⁴²	ma²¹³
志丹顺宁	xuə⁵²	ɕyE²³	pa²¹²	pʰa²³	ma²¹²
安塞化子坪	xuɤ⁵¹	ɕyE²³	pɑ²¹³	pʰɑ²³	mɑ²¹³
延长郭旗	xuɤ⁵²	ɕye²³	pɑ²¹³	pʰɑ²³	mɑ²¹³

方言＼字目	0031 骂 假开二 去祃明	0032 茶 假开二 平麻澄	0033 沙 假开二 平麻生	0034 假真~ 假开二 上马见	0035 嫁 假开二 去祃见
吴起	ma⁴³	tsʰa¹³	sa¹²	tɕia⁵²	tɕia⁴³
志丹	ma⁴²	tsʰa¹⁴	sa¹²¹	tɕia⁵²	tɕia⁴²
安塞	ma³¹	tsʰa²⁴	sa¹²¹	tɕia⁵²	tɕia³¹
延安	ma⁴⁴²	tsʰa²⁴³	sa²¹	tɕia⁵³	tɕia⁴⁴²
甘泉	ma⁴⁴	tsʰa²⁴	sa³¹	tɕia⁵¹	tɕia⁴²
延长	ma⁵¹	tsʰɑ²⁴	sɑ²³²	tɕiɑ⁵¹	tɕiɑ⁵¹
吴起周湾	ma⁵²	tsʰa²⁴²	sa²⁴²	tɕia²¹³	tɕia⁵²
志丹顺宁	ma⁵²	tsʰa²³	sa²³	tɕia²¹²	tɕia⁵²
安塞化子坪	mɑ⁵¹	tsʰɑ²³	sɑ²³	tɕiɑ²¹³	tɕiɑ⁵¹
延长郭旗	ma⁵²	tsʰa²³	sa²³	tɕia²¹³	tɕia⁵²

方言＼字目	0036 牙 假开二 平麻疑	0037 虾 假开二 平麻晓	0038 下 假开二 上马匣	0039 夏春~ 假开二 去祃匣	0040 哑 假开二 上马影
吴起	ia¹³	ɕia¹³	xa⁴³ ~雨 / ɕia⁴³ ~车	ɕia⁴³	ia⁵²
志丹	ia¹⁴	ɕia¹⁴	xa⁴² ~雨 / ɕia⁴² ~车	ɕia⁴²	ia⁵²
安塞	n̠ia²⁴	ɕia²⁴	xa³¹ ~雪 / ɕia³¹ ~车	ɕia³¹	ia⁵²
延安	n̠ia²⁴³ ia²⁴³	ɕia²⁴³	xa⁴⁴² 底~ / ɕia⁴⁴² ~级	ɕia⁴⁴²	n̠ia⁵³
甘泉	n̠ia²⁴	ɕia²⁴	xa⁴² ~头 / ɕia⁴² ~级	ɕia⁴²	ia⁵¹
延长	n̠iɑ²⁴	ɕiɑ²⁴	xɑ⁵¹ 底~ / ɕiɑ⁵¹ ~级	ɕiɑ⁵¹	n̠iɑ⁵¹
吴起周湾	n̠ia²⁴²	ɕia²⁴²	xa⁵² ~雨 / ɕia⁵² ~级	ɕia⁵²	n̠ia²¹³ ia²¹³
志丹顺宁	n̠ia²³	ɕia²³	xa⁵² ~雪 / ɕia⁵² ~级	ɕia⁵²	n̠ia²¹² ia²¹²
安塞化子坪	n̠iɑ²³	ɕiɑ²³	xɑ⁵¹ ~雪 / ɕiɑ⁵¹ ~水道	ɕiɑ⁵¹	n̠iɑ²¹³ iɑ²¹³
延长郭旗	n̠ia²³	ɕia²³	xa⁵² ~雪 / ɕia⁵² ~水道	ɕia⁵²	n̠ia²¹³ ia²¹³

方言＼字目	0041 姐 假开三 上马精	0042 借 假开三 去祃精	0043 写 假开三 上马心	0044 斜 假开三 平麻邪	0045 谢 假开三 去祃邪
吴起	tɕiɛ⁵²	tɕiɛ⁴³	ɕiɛ⁵²	ɕiɛ¹³	ɕiɛ⁴³
志丹	tɕie⁵²	tɕie⁴²	ɕie⁵²	ɕie¹⁴	ɕie⁴²
安塞	tɕiɛ⁵²	tɕiɛ³¹	ɕiɛ⁵²	ɕiɛ²⁴	ɕiɛ³¹
延安	tɕie⁵³	tɕie⁴⁴²	ɕie⁵³	ɕie²⁴³	ɕie⁴⁴²
甘泉	tɕie⁵¹	tɕie⁴²	ɕie⁵¹	ɕie²⁴	ɕie⁴²
延长	tɕie⁵¹	tɕie⁵¹	ɕie⁵¹	ɕie²⁴	ɕie⁵¹
吴起周湾	tɕiɛ²¹³	tɕiɛ⁵²	ɕiɛ²¹³	ɕiɛ²⁴²	ɕiɛ⁵²
志丹顺宁	tɕiE²¹²	tɕiE⁵²	ɕiE²¹²	ɕiE²³	ɕiE⁵²
安塞化子坪	tɕiE²¹³	tɕiE⁵¹	ɕiE²¹³	ɕiE²³	ɕiE⁵¹
延长郭旗	tɕie²¹³	tɕie⁵⁷	ɕie²¹³	ɕie²³	ɕie⁵²

方言＼字目	0046 车～辆 假开三 平麻昌	0047 蛇 假开三 平麻船	0048 射 假开三 去祃船	0049 爷 假开三 平麻以	0050 野 假开三 上马以
吴起	tʂʰə¹²	ʂʅə¹³	ʂʅə⁵²①	iɛ¹³	iɛ⁵²
志丹	tʂʰə¹²¹	ʂʅə¹⁴	ʂʅə⁴²	ie¹⁴	ie⁵²
安塞	tʂʰə¹²¹	ʂʅə²⁴	ʂʅə³¹	iɛ²⁴	iɛ⁵²
延安	tʂʰɤ²¹	ʂɤ²⁴³	ʂɤ⁴⁴²	ie²⁴³	ie⁵³
甘泉	tʂʰɤ³¹	ʂɤ²⁴	ʂɤ⁴²	ie²⁴	ie⁵¹
延长	tʂʰe²³² tʂʰɤ²³²	ʂɤ²³²②	ʂɤ⁵¹	ie²⁴	ie⁵¹
吴起周湾	tʂʰə²⁴²	ʂʅə²⁴²	ʂʅə⁵²	iɛ²⁴²	iɛ²¹³
志丹顺宁	tʂʰə²³	ʂʅə²³	ʂʅə⁵²	iE²³	iɑ²¹² ～鹊子 / iE²¹² 田～
安塞化子坪	tʂʰə²³	ʂʅə²³	ʂʅə⁵¹	iE²³	iE²¹³
延长郭旗	tʂʰɤ²³	ʂɤ²³	ʂɤ⁵²	ie²³	ie²¹³

① 吴起"射"声调特殊，读上声 52 调。
② 延长"蛇"读阴平 232 调。

方言\字目	0051 夜	0052 瓜	0053 瓦名	0054 花	0055 化
	假开三 去祃以	假合二 平麻见	假合二 上马疑	假合二 平麻晓	假合二 去祃晓
吴起	iɛ⁴³	kua¹²	va⁵²	xua¹²	xua⁴³
志丹	iɛ⁴²	kua¹²¹	va⁵²	xua¹²¹	xua⁴²
安塞	iɛ³¹	kua¹²¹	va⁵²	xua²⁴①	xua³¹
延安	iɛ⁴⁴²	kua²¹	ua⁵³	xua²¹	xua⁴⁴²
甘泉	iɛ⁴²	kua³¹	va⁵¹	xua³¹	xua⁴²
延长	iɛ⁵¹	kuɑ²³²	vɑ⁵¹	xuɑ²³²	xuɑ⁵¹
吴起周湾	iɛ⁵²	kua²⁴²	va²¹³	xua²⁴²	xua⁵²
志丹顺宁	iE⁵²	kua²³	va²¹²	xua²³	xua⁵²
安塞化子坪	iE⁵¹	kuɑ²³	vɑ²¹³	xuɑ²³	xuɑ⁵¹
延长郭旗	iɛ⁵²	kuɑ²³	vɑ²¹³	xuɑ²³	xuɑ⁵²

方言\字目	0056 华中~	0057 谱家~	0058 布	0059 铺动	0060 簿
	假合二 平麻匣	遇合一 上姥帮	遇合一 去暮帮	遇合一 平模滂	遇合一 上姥並
吴起	xua¹³	pʰu⁵²	pu⁴³	pʰu¹²	pʰu⁴³
志丹	xua¹⁴	pʰu⁵²	pu⁴⁴	pʰu¹²¹	pʰu⁴⁴
安塞	xua²⁴	pʰu⁵²	pu³³	pʰu¹²¹	pʰu³¹
延安	xua²⁴³	pʰu⁵³	pʰu⁴⁴² 扯~ pu⁴⁴² 摁~	pʰu²¹	pʰu⁴⁴²
甘泉	xua²⁴	pʰu⁵¹	pu⁴⁴	pʰu³¹	pʰu⁴⁴
延长	xuɑ²⁴	pʰu⁵¹	pu⁵¹	pʰu²³²	pʰu⁵¹
吴起周湾	xua²⁴²	pʰu²¹³	pu⁵²	pʰu²⁴²	pʰu⁵²
志丹顺宁	xua²³	pʰu²¹²	pu⁵²	pʰu²³	pʰu⁵²
安塞化子坪	xuɑ²³	pʰu²¹³	pu⁵¹	pʰu²³	pʰu⁵¹
延长郭旗	xuɑ²³	pʰu²¹³	pu⁵²	pʰu²³	pʰu⁵²

---

① 安塞"花"读阳平调。

字目 方言	0061 步 遇合一 去暮並	0062 赌 遇合一 上姥端	0063 土 遇合一 上姥透	0064 图 遇合一 平模定	0065 杜 遇合一 上姥定
吴起	pu^{43}	tu^{52}	t^{h}u^{52}	t^{h}u^{13}	tu^{43}
志丹	pu^{44}	tu^{52}	t^{h}u^{52}	t^{h}u^{14}	tu^{44}
安塞	p^{h}u^{33}	tu^{52}	t^{h}u^{52}	t^{h}u^{24}	t^{h}u^{31}
延安	p^{h}u^{442}	tu^{53}	t^{h}u^{53}	t^{h}u^{243}	tu^{442}
甘泉	p^{h}u^{42}	tu^{51}	t^{h}u^{51}	t^{h}u^{24}	tu^{42}
延长	p^{h}u^{51}	tu^{51}	t^{h}u^{51}	t^{h}u^{24}	t^{h}u^{51}
吴起周湾	pu^{52}	tu^{213}	t^{h}u^{213}	t^{h}u^{242}	tu^{52}
志丹顺宁	pu^{52}	tu^{212}	t^{h}u^{212}	t^{h}u^{23}	tu^{52}
安塞化子坪	pu^{51}	tu^{213}	t^{h}u^{213}	t^{h}u^{23}	tu^{51}
延长郭旗	pu^{52}	tu^{213}	t^{h}u^{213}	t^{h}u^{23}	tu^{52}

字目 方言	0066 奴 遇合一 去暮来	0067 路 遇合一 平模精	0068 租 遇合一 去暮精	0069 做 遇合一 去暮清	0070 错对~ 遇合一 平模泥
吴起	nəu^{13}	ləu^{43}	tsu^{12}	tsuə^{12} ~衣裳 tsuəʔ^{32} ~人	ts^{h}uə^{43}
志丹	nəu^{14}	ləu^{44}	tsu^{121}	tsuə^{121} ~针线 tsuəʔ^{43} ~事	ts^{h}uə^{44}
安塞	nəu^{24}	ləu^{31}	tsu^{121}	tsuə^{121} ~针线 tsuəʔ^{43} ~事	ts^{h}uə^{31}
延安	nəu^{243}	ləuɤ^{442}	tsu^{21}	tsu^{21} ~活儿 tsuɤ^{21} ~媒 tsuəʔ^{5} ~过了①	ts^{h}uɤ^{442}
甘泉	nəu^{24}	ləu^{42}	tsu^{31}	tsuɤ^{31} ~下饭 tsuə^{32} ~饭	ts^{h}uɤ^{42}
延长	nəu^{24}	ləu^{51}	tsu^{232}	tsuəʔ^{54}	ts^{h}uɤ^{51}
吴起周湾	nəu^{242}	ləu^{52}	tsu^{242}	tsuəʔ^{32}	ts^{h}uə^{52}
志丹顺宁	nəu^{23}	ləu^{52}	tsu^{23}	tsuəʔ^{33}	ts^{h}uə^{52}
安塞化子坪	nəu^{23}	ləu^{51}	tsu^{23}	tsuəʔ^{43}	ts^{h}uɤ^{51}
延长郭旗	nəu^{23}	ləu^{52}	tsu^{23}	tsuəʔ^{43}	ts^{h}uɤ^{52}

① 做过了：糟糕了。

字目\方言	0071 箍~桶	0072 古	0073 苦	0074 裤	0075 吴
	遇合一 平模见	遇合一 上姥见	遇合一 上姥溪	遇合一 去暮溪	遇合一 平模疑
吴起	ku^{12}	ku^{52}	k^{h}u^{52}	k^{h}u^{43}	u^{13}
志丹	ku^{121}	ku^{52}	k^{h}u^{52}	k^{h}u^{44}	u^{14}
安塞	ku^{121}	ku^{52}	k^{h}u^{52}	k^{h}u^{31}	u^{24}
延安	ku^{21}	ku^{53}	k^{h}u^{53}	k^{h}u^{442}	u^{243}
甘泉	ku^{31}	ku^{51}	k^{h}u^{51}	k^{h}u^{42}	u^{24}
延长	ku^{232}	ku^{51}	k^{h}u^{51}	k^{h}u^{51}	u^{24}
吴起周湾	ku^{242}	ku^{213}	k^{h}u^{213}	k^{h}u^{52}	vu^{242}
志丹顺宁	ku^{23}	ku^{212}	k^{h}u^{212}	k^{h}u^{52}	vu^{23}
安塞化子坪	ku^{23}	ku^{213}	k^{h}u^{213}	k^{h}u^{52}	vu^{23}
延长郭旗	ku^{23}	ku^{213}	k^{h}u^{213}	k^{h}u^{52}	vu^{23}

字目\方言	0076 五	0077 虎	0078 壶	0079 户	0080 乌
	遇合一 上姥疑	遇合一 上姥晓	遇合一 平模匣	遇合一 上姥匣	遇合一 平模影
吴起	u^{52}	xu^{52}	xu^{13}	xu^{43}	u^{12}
志丹	u^{52}	xu^{52}	xu^{14}	xu^{44}	u^{121}
安塞	u^{52}	xu^{52}	xu^{24}	xu^{31}	u^{121}
延安	u^{53}	xu^{53}	xu^{243}	xu^{442}	u^{21}
甘泉	u^{51}	xu^{51}	xu^{24}	xu^{42}	u^{24}①
延长	u^{51}	xu^{51}	xu^{24}	xu^{51}	u^{232}
吴起周湾	vu^{213}	xu^{213}	xu^{242}	xu^{52}	vu^{242}
志丹顺宁	vu^{212}	xu^{212}	xu^{23}	xu^{52}	vu^{23}
安塞化子坪	vu^{213}	xu^{213}	xu^{23}	xu^{51}	vu^{23}
延长郭旗	vu^{213}	xu^{213}	xu^{23}	xu^{52}	vu^{23}

① 甘泉"乌"读阳平调。

方言＼字目	0081 女 遇合三 上语泥	0082 吕 遇合三 上语来	0083 徐 遇合三 平鱼邪	0084 猪 遇合三 平鱼知	0085 除 遇合三 平鱼澄
吴起	ȵy^{52}	ly^{52}	ɕy^{13}	tʂu^{12}	tʂʰu^{13}
志丹	ȵy^{52}	ly^{52}	ɕy^{14}	tʂu^{121}	tʂʰu^{14}
安塞	ȵy^{52}	ly^{52}	ɕy^{24}	tʂu^{121}	tʂʰu^{24}
延安	ȵy^{53}	ly^{53}	ɕy^{243}	tʂu^{21}	tʂʰu^{243}
甘泉	ȵy^{51}	ly^{51}	ɕy^{24}	tʂu^{31}	tʂʰu^{24}
延长	ȵy^{51}	ly^{51}	ɕy^{24}	tʂu^{232}	tʂʰu^{24}
吴起周湾	ȵy^{213}	ly^{213}	ɕy^{242}	tʂu^{747}	tʂʰu^{242}
志丹顺宁	ȵy^{212}	ly^{212}	ɕy^{23}	tʂu^{23}	tʂʰu^{73}
安塞化子坪	ȵy^{213}	ly^{213}	ɕy^{23}	tʂu^{23}	tʂʰu^{23}
延长郭旗	ȵy^{213}	ly^{213}	ɕy^{23}	tʂu^{23}	tʂʰu^{23}

方言＼字目	0086 初 遇合三 平鱼初	0087 锄 遇合三 平鱼崇	0088 所派出~ 遇合三 上语生	0089 书 遇合三 平鱼书	0090 鼠 遇合三 上语书
吴起	tʂʰu^{12}	tʂʰu^{13}	ʂuə^{52}	ʂu^{12}	ʂu^{52}
志丹	tʂʰu^{121}	tʂʰu^{14}	ʂuə^{52}	ʂu^{121}	ʂu^{52}
安塞	tʂʰu^{121}	tʂʰu^{24}	ʂuə^{52}	ʂu^{121}	ʂu^{52}
延安	tʂʰu^{21}	tʂʰu^{243}	ʂuɤ^{53}	ʂu^{21}	ʂu^{53}
甘泉	tʂʰu^{31}	tʂʰu^{24}	ʂuɤ^{51}	ʂu^{31}	ʂu^{51}
延长	tʂʰu^{232}	tʂʰu^{24}	ʂuɤ^{51}	ʂu^{232}	ʂu^{51}
吴起周湾	tʂʰuə^{242}	tʂʰuə^{242}	ʂuə^{213}	ʂu^{242}	ʂu^{213}
志丹顺宁	tʂʰuə^{23}	tʂʰuə^{23}	ʂuə^{212}	ʂu^{23}	ʂu^{212}
安塞化子坪	tʂʰuɤ^{23}	tʂʰuɤ^{23}	ʂuɤ^{213}	ʂu^{23}	ʂu^{213}
延长郭旗	tʂʰuɤ^{23}	tʂʰuɤ^{23}	ʂuɤ^{213}	ʂu^{23}	ʂu^{213}

方言＼字目	0091 如 遇合三 平鱼日	0092 举 遇合三 上语见	0093 锯名 遇合三 去御见	0094 去 遇合三 去御溪	0095 渠~道 遇合三 平鱼群
吴起	zu¹³	tɕy⁵²	tɕy⁴³	tɕʰi⁴³ ~街上 tɕʰy⁴³ ~皮	tɕʰy¹³
志丹	zu¹⁴	tɕy⁵²	tɕy⁴⁴	tɕʰi⁴⁴ ~街上 tɕʰy⁴⁴ ~皮	tɕʰy¹⁴
安塞	zu²⁴	tɕy⁵²	tɕy³¹	tɕʰi³¹ ~街上 tɕʰy³¹ ~皮	tɕʰy²⁴
延安	zu²⁴³	tɕy⁵³	tɕy⁴⁴²	tɕʰi⁴⁴² ~哪 tɕʰy⁴⁴² ~世	tɕʰy²⁴³
甘泉	zu²⁴	tɕy⁵¹	tɕy⁴²	kʰɤ³¹ 出~ tɕʰy⁴⁴ ~世	tɕʰy²⁴
延长	zu²⁴	tɕy⁵¹	tɕy⁵¹	kʰə⁵⁴ 哪~也 tɕʰi⁵¹ 哪~也	tɕʰy²⁴
吴起周湾	zu²⁴²	tɕy²¹³	tɕy⁵²	kʰəʔ³² 出~ tɕʰy⁵² ~痛片	tɕʰy²⁴²
志丹顺宁	zu²³	tɕy²¹²	tɕy⁵²	kʰəʔ³³ 出~ tɕʰy⁵² ~痛片	tɕʰy²³
安塞化子坪	zu²³	tɕy²¹³	tɕy⁵¹	kʰəʔ⁴³ 出~ tɕʰy⁵¹ ~皮	tɕʰy²³
延长郭旗	zu²³	tɕy²¹³	tɕy⁵²	kʰəʔ⁴³ 出~ tɕʰy⁵² ~痛片	tɕʰy²³

方言＼字目	0096 鱼 遇合三 平鱼疑	0097 许 遇合三 上语晓	0098 余剩~,多~ 遇合三 平鱼以	0099 府 遇合三 上虞非	0100 付 遇合三 去遇非
吴起	y¹³	ɕy⁵²	y¹³	fu⁵²	fu⁴³
志丹	y¹⁴	ɕy⁵²	y¹⁴	fu⁵²	fu⁴⁴
安塞	y²⁴	ɕy⁵²	y²⁴	fu⁵²	fu³¹
延安	y²⁴³	ɕy⁵³	y²⁴³	fu⁵³	fu⁴⁴²
甘泉	y²⁴	ɕy⁵¹	y²⁴	fu⁵¹	fu⁴²
延长	y²⁴	ɕy⁵¹	y²⁴	fu⁵¹	fu⁵¹
吴起周湾	y²⁴²	ɕy²¹³	y²⁴²	fu²¹³	fu⁵²
志丹顺宁	y²³	ɕy²¹²	y²³	fu²¹²	fu⁵²
安塞化子坪	y²³	ɕy²¹³	y²³	fu²¹³	fu⁵¹
延长郭旗	y²³	ɕy²¹³	y²³	fu²¹³	fu⁵²

方言\字目	0101 父 遇合三 上虞奉	0102 武 遇合三 上虞微	0103 雾 遇合三 去遇微	0104 娶 遇合三 上虞清	0105 柱 遇合三 上虞澄
吴起	fu⁴³	u⁵²	u⁴³	tsʰʅ⁵² ~媳妇 tɕʰy⁵² ~媳妇	tʂu⁴³
志丹	fu⁴⁴	u⁵²	u⁴⁴	tsʰʅ⁵² tɕʰy⁵²	tʂu⁴⁴
安塞	fu³¹	u⁵²	u³¹	tsʰʅ⁵² tɕʰy⁵²	tʂhu³¹
延安	fu⁴⁴²	u⁵³	u⁴⁴²	tsʰʅ⁵³ tɕʰy⁵³	tʂhu⁴⁴²
甘泉	fu⁴²	u⁵¹	u⁴²	tsʰʅ⁵¹ tɕʰy⁵¹	tʂu⁴²
延长	fu⁵¹	u⁵¹	u⁵¹	tsʰʅ⁵¹ tɕʰy⁵¹	tʂhu⁵¹
吴起周湾	fu⁵²	vu²¹³	vu⁵²	tsʰʅ²¹³	tʂu⁵²
志丹顺宁	fu⁵²	vu²¹²	vu⁵²	tsʰʅ²¹²	tʂu⁵²
安塞化子坪	fu⁵¹	vu²¹³	vu⁵¹	tsʰʅ²¹³	tʂhu⁵¹
延长郭旗	fu⁵²	vu²¹³	vu⁵²	tsʰʅ²¹³	tʂu⁵²

方言\字目	0106 住 遇合三 去遇澄	0107 数动 遇合三 上虞生	0108 数名 遇合三 去遇生	0109 主 遇合三 上虞章	0110 输 遇合三 平虞书
吴起	tʂu⁴³	ʂu⁵²	ʂu⁴³	tʂu⁵²	ʂu¹²
志丹	tʂu⁴⁴	ʂu⁵²	ʂu⁴²	tʂu⁵²	ʂu¹²¹
安塞	tʂu³¹	ʂu⁵²	ʂu³¹	tʂu⁵²	ʂu¹²¹
延安	tʂhu⁴⁴² 闭~ tʂu⁴⁴² ~房	ʂu⁵³	ʂu⁴⁴²	tʂu⁵³	ʂu²¹
甘泉	tʂu⁴²	ʂu⁵¹	ʂu⁴⁴	tʂu⁵¹	ʂu³¹
延长	tʂhu⁵¹	ʂu⁵¹	ʂu⁵¹	tʂu⁵¹	ʂu²³²
吴起周湾	tʂu⁵²	ʂu²¹³	ʂuə⁵²	tʂu²¹³	ʂu²⁴²
志丹顺宁	tʂu⁵²	ʂuə²¹²	ʂuə⁵²	tʂu²¹²	ʂu²³
安塞化子坪	tʂu⁵¹	ʂuɤ²¹³	ʂuɤ⁵¹	tʂu²¹³	ʂu²³
延长郭旗	tʂu⁵²	ʂuɤ²¹³	ʂuɤ⁵²	tʂu²¹³	ʂu²³

字目 方言	0111 竖 遇合三 上虞禅	0112 树 遇合三 去遇禅	0113 句 遇合三 去遇见	0114 区 地~ 遇合三 平虞溪	0115 遇 遇合三 去遇疑
吴起	ʂu^{43}	ʂu^{43}	tɕy^{43}	tɕʰy^{12}	y^{43}
志丹	ʂu^{44}	ʂu^{44}	tɕy^{44}	tɕʰy^{121}	y^{44}
安塞	ʂu^{31}	ʂu^{31}	tɕy^{31}	tɕʰy^{121}	y$^{31/33}$
延安	ʂu^{442}	ʂu^{442}	tɕy^{442}	tɕʰy^{21}	y^{442}
甘泉	ʂu^{42}	ʂu^{42}	tɕy^{42}	tɕʰy^{31}	y^{42}
延长	ʂu^{51}	ʂu^{51}	tɕy^{51}	tɕʰy^{232}	y^{51}
吴起周湾	ʂu^{52}	ʂu^{52}	tɕy^{52}	tɕʰy^{242}	y^{52}
志丹顺宁	ʂu^{52}	ʂu^{52}	tɕy^{52}	tɕʰy^{23}	y^{52}
安塞化子坪	ʂu^{51}	ʂu^{51}	tɕy^{51}	tɕʰy^{23}	y^{51}
延长郭旗	ʂu^{52}	ʂu^{52}	tɕy^{52}	tɕʰy^{23}	y^{52}

字目 方言	0116 雨 遇合三 上虞云	0117 芋 遇合三 去遇云	0118 裕 遇合三 去遇以	0119 胎 蟹开一 平咍透	0120 台 戏~ 蟹开一 平咍定
吴起	y^{52}	y^{43}	y^{43}	tʰE^{12}	tʰE^{13}
志丹	y^{52}	y^{42}	y^{42}	tʰE^{121}	tʰE^{14}
安塞	y^{52}	y^{31}	y^{31}	tʰE^{121}	tʰE^{24}
延安	y^{53}	y^{442}	y^{442}	tʰɛe^{21}	tʰɛe^{243}
甘泉	y^{51}	y^{42}	y^{42}	tʰE^{24}①	tʰE^{24}
延长	y^{51}	y^{51}	y^{51}	tʰE^{232}	tʰE^{24}
吴起周湾	y^{213}	y^{52}	y^{242}	tʰE^{242}	tʰE^{242}
志丹顺宁	y^{212}	y^{52}	y^{23}	tʰe^{23}	tʰe^{23}
安塞化子坪	y^{213}	y^{51}	y^{23}	tʰe^{23}	tʰe^{23}
延长郭旗	y^{213}	y^{52}	y^{23}	tʰE^{23}	tʰE^{23}

---

① 甘泉"胎"读阳平调。

字目 方言	0121 袋 蟹开一 去代定	0122 来 蟹开一 平咍来	0123 菜 蟹开一 去代清	0124 财 蟹开一 平咍从	0125 该 蟹开一 平咍见
吴起	tɛ⁴³	lɛ¹³	tsʰɛ⁴³	tsʰɛ¹³	kɛ¹²
志丹	tɛ⁴⁴	lɛ¹⁴	tsʰɛ⁴⁴	tsʰɛ¹⁴	kɛ¹²¹
安塞	tɛ³¹	lɛ²⁴	tsʰɛ³¹	tsʰɛ²⁴	kɛ¹²¹
延安	tɛɛ⁴⁴²	lɛɛ²⁴³	tsʰɛɛ⁴⁴²	tsʰɛɛ²⁴³	kɛɛ²¹
甘泉	tɛ⁴²	lɛ²⁴	tsʰɛ⁴²	tsʰɛ²⁴	kɛ³¹
延长	tɛ⁵¹	lɛ²⁴	tsʰɛ⁵¹	tsʰɛ²⁴	kɛ²³²
吴起周湾	tɛ⁵²	lɛ²⁴²	tsʰɛ⁵²	tsʰɛ²⁴²	kɛ²⁴²
志丹顺宁	te⁵²	le²³	tsʰe⁵²	tsʰe²³	ke²³
安塞化子坪	te⁵¹	le²³	tsʰe⁵¹	tsʰe²³	ke²³
延长郭旗	tɛ⁵²	lɛ²³	tsʰɛ⁵²	tsʰɛ²³	kɛ²³

字目 方言	0126 改 蟹开一 上海见	0127 开 蟹开一 平咍溪	0128 海 蟹开一 上海晓	0129 爱 蟹开一 去代影	0130 贝 蟹开一 去泰帮
吴起	kɛ⁵²	kʰɛ¹²	xɛ⁵²	nɛ⁴³	pei⁴³
志丹	kɛ⁵²	kʰɛ¹²¹	xɛ⁵²	nɛ⁴²	pei⁴⁴
安塞	kɛ⁵²	kʰɛ¹²¹	xɛ⁵²	ŋɛ⁵²	pei³¹
延安	kɛɛ⁵³	kʰɛɛ²¹	xɛɛ⁵³	ŋɛɛ⁴⁴²	pei⁴⁴²
甘泉	kɛ⁵¹	kʰɛ³¹	xɛ⁵¹	ŋɛ⁴²	pei⁴²
延长	kɛ⁵¹	kʰɛ²³²	xɛ⁵¹	ŋɛ⁵¹	pei⁵¹
吴起周湾	kɛ²¹³	kʰɛ²⁴²	xɛ²¹³	nɛ⁵²	pei⁵²
志丹顺宁	ke²¹²	kʰe²³	xe²¹²	ŋe⁵²	pei⁵²
安塞化子坪	ke²¹³	kʰe²³	xe²¹³	ŋe⁵¹	pei⁵¹
延长郭旗	kɛ²¹³	kʰɛ²³	xɛ²¹³	ŋɛ⁵²	pei⁵²

字目 \ 方言	0131 带动 蟹开一 去泰端	0132 盖动 蟹开一 去泰见	0133 害 蟹开一 去泰匣	0134 拜 蟹开二 去怪帮	0135 排 蟹开二 平皆並
吴起	tɛ52	kɛ43	xɛ43	pɛ43	pʰɛ13
志丹	tɛ44	kɛ44	xɛ44	pɛ44	pʰɛ14
安塞	tɛ33/31	kɛ31	xɛ33/31	pɛ31	pʰɛ24
延安	tɛe442	kɛe442	xɛe442	pɛe442	pʰɛe243
甘泉	tɛ42	kɛ42	xɛ42	pɛ42	pʰɛ24
延长	tɛ51	kɛ51	xɛ51	pɛ51	pʰɛ24
吴起周湾	tɛ52	kɛ52	xɛ52	pɛ52	pʰɛ242
志丹顺宁	te52	ke52	xe52	pe52	pʰe23
安塞化子坪	te51	ke51	xe51	pe51	pʰe23
延长郭旗	tɛ52	kɛ52	xɛ52	pɛ52	pʰɛ23

字目 \ 方言	0136 埋 蟹开二 平皆明	0137 戒 蟹开二 去怪见	0138 摆 蟹开二 上骇帮	0139 派 蟹开二 去卦滂	0140 牌 蟹开二 平佳並
吴起	mɛ13	tɕiɛ43	pɛ52	pʰɛ43	pʰɛ13
志丹	mɛ14	tɕie44	pɛ52	pʰɛ52	pʰɛ14
安塞	mɛ24	tɕiɛ31	pɛ52	pʰɛ52	pʰɛ24
延安	mɛe243	tɕie442	pɛe53	pʰɛe53 ~出所 pʰɛe442 ~人去	pʰɛe243
甘泉	mɛ24	tɕie42	pɛ51	pʰɛ42	pʰɛ24
延长	mɛ24	tɕie51	pɛ51	pʰɛ51	pʰɛ24
吴起周湾	mɛ242	tɕiɛ52	pɛ213	pʰɛ52	pʰɛ242
志丹顺宁	me23	tɕiE52	pe212	pʰe52	pʰe23
安塞化子坪	me23	tɕiE51	pe213	pʰe51	pʰe23
延长郭旗	mɛ23	tɕie52	pɛ213	pʰɛ52	pʰɛ23

字目\方言	0141 买 蟹开二 上蟹明	0142 卖 蟹开二 去卦明	0143 柴 蟹开二 平佳崇	0144 晒 蟹开二 去卦生	0145 街 蟹开二 平佳见
吴起	mE⁵²	mE⁴³	tshE¹³	sE⁴³	kE¹²
志丹	mE⁵²	mE⁴⁴/⁴²	tshE¹⁴	sE⁴²	kE¹²¹
安塞	mE⁵²	mE³³/³¹	tshE²⁴	sE³¹	kE¹²¹
延安	mεe⁵³	mεe⁴⁴²	tshεe²⁴³	sεe⁴⁴²	kεe²¹
甘泉	mE⁵¹	mE⁵¹	tshE²⁴	sE⁴²/⁴⁴	kE³¹ 逛~ tɕie³¹ ~上
延长	mE⁵¹	mE⁵¹	tshE²³²/²⁴	sE⁵¹	kE²³²
吴起周湾	mE²¹³	mE⁵²	tshE²⁴²	sE⁵²	kE²⁴²
志丹顺宁	me²¹²	me⁵²	tshe²³	se⁵²	ke²³ ~上 tɕie²³ 步行~
安塞化子坪	me²¹³	me⁵¹	tshe²³	se⁵¹	ke²³ ~上 tɕie²³ 步行~
延长郭旗	mE²¹³	mE⁵²	tshE²³	sE⁵²	kE²³ ~上 tɕie²³ 步行~

字目\方言	0146 解 蟹开二 上蟹见	0147 鞋 蟹开二 平佳匣	0148 蟹 蟹开二 上蟹匣	0149 矮 蟹开二 上蟹影	0150 败 蟹开二 去夬并
吴起	kE⁵² ~开 tɕie⁵² ~放	xE¹³	xɤ¹³ 螃~ ɕie⁵² ~肉	nE⁵² ŋE⁵²①	phE⁴³
志丹	kE⁵² ~开 tɕie⁵² ~放	xE¹⁴	ɕie⁴²	nE⁵² ŋE⁵²	phE⁴²
安塞	kE⁵² ~开 tɕie⁵² ~放	xE²⁴	ɕiε⁵²②	nE⁵² ŋE⁵²	phE³¹
延安	kεe⁵³ ~开绳子 tɕie⁵³ ~放	xεe²⁴³	ɕie⁴⁴²	nεe⁵³ ŋεe⁵³	phεe⁴⁴²
甘泉	kE⁵¹ ~开 tɕie⁵¹ ~放	xE²⁴	ɕie⁴²	nE⁵¹ ŋE⁵¹	phE⁴²
延长	kE⁵¹ ~开 tɕie⁵¹ ~放	xE²³²③	ɕie⁵¹	nE⁵¹ ŋE⁵¹	phE⁵¹
吴起周湾	kE²¹³ ~开 tɕie²¹³ ~放	xE²⁴²	ɕie⁵²	nE²¹³	phE⁵²
志丹顺宁	ke²¹² ~开 tɕie²¹² ~放	xe²³	ɕie⁵²	ne²¹²	phe⁵²
安塞化子坪	ke²¹³ ~开 tɕiE²¹³ ~放	xe²³	ɕie⁵¹	ne²¹³	phe⁵¹
延长郭旗	kE²¹³ ~开 tɕie²¹³ ~放	xE²³	ɕie⁵²	nE²¹³	phE⁵²

① 各方言"矮"读"n"母，通常只用在俗语"矮子下/里头选将军"中，单字音时读"ŋ"母，口语中不常用。
② 安塞"蟹"读上声调。
③ 延长"鞋"读阴平调。

字目\方言	0151 币 蟹开三 去祭並	0152 制~造 蟹开三 去祭章	0153 世 蟹开三 去祭书	0154 艺 蟹开三 去祭疑	0155 米 蟹开四 上荠明
吴起	pi⁴³	tʂʅ⁴³	ʂʅ⁴³	i⁴³	mi⁵²
志丹	pi⁴²	tʂʅ⁴⁴/⁴²	ʂʅ⁴⁴	i⁴⁴	mi⁵²
安塞	pi³¹	tʂʅ³¹	ʂʅ³¹	i³¹/³³	mi⁵²
延安	pi⁴⁴²	tʂʅ⁴⁴²	ʂʅ⁴⁴²	i⁴⁴²	mi⁵³
甘泉	pi⁴²	tʂʅ⁴²	ʂʅ⁴²	i⁴⁴	mi⁵¹
延长	pi⁵¹	tʂʅ⁵¹	ʂʅ⁵¹	i⁵¹	mi⁵¹
吴起周湾	pi⁵²	tʂʅ⁵²	ʂʅ⁵²	i⁵²	mi²¹³
志丹顺宁	pi⁵²	tʂʅ⁵²	ʂʅ⁵²	i⁵²	mi²¹²
安塞化子坪	pi⁵¹	tʂʅ⁵¹	ʂʅ⁵¹	i⁵¹	mi²¹³
延长郭旗	pi⁵²	tʂʅ⁵²	ʂʅ⁵²	i⁵²	mi²¹³

字目\方言	0156 低 蟹开四 平齐端	0157 梯 蟹开四 平齐透	0158 剃 蟹开四 去霁透	0159 弟 蟹开四 上齐定	0160 递 蟹开四 去霁定
吴起	ti¹²	tʰi¹²	tʰi⁴³	ti⁴³	ti⁴³
志丹	ti¹²¹	tʰi⁴²①	tʰi⁴⁴	ti⁴⁴	ti⁴⁴
安塞	ti¹²¹	tʰi³¹	tʰi³¹	ti³¹	tʰi³¹
延安	ti²¹	tʰi²¹	tʰi⁴⁴²	tʰi⁴⁴²~兄 / ti⁴⁴²兄~	tʰi⁴⁴²
甘泉	ti³¹	tʰi³¹	tʰi⁴²	tʰi⁴²~兄 / ti⁴²兄~	ti⁴²
延长	ti²³²	tʰi³¹②	tʰi⁵¹	tʰi⁵¹	tʰi⁵¹
吴起周湾	ti²⁴²	tʰi²⁴²	tʰi⁵²	ti⁵²	ti⁵²
志丹顺宁	ti²³	tʰi²³	tʰi⁵²	ti⁵²	ti⁵²
安塞化子坪	ti²³	tʰi²³	tʰi⁵¹	ti⁵¹	ti⁵¹
延长郭旗	ti²³	tʰi²³	tʰi⁵²	ti⁵²	ti⁵²

① 志丹、安塞"梯"读去声调。
② 延长"梯"声调特殊,读 31 调。

方言＼字目	0161 泥 蟹开四平齐泥	0162 犁 蟹开四平齐来	0163 西 蟹开四平齐心	0164 洗 蟹开四上荠心	0165 鸡 蟹开四平齐见
吴起	ȵi¹³	li¹³	ɕi¹²	ɕi⁵²	tɕi¹²
志丹	ȵi¹⁴	li¹⁴	ɕi¹²¹	ɕi⁵²	tɕi¹²¹
安塞	ȵi²⁴	li²⁴	ɕi¹²¹	ɕi⁵²	tɕi¹²¹
延安	ȵi²⁴³	li²⁴³	ɕi²¹	ɕi⁵³	tɕi²¹
甘泉	ȵi²⁴	li²⁴	ɕi³¹	ɕi⁵¹	tɕi³¹
延长	ȵi²⁴	li²⁴	ɕi²³²	ɕi⁵¹	tɕi²³²
吴起周湾	ȵi²⁴²	li²⁴²	ɕi²⁴²	ɕi²¹³	tɕi²⁴²
志丹顺宁	ȵi²³	li²³	ɕi²³	ɕi²¹²	tɕi²³
安塞化子坪	ȵi²³	li²³	ɕi²³	ɕi²¹³	tɕi²³
延长郭旗	ȵi²³	li²³	ɕi²³	ɕi²¹³	tɕi²³

方言＼字目	0166 溪 蟹开四平齐溪	0167 契 蟹开四去霁溪	0168 系联~ 蟹开四去霁匣	0169 杯 蟹合一平灰帮	0170 配 蟹合一去队滂
吴起	ɕi¹²	tɕʰi⁵²	ɕi⁵²	pʰei¹²	pʰei⁴³
志丹	ɕi¹²¹	tɕʰi⁵²	ɕi⁵²	pʰei¹²¹	pʰei⁴⁴
安塞	ɕi¹²¹	tɕʰi³¹	ɕi³¹	pʰei¹²¹	pʰei³¹
延安	ɕi²¹	tɕʰi⁴⁴²	ɕi⁴⁴²	pʰei²¹ pei²¹	pʰei⁴⁴²
甘泉	ɕi³¹	tɕʰi⁴⁴	ɕi⁴²	pei³¹	pʰei⁴²
延长	ɕi²³²	tɕʰi⁵¹	ɕi⁵¹	pʰei²³²	pʰei⁵¹
吴起周湾	ɕi²⁴²	tɕʰi⁵²	ɕi⁵²	pei²⁴²	pʰei⁵²
志丹顺宁	ɕi²³	tɕʰi⁵²	ɕi⁵²	pei²³	pʰei⁵²
安塞化子坪	ɕi²³	tɕʰi⁵¹	ɕi⁵¹	pei²³	pʰei⁵¹
延长郭旗	ɕi²³	tɕʰi⁵²	ɕi⁵²	pei²³	pʰei⁵²

方言\字目	0171 赔 蟹合一平灰並	0172 背~诵 蟹合一去队並	0173 煤 蟹合一平灰明	0174 妹 蟹合一去队明	0175 对 蟹合一去队端
吴起	pʰei13	pei43	mei13	mei43	tuei43
志丹	pʰei14	pei44	mei14	mei44	tuei44
安塞	pʰei24	pei31	mei24	mei31	tuei31
延安	pʰei243	pei442	mei243	mei442	tuei442
甘泉	pʰei24	pei42	mei24	mei42/44	tuei44
延长	pʰei24	pʰei51 pei51	mei24	mei51	tuei51
吴起周湾	pʰei242	pei52	mei242	mei52	tuei52
志丹顺宁	pʰei23	pei52	mei23	mei52	tuei52
安塞化子坪	pʰei23	pei51	mei23	mei51	tuei51
延长郭旗	pʰei23	pei52	mei23	mei52	tuei52

方言\字目	0176 雷 蟹合一平灰来	0177 罪 蟹合一上贿从	0178 碎 蟹合一去队心	0179 灰 蟹合一平灰晓	0180 回 蟹合一平灰匣
吴起	luei13	tsuei43	suei43	xuei12	xuei13
志丹	luei14	tsuei44	suei44	xuei121	xuei14
安塞	luei24	tsuei31	suei31	xuei121	xuei24
延安	luei243	tsuei442	suei442	xuei21	xuei243
甘泉	luei24	tsuei44	suei44	xuei31	xuei24
延长	luei24	tsʰuei51	suei51	xuei232	xuei24
吴起周湾	luei242	tsuei52	suei52	xuei242	xuei242
志丹顺宁	luei23	tsuei52	suei52	xuei23	xuei23
安塞化子坪	luei23	tsuei51	suei51	xuei23	xuei23
延长郭旗	luei23	tsuei52	suei52	xuei23	xuei23

方言\字目	0181 外 蟹合一 去泰疑	0182 会开~ 蟹合一 去泰匣	0183 怪 蟹合二 去怪见	0184 块 蟹合二 去怪溪	0185 怀 蟹合二 平皆匣
吴起	vei^{43} ~爷① / vɛ^{43} ~起②	xuei^{43}	kuɛ^{43}	k^{h}uɛ^{52}	xuɛ^{13}
志丹	vei^{42} ~家③ / vɛ^{42} ~头	xuei^{42}	kuɛ^{42}	k^{h}uɛ^{52}	xuɛ^{14}
安塞	vei^{31} ~爷 / vɛ^{31} ~面儿	xuei^{31}	kuɛ^{31}	k^{h}uɛ^{52}	xuɛ^{24}
延安	uei^{442} ~家 / uɛ^{442} ~起	xuei^{442}	kuɛɛ^{442}	k^{h}uɛɛ^{53} 石头~子 / k^{h}uɛɛ^{442} 几~钱	xuɛɛ^{243}
甘泉	vei^{42} ~爷 / vɛ^{42} ~面	xuei^{44}	kuɛ$^{44/42}$	k^{h}uɛ^{51}	xuɛ^{24}
延长	vei^{51} ~爷 / vɛ^{51} ~头	xuei^{51}	kuɛ^{51}	k^{h}uɛ^{51}	xuɛ^{24}
吴起周湾	vei^{52} ~爷 / vɛ^{52} 里~	xuei^{52}	kuɛ^{52}	k^{h}uɛ^{52}	xuɛ^{242}
志丹顺宁	vei^{52} ~爷 / ve^{52} ~头	xuei^{52}	kue^{52}	k^{h}ue^{52}	xue^{23}
安塞化子坪	vei^{51} ~爷 / ve^{51} 门~	xuei^{51}	kue^{51}	k^{h}ue^{51}	xue^{23}
延长郭旗	vei^{52} ~爷 / vɛ^{52} 里~	xuei^{52}	kuɛ^{52}	k^{h}uɛ^{52}	xuɛ^{23}

方言\字目	0186 坏 蟹合二 去怪匣	0187 拐 蟹合二 上蟹见	0188 挂 蟹合二 去卦见	0189 歪 蟹合二 平佳晓	0190 画 蟹合二 去卦匣
吴起	xuɛ^{43}	kuɛ^{52}	k^{h}ua^{43} ~~车 / kua^{43} ~号儿	vɛ^{12}	xua^{43}
志丹	xuɛ^{44}	kuɛ^{52}	k^{h}ua^{52} 包儿 / kua^{52} ~号儿	vɛ^{121}	xua^{44}
安塞	xuɛ^{31}	kuɛ^{52}	k^{h}ua^{31} ~~车 / kua^{31} ~历	vɛ^{31}	xua^{31}
延安	xuɛɛ^{442}	kuɛɛ^{53}	k^{h}ua^{442} ~~车 / kua^{442} ~号儿	uɛɛ^{21}	xua^{442}
甘泉	xuɛ^{44}	kuɛ^{51}	k^{h}ua^{44} ~包儿 / kua^{44} ~号儿	vɛ^{31}	xua$^{44/42}$
延长	xuɛ^{51}	kuɛ^{51}	k^{h}uɑ^{51} ~包儿 / kuɑ^{51} ~墙上	vɛ^{232}	xuɑ^{51}
吴起周湾	xuɛ^{52}	kuɛ^{213}	kua^{52}	vɛ^{242}	xua^{52}
志丹顺宁	xue^{52}	kue^{212}	kua^{52}	ve^{23}	xua^{52}
安塞化子坪	xue^{51}	kuɛ^{213}	kuɑ^{51}	ve^{23}	xuɑ^{51}
延长郭旗	xue^{52}	kuɛ^{213}	kuɑ^{52}	vɛ^{23}	xuɑ^{52}

---

① 外爷：外公。
② 外起：院子。
③ 志延片各点都说"外家"，意思是外婆家。

字目\方言	0191 快 蟹合二 去夬溪	0192 话 蟹合二 去夬匣	0193 岁 蟹合三 去祭心	0194 卫 蟹合三 去祭云	0195 肺 蟹合三 去废敷
吴起	kʰuE⁴³	xua⁴³	suei⁴³	vei⁴³	fei⁴³
志丹	kʰuE⁴⁴	xua⁴²	suei⁴⁴	vei⁴²	fei⁴⁴
安塞	kʰuE³¹	xua³¹	suei³¹	vei²⁴	fei³¹
延安	kʰuɛe⁴⁴²	xua⁴⁴²	suei⁴⁴²	uei⁴⁴²	fei⁴⁴²
甘泉	kʰuE⁴⁴	xua⁴⁴	suei⁴⁴/⁴²	vei²⁴	fei⁴²
延长	kʰuE⁵¹	xuɑ⁵¹	ey⁵¹ 几~ suei⁵¹ ~~平安	vei²⁴	fei⁵¹
吴起周湾	kʰuE⁵²	xua⁵²	suei⁵²	vei²⁴²	fei⁵²
志丹顺宁	kʰue⁵²	xua⁵²	suei⁵²	vei²³	fei⁵²
安塞化子坪	kʰue⁵¹	xuɑ⁵¹	suei⁵¹	vei²³	fei⁵¹
延长郭旗	kʰuE⁵²	xuɑ⁵²	suei⁵²	vei²³	fei⁵²

字目\方言	0196 桂 蟹合四 去霁见	0197 碑 止开三 平支帮	0198 皮 止开三 平支并	0199 被 止开三 上纸并	0200 紫 止开三 上纸精
吴起	kuei⁴³	pei¹²	pʰi¹³	pi⁴³	tsɿ⁵²
志丹	kuei⁴²	pei¹²¹	pʰi¹⁴	pi⁴⁴	tsɿ⁵²
安塞	kuei³¹	pei¹²¹	pʰi²⁴	pʰi³¹	tsɿ⁵²
延安	kuei⁴⁴²	pi²¹ 立~子① pei²¹ ~文	pʰi²⁴³	pʰi⁴⁴² ~子 pi⁴⁴² ~告	tsɿ⁵³
甘泉	kuei⁴²	pi³¹ 立~子 pei³¹ ~文	pʰi²⁴	pʰi⁴⁴	tsɿ⁵¹
延长	kuei⁵¹	pi²³² 立~子 pei²³² ~文	pʰi²⁴	pʰi⁵¹ pi⁵¹	tsɿ⁵¹
吴起周湾	kuei⁵²	pei²⁴²	pʰi²⁴²	pi⁵²	tsɿ²¹³
志丹顺宁	kuei⁵²	pei²³	pʰi²³	pi⁵²	tsɿ²¹²
安塞化子坪	kuei⁵¹	pei²³	pʰi²³	pi⁵¹	tsɿ²¹³
延长郭旗	kuei⁵²	pei²³	pʰi²³	pi⁵²	tsɿ²¹³

---

① 立碑子：立碑。

方言＼字目	0201 刺 止开三 去寘清	0202 知 止开三 平支知	0203 池 止开三 平支澄	0204 纸 止开三 上纸章	0205 儿 止开三 平支日
吴起	tsʰɿ⁴³	tʂʅ¹²	tʂʰʅ¹³	tsɿ⁵²	ər¹³
志丹	tsʰɿ⁴²	tʂʅ¹²¹	tsʰɿ¹⁴ 水涝~①	tsɿ⁵²	ər¹⁴
安塞	tsʰɿ³¹	tʂʅ¹²¹	tʂʰʅ²⁴	tsɿ⁵²	ər²⁴
延安	tsʰɿ⁴⁴²	tʂʅ²¹	tʂʰʅ²⁴³	tsɿ⁵³	ər²⁴³
甘泉	tsʰɿ⁴⁴	tʂʅ³¹	tʂʰʅ²⁴	tsɿ⁵¹	ər²⁴
延长	tsʰʅ⁵¹	tʂʅ²³²	tʂʰʅ²⁴	tsɿ⁵¹	ər²⁴
吴起周湾	tsʰɿ⁵²	tʂʅ²⁴²	tʂʰʅ²⁴²	tsɿ²¹³	ər²⁴²
志丹顺宁	tsʰɿ⁵²	tʂʅ²³	tʂʰʅ²³	tsɿ²¹²	ər²³
安塞化子坪	tsʰɿ⁵¹	tʂʅ²³	tʂʰʅ²³	tsɿ²¹³	ər²³
延长郭旗	tsʰɿ⁵²	tʂʅ²³	tʂʰʅ²³	tsɿ²¹³	ər²³

方言＼字目	0206 寄 止开三 去寘见	0207 骑 止开三 平支群	0208 蚁 止开三 上纸疑	0209 义 止开三 去寘疑	0210 戏 止开三 去寘晓
吴起	tɕi⁴³	tɕʰi¹³	i⁵²	i⁴³	ɕi⁴³
志丹	tɕi⁴²	tɕʰi¹⁴	i⁵²	i⁴²	ɕi⁴⁴
安塞	tɕi³¹	tɕʰi²⁴	i⁵²	i³¹	ɕi³¹
延安	tɕi⁴⁴²	tɕʰi²⁴³	i⁵³	i⁴⁴²	ɕi⁴⁴²
甘泉	tɕi⁴⁴	tɕʰi²⁴	i⁵¹	i⁴⁴/⁴²	ɕi⁴⁴
延长	tsɿ⁵¹	tɕʰi²⁴	i⁵¹	i⁵¹	ɕi⁵¹
吴起周湾	tɕi⁵²	tɕʰi²⁴²	i²¹³	i⁵²	ɕi⁵²
志丹顺宁	tɕi⁵²	tɕʰi²⁴²	i²¹²	i⁵²	ɕi⁵²
安塞化子坪	tɕi⁵¹	tɕʰi²³	i²¹³	i⁵¹	ɕi⁵¹
延长郭旗	tɕi⁵²	tɕʰi²³	i²¹³	i⁵²	ɕi⁵²

---

① 水涝池：水池。

方言＼字目	0211 移 止开三 平支以	0212 比 止开三 上旨帮	0213 屁 止开三 去至滂	0214 鼻 止开三 去至并	0215 眉 止开三 平脂明
吴起	i¹³	pi⁵²	pʰi⁴³	pi¹³	mi¹³
志丹	i¹⁴	pi⁵²	pʰi⁴⁴/⁴²	pʰi¹⁴	mi¹⁴
安塞	i²⁴	pi⁵²	pʰi³¹	pʰi²⁴	mi²⁴
延安	i²⁴³	pi⁵³	pʰi⁴⁴²	pʰi²⁴³ ~子 pi²⁴³ ~炎	mi²⁴³
甘泉	i²⁴	pi⁵¹	pʰi⁴⁴/⁴²	pʰi²⁴ ~子 pi²⁴ ~炎	mi²⁴
延长	i²⁴	pi⁵¹	pʰi⁵¹	pʰi²⁴ ~子 pi²⁴ ~炎	mi²⁴
吴起周湾	i²⁴²	pi²¹³	pʰi⁵²	piəʔ³²	mi²⁴²
志丹顺宁	i²³	pi²¹²	pʰi⁵²	piəʔ³³	mi²³
安塞化子坪	i²³	pi²¹³	pʰi⁵¹	piəʔ⁴³	mi²³
延长郭旗	i²³	pi²¹³	pʰi⁵²	piəʔ⁴³	mi²³

方言＼字目	0216 地 止开三 去至定	0217 梨 止开三 平脂来	0218 资 止开三 平脂精	0219 死 止开三 上旨心	0220 四 止开三 去至心
吴起	ti⁴³	li¹³	tsɿ¹²	sɿ⁵²	sɿ⁴³
志丹	ti⁴⁴/⁴²	li¹⁴	tsɿ¹²¹	sɿ⁵²	sɿ⁴⁴
安塞	ti³¹	li²⁴	tsɿ¹²¹	sɿ⁵²	sɿ³³
延安	tʰi⁴⁴² 水~ ti⁴⁴² ~道	li²⁴³	tsɿ²¹	sɿ⁵³	sɿ⁴⁴²
甘泉	tʰi⁴² ~里 ti⁴² ~区	li²⁴	tsɿ³¹	sɿ⁵¹	sɿ⁴⁴
延长	tʰi⁵¹ ~里 ti⁵¹ ~区	li²⁴	tsɿ²³²	sɿ⁵¹	sɿ⁵¹
吴起周湾	ti⁵²	li²⁴²	tsɿ²⁴²	sɿ²¹³	sɿ⁵²
志丹顺宁	ti⁵²	li²³	tsɿ²³	sɿ²¹²	sɿ⁵²
安塞化子坪	ti⁵¹	li²³	tsɿ²³	sɿ²¹³	sɿ⁵¹
延长郭旗	ti⁵²	li²³	tsɿ²³	sɿ²¹³	sɿ⁵²

方言＼字目	0221 迟 止开三 平脂澄	0222 师 止开三 平脂生	0223 指 止开三 上旨章	0224 二 止开三 去至日	0225 饥~饿 止开三 平脂见
吴起	tsʰʅ¹³ tʂʰʅ¹³	sʅ¹²	tsʅ⁵²	ər⁴³	tɕi¹²
志丹	tsʰʅ¹⁴ tʂʰʅ¹⁴	sʅ¹²¹	tsʅ⁵² ~望 tsəʔ²⁴³ ~头	ər⁴²	tɕi¹²¹
安塞	tsʰʅ²⁴ tʂʰʅ²⁴	sʅ¹²¹	tsʅ⁵²	ər³¹	tɕi¹²¹
延安	tsʰʅ²⁴³ tʂʰʅ²⁴³	sʅ²¹	tsʰʅ⁵³ 六~儿① tsʅ⁵³ ~头	ər⁴⁴²	tɕi²¹
甘泉	tsʰʅ²⁴ tʂʰʅ²⁴	sʅ³¹	tsʅ⁵¹	ər⁴²	tɕi²⁴②
延长	tsʰʅ²⁴ tʂʰʅ²⁴	sʅ²³²	tsʅ⁵¹	ər⁵¹	tɕi²³²
吴起周湾	tsʰʅ²⁴² tʂʰʅ²⁴²	sʅ²⁴²	tsʅ²¹³ ~出 tsəʔ³² ~头	ər⁵²	tɕi²⁴²
志丹顺宁	tsʰʅ²³ tʂʰʅ²³	sʅ²³	tsʅ²¹² ~出 tsəʔ³³ ~头	ər⁵²	tɕi²³
安塞化子坪	tsʰʅ²³ tʂʰʅ²³	sʅ²³	tsʅ²¹³ ~出 tsəʔ⁴³ ~头	ər⁵¹	tɕi²³
延长郭旗	tsʰʅ²³ tʂʰʅ²³	sʅ²³	tsʅ²¹³ ~出 tsəʔ⁴³ ~头	ər⁵²	tɕi²³

方言＼字目	0226 器 止开三 去至溪	0227 姨 止开三 平脂以	0228 李 止开三 上止来	0229 子 止开三 上止精	0230 字 止开三 去志从
吴起	tɕʰi⁴³	i¹³	li⁵²	tsʅ⁵² ~女 tsəʔ³² 女~③	tsʅ⁴³
志丹	tɕʰi⁴⁴	i¹⁴	li⁵²	tsʅ⁵² ~女 tsəʔ⁴³ 女~	tsʅ⁴⁴
安塞	tɕʰi³¹	i²⁴	li⁵²	tsʅ⁵²	tsʰʅ³¹
延安	tɕʰi⁴⁴²	i²⁴³	li⁵³	tsʅ⁵³	tsʰʅ⁴⁴²
甘泉	tɕʰi⁴²	i²⁴	li⁵¹	tsʅ⁵¹	tsʰʅ⁴²
延长	tɕʰi⁵¹	i²⁴	li⁵¹	tsʅ⁵¹	tsʰʅ⁵¹
吴起周湾	tɕʰi⁵²	i²⁴²	li²¹³	tsʅ²¹³ tsəʔ³²	tsʅ⁵²
志丹顺宁	tɕʰi⁵²	i²³	li²¹²	tsʅ²¹² tsəʔ³³	tsʅ⁵²
安塞化子坪	tɕʰi⁵¹	i²³	li²¹³	tsʅ²¹³ tsəʔ⁴³	tsʅ⁵¹
延长郭旗	tɕʰi⁵²	i²³	li²¹³	tsʅ²¹³ tsəʔ⁴³	tsʅ⁵²

① 六指儿：长着六个指头的人。
② 甘泉"饥"读阳平调。
③ "子"轻声促化。

字目 / 方言	0231 丝 止开三 平之心	0232 祠 止开三 平之邪	0233 寺 止开三 去志邪	0234 治 止开三 去志澄	0235 柿 止开三 上止崇
吴起	sʅ¹²	sʅ¹³ tsʰʅ¹³	sʅ⁴³	tsʅ⁴³	sʅ⁴³
志丹	sʅ¹²¹	sʅ¹⁴ tsʰʅ¹⁴	sʅ⁴⁴	tsʅ⁴⁴	sʅ⁴⁴/⁴²
安塞	sʅ³¹①	sʅ²⁴ tsʰʅ²⁴	sʅ³¹	tsʅ³¹	sʅ³¹
延安	sʅ²¹	sʅ²⁴³ tsʰʅ²⁴³	sʅ⁴⁴²	tsʅ⁴⁴²	sʅ⁴⁴²
甘泉	sʅ³¹	sʅ²⁴ tsʰʅ²⁴	sʅ⁴⁴	tsʅ⁴²	sʅ⁴²
延长	sʅ²³²	sʅ²⁴ tsʰʅ²⁴	sʅ⁵¹	tsʅ⁵¹	sʅ⁵¹
吴起周湾	sʅ²⁴²	tsʰʅ²⁴²	sʅ⁵²	tsʅ⁵²	sʅ⁵²
志丹顺宁	sʅ²³	tsʰʅ²³	sʅ⁵²	tsʅ⁵²	sʅ⁵²
安塞化子坪	sʅ²³	tsʰʅ²³	sʅ⁵¹	tsʅ⁵¹	sʅ⁵¹
延长郭旗	sʅ²³	tsʰʅ²³	sʅ⁵²	tsʅ⁵²	sʅ⁵²

字目 / 方言	0236 事 止开三 去志崇	0237 使 止开三 上止生	0238 试 止开三 去志书	0239 时 止开三 平之禅	0240 市 止开三 上止禅
吴起	sʅ⁴³	sʅ⁵²	sʅ⁴³	sʅ¹³	sʅ⁴³
志丹	sʅ⁴²	sʅ⁵²	sʅ⁴²	sʅ¹⁴	sʅ⁴⁴
安塞	sʅ³¹	sʅ⁵²	sʅ³¹	sʅ²⁴	sʅ³¹
延安	sʅ⁴⁴²	sʅ⁵³	sʅ⁴⁴²	sʅ²⁴³	sʅ⁴⁴²
甘泉	sʅ⁴²	sʅ⁵¹	sʅ⁴⁴	sʅ²⁴	sʅ⁴⁴
延长	sʅ⁵¹	sʅ⁵¹	sʅ⁵¹	sʅ²⁴	sʅ⁵¹
吴起周湾	sʅ⁵²	sʅ²¹³	sʅ⁵²	sʅ²⁴²	sʅ⁵²
志丹顺宁	sʅ⁵²	sʅ²¹²	sʅ⁵²	sʅ²³	sʅ⁵²
安塞化子坪	sʅ⁵¹	sʅ²¹³	sʅ⁵¹	sʅ²³	sʅ⁵¹
延长郭旗	sʅ⁵²	sʅ²¹³	sʅ⁵²	sʅ²³	sʅ⁵²

① 安塞"丝"读去声调。

字目 方言	0241 耳 止开三 上止日	0242 记 止开三 去志见	0243 棋 止开三 平之群	0244 喜 止开三 上止晓	0245 意 止开三 去志影
吴起	ər^{52}	tɕi^{43}	tɕʰi^{13}	ɕi^{52}	i^{43}
志丹	ər^{52}	tɕi^{42}	tɕʰi^{14}	ɕi^{52}	i^{44}
安塞	ər^{52}	tɕi^{31}	tɕʰi^{24}	ɕi^{52}	i^{31}
延安	ər^{53}	tɕi^{442}	tɕʰi^{243}	ɕi^{53}	i^{442}
甘泉	ər^{51}	tɕi^{42}	tɕʰi^{24}	ɕi^{51}	i^{42}
延长	ər^{51}	tɕi^{51}	tɕʰi^{24}	ɕi^{51}	i^{51}
吴起周湾	ər^{213}	tɕi^{52}	tɕʰi^{242}	ɕi^{213}	i^{52}
志丹顺宁	ər^{212}	tɕi^{52}	tɕʰi^{23}	ɕi^{212}	i^{52}
安塞化子坪	ər^{213}	tɕi^{51}	tɕʰi^{23}	ɕi^{213}	i^{51}
延长郭旗	ər^{213}	tɕi^{52}	tɕʰi^{23}	ɕi^{213}	i^{52}

字目 方言	0246 几~个 止开三 上止见	0247 气 止开三 去未溪	0248 希 止开三 平微晓	0249 衣 止开三 平微影	0250 嘴 止合三 上纸精
吴起	tɕi^{52}	tɕʰi^{43}	ɕi^{12}	i^{12}	tsuei^{52}
志丹	tɕi^{52}	tɕʰi^{44}	ɕi^{121}	i^{121}	tsuei^{52}
安塞	tɕi^{52}	tɕʰi^{31}	ɕi^{121}	i^{121}	tsuei^{52}
延安	tɕi^{53}	tɕʰi^{442}	ɕi^{21}	i^{21}	tsuei^{53}
甘泉	tɕi^{51}	tɕʰi^{44}	ɕi^{31}	i^{31}	tsuei^{51}
延长	tɕi^{51}	tɕʰi^{51}	ɕi^{232}	i^{232}	tsuei^{51}
吴起周湾	tɕi^{213}	tɕʰi^{52}	ɕi^{242}	i^{242}	tsuei^{213}
志丹顺宁	tɕi^{212}	tɕʰi^{52}	ɕi^{23}	i^{23}	tsuei^{212}
安塞化子坪	tɕi^{213}	tɕʰi^{51}	ɕi^{23}	i^{23}	tsuei^{213}
延长郭旗	tɕi^{213}	tɕʰi^{52}	ɕi^{23}	i^{23}	tsuei^{213}

方言＼字目	0251 随 止合三 平支邪	0252 吹 止合三 平支昌	0253 垂 止合三 平支禅	0254 规 止合三 平支见	0255 亏 止合三 平支溪
吴起	suei¹³	tʂʰuei¹²	tʂʰuei¹³	kʰuei¹²	kʰuei¹²
志丹	suei¹⁴	tʂʰuei¹²¹	tʂʰuei¹⁴	kʰuei¹²¹	kʰuei¹²¹
安塞	suei²⁴	tʂʰuei¹²¹	tʂʰuei²⁴	kʰuei¹²¹	kʰuei¹²¹
延安	ɕy²⁴³ ~礼　tsʰuei²⁴³ ~管　suei²⁴³ ~便	tʂʰuei²¹	tʂʰuei²⁴³	kʰuei²¹ ~矩　kuei²¹ ~定	kʰuei²¹
甘泉	ɕy²⁴ ~礼　suei²⁴ ~便	tʂʰuei³¹	tʂʰuei²⁴	kuei³¹	kʰuei³¹
延长	ɕy²⁴ ~礼　suei²⁴ ~便	tɕʰy²³² ~灯　tʂʰuei²³² ~捧	tʂʰuei²⁴	kʰuei²³²	kʰuei²³²
吴起周湾	suei²⁴²	tʂʰuei²⁴²	tʂʰuei²⁴²	kuei²⁴²	kʰuei²⁴²
志丹顺宁	suei²³	tʂʰuei²³	tʂʰuei²³	kuei²³	kʰuei²³
安塞化子坪	suei²³	tʂʰuei²³	tʂʰuei²³	kuei²³	kʰuei²³
延长郭旗	suei²³	tʂʰuei²³	tʂʰuei²³	kuei²³	kʰuei²³

方言＼字目	0256 跪 止合三 上纸群	0257 危 止合三 平支疑	0258 类 止合三 去至来	0259 醉 止合三 去至精	0260 追 止合三 平脂知
吴起	kʰuei⁴³	vei¹²	luei⁴³	tsuei⁴³	tʂuei¹²
志丹	kʰuei⁴²	vei¹²¹	luei⁴⁴	tsuei⁴²	tʂuei¹²¹
安塞	kʰuei³¹	vei¹²¹	luei³¹	tsuei³¹	tʂuei¹²¹
延安	kʰuei⁴⁴²	uei²¹	luei⁴⁴²	tsuei⁴⁴²	tʂuei²¹
甘泉	kʰuei⁴⁴	vei³¹	luei⁴⁴	tsuei⁴²	tʂuei³¹
延长	kʰuei⁵¹	vei²³²	ly⁵¹ 几~　luei⁵¹ ~型	tɕʰy⁵¹ tsuei⁵¹	tʂuei²³²
吴起周湾	kʰuei⁵²	vei²⁴²	luei⁵²	tsuei⁵²	tʂuei²⁴²
志丹顺宁	kʰuei⁵²	vei²³	luei⁵²	tsuei⁵²	tʂuei²³
安塞化子坪	kʰuei⁵¹	vei²³	luei⁵¹	tsuei⁵¹	tʂuei²³
延长郭旗	kʰuei⁵²	vei²³	luei⁵²	tsuei⁵²	tʂuei²³

字目 方言	0261 锤 止合三 平脂澄	0262 水 止合三 上旨书	0263 龟 止合三 平脂见	0264 季 止合三 去至见	0265 柜 止合三 去至群
吴起	tʂʰuei¹³	ʂuei⁵²	kuei¹²	tɕi⁴³	kʰuei⁴³
志丹	tʂʰuei¹⁴	ʂuei⁵²	kuei¹²¹	tɕi⁴²	kʰuei⁴²
安塞	tʂʰuei²⁴	ʂuei⁵²	kuei¹²¹	tɕi³¹	kʰuei³¹
延安	tʂʰuei²⁴³	ʂuei⁵³	kuei²¹	tɕi⁴⁴²	kʰuei⁴⁴² 子~ kuei⁴⁴² 高低~
甘泉	tʂʰuei²⁴	ʂuei⁵¹	kuei³¹	tɕi⁴²	kʰuei⁴²
延长	tʂʰuei²⁴	ʂu⁵¹ ʂuei⁵¹	kuei²³²	tɕi⁵¹	kʰuei⁵¹
吴起周湾	tʂʰuei²⁴²	ʂuei²¹³	kuei²⁴²	tɕi⁵²	kuei⁵²
志丹顺宁	tʂʰuei²³	ʂuei²¹²	kuei²³	tɕi⁵²	kuei⁵²
安塞化子坪	tʂʰuei²³	ʂuei²¹³	kuei²³	tɕi⁵¹	kuei⁵¹
延长郭旗	tʂʰuei²³	ʂuei²¹³	kuei²³	tɕi⁵²	kuei⁵²

字目 方言	0266 位 止合三 去至云	0267 飞 止合三 平微非	0268 费 止合三 去未敷	0269 肥 止合三 平微奉	0270 尾 止合三 上尾微
吴起	vei⁴³	fei¹²	fei⁴³	ɕi¹³ 长得~ fei¹³ ~肉	i⁵² ~巴 vei⁵² ~气
志丹	vei⁴⁴	fei¹²¹	fei⁴⁴	ɕi¹⁴ fei¹⁴	i⁵² ~巴 vei⁵² 追~
安塞	vei³¹	fei¹²¹	fei³¹	ɕi²⁴ fei²⁴	i⁵² 猪~巴 vei⁵² ~气
延安	uei⁴⁴²	fei²¹	fei⁴⁴²	ɕi²⁴³ fei²⁴³	i⁵³ ~巴 uei⁵³ 末~
甘泉	vei⁴⁴	fei³¹	fei⁴⁴	ɕi²⁴ fei²⁴	i⁵¹ ~巴 vei⁵¹ ~款
延长	vei⁵¹	fei²³²	fei⁵¹	ɕi²⁴ fei²⁴	i⁵¹ ~巴 vei⁵¹ 结~
吴起周湾	vei⁵²	fei²⁴²	fei⁵²	fei²⁴²	i²¹³ ~巴 vei²¹³ 末~
志丹顺宁	vei⁵²	fei²³	fei⁵²	fei²³	i²¹² ~巴 vei²¹² 结~
安塞化子坪	vei⁵¹	fei²³	fei⁵¹	ɕi²³ ~㞎㞎① fei²³ ~肉	i²¹³ ~巴 vei²¹³ 后~
延长郭旗	vei⁵²	fei²³	fei⁵²	fei²³	i²¹³ ~巴 vei²¹³ 末~

---

① 肥㞎㞎：形容人、动物或衣服等肥得不好看的样子。

方言 \ 字目	0271 味 止合三 去未微	0272 鬼 止合三 上尾见	0273 贵 止合三 去未见	0274 围 止合三 平微云	0275 胃 止合三 去未云
吴起	vei^{43}	kuei^{52}	kuei^{43}	vei^{13}	vei^{43}
志丹	vei^{42}	kuei^{52}	kuei^{44}	vei^{14}	vei^{44}
安塞	vei^{31}	kuei^{52}	kuei$^{31/33}$	vei^{24}	vei^{31}
延安	uei^{442}	kuei^{53}	kuei^{442}	uei^{243}	uei^{442}
甘泉	vei^{42}	kuei^{51}	kuei$^{44/42}$	vei^{24}	vei$^{44/42}$
延长	vei^{51}	kuei^{51}	kuei^{51}	vei^{24}	vei^{51}
吴起周湾	vei^{52}	kuei^{213}	kuei^{52}	vei^{242}	vei^{52}
志丹顺宁	vei^{52}	kuei^{212}	kuei^{52}	vei^{23}	vei^{52}
安塞化子坪	vei^{51}	kuei^{213}	kuei^{51}	vei^{23}	vei^{51}
延长郭旗	vei^{52}	kuei^{213}	kuei^{52}	vei^{23}	vei^{52}

方言 \ 字目	0276 宝 效开一 上皓帮	0277 抱 效开一 上皓並	0278 毛 效开一 平豪明	0279 帽 效开一 去号明	0280 刀 效开一 平豪端
吴起	pɔ^{52}	pɔ^{43}	mɔ^{13}	mɔ^{43}	tɔ^{12}
志丹	pɔ^{52}	pɔ^{44}	mu^{14} ~娃儿 / mɔ^{14} ~衣	mɔ$^{44/42}$	tɔ^{121}
安塞	pɔ^{52}	pɔ^{31}	mu^{24} ~娃儿 / mɔ^{24} ~衣	mɔ^{31}	tɔ^{121}
延安	pɔ^{53}	pɔ^{442}	mu^{243} ~娃儿 / mɔ^{243} ~线	mɔ^{442}	tɔ^{21}
甘泉	pɔ^{51}	pɔ^{44}	mu^{24} ~乱 / mɔ^{24} ~病	mɔ^{42}	tɔ^{31}
延长	pɔ^{51}	pɔ^{51}	mu^{24} ~乱 / mɔ^{24} ~笔	mɔ^{51}	tɔ^{232}
吴起周湾	pɔ^{213}	pɔ^{52}	mɔ^{242}	mɔ^{52}	tɔ^{242}
志丹顺宁	pɔ^{212}	pɔ^{52}	mɔ^{23}	mɔ^{52}	tɔ^{23}
安塞化子坪	pɔ^{213}	pɔ^{51}	mɔ^{23}	mɔ^{51}	tɔ^{23}
延长郭旗	pɔ^{213}	pɔ^{52}	mɔ^{23}	mɔ^{52}	tɔ^{23}

方言 \ 字目	0281 讨 效开一 上皓透	0282 桃 效开一 平豪定	0283 道 效开一 上皓定	0284 脑 效开一 上皓泥	0285 老 效开一 上皓来
吴起	tʰɔ⁵²	tʰɔ¹³	tɔ⁴³	nɔ¹³ ~① / nɔ⁵² ~电图	lɔ⁵²
志丹	tʰɔ⁵²	tʰɔ¹⁴	tɔ⁴²	nɔ¹⁴ ~ / nɔ⁵² ~子	lɔ⁵²
安塞	tʰɔ⁵²	tʰɔ²⁴	tɔ³³	nɔ²⁴ ~ / nɔ⁵² ~子	lɔ⁵²
延安	tʰɔ⁵³	tʰɔ²⁴³	tɔ⁴⁴²	nɔ²⁴³ ~上 / nɔ⁵³ ~子	lɔ⁵³
甘泉	tʰɔ⁵¹	tʰɔ²⁴	tɔ⁴²	nɔ²⁴ ~上 / nɔ⁵¹ ~子	lɔ⁵¹
延长	tʰɔ⁵¹	tʰɔ²⁴	tɔ⁵¹	nɔ²⁴ ~ / nɔ⁵¹ ~子	lɔ⁵¹
吴起周湾	tʰɔ²¹³	tʰɔ²⁴²	tɔ⁵²	nɔ²⁴² ~ / nɔ²¹³ ~子	lɔ²¹³
志丹顺宁	tʰɔ²¹²	tʰɔ²³	tɔ⁵²	nɔ²³ ~ / nɔ²¹² ~子	lɔ²¹²
安塞化子坪	tʰɔ²¹³	tʰɔ²³	tɔ⁵¹	nɔ²³ ~ / nɔ²¹³ ~子	lɔ²¹³
延长郭旗	tʰɔ²¹³	tʰɔ²³	tɔ⁵²	nɔ²³ ~ / nɔ²¹³ ~子	lɔ²¹³

方言 \ 字目	0286 早 效开一 上皓精	0287 灶 效开一 去号精	0288 草 效开一 上皓清	0289 糙 效开一 去号清	0290 造 效开一 上皓从
吴起	tsɔ⁵²	tsɔ⁴³	tsʰɔ⁵²	tsʰɔ⁴³	tsʰɔ⁴³
志丹	tsɔ⁵²	tsɔ⁴⁴	tsʰɔ⁵²	tsʰɔ⁴²	tsʰɔ⁴⁴
安塞	tsɔ⁵²	tsɔ³¹	tsʰɔ⁵²	tsʰɔ³¹	tsʰɔ³¹
延安	tsɔ⁵³	tsɔ⁴⁴²	tsʰɔ⁵³	tsʰɔ⁴⁴²	tsʰɔ⁴⁴²
甘泉	tsɔ⁵¹	tsɔ⁴⁴	tsʰɔ⁵¹	tsʰɔ⁴⁴	tsʰɔ⁴²
延长	tsɔ⁵¹	tsɔ⁵¹	tsʰɔ⁵¹	tsʰɔ⁵¹	tsʰɔ⁵¹
吴起周湾	tsɔ²¹³	tsɔ⁵²	tsʰɔ²¹³	tsʰɔ⁵²	tsʰɔ⁵²
志丹顺宁	tsɔ²¹²	tsɔ⁵²	tsʰɔ²¹²	tsʰɔ⁵²	tsʰɔ⁵²
安塞化子坪	tsɔ²¹³	tsɔ⁵¹	tsʰɔ²¹³	tsʰɔ⁵¹	tsʰɔ⁵¹
延长郭旗	tsɔ²¹³	tsɔ⁵²	tsʰɔ²¹³	tsʰɔ⁵²	tsʰɔ⁵²

---

① 陕北晋语中,"脑"(阳平)指头。

方言 \ 字目	0291 嫂 效开一 上皓心	0292 高 效开一 平豪见	0293 靠 效开一 去号溪	0294 熬 效开一 平豪疑	0295 好~坏 效开一 上皓晓
吴起	sɔ⁵²	kɔ¹²	kʰɔ⁴³	nɔ¹³	xɔ⁵²
志丹	sɔ⁵²	kɔ¹²¹	kʰɔ⁴⁴	nɔ¹⁴	xɔ⁵²
安塞	sɔ⁵²	kɔ¹²¹	kʰɔ³¹	ŋɔ²⁴	xɔ⁵²
延安	sɔ⁵³	kɔ²¹	kʰɔ⁴⁴²	ŋɔ²⁴³	xɔ⁵³
甘泉	sɔ⁵¹	kɔ³¹	kʰɔ⁴⁴	ŋɔ²⁴	xɔ⁵¹
延长	sɔ⁵¹	kɔ²³²	kʰɔ⁵¹	ŋɔ²⁴	xɔ⁵¹
吴起周湾	sɔ²¹³	kɔ²⁴²	kʰɔ⁵²	nɔ²⁴²	xɔ²¹³
志丹顺宁	sɔ²¹²	kɔ²³	kʰɔ⁵²	ŋɔ²³	xɔ²¹²
安塞化子坪	sɔ²¹³	kɔ²³	kʰɔ⁵¹	ŋɔ²³	xɔ²¹³
延长郭旗	sɔ²¹³	kɔ²³	kʰɔ⁵²	ŋɔ²³	xɔ²¹³

方言 \ 字目	0296 号名 效开一 去号匣	0297 包 效开二 平肴帮	0298 饱 效开二 上巧帮	0299 炮 效开二 去效滂	0300 猫 效开二 平肴明
吴起	xɔ⁴³	pɔ¹²	pɔ⁵²	pʰɔ⁴³	mɔ¹³
志丹	xɔ⁴⁴	pɔ¹²¹	pɔ⁵²	pʰɔ⁴²	mɔ¹⁴
安塞	xɔ³¹	pɔ¹²¹	pɔ⁵²	pʰɔ³¹	mɔ²⁴
延安	xɔ⁴⁴²	pɔ²¹	pɔ⁵³	pʰɔ⁴⁴²	mɔ²⁴³
甘泉	xɔ⁴²	pɔ³¹	pɔ⁵¹	pʰɔ⁴⁴	mɔ²⁴
延长	xɔ⁵¹	pɔ²³²	pɔ⁵¹	pʰɔ⁵¹	mɔ²⁴
吴起周湾	xɔ⁵²	pɔ²⁴²	pɔ²¹³	pʰɔ⁵²	mɔ²⁴²
志丹顺宁	xɔ⁵²	pɔ²³	pɔ²¹²	pʰɔ⁵²	mɔ²³
安塞化子坪	xɔ⁵¹	pɔ²³	pɔ²¹³	pʰɔ⁵¹	mɔ²³
延长郭旗	xɔ⁵²	pɔ²³	pɔ²¹³	pʰɔ⁵²	mɔ²³

字目 方言	0301 闹 效开二 去效泥	0302 罩 效开二 去效知	0303 抓 效开二 平肴庄	0304 找~钱 效开二 上巧庄	0305 抄 效开二 平肴初
吴起	nɔ⁴³	tsɔ⁴³	tʂua¹²	tsɔ⁵²	tsʰɔ¹²
志丹	nɔ⁴⁴/⁴²	tsɔ⁴²	tʂua¹²¹	tsɔ⁵²	tsʰɔ¹²¹
安塞	nɔ³¹	tsɔ³¹/³³	tʂua¹²¹	tsɔ⁵²	tsʰɔ¹²¹
延安	nɔ⁴⁴²	tsɔ⁴⁴²	tʂua²¹	tsɔ⁵³	tsʰɔ²¹
甘泉	nɔ⁴²	tsɔ⁴²	tʂua³¹	tsɔ⁵¹	tsʰɔ³¹
延长	nɔ⁵¹	tsɔ⁵¹	tʂuɑ²³²	tsɔ⁵¹	tsʰɔ²³²
吴起周湾	nɔ⁵²	tsɔ⁵²	tʂua²⁴²	tsɔ²¹³	tsʰɔ²⁴²
志丹顺宁	nɔ⁵²	tsɔ⁵²	tʂua²³	tsɔ²¹²	tsʰɔ²³
安塞化子坪	nɔ⁵¹	tsɔ⁵¹	tʂuɑ²³	tsɔ²¹³	tsʰɔ²³
延长郭旗	nɔ⁵²	tsɔ⁵²	tʂuɑ²³	tsɔ²¹³	tsʰɔ²³

字目 方言	0306 交 效开二 平肴见	0307 敲 效开二 平肴溪	0308 孝 效开二 去效晓	0309 校学~ 效开二 去效匣	0310 表 效开三 上小帮
吴起	tɕiɔ¹²	tɕʰiɔ¹²	xɔ⁴³ 戴~ ɕiɔ⁴³ ~子	ɕiɔ⁴³	piɔ⁵²
志丹	tɕiɔ¹²¹	tɕʰiɔ¹²¹	xɔ⁴⁴ 衫 ɕiɔ⁴⁴ ~子	ɕiɔ⁴⁴	piɔ⁵²
安塞	tɕiɔ¹²¹	tɕʰiɔ¹²¹	xɔ³¹ 戴~ ɕiɔ³¹ ~子	ɕiɔ³¹	piɔ⁵²
延安	tɕiɔ²¹	tɕʰiɔ²¹	xɔ⁴⁴² ~布 ɕiɔ⁴⁴² ~子	ɕiɔ⁴⁴²	piɔ⁵³
甘泉	tɕiɔ³¹	tɕʰiɔ³¹	xɔ⁴⁴ 戴~ ɕiɔ⁴² ~敬	ɕiɔ⁴⁴	piɔ⁵¹
延长	tɕiɔ²³²	tɕʰiɔ²³²	xɔ⁵¹ 戴~ ɕiɔ⁵¹ ~敬	ɕiɔ⁵¹	piɔ⁵¹
吴起周湾	tɕiɔ²⁴²	tɕʰiɔ²⁴²	xɔ⁵² ~衫 ɕiɔ⁵² ~子	ɕiɔ⁵²	piɔ²¹³
志丹顺宁	tɕiɔ²³	tɕʰiɔ²³	xɔ⁵² 戴~ ɕiɔ⁵² ~顺	ɕiɔ⁵²	piɔ²¹²
安塞化子坪	tɕiɔ²³	tɕʰiɔ²³	xɔ⁵¹ ~布 ɕiɔ⁵¹ ~子	ɕiɔ⁵¹	piɔ²¹³
延长郭旗	tɕiɔ²³	tɕʰiɔ²³	xɔ⁵² 戴~ ɕiɔ⁵² ~顺	ɕiɔ⁵²	piɔ²¹³

方言 \ 字目	0311 票 效开三 去笑滂	0312 庙 效开三 去笑明	0313 焦 效开三 平宵精	0314 小 效开三 上小心	0315 笑 效开三 去笑心
吴起	pʰiɔ⁴³	miɔ⁴³	tɕiɔ¹²	ɕiɔ⁵²	ɕiɔ⁴³
志丹	pʰiɔ⁴²	miɔ⁴⁴	tɕiɔ¹²¹	ɕiɔ⁵²	ɕiɔ⁴²
安塞	pʰiɔ³¹	miɔ³¹	tɕiɔ¹²¹	ɕiɔ⁵²	ɕiɔ³¹
延安	pʰiɔ⁴⁴²	miɔ⁴⁴²	tɕiɔ²¹	ɕiɔ⁵³	ɕiɔ⁴⁴²
甘泉	pʰiɔ⁴²	miɔ⁴²	tɕiɔ³¹	ɕiɔ⁵¹	ɕiɔ⁴²
延长	pʰiɔ⁵¹	miɔ⁵¹	tɕiɔ²³²	ɕiɔ⁵¹	ɕiɔ⁵¹
吴起周湾	pʰiɔ⁵²	miɔ⁵²	tɕiɔ²⁴²	ɕiɔ²¹³	ɕiɔ⁵²
志丹顺宁	pʰiɔ⁵²	miɔ⁵²	tɕiɔ²³	ɕiɔ²¹²	ɕiɔ⁵²
安塞化子坪	pʰiɔ⁵¹	miɔ⁵¹	tɕiɔ²³	ɕiɔ²¹³	ɕiɔ⁵¹
延长郭旗	pʰiɔ⁵²	miɔ⁵²	tɕiɔ²³	ɕiɔ²¹³	ɕiɔ⁵²

方言 \ 字目	0316 朝~代 效开三 平宵澄	0317 照 效开三 去笑章	0318 烧 效开三 平宵书	0319 绕~线 效开三 去笑日	0320 桥 效开三 平宵群
吴起	tʂʰɔ¹³	tʂɔ⁴³	ʂɔ¹²	ʐɔ⁴³	tɕʰiɔ¹³
志丹	tʂʰɔ¹⁴	tʂɔ⁴⁴	ʂɔ¹²¹	ʐɔ⁴²	tɕʰiɔ¹⁴
安塞	tʂʰɔ²⁴	tʂɔ³¹	ʂɔ¹²¹	ʐɔ⁵²	tɕʰiɔ²⁴
延安	tʂʰɔ²⁴³	tʂɔ⁴⁴²	ʂɔ²¹	ʐɔ⁵³	tɕʰiɔ²⁴³
甘泉	tʂʰɔ²⁴	tʂɔ⁴²	ʂɔ³¹	ʐɔ⁵¹	tɕʰiɔ²⁴
延长	tʂʰɔ²⁴	tʂɔ⁵¹	ʂɔ²³²	ʐɔ⁵¹	tɕʰiɔ²⁴
吴起周湾	tʂʰɔ²⁴²	tʂɔ⁵²	ʂɔ²⁴²	ʐɔ⁵²	tɕʰiɔ²⁴²
志丹顺宁	tʂʰɔ²³	tʂɔ⁵²	ʂɔ²³	ʐɔ⁵²	tɕʰiɔ²³
安塞化子坪	tʂʰɔ²³	tʂɔ⁵¹	ʂɔ²³	ʐɔ⁵¹	tɕʰiɔ²³
延长郭旗	tʂʰɔ²³	tʂɔ⁵²	ʂɔ²³	ʐɔ⁵²	tɕʰiɔ²³

方言 \ 字目	0321 轿	0322 腰	0323 要重~	0324 摇	0325 鸟
	效开三 去笑群	效开三 平宵影	效开三 去笑影	效开三 平宵以	效开四 上条端
吴起	tɕiɔ⁴³	iɔ¹²	iɔ⁴³	iɔ¹³	ȵiɔ⁵²
志丹	tɕiɔ⁴²	iɔ¹²¹	iɔ⁴²	iɔ¹⁴	ȵiɔ⁵²
安塞	tɕʰiɔ³¹	iɔ¹²¹	iɔ³¹	iɔ²⁴	ȵiɔ⁵²
延安	tɕiɔ⁴⁴²	iɔ²¹	iɔ⁴⁴²	iɔ²⁴³	ȵiɔ⁵³
甘泉	tɕʰiɔ⁴²	iɔ³¹	iɔ⁴²	iɔ²⁴	ȵiɔ⁵¹
延长	tɕʰiɔ⁵¹ tɕiɔ⁵¹	iɔ²³²	iɔ⁵¹	iɔ²⁴	ȵiɔ⁵¹
吴起周湾	tɕiɔ⁵²	iɔ²⁴²	iɔ⁵²	iɔ²⁴²	ȵiɔ²¹³
志丹顺宁	tɕiɔ⁵²	iɔ²³	iɔ⁵²	iɔ²³	ȵiɔ²¹²
安塞化子坪	tɕiɔ⁵¹	iɔ²³	iɔ⁵¹	iɔ²³	ȵiɔ²¹³
延长郭旗	tɕiɔ⁵²	iɔ²³	iɔ⁵²	iɔ²³	ȵiɔ²¹³

方言 \ 字目	0326 钓	0327 条	0328 料	0329 箫	0330 叫
	效开四 去啸端	效开四 平萧定	效开四 去啸来	效开四 平萧心	效开四 去啸见
吴起	tiɔ⁴³	tʰiɔ¹³	liɔ⁴³	ɕiɔ¹²	tɕiɔ⁴³
志丹	tiɔ⁴⁴	tʰiɔ¹⁴	liɔ⁴⁴	ɕiɔ¹²¹	tɕiɔ⁴⁴/⁴²
安塞	tiɔ³¹	tʰiɔ²⁴	liɔ³¹	ɕiɔ¹²¹	tɕiɔ³¹/³³
延安	tiɔ⁴⁴²	tʰiɔ²⁴³	liɔ⁴⁴²	ɕiɔ²¹	tɕiɔ⁴⁴²
甘泉	tiɔ⁴²	tʰiɔ²⁴	liɔ⁴²	ɕiɔ³¹	tɕiɔ⁴⁴/⁴²
延长	tiɔ⁵¹	tʰiɔ²⁴	liɔ⁵¹	ɕiɔ²³²	tɕiɔ⁵¹
吴起周湾	tiɔ⁵²	tʰiɔ²⁴²	liɔ⁵²	ɕiɔ²⁴²	tɕiɔ⁵²
志丹顺宁	tiɔ⁵²	tʰiɔ²³	liɔ⁵²	ɕiɔ²³	tɕiɔ⁵²
安塞化子坪	tiɔ⁵¹	tʰiɔ²³	liɔ⁵¹	ɕiɔ²³	tɕiɔ⁵¹
延长郭旗	tiɔ⁵²	tʰiɔ²³	liɔ⁵²	ɕiɔ²³	tɕiɔ⁵²

方言 \ 字目	0331 母丈~，舅~	0332 抖	0333 偷	0334 头	0335 豆
	流开一上厚明	流开一上厚端	流开一平侯透	流开一平侯定	流开一去候定
吴起	mu⁵²	təu⁵²	tʰəu¹²	tʰəu¹³	təu⁴³
志丹	mu⁵²	təu⁵²	tʰəu¹²¹	tʰəu¹⁴	təu⁴²
安塞	mu⁵²	təu⁵²	tʰəu¹²¹	tʰəu²⁴	təu³¹
延安	mu⁵³	təu⁵³	tʰəu²¹	tʰəu²⁴³	təu⁴⁴²
甘泉	mu⁵¹	təu⁵¹	tʰəu³¹	tʰəu²⁴	təu⁴²
延长	mu⁵¹	təu⁵¹	tʰəu²³²	tʰəu²⁴	tʰəu⁵¹ 绿~ / təu⁵¹ ~浆
吴起周湾	mu²¹³	təu²¹³	tʰəu²⁴²	tʰəu²⁴²	təu⁵²
志丹顺宁	mu²¹²	təu²¹²	tʰəu²³	tʰəu²³	təu⁵²
安塞化子坪	mu²¹³	təu²¹³	tʰəu²³	tʰəu²³	təu⁵¹
延长郭旗	mu²¹³	təu²¹³	tʰəu²³	tʰəu²³	təu⁵²

方言 \ 字目	0336 楼	0337 走	0338 凑	0339 钩	0340 狗
	流开一平侯来	流开一上厚精	流开一去候清	流开一平侯见	流开一上厚见
吴起	ləu¹³	tsəu⁵²	tsʰəu⁴³	kəu¹²	kəu⁵²
志丹	ləu¹⁴	tsəu⁵²	tsʰəu⁴²	kəu¹²¹	kəu⁵²
安塞	ləu²⁴	tsəu⁵²	tsʰəu³¹	kəu¹²¹	kəu⁵²
延安	ləu²⁴³	tsəu⁵³	tsʰəu⁴⁴²	kəu²¹	kəu⁵³
甘泉	ləu²⁴	tsəu⁵¹	tsʰəu⁴⁴	kəu³¹	kəu⁵¹
延长	ləu²⁴	tsəu⁵¹	tsʰəu⁵¹	kəu²³²	kəu⁵¹
吴起周湾	ləu²⁴²	tsəu²¹³	tsʰəu⁵²	kəu²⁴²	kəu²¹³
志丹顺宁	ləu²³	tsəu²¹²	tsʰəu⁵²	kəu²³	kəu²¹²
安塞化子坪	ləu²³	tsəu²¹³	tsʰəu⁵¹	kəu²³	kəu²¹³
延长郭旗	ləu²³	tsəu²¹³	tsʰəu⁵²	kəu²³	kəu²¹³

字目\方言	0341 够 流开一 去候见	0342 口 流开一 上厚溪	0343 藕 流开一 上厚疑	0344 后前~ 流开一 上厚匣	0345 厚 流开一 上厚匣
吴起	kəu⁴³	kʰəu⁵²	əu⁵²	xəu⁴³	xəu⁴³
志丹	kəu⁴²	kʰəu⁵²	əu⁵²	xəu⁴²	xəu⁴²
安塞	kəu³¹	kʰəu⁵²	ŋəu⁵²	xəu³¹	xəu³¹
延安	kəu⁴⁴²	kʰəu⁵³	ŋəu⁵³	xəu⁴⁴²	xəu⁴⁴²
甘泉	kəu⁴²	kʰəu⁵¹	ŋəu⁵¹	xəu⁴⁴	xəu⁴⁴
延长	kəu⁵¹	kʰəu⁵¹	ŋəu⁵¹	xəu⁵¹	xəu⁵¹
吴起周湾	kəu⁵²	kʰəu²¹³	əu²¹³	xəu⁵²	xəu⁵²
志丹顺宁	kəu⁵²	kʰəu²¹²	əu²¹²	xəu⁵²	xəu⁵²
安塞化子坪	kəu⁵¹	kʰəu²¹³	əu²¹³	xəu⁵¹	xəu⁵¹
延长郭旗	kəu⁵²	kʰəu²¹³	əu²¹³	xəu⁵²	xəu⁵²

字目\方言	0346 富 流开三 去宥非	0347 副 流开三 去宥敷	0348 浮 流开三 平尤奉	0349 妇 流开三 上有奉	0350 流 流开三 平尤来
吴起	fu⁴³	fu⁴³	fu¹²	fu⁴³	liəu¹³
志丹	fu⁴²	fu⁴²	fu¹²¹	fu⁴²	liəu¹⁴
安塞	fu³¹	fu³¹	fu¹²¹	fu³¹	liəu²⁴
延安	fu⁴⁴²	fu⁴⁴²	fu²⁴³	fu⁴⁴²	liəu²⁴³
甘泉	fu⁴²	fu⁴²	fu²⁴	fu⁴⁴	liəu²⁴
延长	fu⁵¹	fu⁵¹	fu²⁴	fu²³²	liəu²⁴
吴起周湾	fu⁵²	fu⁵²	fu²⁴²	fu⁵²	liəu²⁴²
志丹顺宁	fu⁵²	fu⁵²	fu²³	fu⁵²	liəu²³
安塞化子坪	fu⁵¹	fu⁵¹	fu²³	fu⁵¹	liəu²³
延长郭旗	fu⁵²	fu⁵²	fu²³	fu⁵²	liəu²³

方言＼字目	0351 酒 流开三 上有精	0352 修 流开三 平尤心	0353 袖 流开三 去宥邪	0354 抽 流开三 平尤彻	0355 绸 流开三 平尤澄
吴起	tɕiəu⁵²	ɕiəu¹²	ɕiəu⁴³	tʂʰəu¹²	tʂʰəu¹³
志丹	tɕiəu⁵²	ɕiəu¹²¹	ɕiəu⁴⁴	tʂʰəu¹²¹	tʂʰəu¹⁴
安塞	tɕiəu⁵²	ɕiəu¹²¹	ɕiəu³³	tʂʰəu¹²¹	tʂʰəu²⁴
延安	tɕiəu⁵³	ɕiəu²¹	ɕiəu⁴⁴²	tʂʰəu²¹	tʂʰəu²⁴³
甘泉	tɕiəu⁵¹	ɕiəu³¹	ɕiəu⁴⁴	tʂʰəu³¹	tʂʰəu²⁴
延长	tɕiəu⁵¹	ɕiəu²³²	ɕiəu⁵¹	tʂʰəu²³²	tʂʰəu²⁴
吴起周湾	tɕiəu²¹³	ɕiəu²⁴²	ɕiəu⁵²	tʂʰəu²⁴²	tʂʰəu²⁴²
志丹顺宁	tɕiəu²¹²	ɕiəu²³	ɕiəu⁵²	tʂʰəu²³	tʂʰəu²³
安塞化子坪	tɕiəu²¹³	ɕiəu²³	ɕiəu⁵¹	tʂʰəu²³	tʂʰəu²³
延长郭旗	tɕiəu²¹³	ɕiəu²³	ɕiəu⁵²	tʂʰəu²³	tʂʰəu²³

方言＼字目	0356 愁 流开三 平尤崇	0357 瘦 流开三 去宥生	0358 州 流开三 平尤章	0359 臭香~ 流开三 去宥昌	0360 手 流开三 上有书
吴起	tsʰəu¹³	səu⁴³	tʂəu¹²	tʂʰəu⁴³	ʂəu⁵²
志丹	tsʰəu¹⁴	səu⁴⁴	tʂəu¹²¹	tʂʰəu⁴⁴	ʂəu⁵²
安塞	tsʰəu²⁴	səu³¹	tʂəu¹²¹	tʂʰəu³¹	ʂəu⁵²
延安	tsʰəu²⁴³	səu⁴⁴²	tʂəu²¹	tʂʰəu⁴⁴²	ʂəu⁵³
甘泉	tsʰəu²⁴	səu⁴⁴	tʂəu³¹	tʂʰəu⁴⁴	ʂəu⁵¹
延长	tsʰəu²⁴	səu⁵¹	tʂəu²³²	tʂʰəu⁵¹	ʂəu⁵¹
吴起周湾	tsʰəu²⁴²	səu⁵²	tʂəu²⁴²	tʂʰəu⁵²	ʂəu²¹³
志丹顺宁	tsʰəu²³	səu⁵²	tʂəu²³	tʂʰəu⁵²	ʂəu²¹²
安塞化子坪	tsʰəu²³	səu⁵¹	tʂəu²³	tʂʰəu⁵¹	ʂəu²¹³
延长郭旗	tsʰəu²³	səu⁵²	tʂəu²³	tʂʰəu⁵²	ʂəu²¹³

方言\字目	0361 寿 流开三 去宥禅	0362 九 流开三 上有见	0363 球 流开三 平尤群	0364 舅 流开三 上有群	0365 旧 流开三 去宥群
吴起	ʂəu43	tɕiəu52	tɕʰiəu13	tɕiəu43	tɕiəu43
志丹	ʂəu42	tɕiəu52	tɕʰiəu14	tɕiəu42	tɕiəu42
安塞	ʂəu31	tɕiəu52	tɕʰiəu24	tɕiəu31	tɕiəu31
延安	ʂəu442	tɕiəu53	tɕʰiəu243	tɕiəu442	tɕʰiəu442～衣服 tɕiəu442～社会
甘泉	ʂəu44	tɕiəu51	tɕʰiəu24	tɕiəu44	tɕʰiəu44/42
延长	ʂəu51	tɕiəu51	tɕʰiəu24	tɕʰiəu51	tɕʰiəu51
吴起周湾	ʂəu52	tɕiəu213	tɕʰiəu242	tɕiəu52	tɕiəu52
志丹顺宁	ʂəu52	tɕiəu212	tɕʰiəu23	tɕiəu52	tɕiəu52
安塞化子坪	ʂəu51	tɕiəu213	tɕʰiəu23	tɕiəu51	tɕiəu51
延长郭旗	ʂəu52	tɕiəu213	tɕʰiəu23	tɕiəu52	tɕiəu52

方言\字目	0366 牛 流开三 平尤疑	0367 休 流开三 平尤晓	0368 优 流开三 平尤影	0369 有 流开三 上有云	0370 右 流开三 去宥云
吴起	ɲiəu13	ɕiəu12	iəu12	iəu52	iəu43
志丹	ɲiəu14	ɕiəu121	iəu121	iəu52	iəu42
安塞	ɲiəu24	ɕiəu121	iəu121	iəu52	iəu31
延安	ɲiəu243	ɕiəu21	iəu21	iəu53	iəu442
甘泉	ɲiəu24	ɕiəu31	iəu31	iəu51	iəu42
延长	ɲiəu24	ɕiəu232	iəu232	iəu51	iəu51
吴起周湾	ɲiəu242	ɕiəu242	iəu242	iəu213	iəu52
志丹顺宁	ɲiəu24	ɕiəu23	iəu23	iəu212	iəu52
安塞化子坪	ɲiəu23	ɕiəu23	iəu23	iəu213	iəu51
延长郭旗	ɲiəu23	ɕiəu23	iəu23	iəu213	iəu52

方言＼字目	0371 油 流开三 平尤以	0372 丢 流开三 平幽端	0373 幼 流开三 去幼影	0374 贪 咸开一 平覃透	0375 潭 咸开一 平覃定
吴起	iəu13	tiəu12	iəu43	tʰæ̃12	tʰæ̃13
志丹	iəu14	tiəu121	iəu42	tʰæ̃121	tʰæ̃14
安塞	iəu24	tiəu121	iəu31	tʰæ̃121	tʰæ̃24
延安	iəu243	tiəu21	iəu442	tʰɛ̃21	tʰɛ̃243
甘泉	iəu24	tiəu31	iəu44	tʰɛ̃31	tʰɛ̃24
延长	iəu24	tiəu232	iəu51	tʰɛ̃232	tʰɛ̃24
吴起周湾	iəu242	tiəu242	iəu52	tʰɛ242	tʰɛ242
志丹顺宁	iəu23	tiəu23	iəu52	tʰɛ̃23	tʰɛ̃23
安塞化子坪	iəu23	tiəu23	iəu51	tʰɛ23	tʰɛ23
延长郭旗	iəu23	tiəu23	iəu52	tʰɛ23	tʰɛ23

方言＼字目	0376 南 咸开一 平覃泥	0377 蚕 咸开一 平覃从	0378 感 咸开一 上感见	0379 含~一口水 咸开一 平覃匣	0380 暗 咸开一 去勘影
吴起	næ̃13	tsʰæ̃13	kæ̃52	xæ̃13	næ̃43
志丹	næ̃14	tsʰæ̃14	kæ̃52	xæ̃14	næ̃42
安塞	næ̃24	tsʰæ̃24	kæ̃52	xæ̃24	ŋæ̃31
延安	nɛ̃243	tsʰɛ̃243	kɛ̃53	xɛ̃243	ŋɛ̃442
甘泉	nɛ̃24	tsʰɛ̃24	kɛ̃51	xɛ̃24	ŋɛ̃44
延长	nɛ̃24	tsʰɛ̃24	kɛ̃51	xɛ̃24	ŋɛ̃51
吴起周湾	nɛ242	tsʰɛ242	kɛ213	xɛ242	nɛ52
志丹顺宁	nɛ̃23	tsʰɛ̃23	kɛ212	xɛ23	ŋɛ52
安塞化子坪	nɛ23	tsʰɛ23	kɛ213	xɛ23	ŋɛ51
延长郭旗	nɛ23	tsʰɛ23	kɛ213	xɛ23	ŋɛ52

方言\字目	0381 搭 咸开一入合端	0382 踏 咸开一入合透	0383 拉 咸开一入合来	0384 杂 咸开一入合从	0385 鸽 咸开一入合见
吴起	ta¹²	tʰa¹²	la¹²	tsa¹³	kuə¹²
志丹	ta¹²¹	tʰa¹²¹	la¹²¹	tsa¹⁴	kuə¹²¹
安塞	ta¹²¹	tʰa¹²¹	la¹²¹	tsʰa²⁴ ～面 / tsa²⁴ 复～	kuə¹²¹
延安	ta²¹	tʰa²¹	la²¹	tsa²⁴³	kuɤ²¹
甘泉	ta³¹	tʰa³¹	la³¹	tsa²⁴	kuɤ³¹
延长	tɑ²³²	tʰɑ²³²	lɑ²³²	tsʰɑ²⁴ tsɑ²⁴	kɤ²³²
吴起周湾	taʔ³²	tʰaʔ³²	laʔ³²	tsa²⁴²	kaʔ³²
志丹顺宁	taʔ³³	tʰaʔ³³	laʔ³³	tsʰa²³	kaʔ³³
安塞化子坪	taʔ⁴³ tɑ²³	tʰaʔ⁴³	laʔ⁴³	tsʰaʔ⁴³	kaʔ⁴³
延长郭旗	tɑ²³	tʰaʔ⁴³	laʔ⁴³	tsɑ²³	kaʔ⁴³

方言\字目	0386 盒 咸开一入合匣	0387 胆 咸开一上敢端	0388 毯 咸开一上敢透	0389 淡 咸开一上敢定	0390 蓝 咸开一平谈来
吴起	xuə¹³	tæ̃⁵²	tʰæ̃⁵²	tæ̃⁴³	læ̃¹³
志丹	xuə¹⁴	tæ̃⁵²	tʰæ̃⁵²	tæ̃⁴²	læ̃¹⁴
安塞	xuə²⁴	tæ̃⁵²	tʰæ̃⁵²	tʰæ̃³¹	læ̃²⁴
延安	xuɤ²⁴³ xɤ²⁴³	tɛ̃⁵³	tʰɛ̃⁵³	tɛ̃⁴⁴² tɛ̃⁴⁴²	lɛ̃²⁴³
甘泉	xɤ²⁴	tɛ̃⁵¹	tʰɛ̃⁵¹	tʰɛ̃⁴⁴/⁴²	lɛ̃²⁴
延长	xɤ²⁴	tɛ̃⁵¹	tʰɛ̃⁵¹	tɛ̃⁵¹	lɛ̃²⁴
吴起周湾	xɤ²⁴²	tɛ²¹³	tʰɛ²¹³	tɛ⁵²	lɛ²⁴²
志丹顺宁	xuə²³	tɛ̃²¹²	tʰɛ̃²¹²	tɛ̃⁵²	lɛ̃²³
安塞化子坪	xuɤ²³ xɤ²³	tɛ²¹³	tʰɛ²¹³	tɛ⁵¹	lɛ²³
延长郭旗	xɤ²³	tɛ²¹³	tʰɛ²¹³	tɛ⁵²	lɛ²³

方言＼字目	0391 三 咸开一 平谈心	0392 甘 咸开一 平谈见	0393 敢 咸开一 上敢见	0394 喊 咸开一 上敢晓	0395 塔 咸开一 入盍透
吴起	sæ̃^{12}	kæ̃^{12}	kæ̃^{52}	xæ̃^{52}	tʰa^{12}
志丹	sæ̃^{121}	kæ̃^{121}	kæ̃^{52}	xæ̃^{52}	tʰa^{121}
安塞	sæ̃^{121}	kæ̃^{121}	kæ̃^{52}	xæ̃^{52}	tʰa^{121}
延安	sɛ̃^{21}	kɛ̃^{21}	kɛ̃^{53}	xɛ̃^{53}	tʰa^{21}
甘泉	sɛ̃^{31}	kɛ̃^{31}	kɛ̃^{51}	xɛ̃^{51}	tʰa^{31}
延长	sɛ̃^{232}	kɛ̃^{232}	kɛ̃^{51}	xɛ̃^{51}	tʰɑ^{232}
吴起周湾	sɛ^{242}	kɛ^{242}	kɛ^{213}	xɛ^{213}	tʰaʔ^{32}
志丹顺宁	sɛ̃^{23}	kɛ̃^{23}	kɛ̃^{212}	xɛ̃^{212}	tʰaʔ^{33}
安塞化子坪	sɛ^{23}	kɛ^{23}	kɛ^{213}	xɛ^{213}	tʰaʔ^{43}
延长郭旗	sɛ^{23}	kɛ^{23}	kɛ^{213}	xɛ^{213}	tʰɑ^{213}

方言＼字目	0396 蜡 咸开一 入盍来	0397 赚 咸开二 去陷澄	0398 杉~木 咸开二 平咸生	0399 减 咸开二 上豏见	0400 咸~淡 咸开二 平咸匣
吴起	la^{12}	tʂuæ̃^{43}	sæ̃^{12}	tɕiæ̃^{52}	xæ̃^{13}
志丹	la^{121}	tʂuæ̃^{42}	sæ̃^{121}	tɕiæ̃^{52}	xæ̃^{14}
安塞	la^{121}	tʂuæ̃^{31}	sæ̃^{121}	tɕiæ̃^{52}	xæ̃^{24}
延安	la^{21}	tʂuɛ̃^{442}	sɛ̃^{21}	tɕiɛ̃^{53}	xɛ̃^{243}
甘泉	la^{31}	tʂuɛ̃^{42}	sɛ̃^{31}	tɕiɛ̃^{51}	xɛ̃^{24}
延长	lɑ^{232}	tʂuɛ̃^{51}	sɛ̃^{232}	tɕiɛ̃^{51}	xɛ̃^{24}
吴起周湾	laʔ^{32}	tʂuɛ^{52}	sɛ^{242}	tɕiɛ^{213}	xɛ^{242}
志丹顺宁	laʔ^{33}	tʂuɛ̃^{52}	sɛ̃^{23}	tɕiɛ^{212}	xɛ̃^{23}
安塞化子坪	laʔ^{43}	tʂuɛ^{51}	sɛ^{23}	tɕiɛ^{213}	xɛ^{23}
延长郭旗	laʔ^{43}	tʂuɛ^{52}	sɛ^{23}	tɕie^{213}	xɛ^{23}

方言 \ 字目	0401 插 咸开二 入洽初	0402 闸 咸开二 入洽崇	0403 夹~子 咸开二 入洽见	0404 衫 咸开二 平衔生	0405 监 咸开二 平衔见
吴起	tsʰa¹²	tsa⁴³	tɕia¹²	sæ¹²	tɕiæ¹²
志丹	tsʰa¹²¹	tsa¹²¹	tɕia¹²¹	sæ¹²¹	tɕiæ¹²¹
安塞	tsʰa¹²¹	tsa³¹	tɕia¹²¹	sæ¹²¹	tɕiæ¹²¹
延安	tsʰa²¹	tsa²⁴³	tɕia²¹	sɛ̃²¹	tɕiɛ̃²¹
甘泉	tsʰa³¹	tsa⁴²	tɕia³¹	sɛ̃³¹	tɕiɛ̃³¹
延长	tsʰɑ²³²	tsɑ⁵¹	tɕiɑ²³²	sɛ̃²³²	tɕiɛ̃²³²
吴起周湾	tsʰaʔ³²	tsa²⁴²	tɕia²⁴²	sɛ²⁴²	tɕiɛ²⁴²
志丹顺宁	tsʰaʔ³³	tsa²³	tɕiaʔ³³	sɛ²³	tɕiE²³
安塞化子坪	tsʰaʔ⁴³	tsɑ⁵¹	tɕiaʔ⁴³ tɕiɑ²³	sɛ²³	tɕiE²³
延长郭旗	tsʰaʔ⁴³	tsɑ²³	tɕiaʔ⁴³	sɛ²³	tɕie²³

方言 \ 字目	0406 岩 咸开二 平衔疑	0407 甲 咸开二 入狎见	0408 鸭 咸开二 入狎影	0409 黏~液 咸开三 平盐泥	0410 尖 咸开三 平盐精
吴起	iæ¹³	tɕia¹²	ia¹²	zæ¹³	tɕiæ¹²
志丹	iæ¹⁴	tɕia¹²¹	ia¹²¹	zæ¹⁴	tɕiæ¹²¹
安塞	iæ²⁴	tɕia¹²¹	ia³¹①	zæ²⁴	tɕiæ¹²¹
延安	iɛ̃²⁴³	tɕia²¹	n̩ia²¹ ~子 / ia²¹ 烤~	zɛ̃²⁴³	tɕiɛ̃²¹
甘泉	iɛ̃²⁴	tɕia³¹	n̩ia³¹ ~子 / ia³¹ 烤~	zɛ̃²⁴	tɕiɛ̃³¹
延长	iɛ̃²⁴	tɕiɑ²³²	n̩iɑ²³² ~子 / iɑ²³² ~肉	zɛ̃²⁴	tɕiɛ̃²³²
吴起周湾	iɛ²⁴²	tɕiaʔ³²	ia²⁴²	zɛ²⁴²	tɕiɛ²⁴²
志丹顺宁	iɛ²³	tɕiaʔ³³	iaʔ³³	zɛ²³	tɕiE²³
安塞化子坪	iE²³	tɕiɑ²³	iɑ²³	zɛ²³	tɕiE²³
延长郭旗	ie²³	tɕiaʔ⁴³	iɑ²³	zɛ²³	tɕie²³

---

① 安塞"鸭"读去声调。

方言＼字目	0411 签~名 咸开三 平盐清	0412 占~领 咸开三 去艳章	0413 染 咸开三 上琰日	0414 钳 咸开三 平盐群	0415 验 咸开三 去艳疑
吴起	tɕʰiæ12	tʂæ43	zæ52	tɕʰiæ13	iæ43
志丹	tɕʰiæ121	tʂæ42	zæ52	tɕʰiæ14	iæ44
安塞	tɕʰiæ121	tʂæ31	zæ52	tɕʰiæ24	iæ31/33
延安	tɕʰiẽ21	tʂẽ442	zẽ53	tɕʰiẽ243	iẽ442
甘泉	tɕʰiẽ31	tʂẽ42	zẽ51	tɕʰiẽ24	iẽ44
延长	tɕʰiẽ232	tʂẽ51	zẽ51	tɕʰiẽ24	iẽ51
吴起周湾	tɕʰiɛ242	tʂɛ52	zɛ213	tɕʰiɛ242	iɛ52
志丹顺宁	tɕʰiE23	tʂɛ52	zɛ212	tɕʰiE23	iE52
安塞化子坪	tɕʰiE23	tʂɛ51	zɛ213	tɕʰiE23	iE51
延长郭旗	tɕʰie23	tʂɛ51	zɛ213	tɕʰie23	ie52

方言＼字目	0416 险 咸开三 上琰晓	0417 厌 咸开三 去艳影	0418 炎 咸开三 平盐云	0419 盐 咸开三 平盐以	0420 接 咸开三 入叶精
吴起	ɕiæ52	iæ43	iæ43	iæ13	tɕiɛ12
志丹	ɕiæ52	iæ42	iæ42	iæ14	tɕiɛ121
安塞	ɕiæ52	iæ31	iæ31	iæ24	tɕiɛ121
延安	ɕiẽ53	iẽ442	iẽ442	iẽ243	tɕie21
甘泉	ɕiẽ51	iẽ44	iẽ42	iẽ24	tɕie31
延长	ɕiẽ51	iẽ51	iẽ51	iẽ24	tɕie232
吴起周湾	ɕiɛ213	iɛ52	iɛ52	iɛ242	tɕiaʔ32
志丹顺宁	ɕiE212	iE52	iE52	iE23	tɕiaʔ33
安塞化子坪	ɕiE213	iE51	iE51	iE23	tɕiE23
延长郭旗	ɕie213	ie52	ie52	ie23	tɕie23

字目　方言	0421 折~叠　山开三 入薛章	0422 叶树~　咸开三 入叶以	0423 剑　咸开三 去酽见	0424 欠　咸开三 去酽溪	0425 严　咸开三 平严疑
吴起	tʂʅə¹³	iɛ¹²	tɕiæ⁴³	tɕʰiæ⁴³	n̠æ¹³ 盖~ / i̠æ¹³ ~肃
志丹	tʂʅə⁴²①	ie¹²¹	tɕiæ⁴²	tɕʰiæ⁴⁴	n̠æ¹⁴ 盖~ / i̠æ¹⁴ ~肃
安塞	tʂʅə¹²¹	iɛ¹²¹	tɕiæ³¹	tɕʰiæ³¹	ŋ̠æ²⁴ 盖~ / i̠æ²⁴ ~肃
延安	tʂɤ²¹	ie²¹	tɕiẽ⁴⁴²	tɕʰiẽ⁴⁴²	ŋ̠ẽ²⁴³ 盖~ / i̠ẽ²⁴³ ~格
甘泉	tʂɤ³¹	ie³¹	tɕiẽ⁴⁴	tɕʰiẽ⁴⁴	ŋ̠ẽ²⁴ 盖~ / i̠ẽ²⁴ 姓~
延长	tʂɤ²³²	ie²³²	tɕiẽ⁵¹	tɕʰiẽ⁵¹	ŋ̠ẽ²⁴ 盖~ / i̠ẽ²⁴ ~打
吴起周湾	tʂɔʔ³² tʂʅə²⁴²	iaʔ³²	tɕiɛ⁵²	tɕʰiɛ⁵²	n̠e²⁴² 盖~ / i̠e²⁴² ~肃
志丹顺宁	tʂɜʔ³³	iɜʔ³³	tɕiE⁵²	tɕʰiE⁵²	ŋ̠ɛ²³ ~实 / i̠ɛ²³ ~打
安塞化子坪	tʂaʔ⁴³	iaʔ⁴³	tɕiE⁵¹	tɕʰiE⁵¹	ŋ̠ɛ²³ 盖~ / i̠ɛ²³ ~打
延长郭旗	tʂɤ²³	ie²³	tɕie⁵²	tɕʰie⁵²	ŋ̠e²³ 盖~ / i̠e²³ ~打

字目　方言	0426 业　咸开三 入业疑	0427 点　咸开四 上忝端	0428 店　咸开四 去㮇端	0429 添　咸开四 平添透	0430 甜　咸开四 平添定
吴起	n̠ie¹²	tiæ⁵²	tiæ⁴³	tʰiæ¹²	tʰiæ¹³
志丹	n̠ie¹²¹	tiæ⁵²	tiæ⁴²	tʰiæ¹²¹	tʰiæ¹⁴
安塞	n̠ie¹²¹	tiæ⁵²	tiæ³¹	tʰiæ¹²¹	tʰiæ²⁴
延安	n̠ie²¹ 毕~ / i̠e²¹ 开~	tiẽ⁵³	tiẽ⁴⁴²	tʰiẽ²¹	tʰiẽ²⁴³
甘泉	n̠ie³¹	tiẽ⁵¹	tiẽ⁴²	tʰiẽ³¹	tʰiẽ²⁴
延长	n̠ie²³² 作~ / i̠e²³² 营~	tiẽ⁵¹	tiẽ⁵¹	tʰiẽ²³²	tʰiẽ²⁴
吴起周湾	n̠iaʔ³²	tie²¹³	tie⁵²	tʰie²⁴²	tʰie²⁴²
志丹顺宁	n̠iɜʔ³³ iE²³	tiE²¹²	tiE⁵²	tʰiE²³	tʰiE²⁴
安塞化子坪	iE²³	tiE²¹³	tiE⁵¹	tʰiE²³	tʰiE²³
延长郭旗	ie²³	tie²¹³	tie⁵²	tʰie²³	tʰie²³

---

① 志丹"折"读去声调，是折合关中方言阴平调的结果。

字目\方言	0431 念 咸开四 去掭泥	0432 嫌 咸开四 平添匣	0433 跌 咸开四 入帖端	0434 贴 咸开四 入帖透	0435 碟 咸开四 入帖定
吴起	ȵiæ⁴³	ɕiæ¹³	tiɛ¹²	tʰiɛ¹²	tiɛ¹³
志丹	ȵiæ⁴²	ɕiæ¹⁴	tie¹²¹	tʰie¹²¹	tie¹⁴
安塞	ȵiæ³³	ɕiæ²⁴	tiɛ²⁴	tʰiɛ¹²¹	tʰiɛ²⁴
延安	ȵiɛ̃⁴⁴²	ɕiɛ̃²⁴³	tiɛ²¹	tʰiɛ²¹	tʰie²⁴³ 飞~儿① tie²⁴³ ~子
甘泉	ȵiɛ̃⁴⁴	ɕiɛ̃²⁴	tiɛ³¹	tʰiɛ³¹	tʰie²⁴
延长	ȵiɛ̃⁵¹	ɕiɛ̃²⁴	tiɛ²³²	tʰiɛ²³²	tʰie²⁴
吴起周湾	ȵie⁵²	ɕiɛ²⁴²	tiɜʔ³²	tʰiɜʔ³²	tiɛ²⁴²
志丹顺宁	ȵiE⁵²	ɕiE²³	tiɜʔ³³	tʰiɜʔ³³	tiE²³
安塞化子坪	ȵiE⁵¹	ɕiE²³	tiaʔ⁴³	tʰiaʔ⁴³	tiE²³
延长郭旗	ȵie⁵²	ɕie²³	tiaʔ⁴³	tʰiaʔ⁴³	tie²³

字目\方言	0436 协 咸开四 入帖匣	0437 犯 咸合三 上范奉	0438 法 咸合三 入乏非	0439 品 深开三 上寝滂	0440 林 深开三 平侵来
吴起	ɕiɛ¹³	fæ⁴³	fa¹²	pʰiəŋ⁵²	liəŋ¹³
志丹	ɕie¹⁴	fæ⁴²	fa¹²¹	pʰiəŋ⁵²	liəŋ¹⁴
安塞	ɕiɛ²⁴	fæ³¹	fa¹²¹	pʰiəŋ⁵²	liəŋ²⁴
延安	ɕie²⁴³	fɛ̃⁴⁴²	fa²¹	pʰiəŋ⁵³	liəŋ²⁴³
甘泉	ɕie²⁴	fɛ̃⁴²	fa³¹	pʰiəŋ⁵¹	liəŋ²⁴
延长	ɕie²⁴	fɛ̃⁵¹	fɑ²³²	pʰiəŋ⁵¹	liəŋ²⁴
吴起周湾	ɕiɛ²⁴²	fɛ⁵²	fa²¹³	pʰiɯ̃²¹³	liɯ̃²⁴²
志丹顺宁	ɕiE²³	fɛ⁵²	faʔ³³	pʰiɯỹ²¹²	liɯỹ²³
安塞化子坪	ɕiE²³	fɛ⁵¹	fɑ²³	pʰiɯŋ²¹³	liɯŋ²³
延长郭旗	ɕie²³	fɛ⁵²	fɑ²³	pʰiəŋ²¹³	liəŋ²³

---

① 飞碟儿：飞盘玩具。

方言 \ 字目	0441 浸 深开三 去沁精	0442 心 深开三 平侵心	0443 寻 深开三 平侵邪	0444 沉 深开三 平侵澄	0445 参人~ 深开三 平侵生
吴起	tɕiəŋ⁵²①	ɕiəŋ¹²	ɕiəŋ¹³	tʂʰəŋ¹³	səŋ¹²
志丹	tɕiəŋ⁵²	ɕiəŋ¹²¹	ɕiəŋ¹⁴	tʂʰəŋ¹⁴	səŋ¹²¹
安塞	tɕiəŋ³³	ɕiəŋ¹²¹	ɕiəŋ²⁴	tʂʰəŋ²⁴	səŋ¹²¹
延安	tɕiəŋ⁴⁴²	ɕiəŋ²¹	ɕiəŋ²⁴³	tʂʰəŋ²⁴³	səŋ²¹
甘泉	tɕʰiəŋ⁴⁴	ɕiəŋ³¹	ɕiəŋ²⁴	tʂʰəŋ²⁴	səŋ³¹
延长	tɕʰiəŋ⁵¹	ɕiəŋ²³²	ɕiəŋ²⁴	tʂʰəŋ²⁴	səŋ²³²
吴起周湾	tɕʰiũ⁵²	ɕiũ²⁴²	ɕiũ²⁴²	tʂʰũ²⁴²	sũ²⁴²
志丹顺宁	tɕiɯỹ⁵²	ɕiɯỹ²³	ɕiɯỹ²³	tʂʰɯỹ²³	sɯỹ²³
安塞化子坪	tɕiɯŋ⁵¹	ɕiɯŋ²³	ɕiɯŋ²³	tʂʰɯŋ²³	sɯŋ²³
延长郭旗	tɕiəŋ⁵²	ɕiəŋ²³	ɕiəŋ²³	tʂʰəŋ²³	səŋ²³

方言 \ 字目	0446 针 深开三 平侵章	0447 深 深开三 平侵书	0448 任责~ 深开三 去沁日	0449 金 深开三 平侵见	0450 琴 深开三 平侵群
吴起	tʂəŋ¹²	ʂəŋ¹²	ʐəŋ⁴³	tɕiəŋ¹²	tɕʰiəŋ¹³
志丹	tʂəŋ⁴²②	ʂəŋ¹²¹	ʐəŋ⁴²	tɕiəŋ¹²¹	tɕʰiəŋ¹⁴
安塞	tʂəŋ¹²¹	ʂəŋ¹²¹	ʐəŋ³¹	tɕiəŋ¹²¹	tɕʰiəŋ²⁴
延安	tʂəŋ²¹	ʂəŋ²¹	ʐəŋ⁴⁴²	tɕiəŋ²¹	tɕʰiəŋ²⁴³
甘泉	tʂəŋ³¹	ʂəŋ³¹	ʐəŋ⁴²	tɕiəŋ³¹	tɕʰiəŋ²⁴
延长	tʂəŋ²³²	ʂəŋ²³²	ʐəŋ⁴²	tɕiəŋ²³²	tɕʰiəŋ²⁴
吴起周湾	tʂũ²⁴²	ʂũ²⁴²	ʐũ⁵²	tɕiũ²⁴²	tɕʰiũ²⁴²
志丹顺宁	tʂɯỹ²³	ʂɯỹ²³	ʐɯỹ⁵²	tɕiɯỹ²³	tɕʰiɯỹ²³
安塞化子坪	tʂɯŋ²³	ʂɯŋ²³	ʐɯŋ⁵¹	tɕiɯŋ²³	tɕʰiɯŋ²³
延长郭旗	tʂəŋ²³	ʂəŋ²³	ʐəŋ⁵²	tɕiəŋ²³	tɕʰiəŋ²³

① 吴起、志丹"浸"读上声调。
② 志丹"针"读去声调，是折合关中方言阴平调的结果。

方言 \ 字目	0451 音 深开三 平侵影	0452 立 深开三 入缉来	0453 集 深开三 入缉从	0454 习 深开三 入缉邪	0455 汁 深开三 入缉章
吴起	iəŋ¹²	liə ʔ³² li¹²	tɕi¹³	ɕiə ʔ³² ɕi¹³	tʂʅ¹²
志丹	iəŋ¹²¹	li¹²¹	tɕi¹⁴	ɕi¹⁴	tʂʅ¹²¹
安塞	iəŋ¹²¹	liə ʔ⁴³ li¹²¹	tɕiə ʔ⁴³ tɕi²⁴	ɕi²⁴	tʂə ʔ⁴³ tʂʅ¹²¹
延安	iəŋ²¹	li²¹	tɕi²⁴³	ɕi²⁴³	tʂʅ²¹
甘泉	iəŋ³¹	li³¹	tɕi²⁴	ɕi²⁴	tʂʅ³¹
延长	iəŋ²³²	li²³²	tɕʰi²⁴ 赶~ tɕi²⁴ ~合	ɕi²⁴	tʂʅ²³²
吴起周湾	iɯ̃²⁴²	liə ʔ³²	tɕiə ʔ³²	ɕiə ʔ³²	tʂə ʔ³²
志丹顺宁	iɯỹ²³	liə ʔ³³	tɕiə ʔ³³	ɕiə ʔ³³	tʂə ʔ³³
安塞化子坪	iɯŋ²³	liə ʔ⁴³	tɕiə ʔ⁴³	ɕiə ʔ⁴³	tʂə ʔ⁴³
延长郭旗	iəŋ²³	liə ʔ⁴³	tɕiə ʔ⁴³	ɕiə ʔ⁴³	tʂə ʔ⁴³ tʂʅ²³

方言 \ 字目	0456 十 深开三 入缉禅	0457 入出~ 深开三 入缉日	0458 急 深开三 入缉见	0459 及 深开三 入缉群	0460 吸 深开三 入缉晓
吴起	ʂə ʔ³²	ʐuə ʔ³²	tɕi¹³	tɕiə ʔ⁴³ tɕi¹³	ɕiə ʔ³² ɕi¹²
志丹	ʂə ʔ⁴³	ʐuə ʔ⁴³ ʐu¹²¹	tɕi¹⁴	tɕiə ʔ⁴³ tɕi¹⁴	ɕiə ʔ⁴³ ɕi¹²¹
安塞	ʂə ʔ⁴³	ʐu¹²¹	tɕiə ʔ⁴³ tɕi²⁴	tɕi²⁴	ɕiə ʔ⁴³ ɕi¹²¹
延安	ʂʅ²⁴³ 九~ ʂə ʔ⁵ ~个	ʐu²¹	tɕi²⁴³	tɕi²⁴³	ɕi²¹
甘泉	ʂʅ²⁴ (ʂə ʔ³²)	ʐu³¹ (ʐuə ʔ³²)	tɕi²⁴	tɕi²⁴	ɕi³¹
延长	ʂʅ²⁴	ʐu²³²	tɕi²⁴	tɕi²⁴	ɕi²³²
吴起周湾	ʂə ʔ³²	ʐuə ʔ³²	tɕiə ʔ³²	tɕiə ʔ³²	ɕiə ʔ³²
志丹顺宁	ʂə ʔ³³	ʐuə ʔ³³	tɕiə ʔ³³	tɕiə ʔ³³	ɕiə ʔ³³
安塞化子坪	ʂə ʔ⁴³	ʐuə ʔ⁴³	tɕiə ʔ⁴³	tɕiə ʔ⁴³	ɕiə ʔ⁴³
延长郭旗	ʂə ʔ⁴³	ʐuə ʔ⁴³	tɕiə ʔ⁴³ tɕi²³	tɕiə ʔ⁴³	ɕiə ʔ⁴³

方言\字目	0461 单简~	0462 炭	0463 弹~琴	0464 难~易	0465 兰
	山开一平寒端	山开一去翰透	山开一平寒定	山开一平寒泥	山开一平寒来
吴起	tæ̃12	tʰæ̃43	tʰæ̃13	næ̃13	læ̃13
志丹	tæ̃121	tʰæ̃44/42	tʰæ̃14	næ̃14	læ̃14
安塞	tæ̃121	tʰæ̃31	tʰæ̃24	næ̃24	læ̃24
延安	tẽ21	tʰẽ442	tʰẽ243	nẽ243	lẽ243
甘泉	tẽ31	tʰẽ44/42	tʰẽ24	nẽ24	lẽ24
延长	tẽ232	tʰẽ51	tʰẽ24	nẽ24	lẽ24
吴起周湾	tɛ242	tʰɛ52	tʰɛ242	nɛ242	lɛ242
志丹顺宁	tɛ̃23	tʰɛ̃52	tʰɛ̃23	nɛ̃23	lɛ̃23
安塞化子坪	tɛ23	tʰɛ51	tʰɛ23	nɛ23	lɛ23
延长郭旗	tɛ23	tʰɛ52	tʰɛ23	nɛ23	lɛ23

方言\字目	0466 懒	0467 烂	0468 伞	0469 肝	0470 看~见
	山开一上旱来	山开一去翰来	山开一上旱心	山开一平寒见	山开一去翰溪
吴起	læ̃52	læ̃43	sæ̃52	kæ̃12	kʰæ̃43
志丹	læ̃52	læ̃44	sæ̃52	kæ̃121	kʰæ̃42
安塞	læ̃52	læ̃33/31	sæ̃52	kæ̃121	kʰæ̃31
延安	lẽ53	lẽ442	sẽ53	kẽ21	kʰẽ442
甘泉	lẽ51	lẽ42	sẽ51	kẽ31	kʰẽ44
延长	lẽ51	lẽ51	sẽ51	kẽ232	kʰẽ51
吴起周湾	lɛ213	lɛ52	sɛ213	kɛ242	kʰɛ52
志丹顺宁	lɛ̃212	lɛ̃52	sɛ̃212	kɛ̃23	kʰɛ̃52
安塞化子坪	lɛ213	lɛ51	sɛ213	kɛ23	kʰɛ51
延长郭旗	lɛ213	lɛ52	sɛ213	kɛ23	kʰɛ52

方言 \ 字目	0471 岸 山开一 去翰疑	0472 汉 山开一 去翰晓	0473 汗 山开一 去翰匣	0474 安 山开一 平寒影	0475 达 山开一 入曷定
吴起	næ̃43	xæ̃43	xæ̃43	næ̃12	ta13
志丹	næ̃44	xæ̃42	xæ̃42	næ̃121	ta14
安塞	ŋæ̃31	xæ̃31	xæ̃31	ŋæ̃121	ta24
延安	ŋɛ̃442	xɛ̃442	xɛ̃442	ŋɛ̃21	ta243
甘泉	ŋɛ̃44	xɛ̃42	xɛ̃42	ŋɛ̃31	ta24
延长	ŋɛ̃51	xɛ̃51	xɛ̃51	ŋɛ̃232	tɑ24
吴起周湾	nɛ52	xɛ52	xɛ52	nɛ242	taʔ32
志丹顺宁	ŋɛ̃52	xɛ̃52	xɛ̃52	ŋɛ̃23	taʔ33
安塞化子坪	ŋɛ51	xɛ51	xɛ51	ŋɛ23	tɑ23
延长郭旗	ŋɛ52	xɛ52	xɛ52	ŋɛ23	tɑ23

方言 \ 字目	0476 辣 山开一 入曷来	0477 擦 山开一 入曷清	0478 割 山开一 入曷见	0479 渴 山开一 入曷溪	0480 扮 山开二 去裥帮
吴起	la12	tsʰa12	kuə12	kʰʌɣ̃52	pæ̃43
志丹	la121	tsʰa121	kuə121	kʰʌɣ̃52 口~ / kʰuə121 舌干口~	pæ̃44
安塞	la121	tsʰa121	kuə121	kʰuə52	pæ̃31
延安	la21	tsʰa21	kuɤ21	kʰuɤ53	pɛ̃442
甘泉	la31	tsʰa31	kuɤ31	kʰɤ51	pɛ̃44
延长	lɑ232	tsʰa232	kɤ232	kʰɤ51	pɛ̃51
吴起周湾	laʔ32	tsʰaʔ32	kaʔ32	kʰaʔ32	pɛ52
志丹顺宁	laʔ33	tsʰaʔ33	kaʔ33	kʰaʔ33	pɛ̃52
安塞化子坪	lɑ23	tsʰa23	kaʔ43	kʰaʔ43	pɛ51
延长郭旗	laʔ43	tsʰaʔ43	kaʔ43	kʰɑ̃52	pɛ52

字目\方言	0481 办 山开二 去裥並	0482 铲 山开二 上产初	0483 山 山开二 平山生	0484 产~妇 山开二 上产生	0485 间房~，一~房 山开二 平山见
吴起	pæ⁴³	tsʰæ⁵²	sæ¹²	tsʰæ⁵²	tɕiæ¹²
志丹	pæ⁴⁴	tsʰæ⁵²	sæ¹²¹	tsʰæ⁵²	tɕiæ¹²¹
安塞	pæ³¹	tsʰæ⁵²	sæ¹²¹	tsʰæ⁵²	tɕiæ¹²¹
延安	pʰɛ̃⁴⁴² 不得~① pɛ̃⁴⁴² ~公	tsʰɛ̃⁵³	sɛ̃²¹	tsʰɛ̃⁵³	tɕiɛ̃²¹
甘泉	pʰɛ̃⁴⁴ 不得~ pɛ̃⁴⁴ ~事	tsʰɛ̃⁵¹	sɛ̃³¹	tsʰɛ̃⁵¹	tɕiɛ̃³¹
延长	pʰɛ̃⁵¹ 不得~ pɛ̃⁵¹ ~事	tsʰɛ̃⁵¹	sɛ̃²³²	tsʰɛ̃⁵¹	tɕiɛ̃²³²
吴起周湾	pɛ⁵²	tsʰɛ²¹³	sɛ²⁴²	tsʰɛ²¹³	tɕiɛ²⁴²
志丹顺宁	pɛ̃⁵²	tsʰɛ²¹²	sɛ²³	tsʰɛ²¹²	tɕiE²³
安塞化子坪	pɛ⁵¹	tsʰɛ²¹³	sɛ²³	tsʰɛ²¹³	tɕiE²³
延长郭旗	pɛ⁵²	tsʰɛ²¹³	sɛ²³	tsʰɛ²¹³	tɕie²³

字目\方言	0486 眼 山开二 上产疑	0487 限 山开二 上产匣	0488 八 山开二 入黠帮	0489 扎~针 山开二 入黠庄	0490 杀 山开二 入黠生
吴起	iæ⁵²	xæ⁴³ 门~② ɕiæ⁴³ ~制	pa¹²	tsa¹²	sa¹²
志丹	n.iæ⁵²	xæ⁴⁴ ɕiæ⁴⁴	pa¹²¹	tsa¹²¹	sa¹²¹
安塞	iæ⁵²	xæ³¹ ɕiæ³¹	pa¹²¹	tsa¹²¹	sa¹²¹
延安	n.iɛ̃⁵³	xɛ̃⁴⁴² ɕiɛ̃⁴⁴²	pa²¹	tsa²¹	sa²¹
甘泉	n.iɛ̃⁵¹	xɛ̃⁴² ɕiɛ̃⁴⁴	pa³¹	tsa³¹	sa³¹
延长	n.iɛ̃⁵¹	xɛ̃⁵¹ ɕiɛ̃⁵¹	pɑ²³²	tsɑ²³²	sɑ²³²
吴起周湾	n.iɛ²¹³	xɛ⁵² ɕiɛ⁵²	pa²⁴²	tsaʔ³²	saʔ³²
志丹顺宁	n.iE²¹²	xɛ⁵² ɕiɛ⁵²	paʔ³³	tsaʔ³³	saʔ³³
安塞化子坪	n.iE²¹³	xɛ⁵¹ ɕiɛ⁵¹	pɑ²³	tsaʔ⁴³	saʔ⁴³
延长郭旗	n.iE²¹³	xɛ⁵² ɕiɛ⁵²	paʔ⁴³	tsaʔ⁴³	saʔ⁴³

---

① 不得办：来不及。
② 门限：门槛。志延片各县都有的一个词，就是读"限"的白读音。

方言＼字目	0491 班 山开二 平删帮	0492 板 山开二 上潸帮	0493 慢 山开二 去谏明	0494 奸 山开二 平删见	0495 颜 山开二 平删疑
吴起	pæ̃12	pæ̃52	mæ̃43	tɕiæ̃12	iæ̃13
志丹	pæ̃121	pæ̃52	mæ̃44	tɕiæ̃121	iæ̃14
安塞	pæ̃121	pæ̃52	mæ̃31	tɕiæ̃121	iæ̃24
延安	pẽ21	pẽ53	mẽ442	tɕiẽ21	ȵiẽ243
甘泉	pẽ31	pẽ51	mẽ44	tɕiẽ31	ȵiẽ24
延长	pẽ232	pẽ51	mẽ51	tɕiẽ232	ȵiẽ24
吴起周湾	pɛ242	pɛ213	mɛ52	tɕiɛ242	iɛ242
志丹顺宁	pɛ23	pɛ212	mɛ52	tɕiE23	iE23
安塞化子坪	pɛ23	pɛ213	mɛ51	tɕiE23	iE23
延长郭旗	pɛ23	pɛ213	mɛ52	tɕie23	ie23

方言＼字目	0496 瞎 山开二 入鎋晓	0497 变 山开三 去线帮	0498 骗欺~ 山开三 去线滂	0499 便方~ 山开三 去线並	0500 棉 山开三 平仙明
吴起	xa12	piæ̃43	pʰiæ̃43	piæ̃43	miæ̃13
志丹	xa121	piæ̃42	pʰiæ̃42	piæ̃42	miæ̃14
安塞	xa121	piæ̃31	pʰiæ̃31	piæ̃33/31	miæ̃24
延安	xa21	piẽ442	pʰiẽ442	piẽ442	miẽ243
甘泉	xa31	piẽ42	pʰiẽ44	piẽ44/42	miẽ24
延长	xɑ232	piẽ51	pʰiẽ51	piẽ51	miẽ24
吴起周湾	xaʔ32	piɛ52	pʰiɛ52	piɛ52	miɛ242
志丹顺宁	xaʔ33	piE52	pʰiE52	piE52	miE23
安塞化子坪	xaʔ43	piE51	pʰiE51	piE51	miE24
延长郭旗	xaʔ43	pie52	pʰie52	pie52	mie23

方言 \ 字目	0501 面~孔 山开三 去线明	0502 连 山开三 平仙来	0503 剪 山开三 上狝精	0504 浅 山开三 上狝清	0505 钱 山开三 平仙从
吴起	miæ⁴³	liæ¹³	tɕiæ⁵²	tɕʰiæ⁵²	tɕʰiæ¹³
志丹	miæ⁴²	liæ¹⁴	tɕiæ⁵²	tɕʰiæ⁵²	tɕʰiæ¹⁴
安塞	miæ³¹	liæ²⁴	tɕiæ⁵²	tɕʰiæ⁵²	tɕʰiæ²⁴
延安	miẽ⁴⁴²	liẽ²⁴³	tɕiẽ⁵³	tɕʰiẽ⁵³	tɕʰiẽ²⁴³
甘泉	miẽ⁴²	liẽ²⁴	tɕiẽ⁵¹	tɕʰiẽ⁵¹	tɕʰiẽ²⁴
延长	miẽ⁵¹	liẽ²⁴	tɕiẽ⁵¹	tɕʰiẽ⁵¹	tɕʰiẽ²⁴
吴起周湾	miɛ⁵²	liɛ²⁴²	tɕiɛ²¹³	tɕʰiɛ²¹³	tɕʰiɛ²⁴²
志丹顺宁	miɛ⁵²	liɛ²³	tɕiɛ²¹²	tɕʰiɛ²¹²	tɕʰiɛ²³
安塞化子坪	miɛ⁵¹	liɛ²³	tɕiɛ²¹³	tɕʰiɛ²¹³	tɕʰiɛ²³
延长郭旗	mie⁵²	lie²³	tɕie²¹³	tɕʰie²¹³	tɕʰie²³

方言 \ 字目	0506 鲜 山开三 平仙心	0507 线 山开三 去线心	0508 缠 山开三 平仙澄	0509 战 山开三 去线章	0510 扇名 山开三 去线书
吴起	ɕiæ⁵²	ɕiæ⁴³	tʂʰæ¹³	tʂæ⁴³	ʂæ⁴³
志丹	ɕiæ⁵²	ɕiæ⁴⁴	tʂʰæ¹⁴	tʂæ⁴²	ʂæ⁴²
安塞	ɕiæ⁵²	ɕiæ³¹	tʂʰæ²⁴	tʂæ³¹	ʂæ³¹
延安	ɕiẽ⁵³	ɕiẽ⁴⁴²	tʂʰẽ²⁴³	tʂẽ⁴⁴²	ʂẽ⁴⁴²
甘泉	ɕiẽ³¹	ɕiẽ⁴⁴	tʂʰẽ²⁴	tʂẽ⁴⁴	ʂẽ⁴²
延长	ɕiẽ⁵¹	ɕiẽ⁵¹	tʂʰẽ²⁴	tʂẽ⁵¹	ʂẽ⁵¹
吴起周湾	ɕiɛ²⁴²	ɕiɛ⁵²	tʂʰɛ²⁴²	tʂɛ⁵²	ʂɛ⁵²
志丹顺宁	ɕiɛ²³	ɕiɛ⁵²	tʂʰɛ²³	tʂɛ⁵²	ʂɛ⁵²
安塞化子坪	ɕiɛ²³	ɕiɛ⁵¹	tʂʰɛ²³	tʂɛ⁵¹	ʂɛ⁵¹
延长郭旗	ɕie²³	ɕie⁵²	tʂʰe²³	tʂɛ⁵²	ʂɛ⁵²

方言\字目	0511 善 山开三 上獮禅	0512 件 山开三 上獮群	0513 延 山开三 平仙以	0514 别 山开三 入薛帮	0515 灭 山开三 入薛明
吴起	ʂæ̃43	tɕiæ̃43	iæ̃13	piɛ13	miɛ12
志丹	ʂæ̃44/42	tɕiæ̃42	iæ̃14	piɛ14	miɛ121
安塞	ʂæ̃31	tɕʰiæ̃31 一~事 tɕiæ̃31 文~	iæ̃24	piɛ24	miɛ121
延安	ʂɛ̃442	tɕʰiɛ̃442 tɕiɛ̃442	iɛ̃243	pʰie243 ~针儿 pie243 ~字	mie21
甘泉	ʂɛ̃44/42	tɕʰiɛ̃42 tɕiɛ̃42	iɛ̃24	pie24	mie31
延长	ʂɛ̃51	tɕʰiɛ̃51 tɕiɛ̃51	iɛ̃24	pʰie24 ~针儿 pie24 特~	mie232
吴起周湾	ʂɛ52	tɕiɛ52	iɛ242	piɛ242	miʒ32
志丹顺宁	ʂɛ52	tɕiE52	iE23	piE23	miʒʔ33
安塞化子坪	ʂɛ51	tɕiɛ51	iE23	piE23	miE23
延长郭旗	ʂɛ52	tɕie52	ie23	pie23	mie23

方言\字目	0516 列 山开三 入薛来	0517 撤 山开三 入薛彻	0518 舌 山开三 入薛船	0519 设 山开三 入薛书	0520 热 山开三 入薛日
吴起	liɛ12	tʂʰɚ12	ʂɚ13	ʂɚ12	ʐɚ12
志丹	lie121	tʂʰɚ42	ʂɚ14	ʂɚ121	ʐɚ121
安塞	lie121	tʂʰɚ31	ʂɚ24	ʂɚ121	ʐɚ121
延安	lie21	tʂʰɤ21	ʂɤ243	ʂɤ21	ʐɤ21
甘泉	lie31	tʂʰɤ31	ʂɤ24	ʂɤ31	ʐɤ31
延长	lie232	tʂʰɤ51	ʂɤ24	ʂɤ232	ʐɤ232
吴起周湾	liʒʔ32	tʂʰʒʔ32	ʂɚ242	ʂʒʔ32	ʐʒʔ32
志丹顺宁	liʒʔ33	tʂʰɚ23	ʂɚ23	ʂʒʔ33	ʐʒʔ33
安塞化子坪	liaʔ43	tʂʰaʔ43	ʂɚ23	ʂaʔ43	ʐaʔ43
延长郭旗	lie23	tʂʰɤ52	ʂɤ23	ʂɤ52	ʐɤ52

字目\方言	0521 杰 山开三 入薛群	0522 孽 山开三 入薛疑	0523 建 山开三 去愿见	0524 健 山开三 去愿群	0525 言 山开三 平元疑
吴起	tɕie¹³	ȵie¹²	tɕiæ̃⁴³	tɕiæ̃⁴³	iæ̃¹³
志丹	tɕie¹²¹	ȵie¹²¹	tɕiæ̃⁴⁴	tɕiæ̃⁴⁴	iæ̃¹⁴
安塞	tɕie²⁴	ȵie¹²¹	tɕiɛ³¹	tɕiɛ³¹	iæ̃²⁴
延安	tɕie²⁴³	ȵie²¹	tɕiæ̃⁴⁴²	tɕʰiæ̃⁴⁴² 康~ ① tɕiæ̃⁴⁴² ~康	ȵie²⁴³ ~喘 ② iæ̃²⁴³ 语~
甘泉	tɕie²⁴	ȵie³¹	tɕiæ̃⁴²	tɕʰiæ̃⁴⁴ 康~ tɕiæ̃⁴⁴ ~康	ȵie²⁴ ~喘 iæ̃²⁴ 语~
延长	tɕie²⁴	ȵie²³²	tɕiɛ̃⁵¹	tɕʰiɛ̃⁵¹ 康~ tɕiɛ̃⁵¹ ~康	ȵie²⁴ ~喘 iæ̃²⁴ ~论
吴起周湾	tɕieʔ³²	ȵiɜʔ³²	tɕiɛ⁵²	tɕiɛ⁵²	iɛ²⁴²
志丹顺宁	tɕiE²³	ȵiɜʔ³³	tɕiE⁵²	tɕiE⁵²	iE²³
安塞化子坪	tɕiE²³	ȵiE⁵¹	tɕiE⁵¹	tɕiE⁵¹	ȵiE²³ ~喘 iE²³ 语~
延长郭旗	tɕie²³	ȵie²³	tɕie⁵²	tɕie⁵²	ȵie²³ ~喘 iE²³ ~论

字目\方言	0526 歇 山开三 入月晓	0527 扁 山开四 上铣帮	0528 片 山开四 去霰滂	0529 面~条 山开四 去霰明	0530 典 山开四 上铣端
吴起	ɕiɛ¹²	piæ̃⁵² ~食 ③ pʰiæ̃⁵² ~豆	pʰiæ̃⁵²	miæ̃⁴³	tiæ̃⁵²
志丹	ɕie¹²¹	piæ̃⁵² ~食 pʰiæ̃⁵² 压~	pʰiæ̃⁵²	miæ̃⁴⁴	tiæ̃⁵²
安塞	ɕie¹²¹	piæ̃⁵² ~食 pʰiæ̃⁵² 压~	pʰiæ̃⁵²	miæ̃³¹	tiæ̃⁵²
延安	ɕie²¹	pẽ⁵³ 压~ piẽ⁵³ ~食 pʰiẽ⁵³ ~豆	pʰiẽ⁵³	miẽ⁴⁴²	tiẽ⁵³
甘泉	ɕie³¹	pẽ⁵¹ 压~ piẽ⁵¹ ~食 pʰiẽ⁵¹ ~豆	pʰiẽ⁵¹	miẽ⁴²	tiẽ⁵¹
延长	ɕie²³²	pẽ⁵¹ ~~子 ④ piẽ⁵¹ ~平 pʰiẽ⁵¹ ~的	pʰiẽ⁵¹	miẽ⁵¹	tiẽ⁵¹
吴起周湾	ɕiɜʔ³²	piɛ²¹³ ~食 pʰiɛ²¹³ ~豆	pʰiɛ⁵²	miɛ⁵²	tiɛ²¹³
志丹顺宁	ɕiɜʔ³³	piE²¹² ~食 pʰiE²¹² ~豆	pʰiE⁵²	miE⁵²	tiE²¹²
安塞化子坪	ɕiaʔ⁴³	piE²¹³ ~食 pʰiE²¹³ ~豆	pʰiE⁵¹	miE⁵¹	tiE²¹³
延长郭旗	ɕiaʔ⁴³	pie²¹³ ~食 pʰie²¹³ ~豆	pʰie⁵²	mie⁵²	tie²¹³

---

① 康健：见面问候语，问候长者健康与否。
② 言喘：说、说话。
③ 扁食：饺子。志丹也说"角角 tɕyə²¹tɕyə⁵²"。
④ 扁扁子：扁的（东西）。

字目\方言	0531 天 山开四 平先透	0532 田 山开四 平先定	0533 垫 山开四 去霰定	0534 年 山开四 平先泥	0535 莲 山开四 平先来
吴起	$t^hi\widetilde{æ}^{12}$	$t^hi\widetilde{æ}^{13}$	$ti\widetilde{æ}^{43}$	$ȵi\widetilde{æ}^{13}$	$li\widetilde{æ}^{13}$
志丹	$t^hi\widetilde{æ}^{121}$	$t^hi\widetilde{æ}^{14}$	$t^hi\widetilde{æ}^{42}$	$ȵi\widetilde{æ}^{14}$	$li\widetilde{æ}^{14}$
安塞	$t^hi\widetilde{æ}^{121}$	$t^hi\widetilde{æ}^{24}$	$t^hi\widetilde{æ}^{31}$	$ȵi\widetilde{æ}^{24}$	$li\widetilde{æ}^{24}$
延安	$t^hi\widetilde{ɛ}^{21}$	$t^hi\widetilde{ɛ}^{243}$	$t^hi\widetilde{ɛ}^{442}$	$ȵi\widetilde{ɛ}^{243}$	$li\widetilde{ɛ}^{243}$
甘泉	$t^hi\widetilde{ɛ}^{31}$	$t^hi\widetilde{ɛ}^{24}$	$ti\widetilde{ɛ}^{44}$	$ȵi\widetilde{ɛ}^{24}$	$li\widetilde{ɛ}^{24}$
延长	$t^hi\widetilde{ɛ}^{232}$	$t^hi\widetilde{ɛ}^{24}$	$t^hi\widetilde{ɛ}^{55}$	$ȵi\widetilde{ɛ}^{24}$	$li\widetilde{ɛ}^{24}$
吴起周湾	$t^hiɛ^{242}$	$t^hiɛ^{242}$	$tiɛ^{52}$	$ȵiɛ^{242}$	$liɛ^{242}$
志丹顺宁	t^hiE^{23}	t^hiE^{23}	tiE^{52}	$ȵiE^{23}$	liE^{23}
安塞化子坪	t^hiE^{23}	t^hiE^{23}	tiE^{51}	$ȵiE^{23}$	liE^{23}
延长郭旗	t^hie^{23}	t^hie^{23}	tie^{52}	$ȵie^{23}$	lie^{23}
字目\方言	0536 前 山开四 平先从	0537 先 山开四 平先心	0538 肩 山开四 平先见	0539 见 山开四 去霰见	0540 牵 山开四 平先溪
吴起	$tɕ^hi\widetilde{æ}^{13}$	$ɕi\widetilde{æ}^{12}$	$tɕi\widetilde{æ}^{12}$	$tɕi\widetilde{æ}^{43}$	$tɕ^hi\widetilde{æ}^{12}$
志丹	$tɕ^hi\widetilde{æ}^{14}$	$ɕi\widetilde{æ}^{121}$	$tɕi\widetilde{æ}^{121}$	$tɕi\widetilde{æ}^{42}$	$tɕ^hi\widetilde{æ}^{121}$
安塞	$tɕ^hi\widetilde{æ}^{24}$	$ɕi\widetilde{æ}^{121}$	$tɕi\widetilde{æ}^{121}$	$tɕi\widetilde{æ}^{31}$	$tɕ^hi\widetilde{æ}^{121}$
延安	$tɕ^hi\widetilde{ɛ}^{243}$	$ɕi\widetilde{ɛ}^{21}$	$tɕi\widetilde{ɛ}^{21}$	$tɕi\widetilde{ɛ}^{442}$	$tɕ^hi\widetilde{ɛ}^{21}$
甘泉	$tɕ^hi\widetilde{ɛ}^{24}$	$ɕi\widetilde{ɛ}^{31}$	$tɕi\widetilde{ɛ}^{31}$	$tɕi\widetilde{ɛ}^{44/42}$	$tɕ^hi\widetilde{ɛ}^{31}$
延长	$tɕ^hi\widetilde{ɛ}^{24}$	$ɕi\widetilde{ɛ}^{232}$	$tɕi\widetilde{ɛ}^{232}$	$tɕi\widetilde{ɛ}^{51}$	$tɕ^hi\widetilde{ɛ}^{232}$
吴起周湾	$tɕ^hiɛ^{242}$	$ɕiɛ^{242}$	$tɕiɛ^{242}$	$tɕiɛ^{52}$	$tɕ^hiɛ^{242}$
志丹顺宁	$tɕ^hiE^{23}$	$ɕiE^{23}$	$tɕiE^{23}$	$tɕiE^{52}$	$tɕ^hiE^{23}$
安塞化子坪	$tɕ^hiE^{23}$	$ɕiE^{23}$	$tɕiE^{23}$	$tɕiE^{51}$	$tɕ^hiE^{23}$
延长郭旗	$tɕ^hie^{23}$	$ɕie^{23}$	$tɕie^{23}$	$tɕie^{52}$	$tɕ^hie^{23}$

字目\方言	0541 显 山开四 上铣晓	0542 现 山开四 去霰匣	0543 烟 山开四 平先影	0544 憋 山开四 入屑滂	0545 篾 山开四 入屑明
吴起	ɕiæ̃52	ɕiæ̃43	iæ̃12	piɛ12	miɛ12
志丹	ɕiæ̃52	ɕiæ̃42	Iæ̃121	piɛ121	miɛ42
安塞	ɕiæ̃52	ɕiæ̃31	iæ̃121	piɛ21	miɛ31
延安	ɕiɛ̃53	ɕiɛ̃442	iɛ̃21	piɛ21	miɛ21
甘泉	ɕiɛ̃51	ɕiɛ̃42	iɛ̃31	piɛ31	miɛ31
延长	ɕiɛ̃51	ɕiɛ̃51	iɛ̃232	piɛ232	miɛ51
吴起周湾	ɕiɛ213	ɕiɛ52	iɛ242	piɜʔ32	miɛ52
志丹顺宁	ɕiE212	ɕiE52	iE23	piɜʔ33	miE52
安塞化子坪	ɕiE213	ɕiE51	iE23	piE23	miE51
延长郭旗	ɕie213	ɕie52	ie23	piaʔ43	mie52

字目\方言	0546 铁 山开四 入屑透	0547 捏 山开四 入屑泥	0548 节 山开四 入屑精	0549 切动 山开四 入屑清	0550 截 山开四 入屑从
吴起	tʰiɛ12	n̻iɛ12	tɕiɛ13	tɕʰiɛ12	tɕiɛ13
志丹	tʰie121	n̻ie121	tɕie14	tɕʰie121	tɕie14
安塞	tʰie121	n̻ie121	tɕie24	tɕʰie121	tɕʰiɛ24 一圪~儿① / tɕiɛ24 ~断
延安	tʰie21	n̻ie21	tɕie243	tɕʰie21	tɕʰie243
甘泉	tʰie31	n̻ie31	tɕie24	tɕʰie31	tɕie24
延长	tʰie232	n̻ie232	tɕie24	tɕʰie232	tɕʰie24
吴起周湾	tʰiɜʔ32	n̻iɜʔ32	tɕiɜʔ32	tɕʰiaʔ32	tɕʰiɛ242
志丹顺宁	tʰiɜʔ33	n̻iaʔ33	tɕiE23	tɕʰiaʔ33	tɕʰiE23
安塞化子坪	tʰiaʔ43	n̻iaʔ43	tɕiE23	tɕʰiaʔ43	tɕʰiE23
延长郭旗	tʰiaʔ43	n̻iaʔ43	tɕiE23	tɕʰiaʔ43 tɕʰie23	tɕʰie23

---

① 一圪截儿：一段儿。

方言 \ 字目	0551 结 山开四 入屑见	0552 搬 山合一 平桓帮	0553 半 山合一 去换帮	0554 判 山合一 去换滂	0555 盘 山合一 平桓並
吴起	tɕie¹²	pæ̃¹²	pæ̃⁴³	pʰæ̃⁴³	pʰæ̃¹³
志丹	tɕie¹²¹	pæ̃¹²¹	pæ̃⁴²	pʰæ̃⁴⁴	pʰæ̃¹⁴
安塞	tɕie¹²¹	pæ̃¹²¹	pæ̃³³	pʰæ̃³¹	pʰæ̃²⁴
延安	tɕie²¹	pẽ²¹	pʰẽ⁴⁴² 大~儿① p̲ẽ⁴⁴² ~起②	pʰẽ⁴⁴²	pʰẽ²⁴³
甘泉	tɕie³¹	pẽ³¹	pẽ⁴²	pʰẽ⁴⁴	pʰẽ²⁴
延长	tɕie²³²	pẽ²³²	pẽ⁵¹	pʰẽ⁵¹	pʰẽ²⁴
吴起周湾	tɕiaʔ³²	pɛ²⁴²	pɛ⁵²	pʰɛ⁵²	pʰɛ²⁴²
志丹顺宁	tɕiaʔ³³	pẽ²³	pẽ⁵²	pʰẽ⁵²	pʰẽ²³
安塞化子坪	tɕiaʔ⁴³	pɛ²³	pɛ⁵¹	pʰɛ⁵¹	pʰɛ²³
延长郭旗	tɕie²³	pɛ²³	pɛ⁵²	pʰɛ⁵²	pʰɛ²³

方言 \ 字目	0556 满 山合一 上缓明	0557 端~午 山合一 平桓端	0558 短 山合一 上缓端	0559 断绳~了 山合一 上缓定	0560 暖 山合一 上缓泥
吴起	mæ̃⁵²	tuæ̃¹²	tuæ̃⁵²	tuæ̃⁴³	nuæ̃⁵²
志丹	mæ̃⁵²	tuæ̃¹²¹	tuæ̃⁵²	tuæ̃⁴⁴	nuæ̃⁵²
安塞	mæ̃⁵²	tuæ̃¹²¹	tuæ̃⁵²	tuæ̃³¹	nuæ̃⁵²
延安	mẽ⁵³	tuẽ²¹	tuẽ⁵³	tuẽ⁴⁴²	nuẽ⁵³
甘泉	mẽ⁵¹	tuẽ³¹	tuẽ⁵¹	tuẽ⁴²	nuẽ⁵¹
延长	mẽ⁵¹	tuẽ²³²	tuẽ⁵¹	tʰuẽ⁵¹	nuẽ⁵¹
吴起周湾	mɛ²¹³	tuɛ²⁴²	tuɛ²¹³	tuɛ⁵²	nuɛ²¹³
志丹顺宁	mɛ²¹²	tuɛ²³	tuɛ²¹²	tuɛ⁵²	nuɛ²¹²
安塞化子坪	mɛ²¹³	tuɛ²³	tuɛ²¹³	tuɛ⁵¹	nuɛ²¹³
延长郭旗	mɛ²¹³	tuɛ²³	tuɛ²¹³	tuɛ⁵²	nuɛ²¹³

① 大半儿 [tʰɛe²¹pʰẽ⁴⁴²]：通常情况下。
② 半起：一半。

方言 \ 字目	0561 乱	0562 酸	0563 算	0564 官	0565 宽
	山合一去换来	山合一平桓心	山合一去换心	山合一平桓见	山合一平桓溪
吴起	luæ43	suæ12	suæ43	kuæ12	kʰuæ12
志丹	luæ42	suæ121	suæ44/42	kuæ121	kʰuæ121
安塞	luæ33	suæ121	suæ31	kuæ121	kʰuæ121
延安	luẽ442	suẽ21	suẽ442	kuẽ21	kʰuẽ21
甘泉	luẽ42	suẽ31	suẽ42	kuẽ31	kʰuẽ31
延长	luẽ51	suẽ232	suẽ51	kuẽ232	kʰuẽ232
吴起周湾	luɛ52	suɛ242	suɛ52	kuɛ242	kʰuɛ242
志丹顺宁	luɛ52	suɛ̃23	suɛ̃52	kuɛ̃23	kʰuɛ̃23
安塞化子坪	luɛ51	suɛ23	suɛ51	kuɛ23	kʰuɛ23
延长郭旗	luɛ52	suɛ23	suɛ52	kuɛ23	kʰuɛ23

方言 \ 字目	0566 欢	0567 完	0568 换	0569 碗	0570 拨
	山合一平桓晓	山合一平桓匣	山合一去换匣	山合一上缓影	山合一入末帮
吴起	xuæ12	væ13	xuæ43	væ52	puə12
志丹	xuæ121	væ14	xuæ42	væ52	puə121
安塞	xuæ121	væ24	xuæ31	væ52	puə121
延安	xuẽ21	uẽ243	xuẽ442	uẽ53	puɤ21
甘泉	xuẽ31	vẽ24	xuẽ42	vẽ51	puɤ31
延长	xuẽ232	vẽ24	xuẽ51	vẽ51	pɤ232
吴起周湾	xuɛ242	vɛ242	xuɛ52	vɛ213	pɜʔ32
志丹顺宁	xuɛ23	vɛ23	xuɛ52	vɛ̃212	paʔ33
安塞化子坪	xuɛ23	vɛ23	xuɛ51	vɛ213	paʔ43
延长郭旗	xuɛ23	vɛ23	xuɛ52	vɛ213	paʔ43

方言 \ 字目	0571 泼	0572 末	0573 脱	0574 夺	0575 阔
	山合一入末滂	山合一入末明	山合一入末透	山合一入末定	山合一入末溪
吴起	pʰuə¹²	muə¹²	tʰuə¹²	tuə¹³	kʰuə¹²
志丹	pʰuə¹²¹	muə⁴²	tʰuə¹²¹	tuə¹⁴	kʰuə¹²¹
安塞	pʰuə¹²¹	muə¹²¹	tʰuə¹²¹	tʰuə²⁴	kʰuə¹²¹
延安	pʰuɤ²¹	muɤ²¹	tʰuɤ²¹	tʰuɤ²⁴³ ~过来 / tuɤ²⁴³ ~权	kʰuɤ²¹
甘泉	pʰuɤ³¹	muɤ³¹	tʰuɤ³¹	tuɤ²⁴	kʰuɤ³¹
延长	pʰɤ²³²	mɤ²³²	tʰɤ²³²	tʰuɤ²⁴	kʰuɤ²³²
吴起周湾	pʰɜʔ³²	maʔ³² muə²⁴²	tʰuɜʔ³²	tuə²⁴²	kʰuɜʔ³²
志丹顺宁	pʰaʔ³³	maʔ³³	tʰuaʔ³³	tuə²³	kʰuə²³
安塞化子坪	pʰəʔ⁴³	muɤ⁵¹	tʰuaʔ⁴³	tuɤ²³	kʰuɤ²³
延长郭旗	pʰaʔ⁴³	mɤ²³	tʰuɤ²³	tuɤ²³	kʰuɤ²³

方言 \ 字目	0576 活	0577 顽~皮，~固	0578 滑	0579 挖	0580 闩
	山合一入末匣	山合二平山疑	山合二入黠匣	山合二入黠影	山合二平删生
吴起	xuə¹³	væ¹³	xua¹³	va¹²	ʂuæ¹²
志丹	xuə¹⁴	væ¹⁴	xua¹⁴	va¹²¹	ʂuæ¹²¹
安塞	xuə²⁴	væ²⁴	xua²⁴	va¹²¹	ʂuæ¹²¹
延安	xuɤ²⁴³	uɛ̃²⁴³	xua²⁴³	ua²¹	ʂuɛ̃²¹
甘泉	xuɤ²⁴	vɛ̃²⁴	xua²⁴	va³¹	ʂuɛ̃³¹
延长	xuɤ²⁴	vɛ̃²⁴	xuɑ²⁴	vɑ²³²	ʂuɛ̃²³²
吴起周湾	xuə²⁴²	vɛ²⁴²	xuaʔ³²	va²⁴²	ʂuɛ̃²⁴²
志丹顺宁	xuə²³	vɛ̃²³	xua²³	va²³	ʂuɛ̃²³
安塞化子坪	xuɤ²³	vɛ²³	xuɑ²³	vɑ²³	ʂuɛ²³
延长郭旗	xuɤ²³	vɛ²³	xuɑ²³	vɑ²³	ʂuɛ²³

方言 \ 字目	0581 关~门	0582 惯	0583 还动	0584 还副	0585 弯
	山合二 平删见	山合二 去谏见	山合二 平删匣	山合二 平删匣	山合二 平删影
吴起	kuæ¹²	kuæ⁴³	xuæ¹³	xæ¹³	væ¹²
志丹	kuæ¹²¹	kuæ⁴⁴	xuæ¹⁴	xæ¹⁴	væ¹²¹
安塞	kuæ¹²¹	kuæ³¹	xuæ²⁴	xæ²⁴	væ¹²¹
延安	kuẽ²¹	kuẽ⁴⁴²	xuẽ²⁴³	xẽ²⁴³	uẽ²¹
甘泉	kuẽ³¹	kuẽ⁴²	xuẽ²⁴	xẽ²⁴	vẽ³¹
延长	kuẽ²³²	kuẽ⁵¹	xuẽ²⁴	xẽ²⁴	vẽ²³²
吴起周湾	kuɛ²⁴²	kuɛ̃⁵²	xuɛ²⁴²	xɛ²⁴²	vɛ²⁴²
志丹顺宁	kuɛ²³	kuɛ̃⁵²	xuɛ²³	xɛ²³	vɛ²³
安塞化子坪	kuɛ²³	kuɛ⁵¹	xuɛ²³	xɛ²³	vɛ²³
延长郭旗	kuɛ²³	kuɛ⁵²	xuɛ²²	xɛ²³	vɛ²³

方言 \ 字目	0586 刷	0587 刮	0588 全	0589 选	0590 转~眼,~送
	山合二 入鎋生	山合二 入鎋见	山合三 平仙从	山合三 上獮心	山合三 上獮知
吴起	ʂua¹²	kua¹²	tɕʰyæ¹³	ɕyæ⁵²	tʂuæ⁵²
志丹	ʂua¹²¹	kua¹²¹	tɕʰyæ¹⁴	ɕyæ⁵²	tʂuæ⁵²
安塞	ʂua¹²¹	kua¹²¹	tɕʰyæ²⁴	ɕyæ⁵²	tʂuæ⁵²
延安	ʂua²¹	kua²¹	tɕʰyẽ²⁴³	ɕyẽ⁵³	tʂuẽ⁵³
甘泉	ʂua³¹	kua³¹	tɕʰyẽ²⁴	ɕyẽ⁵¹	tʂuẽ⁵¹
延长	ʂuɑ²³²	kuɑ²³²	tɕʰyɛ̃²⁴	ɕyɛ̃⁵¹	tʂuɛ̃⁵¹
吴起周湾	ʂuaʔ³²	kuaʔ³²	tɕʰyɛ²⁴²	ɕyɛ²¹³	tʂuɛ²¹³
志丹顺宁	ʂuaʔ³³	kua²³	tɕʰyE²³	ɕyE²¹²	tʂuɛ²¹²
安塞化子坪	ʂuaʔ⁴³	kuaʔ⁴³ kuɑ²³	tɕʰyE²³	ɕyE²¹³	tʂuɛ²¹³
延长郭旗	ʂuaʔ⁴³	kuaʔ⁴³	tɕʰye²³	ɕye²¹³	tʂuɛ²¹³

方言\字目	0591 传~下来	0592 传~记	0593 砖	0594 船	0595 软
	山合三 平仙澄	山合三 去线澄	山合三 平仙章	山合三 平仙船	山合三 上獮日
吴起	tʂʰuæ¹³	tʂuæ⁴³	tʂuæ¹²	tʂʰuæ¹³	ʐuæ⁵²
志丹	tʂʰuæ¹⁴	tʂuæ⁴²	tʂuæ¹²¹	tʂʰuæ¹⁴	ʐuæ⁵²
安塞	tʂʰuæ²⁴	tʂuæ³¹	tʂuæ¹²¹	tʂʰuæ²⁴	ʐuæ⁵²
延安	tʂʰuẽ²⁴³	tʂuẽ⁴⁴²	tʂuẽ²¹	tʂʰuẽ²⁴³	ʐuẽ⁵³
甘泉	tʂʰuẽ²⁴	tʂuẽ⁴⁴	tʂuẽ³¹	tʂʰuẽ²⁴	ʐuẽ⁵¹
延长	tʂʰuẽ²⁴	tʂuẽ⁵¹	tʂuẽ²³²	tʂʰuẽ²⁴	ʐuẽ⁵¹
吴起周湾	tʂʰuɛ²⁴²	tʂuɛ⁵²	tʂuɛ²⁴²	tʂʰuɛ²⁴²	ʐuɛ²¹³
志丹顺宁	tʂʰuɛ²³	tʂuɛ⁵²	tʂuɛ²³	tʂʰuɛ²³	ʐuɛ²¹²
安塞化子坪	tʂʰuɛ²³	tʂuɛ⁵¹	tʂuɛ²³	tʂʰuɛ²³	ʐuɛ²¹³
延长郭旗	tʂʰuɛ²³	tʂuɛ⁵²	tʂuɛ²³	tʂʰuɛ²³	ʐuɛ²¹³

方言\字目	0596 卷~起	0597 圈圆~	0598 权	0599 圆	0600 院
	山合三 上獮见	山合三 平仙溪	山合三 平仙群	山合三 平仙云	山合三 去线云
吴起	tɕyæ⁵²	tɕʰyæ¹²	tɕʰyæ¹³	yæ¹³	yæ⁴³
志丹	tɕyæ⁵²	tɕʰyæ¹²¹	tɕʰyæ¹⁴	yæ¹⁴	yæ⁴²
安塞	tɕyæ⁵²	tɕʰyæ¹²¹	tɕʰyæ²⁴	yæ²⁴	yæ³¹
延安	tɕyẽ⁵³	tɕʰyẽ²¹	tɕʰyẽ²⁴³	yẽ²⁴³	yẽ⁴⁴²
甘泉	tɕyẽ⁵¹	tɕʰyẽ³¹	tɕʰyẽ²⁴	yẽ²⁴	yẽ⁴⁴
延长	tɕyẽ⁵¹	tɕʰyẽ²³²	tɕʰyẽ²⁴	yẽ²⁴	yẽ⁵¹
吴起周湾	tɕyɛ²¹³	tɕʰyɛ²⁴²	tɕʰyɛ²⁴²	yɛ²⁴²	yɛ⁵²
志丹顺宁	tɕyE²¹²	tɕʰyE²³	tɕʰyE²³	yE²³	yE⁵²
安塞化子坪	tɕyE²¹³	tɕʰyE²³	tɕʰyE²³	·yE²³	yE⁵¹
延长郭旗	tɕye²¹³	tɕʰye²³	tɕʰye²³	ye²³	ye⁵²

字目\方言	0601 铅~笔 山合三 平仙以	0602 绝 山合三 入薛从	0603 雪 山合三 入薛心	0604 翻 山合三 平元敷	0605 反 山合三 上软非
吴起	tɕʰiæ̃12	tɕyə13	ɕyə12	fæ̃12	fæ̃52
志丹	tɕʰiæ̃121	tɕyə14	ɕyə121	fæ̃121	fæ̃52
安塞	tɕʰiæ̃121	tɕyə24	ɕyə121	fæ̃121	fæ̃52
延安	tɕʰiɛ̃21	tɕyɤ243	ɕyɤ21	fɛ̃21	fɛ̃53
甘泉	tɕʰiɛ̃31	tɕyɤ24	ɕyɤ31	fɛ̃31	fɛ̃51
延长	tɕʰiɛ̃232	tɕyɤ24	ɕye232	fɛ̃232	fɛ̃51
吴起周湾	tɕʰiɛ̃242	tɕyʒʔ32	ɕyʒʔ32	fɛ242	fɛ213
志丹顺宁	tɕʰiɛ23	tɕyʒʔ33	ɕyʒʔ32	fɛ23	fɛ212
安塞化子坪	tɕʰiɛ23	tɕyaʔ43	ɕyaʔ43	fɛ23	fɛ213
延长郭旗	tɕʰie23	tɕyaʔ43	ɕyaʔ43 ɕye213	fɛ23	fɛ213

字目\方言	0606 晚 山合三 上软微	0607 饭 山合三 去愿奉	0608 万麻将牌 山合三 去愿微	0609 劝 山合三 去愿溪	0610 原 山合三 平元疑
吴起	væ̃52	fæ̃43	væ̃43	tɕʰyæ̃43	yæ̃13
志丹	væ̃52	fæ̃42	væ̃42	tɕʰyæ̃42	yæ̃14
安塞	væ̃52	fæ̃31/33	væ̃31	tɕʰyæ̃31	yæ̃24
延安	uɛ̃53	fɛ̃442	uɛ̃442	tɕʰyɛ̃442	yɛ̃243
甘泉	vɛ̃51	fɛ̃42	vɛ̃44	tɕʰyɛ̃	yɛ̃24
延长	vɛ̃51	fɛ̃51	vɛ̃51	tɕʰyɛ̃51	yɛ̃24
吴起周湾	vɛ213	fɛ52	vɛ52	tɕʰyɛ52	yɛ242
志丹顺宁	vɛ212	fɛ52	vɛ52	tɕʰyɛ	yɛ23
安塞化子坪	vɛ213	fɛ51	vɛ51	tɕʰyɛ51	yɛ23
延长郭旗	vɛ213	fɛ52	vɛ52	tɕʰye52	ye23

方言 \ 字目	0611 冤	0612 园	0613 远	0614 发头~	0615 罚
	山合三 平元影	山合三 平元云	山合三 上软云	山合三 入月非	山合三 入月奉
吴起	yæ¹²	yæ¹³	yæ⁵²	fa¹²	fa¹³
志丹	yæ¹²¹	yæ¹⁴	yæ⁵²	fa¹²¹	fa¹⁴
安塞	yæ¹²¹	yæ²⁴	yæ⁵²	faʔ⁴³ fa¹²¹	fa²⁴
延安	yẽ²¹	yẽ²⁴³	yẽ⁵³	fa²¹	fa²⁴³
甘泉	yẽ³¹	yẽ²⁴	yẽ⁵¹	fa³¹	fa²⁴
延长	yẽ²³²	yẽ²⁴	yẽ⁵¹	fɑ²³²	fɑ²⁴
吴起周湾	yε²⁴²	yε²⁴²	yε²¹³	fa²¹³	faʔ³²
志丹顺宁	yE²³	yE²³	yE²¹²	faʔ³³	faʔ³³
安塞化子坪	yE²³	yE²³	yE²¹³	fɑ²³	faʔ⁴³
延长郭旗	ye²³	ye²³	ye²¹³	fɑ²³	fa²³

方言 \ 字目	0616 袜	0617 月	0618 越	0619 县	0620 决
	山合三 入月微	山合三 入月疑	山合三 入月云	山合四 去霰匣	山合四 入屑见
吴起	va¹²	yə¹²	yə¹²	ɕiæ⁴³	tɕyə¹³
志丹	va¹²¹	yə¹²¹	yə¹²¹	ɕiæ⁴²	tɕyə²⁴
安塞	va¹²¹	yə¹²¹	yə¹²¹	ɕiæ³³	tɕyə²⁴
延安	ua²¹	yʁ²¹	yʁ²¹	ɕiẽ⁴⁴²	tɕyʁ²⁴³
甘泉	va³¹	yʁ³¹	yʁ³¹	ɕiẽ⁴²	tɕyʁ²⁴
延长	vɑ²³²	ye²³²	yʁ²³²	ɕiẽ⁵¹	tɕye²⁴
吴起周湾	vaʔ³²	yɜʔ³²	yɜʔ³²	ɕiε⁵²	tɕyɜʔ³²
志丹顺宁	vaʔ³³	yɜʔ³³	yɜʔ³³	ɕiE⁵²	tɕyɜʔ³³
安塞化子坪	vaʔ⁴³	yaʔ⁴³ <u>yE</u>²³	yaʔ⁴³	ɕiE⁵¹	tɕyaʔ⁴³
延长郭旗	vaʔ⁴³	yaʔ⁴³ <u>ye</u>²³	ye²³	ɕiE⁵²	tɕyaʔ⁴³

方言 \ 字目	0621 缺 山合四 入屑溪	0622 血 山合四 入屑晓	0623 吞 臻开一 平痕透	0624 根 臻开一 平痕见	0625 恨 臻开一 去恨匣
吴起	tɕʰyə^{12}	ɕiɛ^{12}	tʰəŋ^{12}	kəŋ^{12}	xəŋ^{43}
志丹	tɕʰyə^{121}	ɕie^{121}	tʰəŋ^{121}	kəŋ^{121}	xəŋ^{42}
安塞	tɕʰyə^{121}	ɕiɛ^{121}	tʰəŋ^{121}	kəŋ^{121}	xəŋ^{31}
延安	tɕʰyɤ^{21}	ɕie^{21}	tʰəŋ^{21}	kəŋ^{21}	xəŋ^{442}
甘泉	tɕʰyɤ^{31}	ɕie^{31} ɕyɤ^{31}	tʰəŋ^{31}	kəŋ^{31}	xəŋ^{42}
延长	tɕʰye^{232}	ɕie^{232}	tʰəŋ^{232}	kəŋ^{232}	xəŋ^{51}
吴起周湾	tɕʰyɜʔ^{32}	ɕiaʔ^{32}	tʰũ^{242}	kũ^{242}	xũ^{52}
志丹顺宁	tɕʰyɜʔ^{33}	ɕiaʔ^{33} ɕiɛ^{212}	tʰɯ̃ɣ̃^{23}	kɯ̃ɣ̃^{23}	xɯ̃ɣ̃^{52}
安塞化子坪	tɕʰyaʔ^{43}	ɕiaʔ^{43} ɕya^{43}	tʰɯŋ^{23}	kɯŋ^{23}	xɯŋ^{51}
延长郭旗	tɕʰyaʔ^{43}	ɕiaʔ^{43}	tʰəŋ^{23}	kəŋ^{23}	xəŋ^{52}

方言 \ 字目	0626 恩 臻开一 平痕影	0627 贫 臻开三 平真並	0628 民 臻开三 平真明	0629 邻 臻开三 平真来	0630 进 臻开三 去震精
吴起	nəŋ^{12}	pʰiəŋ^{13}	miəŋ^{13}	liəŋ^{13}	tɕiəŋ^{43}
志丹	nəŋ^{121}	pʰiəŋ^{14}	miəŋ^{14}	liəŋ^{14}	tɕiəŋ^{42}
安塞	ŋəŋ^{121}	pʰiəŋ^{24}	miəŋ^{24}	liəŋ^{24}	tɕiəŋ$^{31/33}$
延安	ŋəŋ^{21}	pʰiəŋ^{243}	miəŋ^{243}	liəŋ^{243}	tɕiəŋ^{442}
甘泉	ŋəŋ^{31}	pʰiəŋ^{24}	miəŋ^{24}	liəŋ^{24}	tɕiəŋ^{42}
延长	ŋəŋ^{232}	pʰiəŋ^{24}	miəŋ^{24}	liəŋ^{24}	tɕiəŋ^{51}
吴起周湾	nũ^{242}	pʰiũ^{242}	miũ^{242}	liũ^{242}	tɕiũ^{52}
志丹顺宁	ŋɯ̃ɣ̃^{23}	pʰiɯ̃ɣ̃^{23}	miɯ̃ɣ̃^{23}	liɯ̃ɣ̃^{23}	tɕiɯ̃ɣ̃^{52}
安塞化子坪	ŋɯŋ^{23}	pʰiɯŋ^{23}	miɯŋ^{23}	liɯŋ^{23}	tɕiɯŋ^{51}
延长郭旗	ŋəŋ^{23}	pʰiəŋ^{23}	miəŋ^{24}	liəŋ^{23}	tɕiəŋ^{52}

晋语志延片字音对照表

方言＼字目	0631 亲~人 臻开三 平真清	0632 新 臻开三 平真心	0633 镇 臻开三 去震知	0634 陈 臻开三 平真澄	0635 震 臻开三 去震章
吴起	tɕʰiəŋ¹²	ɕiəŋ¹²	tʂəŋ⁴³	tʂʰəŋ¹³	tʂəŋ⁴³
志丹	tɕʰiəŋ¹²¹	ɕiəŋ¹²¹	tʂəŋ⁴²	tʂʰəŋ¹²¹	tʂəŋ⁴²
安塞	tɕʰiəŋ¹²¹	ɕiəŋ¹²¹	tʂəŋ³¹/³³	tʂʰəŋ²⁴	tʂəŋ³¹
延安	tɕʰiəŋ²¹	ɕiəŋ²¹	tʂəŋ⁴⁴²	tʂʰəŋ²⁴³	tʂəŋ⁴⁴²
甘泉	tɕʰiəŋ³¹	ɕiəŋ³¹	tʂəŋ⁴²	tʂʰəŋ²⁴	tʂəŋ⁴²
延长	tɕʰiəŋ²³²	ɕiəŋ²³²	tʂəŋ⁵¹	tʂʰəŋ²⁴	tʂəŋ⁵¹
吴起周湾	tɕʰiũ²⁴²	ɕiũ²⁴²	tʂũ⁵²	tʂʰũ²⁴²	tʂũ⁵²
志丹顺宁	tɕʰiɯỹ²³	ɕiɯỹ²³	tʂɯỹ⁵²	tʂʰɯỹ²³	tʂɯỹ⁵²
安塞化子坪	tɕʰiɯŋ²³	ɕiɯŋ²³	tʂɯŋ⁵¹	tʂʰɯŋ²³	tʂɯŋ⁵¹
延长郭旗	tɕʰiəŋ²³	ɕiəŋ²³	tʂəŋ⁵²	tʂʰəŋ²³	tʂəŋ⁵²

方言＼字目	0636 神 臻开三 平真船	0637 身 臻开三 平真书	0638 辰 臻开三 平真禅	0639 人 臻开三 平真日	0640 认 臻开三 去震日
吴起	ʂəŋ¹³	ʂəŋ¹²	ʂəŋ¹³ 时~① / tʂʰəŋ¹³ ~时	ʐəŋ¹³	ʐəŋ⁴³
志丹	ʂəŋ¹⁴	ʂəŋ¹²¹	ʂəŋ¹⁴ 时~ / tʂʰəŋ¹⁴ ~时	ʐəŋ¹⁴	ʐəŋ⁴²
安塞	ʂəŋ²⁴	ʂəŋ¹²¹	ʂəŋ²⁴ 时~ / tʂʰəŋ²⁴ ~时	ʐəŋ²⁴	ʐəŋ³¹
延安	ʂəŋ²⁴³	ʂəŋ²¹	ʂəŋ²⁴³ 时~ / tʂʰəŋ²⁴³ ~时	ʐəŋ²⁴³	ʐəŋ⁴⁴²
甘泉	ʂəŋ²⁴	ʂəŋ³¹	ʂəŋ²⁴ 时~ / tʂʰəŋ²⁴ ~时	ʐəŋ²⁴	ʐəŋ⁴²
延长	ʂəŋ²⁴	ʂəŋ²³²	ʂəŋ²⁴ 时~ / tʂʰəŋ²⁴ ~时	ʐəŋ²⁴	ʐəŋ⁵¹
吴起周湾	ʂũ²⁴²	ʂũ²⁴²	ʂũ²⁴² 时~ / tʂʰũ²⁴² 生~八字	ʐũ²⁴²	ʐũ⁵²
志丹顺宁	ʂɯỹ²³	ʂɯỹ²³	ʂɯỹ²³ 时~ / tʂʰɯỹ²³ 生~八字	ʐɯỹ²³	ʐɯỹ⁵²
安塞化子坪	ʂɯŋ²³	ʂɯŋ²³	ʂɯŋ²³ 时~ / tʂʰɯŋ²³ 生~八字	ʐɯŋ²³	ʐɯŋ⁵¹
延长郭旗	ʂəŋ²³	ʂəŋ²³	ʂəŋ²³ 时~ / tʂʰəŋ²³ 生~八字	ʐəŋ²³	ʐəŋ⁵²

---

① 时辰：时间。甚~：什么时间。

字目 方言	0641 紧 臻开三 上轸见	0642 银 臻开三 平真疑	0643 印 臻开三 去震影	0644 引 臻开三 上轸以	0645 笔 臻开三 入质帮
吴起	tɕiəŋ⁵²	iəŋ¹³	iəŋ⁴³	iəŋ⁵²	piəʔ³²
志丹	tɕiəŋ⁵²	iəŋ¹⁴	iəŋ⁴⁴	iəŋ⁵²	pi¹²¹
安塞	tɕiəŋ⁵²	iəŋ²⁴	iəŋ³¹	iəŋ⁵²	pi¹²¹
延安	tɕiəŋ⁵³	iəŋ²⁴³	iəŋ⁴⁴²	iəŋ⁵³	pi²¹
甘泉	tɕiəŋ⁵¹	ȵiəŋ²⁴	iəŋ⁴²	iəŋ⁵¹	pi³¹
延长	tɕiəŋ⁵¹	ȵiəŋ²⁴	iəŋ⁵¹	iəŋ⁵¹	pi²³²
吴起周湾	tɕiũ²¹³	ȵiũ²⁴²	iũ⁵²	iũ²¹³	piəʔ³²
志丹顺宁	tɕiɯɣ̃²¹²	iɯɣ̃²³	iɯɣ̃⁵²	iɯɣ̃²¹²	piəʔ³³
安塞化子坪	tɕiɯŋ²¹³	iɯŋ²³	iɯŋ⁵¹	iɯŋ²¹³	piəʔ⁴³
延长郭旗	tɕiəŋ²¹³	iəŋ²³	iəŋ⁵²	iəŋ²¹³	piəʔ⁴³
字目 方言	0646 匹 臻开三 入质滂	0647 密 臻开三 入质明	0648 栗 臻开三 入质来	0649 七 臻开三 入质清	0650 侄 臻开三 入质澄
吴起	pʰi¹²	mi¹²	li⁴³	tɕʰiəʔ³²	tʂʅ¹³
志丹	pʰi¹²¹	mi¹²¹	li⁴²	tɕʰiəʔ⁴³ tɕʰi¹²¹	tʂʅ¹⁴
安塞	pʰi¹²¹	mi¹²¹	li²⁴①	tɕʰi¹²¹	tʂʰʅ²⁴
延安	pʰi²¹	mi²¹	li⁴⁴²	tɕʰi²¹	tʂʰʅ²⁴³
甘泉	pʰi³¹	mi³¹	li²⁴	tɕʰi³¹	tʂʰʅ²⁴
延长	pʰi²³²	mi²³²	li⁵¹	tɕʰi³⁵²	tʂʰʅ²⁴
吴起周湾	pʰiəʔ³²	miəʔ³²	li⁵²	tɕʰiəʔ³²	tʂəʔ³²
志丹顺宁	pʰiəʔ³³	miəʔ³³	li⁵²	tɕʰiəʔ³³	tʂəʔ³³
安塞化子坪	pʰiəʔ⁴³	miəʔ⁴³	li⁵¹	tɕʰiəʔ⁴³	tʂəʔ⁴³
延长郭旗	pʰiəʔ⁴³	miəʔ⁴³	li⁵²	tɕʰiəʔ⁴³	tʂəʔ⁴³

---

① 安塞、甘泉"栗"读阳平调。

字目＼方言	0651 虱 臻开三 入质生	0652 实 臻开三 入质船	0653 失 臻开三 入质书	0654 日 臻开三 入质日	0655 吉 臻开三 入质见
吴起	sei¹²	ʂʅ¹³	ʂʅ¹² 单字音 ʂə¹³² 损~	ʐʅ¹² 单字音 ʐə¹³² ~子	tɕi¹³
志丹	sei¹²¹	ʂʅ⁴⁴	ʂə²⁴³ ʂʅ¹²¹	ʐʅ¹²¹	tɕi¹⁴
安塞	sei¹²¹	ʂə⁴³ ʂʅ²⁴	ʂə⁴³ ʂʅ¹²¹	ər¹²¹ ~头① ʐʅ¹²¹ ~子	tɕi²⁴
延安	sei²¹	ʂʅ²⁴³ ~在 (ʂə⁵ 欢~)	ʂʅ²¹ ʂə⁵	ər²¹ ~头 ʐʅ²¹ ~子	tɕi²⁴³
甘泉	sei³¹	ʂʅ²⁴ (ʂə³²)	ʂʅ³¹	ʐʅ³¹	tɕi²⁴
延长	sei²³²	ʂʅ²⁴ (ʂə⁵⁴)	ʂʅ²³² (ʂə⁵⁴)	ʐʅ²³²	tɕi²³²
吴起周湾	saʔ³²	ʂəʔ³²	ʂəʔ³²	ʐəʔ³²	tɕiəʔ³²
志丹顺宁	saʔ³³	ʂəʔ³³	ʂəʔ³³	ʐəʔ³³	tɕiəʔ³³
安塞化子坪	saʔ⁴³	ʂəʔ⁴³	ʂəʔ⁴³	ʐəʔ⁴³	tɕiəʔ⁴³
延长郭旗	saʔ⁴³	ʂəʔ⁴³	ʂəʔ⁴³	ʐəʔ⁴³	tɕi²³

字目＼方言	0656 一 臻开三 入质影	0657 筋 臻开三 平殷见	0658 劲 有~ 臻开三 去焮见	0659 勤 臻开三 平殷群	0660 近 臻开三 上隐群
吴起	iəʔ³²	tɕiəŋ¹²	tɕiəŋ⁴³	tɕʰiəŋ¹³	tɕiəŋ⁴³
志丹	iəʔ⁴³	tɕiəŋ¹²¹	tɕiəŋ⁴²	tɕʰiəŋ¹⁴	tɕiəŋ⁴⁴
安塞	iəʔ⁴³ i¹²¹	tɕiəŋ¹²¹	tɕiəŋ³¹	tɕʰiəŋ²⁴	tɕiəŋ³¹
延安	i²¹ (iəʔ⁵)	tɕiəŋ²¹	tɕiəŋ⁴⁴²	tɕʰiəŋ²⁴³	tɕiəŋ⁴⁴²
甘泉	i³¹ 第~ (iəʔ³² ~个)	tɕiəŋ³¹	tɕiəŋ⁴²	tɕʰiəŋ²⁴	tɕiəŋ⁴²
延长	i²³² (iəʔ⁵⁴)	tɕiəŋ²³²	tɕiəŋ⁵¹	tɕʰiəŋ²⁴	tɕʰiəŋ⁵¹
吴起周湾	iəʔ³²	tɕiɯ̃²⁴²	tɕiɯ̃⁵²	tɕʰiɯ̃²⁴²	tɕiɯ̃⁵²
志丹顺宁	iəʔ³³	tɕiɯỹ²³	tɕiɯỹ⁵²	tɕʰiɯỹ²³	tɕiɯỹ⁵²
安塞化子坪	iəʔ⁴³	tɕiɯŋ²³	tɕiɯŋ⁵¹	tɕʰiɯŋ²³	tɕiɯŋ⁵¹
延长郭旗	iəʔ⁴³	tɕiəŋ²³	tɕiəŋ⁵²	tɕʰiəŋ²³	tɕiəŋ⁵²

---

① 日头：太阳。

方言\字目	0661 隐 臻开三 上隐影	0662 本 臻合一 上混帮	0663 盆 臻合一 平魂並	0664 门 臻合一 平魂明	0665 墩 臻合一 平魂端
吴起	iəŋ⁵²	pəŋ⁵²	pʰəŋ¹³	məŋ¹³	tuəŋ¹²
志丹	iəŋ⁵²	pəŋ⁵²	pʰəŋ¹⁴	məŋ¹⁴	tuəŋ¹²¹
安塞	iəŋ⁵²	pəŋ⁵²	pʰəŋ²⁴	məŋ²⁴	tuəŋ¹²¹
延安	iəŋ⁵³	pəŋ⁵³	pʰəŋ²⁴³	məŋ²⁴³	tuəŋ²¹
甘泉	iəŋ⁵¹	pəŋ⁵¹	pʰəŋ²⁴	məŋ²⁴	tuəŋ³¹
延长	iəŋ⁵¹	pəŋ⁵¹	pʰəŋ²⁴	məŋ²⁴	tuəŋ²³²
吴起周湾	iŭ²¹³	pŭ²¹³	pʰŭ²⁴²	mŭ²⁴²	tuŭ²⁴²
志丹顺宁	iɯỹ²¹²	pɯỹ²¹²	pʰɯỹ²³	mɯỹ²³	tuɯỹ²³
安塞化子坪	iɯŋ²¹³	pɯŋ²¹³	pʰɯŋ²³	mɯŋ²³	tuɯŋ²³
延长郭旗	iəŋ²¹³	pəŋ²¹³	pʰəŋ²³	məŋ²³	tuəŋ²³

方言\字目	0666 嫩 臻合一 去慁泥	0667 村 臻合一 平魂清	0668 寸 臻合一 去慁清	0669 蹲 臻合一 平魂从	0670 孙~子 臻合一 平魂心
吴起	nuəŋ⁴³	tsʰuəŋ¹²	tsʰuəŋ⁴³	tuəŋ¹²	suəŋ¹²
志丹	nuəŋ⁴⁴	tsʰuəŋ¹²¹	tsʰuəŋ⁴²	tuəŋ¹²¹	suəŋ¹²¹
安塞	nuəŋ³¹	tsʰuəŋ¹²¹	tsʰuəŋ³¹	tuəŋ¹²¹	suəŋ¹²¹
延安	nuəŋ⁴⁴²	tsʰuəŋ²¹	tsʰuəŋ⁴⁴²	tuəŋ²¹	suəŋ²¹
甘泉	nuəŋ⁴²	tsʰuəŋ³¹	tsʰuəŋ⁴²	tuəŋ³¹	suəŋ³¹
延长	nuəŋ⁵¹	tsʰuəŋ²³²	tsʰuəŋ⁵¹	tuəŋ²³²	suəŋ²³²
吴起周湾	nuŭ⁵²	tsʰuŭ²⁴²	tsʰuŭ⁵²	tuŭ²⁴²	suŭ²⁴²
志丹顺宁	nuɯỹ⁵²	tsʰuɯỹ²³	tsʰuɯỹ⁵²	tuɯỹ²³	suɯỹ²³
安塞化子坪	nuɯŋ⁵¹	tsʰuɯŋ²³	tsʰuɯŋ⁵¹	tuɯŋ²³	suɯŋ²³
延长郭旗	nuəŋ⁵²	tsʰuəŋ²³	tsʰuəŋ⁵²	tuəŋ²³	suəŋ²³

方言\字目	0671 滚	0672 困	0673 婚	0674 魂	0675 温
	臻合一上混见	臻合一去慁溪	臻合一平魂晓	臻合一平魂匣	臻合一平魂影
吴起	kuəŋ⁵²	kʰuəŋ⁴³	xuəŋ¹²	xuəŋ¹³	vəŋ¹²
志丹	kuəŋ⁵²	kʰuəŋ⁴⁴	xuəŋ¹²¹	xuəŋ¹⁴	vəŋ¹²¹
安塞	kuəŋ⁵²	kʰuəŋ³¹	xuəŋ¹²¹	xuəŋ²⁴	vəŋ¹²¹
延安	kuəŋ⁵³	kʰuəŋ⁴⁴²	xuəŋ²¹	xuəŋ²⁴³	uəŋ²¹
甘泉	kuəŋ⁵¹	kʰuəŋ⁴²	xuəŋ³¹	xuəŋ²⁴	vəŋ³¹
延长	kuəŋ⁵¹	kʰuəŋ⁵¹	xuəŋ²³²	xuəŋ²⁴	vəŋ²³²
吴起周湾	kuɯ̃²¹³	kʰuɯ̃⁵²	xuɯ̃²⁴²	xuɯ̃²⁴²	vɯ̃²⁴²
志丹顺宁	kuɯỹ²¹²	kʰuɯỹ⁵²	xuɯỹ²³	xuɯỹ²³	vɯỹ²³
安塞化子坪	kuɯŋ²¹³	kʰuɯŋ⁵¹	xuɯŋ²³	xuɯŋ²³	vɯŋ²³
延长郭旗	kuəŋ²¹³	kʰuəŋ⁵²	xuəŋ²³	xuəŋ²³	vəŋ²³

方言\字目	0676 卒棋子	0677 骨	0678 轮	0679 俊	0680 笋
	臻合一入没精	臻合一入没见	臻合三平谆来	臻合三去稕精	臻合三上准心
吴起	tsu¹³	kuəʔ³²	lyəŋ¹³	tɕyəŋ⁴³	suəŋ⁵²
志丹	tsu¹²¹	kuəʔ⁴³ ku¹²¹	lyəŋ¹⁴	tɕyəŋ⁴⁴	suəŋ⁵²
安塞	tsuəʔ⁴³	kuəʔ⁴³ ku¹²¹	lyəŋ²⁴	tɕyəŋ³¹	suəŋ⁵²
延安	tsu²⁴³	ku²¹ 排~ (kuəʔ⁵ ~殖)	lyəŋ²⁴³	tɕyəŋ⁴⁴²	suəŋ⁵³
甘泉	tsu²⁴	ku³¹	lyəŋ²⁴	tɕyəŋ⁴²	suəŋ⁵¹
延长	tsu²⁴	ku²³²	lyəŋ²⁴	tɕyəŋ⁵¹	suəŋ⁵¹
吴起周湾	tsuəʔ³²	kuəʔ³²	lyɯ̃²⁴²	tɕyɯ̃⁵²	suɯ̃²¹³
志丹顺宁	tsuəʔ³³	kuəʔ³³	lyɯỹ²³	tɕyɯỹ⁵²	suɯỹ²¹²
安塞化子坪	tsuəʔ⁴³	kuəʔ⁴³	lyɯŋ²³	tɕyɯŋ⁵¹	suɯŋ²¹³
延长郭旗	tsuəʔ⁴³	kuəʔ⁴³	lyəŋ²³	tɕyəŋ⁵²	suəŋ²¹³

方言＼字目	0681 准 臻合三 上准章	0682 春 臻合三 平谆昌	0683 唇 臻合三 平谆船	0684 顺 臻合三 去稕船	0685 纯 臻合三 平谆禅
吴起	tʂuəŋ⁵²	tʂʰuəŋ¹²	tʂʰuəŋ¹³	ʂuəŋ⁴³	tʂʰuəŋ¹³
志丹	tʂuəŋ⁵²	tʂʰuəŋ¹²¹	tʂʰuəŋ¹⁴	ʂuəŋ⁴²	tʂʰuəŋ¹⁴
安塞	tʂuəŋ⁵²	tʂʰuəŋ¹²¹	tʂʰuəŋ²⁴	ʂuəŋ³³	tʂʰuəŋ²⁴
延安	tʂuəŋ⁵³	tʂʰuəŋ²¹	tʂʰuəŋ²⁴³	ʂuəŋ⁴⁴²	tʂʰuəŋ²⁴³
甘泉	tʂuəŋ⁵¹	tʂʰuəŋ³¹	tʂʰuəŋ²⁴	ʂuəŋ⁴²	tʂʰuəŋ²⁴
延长	tʂuəŋ⁵¹	tʂʰuəŋ²³²	tʂʰuəŋ²⁴	ʂuəŋ⁵¹	tʂʰuəŋ²⁴
吴起周湾	tʂuũ²¹³	tʂʰuũ²⁴²	tʂʰuũ²⁴²	ʂuũ⁵²	tʂʰuũ²⁴²
志丹顺宁	tʂuɯỹ²¹²	tʂʰuɯỹ²³	tʂʰuɯỹ²³	ʂuɯỹ⁵²	tʂʰuɯỹ²³
安塞化子坪	tʂuɯŋ²¹³	tʂʰuɯŋ²³	tʂʰuɯŋ²³	ʂuɯŋ⁵¹	tʂʰuɯŋ²³
延长郭旗	tʂuəŋ²¹³	tʂʰuəŋ²³	tʂʰuəŋ²³	ʂuəŋ⁵²	tʂʰuəŋ²³

方言＼字目	0686 闰 臻合三 去稕日	0687 均 臻合三 平谆见	0688 匀 臻合三 平谆以	0689 律 臻合三 入术来	0690 出 臻合三 入术昌
吴起	ʐuəŋ⁴³	tɕyəŋ¹²	iəŋ¹³ ~称 yəŋ¹³ ~开①	ly¹²	tʂʰuəʔ³²
志丹	ʐuəŋ⁴²	tɕyəŋ¹²¹	iəŋ¹⁴ 拌~ yəŋ¹⁴ ~称	ly¹²¹	tʂʰuəʔ⁴³
安塞	ʐuəŋ³¹	tɕyəŋ¹²¹	iəŋ²⁴ 搅~ yəŋ²⁴ ~均	ly³¹	tʂʰuəʔ⁴³
延安	ʐuəŋ⁴⁴²	tɕyəŋ²¹	iəŋ²⁴³ ~称 yəŋ²⁴³ ~出来②	ly²¹	tʂʰu²¹ 进~ (tʂʰuəʔ⁵ ~去)
甘泉	ʐuəŋ⁴²	tɕyəŋ³¹	iəŋ²⁴ ~称 yəŋ²⁴ ~出来	ly³¹	tʂʰu³¹ (tʂʰuəʔ³²)
延长	ʐuəŋ⁵¹	tɕyəŋ²³²	iəŋ²⁴ 搅~ yəŋ²⁴ ~均	ly²³²	tʂʰu²³² (tʂʰuəʔ⁵⁴)
吴起周湾	ʐuũ⁵²	tɕyũ²⁴²	iũ²⁴² 搅~ yũ²⁴² ~均	ly⁵²	tʂʰuəʔ³²
志丹顺宁	ʐuɯỹ⁵²	tɕyɯỹ²³	iɯỹ²³ 搅~ yɯỹ²³ ~出来	ly²³	tʂʰuəʔ³³
安塞化子坪	ʐuɯŋ⁵¹	tɕyɯŋ²³	iɯŋ²³ 搅~ yɯŋ²³ ~出来	luəʔ⁴³	tʂʰuəʔ⁴³
延长郭旗	ʐuəŋ⁵²	tɕyəŋ²³	iəŋ²³ 搅~ yəŋ²³ ~均	ly²³	tʂʰuəʔ⁴³

① 匀开：平均分开。
② 匀出来：拨出来（一部分）。

方言\字目	0691 橘 臻合三 入术见	0692 分动 臻合三 平文非	0693 粉 臻合三 上吻非	0694 粪 臻合三 去问非	0695 坟 臻合三 平文奉
吴起	tɕy¹³	fəŋ¹²	fəŋ⁵²	fəŋ⁴³	fəŋ¹³
志丹	tɕy¹⁴	fəŋ¹²¹	fəŋ⁵²	fəŋ⁴²	fəŋ¹⁴
安塞	tɕy²⁴	fəŋ¹²¹	fəŋ⁵²	fəŋ³¹	fəŋ²⁴
延安	tɕy²⁴³	fəŋ²¹	fəŋ⁵³	fəŋ⁴⁴²	fəŋ²⁴³
甘泉	tɕy²⁴	fəŋ³¹	fəŋ⁵¹	fəŋ⁴⁴	fəŋ²⁴
延长	tɕy²⁴	fəŋ²³²	fəŋ⁵¹	fəŋ⁵¹	fəŋ²⁴
吴起周湾	tɕyəʔ³²	fũ²⁴²	fũ²¹³	fũ⁵²	fũ²⁴²
志丹顺宁	tɕyəʔ³³	fuɣ̃²³	fuɣ̃²¹²	fuɣ̃⁵²	fuɣ̃²³
安塞化子坪	tɕyəʔ⁴³	fuɯŋ²³	fuɯŋ²¹³	fuɯŋ⁵¹	fuɯŋ²³
延长郭旗	tɕyəʔ⁴³	fəŋ²³	fəŋ²¹³	fəŋ⁵²	fəŋ²³

方言\字目	0696 蚊 臻合三 平文微	0697 问 臻合三 去问微	0698 军 臻合三 平文见	0699 裙 臻合三 平文群	0700 熏 臻合三 平文晓
吴起	vəŋ¹³	vəŋ⁴³	tɕyəŋ¹²	tɕʰyəŋ¹³	ɕyəŋ¹²
志丹	vəŋ¹⁴	vəŋ⁴⁴	tɕyəŋ¹²¹	tɕʰyəŋ¹⁴	ɕyəŋ¹²¹
安塞	vəŋ²⁴	vəŋ³¹	tɕyəŋ¹²¹	tɕʰyəŋ²⁴	ɕyəŋ¹²¹
延安	uəŋ²⁴³	uəŋ⁴⁴²	tɕyəŋ²¹	tɕʰyəŋ²⁴³	ɕyəŋ²¹
甘泉	vəŋ²⁴	vəŋ⁴⁴	tɕyəŋ³¹	tɕʰyəŋ²⁴	ɕyəŋ³¹
延长	vəŋ²⁴	vəŋ⁵¹	tɕyəŋ²³²	tɕʰyəŋ²⁴	ɕyəŋ²³²
吴起周湾	vũ²⁴²	vũ⁵²	tɕyũ²⁴²	tɕʰyũ²⁴²	ɕyũ²⁴²
志丹顺宁	vɯɣ̃²³	vɯɣ̃⁵²	tɕyɯɣ̃²³	tɕʰyɯɣ̃²³	ɕyɯɣ̃²³
安塞化子坪	vɯŋ²³	vɯŋ⁵¹	tɕyɯŋ²³	tɕʰyɯŋ²³	ɕyɯŋ²³
延长郭旗	vəŋ²³	vəŋ⁵²	tɕyəŋ²³	tɕʰyəŋ²³	ɕyəŋ²³

方言 \ 字目	0701 云~彩 臻合三 平文云	0702 运 臻合三 去问云	0703 佛~像 臻合三 入物奉	0704 物 臻合三 入物微	0705 帮 宕开一 平唐帮
吴起	yəŋ¹³	yəŋ⁴³	fuə¹³	vuə¹²	pʌỹ¹²
志丹	yəŋ¹⁴	yəŋ⁴²	fuə¹⁴	vuə¹²¹	pʌỹ¹²¹
安塞	yəŋ²⁴	yəŋ³¹	fuə²⁴	vuə¹²¹	pʌỹ¹²¹
延安	yəŋ²⁴³	yəŋ⁴⁴²	fuɤ²⁴³	uɤ²¹	paŋ²¹
甘泉	yəŋ²⁴	yəŋ⁴²	fuɤ²⁴	vuɤ³¹	pʌỹ³¹
延长	yəŋ²⁴	yəŋ⁵¹	fɤ²⁴	vɤ²³²	paỹ²³²
吴起周湾	yŭ²⁴²	yŭ⁵²	fuə²⁴²	vəʔ³²	pã²⁴²
志丹顺宁	yɯỹ²³	yɯỹ⁵²	fuə³³①	vuə²³	pã²³
安塞化子坪	yɯŋ²³	yɯŋ⁵¹	fuɤ²³	vəʔ⁴³	pã²³
延长郭旗	yəŋ²³	yəŋ⁵²	fuɤ²³	vaʔ⁴³	pã²³

方言 \ 字目	0706 忙 宕开一 平唐明	0707 党 宕开一 上荡端	0708 汤 宕开一 平唐透	0709 糖 宕开一 平唐定	0710 狼 宕开一 平唐来
吴起	mʌỹ¹³	tʌỹ⁵²	tʰʌỹ¹²	tʰʌỹ¹³	lʌỹ¹³
志丹	mʌỹ¹⁴	tʌỹ⁵²	tʰʌỹ¹²¹	tʰʌỹ¹⁴	lʌỹ¹⁴
安塞	mʌỹ²⁴	tʌỹ⁵²	tʰʌỹ¹²¹	tʰʌỹ²⁴	lʌỹ²⁴
延安	maŋ²⁴³	taŋ⁵³	tʰaŋ²¹	tʰaŋ²⁴³	laŋ²⁴³
甘泉	mʌỹ²⁴	tʌỹ⁵¹	tʰʌỹ³¹	tʰʌỹ²⁴	lʌỹ²⁴
延长	maỹ²⁴	taỹ⁵¹	tʰɤ²³² 米~ / tʰaỹ²³² ~面	tʰaỹ²⁴	lɤ²⁴ laỹ²⁴
吴起周湾	mã²⁴²	tã²¹³	tʰã²⁴²	tʰã²⁴²	lã²⁴²
志丹顺宁	mã²³	tã²¹²	tʰã²³	tʰã²³	lã²³
安塞化子坪	mã²³	tã²¹³	tʰã²³	tʰã²³	lã²³
延长郭旗	mã²³	tã²¹³	tʰã²³	tʰã²³	lã²³

---

① 顺宁"佛"声调特殊，读平调 33。

字目 方言	0711 仓 宕开一 平唐清	0712 钢名 宕开一 平唐见	0713 糠 宕开一 平唐溪	0714 薄形 宕开一 入铎並	0715 摸 宕开一 入铎明
吴起	tsʰʌỹ¹²	kʌỹ¹²	kʰʌỹ¹³	puə¹³	muə¹²
志丹	tsʰʌỹ¹²¹	kʌỹ¹²¹	kʰʌỹ¹²¹	puə¹⁴	mɔ¹²¹ ~一下 muə¹²¹ 觉~ ①
安塞	tsʰʌỹ¹²¹	kʌỹ¹²¹	kʰʌỹ¹²¹	pʰuə²⁴	mɔ¹²¹ ~一下 muə¹²¹ 约~
延安	tsʰaŋ²¹	kaŋ²¹	kʰaŋ²¹	pʰuɤ²⁴³ puɤ²⁴³	mɔ²¹ ~一下 muɤ²¹ 偷偷~~
甘泉	tsʰʌỹ³¹	kʌỹ³¹	kʰʌỹ³¹	puɤ²⁴	mɔ³¹ ~一下 muɤ³¹ ~底
延长	tsʰaỹ²³²	kaỹ²³²	kʰaỹ²³²	pʰɤ²⁴	mɔ²³² ~一下 mɤ²³² ~索
吴起周湾	tsʰã²⁴²	kã²⁴²	kʰã²⁴²	puə²⁴²	muə²⁴²
志丹顺宁	tsʰã²³	kã²³	kʰã²³	puə²³	muə²³
安塞化子坪	tsʰã²³	kã²³	kʰã²³	puɤ²³	muɤ²³
延长郭旗	tsʰã²³	kã²³	kʰã²³	pʰɤ²³	mɤ²³

字目 方言	0716 托 宕开一 入铎透	0717 落 宕开一 入铎来	0718 作 宕开一 入铎精	0719 索 宕开一 入铎心	0720 各 宕开一 入铎见
吴起	tʰuə¹²	luə¹²	tsuə¹²	suə¹²	kuə¹² ~人 kɤ¹² ~样
志丹	tʰuə¹²¹	luə¹²¹	tsuə¹²¹	suə¹²¹	kuə¹⁴
安塞	tʰuə¹²¹	luə¹²¹	tsuə¹²¹	suə⁵²	kuə²⁴
延安	tʰuɤ²¹	luɤ²¹	tsuɤ²¹	suɤ⁵³	kuɤ²⁴³ ~儿 ② kɤ²¹ ~人
甘泉	tʰuɤ³¹	luɤ³¹	tsuɤ³¹	suɤ³¹	kɤ³¹
延长	tʰɤ²³²	lɤ²³²	tsɤ²³² ~业 tsuɤ²³² 工~	suɤ²³²	kɤ²³²
吴起周湾	tʰuə²⁴²	luɜʔ³²	tsuəʔ³²	suə²¹³	kaʔ³²
志丹顺宁	tʰuə²³	luɜʔ³³	tsuɜʔ³³	suə²¹²	kɜʔ³³
安塞化子坪	tʰuɤ²³	luɤ²³	tsuɤ²³	suɤ²¹³	kaʔ⁴³
延长郭旗	tʰuɤ²³	luaʔ⁴³	tsəʔ⁴³ tsuɤ²³	suɤ²¹³	kaʔ⁴³

① 觉摸：估计。
② 各儿：自己。

方言＼字目	0721 鹤 宕开一 入铎匣	0722 恶形 宕开一 入铎影	0723 娘 宕开三 平阳泥	0724 两斤~ 宕开三 上养来	0725 亮 宕开三 去漾来
吴起	xuə¹²	nuə¹²	ȵiʌɣ̃¹³	liʌɣ̃⁵²	liʌɣ̃⁴³
志丹	xuə¹²¹	nuə¹²¹	ȵiʌɣ̃¹⁴	liʌɣ̃⁵²	liʌɣ̃⁴²
安塞	xuə³¹	ŋuə¹²¹	ȵiʌɣ̃²⁴	liʌɣ̃⁵²	liʌɣ̃³¹
延安	xuɤ⁴⁴²	ŋuɤ²¹	ȵian²⁴³	lian⁵³	lian⁴⁴²
甘泉	xɤ⁴²	ŋɤ³¹	ȵiʌɣ̃²⁴	liʌɣ̃⁵¹	liʌɣ̃⁴⁴
延长	xɤ⁵¹	ŋɤ²³²	ȵiɤ²⁴ ȵia²⁴	liɤ⁵¹/ lie⁵¹ liaɣ̃⁵¹	liaɣ̃⁵¹
吴起周湾	xɤ⁵²	nʒʔ³²	ȵiã²⁴²	lia²¹³	liã⁵²
志丹顺宁	xɤ⁵²	ŋʒʔ³³	ȵyə²³ ~~① ȵiã²³ ~的②	lia²¹²	liã⁵²
安塞化子坪	xɤ⁵¹	ŋə²⁴³	ȵiã²³	lia²¹³	liã⁵¹
延长郭旗	xɤ⁵²	ŋaʔ⁴³	ȵiã²³	lia²¹³	liã⁵²

方言＼字目	0726 浆 宕开三 平阳精	0727 抢 宕开三 上养清	0728 匠 宕开三 去漾从	0729 想 宕开三 上养心	0730 像 宕开三 上养邪
吴起	tɕiʌɣ̃¹²	tɕʰiʌɣ̃⁵²	tɕiʌɣ̃⁴³	ɕiʌɣ̃⁵²	ɕiʌɣ̃⁴³
志丹	tɕiʌɣ̃¹²¹	tɕʰiʌɣ̃⁵²	tɕiʌɣ̃⁴²	ɕiʌɣ̃⁵²	ɕiʌɣ̃⁴²
安塞	tɕiʌɣ̃¹²¹	tɕʰiʌɣ̃⁵²	tɕʰiʌɣ̃³¹	ɕiʌɣ̃⁵²	ɕiʌɣ̃³¹
延安	tɕiaŋ²¹	tɕʰiaŋ⁵³	tɕʰiaŋ⁴⁴²	ɕiaŋ⁵³	ɕiaŋ⁴⁴²
甘泉	tɕiʌɣ̃³¹	tɕʰiʌɣ̃⁵¹	tɕiʌɣ̃⁴²	ɕiʌɣ̃⁵¹	ɕiʌɣ̃⁴²
延长	tɕiaɣ̃²³²	tɕʰiaɣ̃⁵¹	tɕʰiaɣ̃⁵¹	ɕiaɣ̃⁵¹	ɕiɤ⁵¹ ɕiaɣ̃⁵¹
吴起周湾	tɕiã²⁴²	tɕʰiã²¹³	tɕiã⁵²	ɕiã²¹³	ɕiã⁵²
志丹顺宁	tɕiã²³	tɕʰiã²¹²	tɕiã⁵²	ɕiã²¹²	ɕiã⁵²
安塞化子坪	tɕiã²³	tɕʰiã²¹³	tɕiã⁵¹	ɕiã²¹³	ɕiã⁵¹
延长郭旗	tɕiã²³	tɕʰiã²¹³	tɕiã⁵²	ɕiã²¹³	ɕiã⁵²

① 娘娘：奶奶。
② 娘的：他妈妈。

方言＼字目	0731 张量	0732 长~短	0733 装	0734 壮	0735 疮
	宕开三平阳知	宕开三平阳澄	宕开三平阳庄	宕开三去漾庄	宕开三平阳初
吴起	tʂʌɣ̃¹²	tʂʰʌɣ̃¹³	tʂuʌɣ̃¹²	tʂuʌɣ̃⁴³	tʂʰuʌɣ̃¹²
志丹	tʂʌɣ̃¹²¹	tʂʰʌɣ̃¹⁴	tʂuʌɣ̃¹²¹	tʂuʌɣ̃⁴²	tʂʰuʌɣ̃¹²¹
安塞	tʂʌɣ̃¹²¹	tʂʰʌɣ̃²⁴	tʂuʌɣ̃¹²¹	tʂuʌɣ̃³¹	tʂʰuʌɣ̃¹²¹
延安	tʂaŋ²¹	tʂʰaŋ²⁴³	tʂuaŋ²¹	tʂuaŋ⁴⁴²	tʂʰuaŋ²¹
甘泉	tʂʌɣ̃³¹	tʂʰʌɣ̃²⁴	tʂuʌɣ̃³¹	tʂuʌɣ̃⁴²	tʂʰuʌɣ̃³¹
延长	tʂɑɣ̃²³²	tʂʰɤ²⁴ tʂʰɑɣ̃²⁴	tʂuɑɣ̃²³²	tʂuɤ⁵¹ tʂuɑɣ̃⁵¹	tʂʰuɤ²³² tʂʰuɑɣ̃²³²
吴起周湾	tʂã²⁴²	tʂʰã²⁴²	tʂuã²⁴²	tʂuã⁵²	tʂʰuã²⁴²
志丹顺宁	tʂã²³	tʂʰã²³	tʂuã²³	tʂuã⁵²	tʂʰuã²³
安塞化子坪	tʂã²³	tʂʰã²³	tʂuã²³	tʂuã⁵¹	tʂʰuã²³
延长郭旗	tʂã²³	tʂʰã²³	tʂuã²³	tʂuã⁵²	tʂʰuã²³
方言＼字目	0736 床	0737 霜	0738 章	0739 厂	0740 唱
	宕开三平阳崇	宕开三平阳生	宕开三平阳章	宕开三上养昌	宕开三去漾昌
吴起	tʂʰuʌɣ̃¹³	ʂuʌɣ̃¹²	tʂʌɣ̃¹²	tʂʰʌɣ̃⁵²	tʂʰʌɣ̃⁴³
志丹	tʂʰuʌɣ̃¹⁴	ʂuʌɣ̃¹²¹	tʂʌɣ̃¹²¹	tʂʰʌɣ̃⁵²	tʂʰʌɣ̃⁴⁴/⁴²
安塞	tʂʰuʌɣ̃²⁴	ʂuʌɣ̃¹²¹	tʂʌɣ̃¹²¹	tʂʰʌɣ̃⁵²	tʂʰʌɣ̃³¹
延安	tʂʰuaŋ²⁴³	ʂuaŋ²¹	tʂaŋ²¹	tʂʰaŋ⁵³	tʂʰaŋ⁴⁴²
甘泉	tʂʰuʌɣ̃²⁴	ʂuʌɣ̃³¹	tʂʌɣ̃³¹	tʂʰʌɣ̃⁵¹	tʂʰʌɣ̃⁴⁴
延长	tʂʰuɑɣ̃²⁴	ʂuɤ²³² ʂuɑɣ̃²³²	tʂɑɣ̃²³²	tʂʰɑɣ̃⁵¹	tʂʰɑɣ̃⁵¹
吴起周湾	tʂʰuã²⁴²	ʂuã²⁴²	tʂã²⁴²	tʂʰã²¹³	tʂʰã⁵²
志丹顺宁	tʂʰuã²³	ʂuã²³	tʂã²³	tʂʰã²¹²	tʂʰã⁵²
安塞化子坪	tʂʰuã²³	ʂuã²³	tʂã²³	tʂʰã²¹³	tʂʰã⁵¹
延长郭旗	tʂʰuã²³	ʂuã²³	tʂã²³	tʂʰã²¹³	tʂʰã⁵²

方言\字目	0741 伤 宕开三 平阳书	0742 尝 宕开三 平阳禅	0743 上~去 宕开三 上养禅	0744 让 宕开三 去漾日	0745 姜生~ 宕开三 平阳见
吴起	ʂʌỹ^{12}	ʂʌỹ^{13}	ʂʌỹ^{43}	ʐʌỹ^{43}	tɕiʌỹ^{12}
志丹	ʂʌỹ^{121}	ʂʌỹ^{14}	ʂʌỹ^{44}	ʐʌỹ^{44}	tɕiʌỹ^{121}
安塞	ʂʌỹ^{24}	ʂʌỹ^{24}	ʂʌỹ^{31}	ʐʌỹ^{31}	tɕiʌỹ^{121}
延安	ʂaŋ^{21}	ʂaŋ^{243}	ʂaŋ^{442}	ʐaŋ^{442}	tɕiaŋ^{21}
甘泉	ʂʌỹ^{31}	ʂʌỹ^{24}	ʂʌỹ^{42}	ʐʌỹ^{42}	tɕiʌỹ^{31}
延长	ʂɤ^{232} ʂaỹ^{232}	ʂɤ^{24} ʂaỹ^{24}	ʂɤ^{51} ʂaỹ^{51}	ʐaỹ^{51}	tɕiaỹ^{232}
吴起周湾	ʂã^{242}	ʂã^{242}	ʂã^{52}	ʐã^{52}	tɕiã^{242}
志丹顺宁	ʂã^{23}	ʂã^{23}	ʂã^{52}	ʐã^{52}	tɕiã^{23}
安塞化子坪	ʂã^{23}	ʂã^{23} ~一下 tʂʰã^{23} 品~	ʂã^{51}	ʐã^{51}	tɕiã^{23}
延长郭旗	ʂã^{23}	ʂã^{23}	ʂã^{52}	ʐã^{52}	tɕiã^{23}

方言\字目	0746 响 宕开三 上养晓	0747 向 宕开三 去漾晓	0748 羊 宕开三 平阳以	0749 痒 宕开三 上养以	0750 样 宕开三 去漾以
吴起	ɕiʌỹ^{52}	ɕiʌỹ^{43}	iʌỹ^{13}	iʌỹ^{52}	iʌỹ^{43}
志丹	ɕiʌỹ^{52}	ɕiʌỹ^{42}	iʌỹ^{14}	iʌỹ^{52}	iʌỹ^{42}
安塞	ɕiʌỹ^{52}	ɕiʌỹ^{31}	iʌỹ^{24}	iʌỹ^{52}	iʌỹ^{31}
延安	ɕiaŋ^{53}	ɕiaŋ^{442}	iaŋ^{243}	iaŋ^{53}	iaŋ^{442}
甘泉	ɕiʌỹ^{51}	ɕiʌỹ^{42}	iʌỹ^{24}	iʌỹ^{52}	iʌỹ^{42}
延长	ɕiaỹ^{51}	ɕiaỹ^{51}	iɤ^{24} ~肉 iaỹ^{24} ~肉	iaỹ^{51}	iɤ^{51} iaỹ^{51}
吴起周湾	ɕiã^{213}	ɕiã^{52}	iã^{242}	iã^{213}	iã^{52}
志丹顺宁	ɕiã^{212}	ɕiã^{52}	iã^{23}	iã^{212}	iã^{52}
安塞化子坪	ɕiã^{213}	ɕiã^{51}	iã^{23}	iã^{213}	iã^{51}
延长郭旗	ɕiã^{213}	ɕiã^{52}	iã^{23}	iã^{213}	iã^{52}

字目\方言	0751 雀 宕开三 入药精	0752 削 宕开三 入药心	0753 着 宕开三 入药澄	0754 勺 宕开三 入药禅	0755 弱 宕开三 入药日
吴起	tɕʰiɔ⁵² ~~ ①	ɕiəu¹² ~铅笔 ɕyə¹² 剥~	tʂʰuə¹³ 睡~ tʂuə¹³ ~气 ②	ʂuə¹³	ʐuə¹²
志丹	tɕʰiɔ⁵² ~儿 ③	ɕiəu¹²¹ ~铅笔 ɕyə¹²¹ 剥~	tʂʰuə¹⁴ 睡~ tʂuə¹⁴ ~气	ʂuə¹⁴	ʐuə¹²¹
安塞	tɕʰiɔ¹²¹ ~儿	ɕiəu¹²¹ ~铅笔 ɕyə¹²¹ ~苹果 ④ ɕyəʔ⁴³ 剥~	tʂʰuə²⁴ 睡~ tʂuə²⁴ ~气	ʂuə²⁴	ʐuə¹²¹
延安	tɕʰiɔ⁴⁴² ~~	ɕiəu²¹ ~苹果 ɕyɤ²¹ 剥~	tʂʰuɤ²⁴³ 睡~ tʂuɤ²⁴³ ~急	ʂuɤ²⁴³	ʐuɤ²¹
甘泉	tɕʰiɔ⁴² ~~ tɕʰyə³¹ 孔	ɕyɤ³¹	tʂuɤ²⁴	ʂuɤ²⁴	ʐuɤ³¹
延长	tɕʰiɔ⁵¹ ~儿	ɕye²³² ~皮 ɕiɔ²³² 剥~	tʂʰɤʂ²⁴ 睡~	ʂɤʂ²⁴	ʐɤʂ²³²
吴起周湾	tɕʰiɔ²¹³	ɕiəu²⁴² ~笔 ɕyəʔ³² 剥~	tʂʰuə²⁴²	ʂuə²⁴²	ʐuə²⁴²
志丹顺宁	tɕʰiɔ²³ ~儿	ɕiəu²³ ~笔 ɕyE²³ 剥~	tʂʰuə²³	ʂuə²³	ʐuə²³
安塞化子坪	tɕʰiɔ²¹³ ~儿 tɕʰyE²³ 巢	ɕiəu²³ ~笔 ɕyəʔ⁴³ 剥~	tʂʰuɤ²³	ʂuɤ²³	ʐuɤ²³
延长郭旗	tɕʰiɔ²¹³ ~~ tɕʰye⁵² 巢	ɕiəu²³ ~皮 ɕyəʔ⁴³ 剥~	tʂʰuɤ²³	ʂuɤ²³	ʐuɤ²³

字目\方言	0756 脚 宕开三 入药见	0757 约 宕开三 入药影	0758 药 宕开三 入药以	0759 光~线 宕合一 平唐见	0760 荒 宕合一 平唐晓
吴起	tɕyə¹²	yə¹²	yə¹²	kuʌŋ̃¹²	xuə⁴³ 地~了 xuʌŋ̃¹² 饥~ ⑤
志丹	tɕyə¹²¹	yə¹²¹	yə¹²¹	kuʌŋ̃¹²¹	xuə⁴² xuʌŋ̃¹²¹
安塞	tɕyəʔ⁴³ tɕyə¹²¹	yə¹²¹	yə¹²¹	kuʌŋ̃¹²¹	xuə³¹ xuʌŋ̃¹²¹
延安	tɕyɤ²¹	yɤ²¹	yɤ²¹	kuaŋ²¹	xuɤ⁴⁴² xuaŋ²¹
甘泉	tɕʰyɤ³¹ ~地 ⑥ tɕyɤ³¹ ~后跟	yɤ³¹	yɤ³¹	kuʌŋ̃³¹	xuɤ⁴² xuʌŋ̃³¹
延长	tɕie²³²	ie²³²	iɤ²³² ie²³²	kuɤ²³² ~捻捻 kuɑŋ̃²³² ~秃秃	xuɤ⁵¹ xuɑŋ̃²³²
吴起周湾	tɕiaʔ³²	yɜʔ³²	yɜʔ³²	kuã²⁴²	xuə⁵² xuã²⁴²
志丹顺宁	tɕia³³	yE²³	iaʔ³³	kuã²³	xuə⁵² xuã²³
安塞化子坪	tɕia⁴³	yaʔ⁴³	yaʔ⁴³	kuã²³	xuɤ⁵¹ xuã²³
延长郭旗	tɕia⁴³	ye²³	iaʔ⁴³	kuã²³	xuɤ⁵² xuã²³

① 雀雀：小鸟儿。
② 着气：生气。
③ 雀儿：鸟儿。
④ 前两个音为白读 1、白读 2。
⑤ 饥荒：债务。各点例词基本一致。
⑥ 脚地：屋内的地面。

方言 \ 字目	0761 黄 宕合一 平唐匣	0762 郭 宕合一 入铎见	0763 霍 宕合一 入铎晓	0764 方 宕合三 平阳非	0765 放 宕合三 去漾非
吴起	xuʌỹ¹³	kuə¹²	xuə⁴³	fʌỹ¹²	fʌỹ⁴³
志丹	xuʌỹ¹⁴	kuə¹²¹	xuəʔ⁴³ xu⁴²	fʌỹ¹²¹	fʌỹ⁴²
安塞	xuʌỹ²⁴	kuə¹²¹	xuə³¹	fʌỹ¹²¹	fʌỹ³¹
延安	xuaŋ²⁴³	kuɤ²¹	xuɤ⁴⁴²	faŋ²¹	faŋ⁴⁴²
甘泉	xuʌỹ²⁴	kuɤ³¹	xuɤ⁴²	fʌỹ³¹	fʌỹ⁴²
延长	xuɤ²⁴ xuaỹ²⁴	kuɤ²³²	xuɤ⁵¹	faỹ²³²	faỹ⁵¹
吴起周湾	xuã²⁴²	kuaʔ³²	xuəʔ³²	fã²⁴²	fã⁵²
志丹顺宁	xuã²³	kuɜʔ³³	xuəʔ³³	fã²³	fã⁵²
安塞化子坪	xuã²³	kuaʔ⁴³	xuɤ⁵¹	fã²³	fã⁵¹
延长郭旗	xuã²³	kuaʔ⁴³	xuɤ⁵²	fã²³	fã⁵²
方言 \ 字目	0766 纺 宕合三 上养敷	0767 房 宕合三 平阳奉	0768 防 宕合三 平阳奉	0769 网 宕合三 上养微	0770 筐 宕合三 平阳溪
吴起	fʌỹ⁵²	fʌỹ¹³	fʌỹ¹³	vʌỹ⁵²	kʰuʌỹ¹²
志丹	fʌỹ⁵²	fʌỹ¹⁴	fʌỹ¹⁴	vʌỹ⁵²	kʰuʌỹ¹²¹
安塞	fʌỹ⁵²	fʌỹ²⁴	fʌỹ²⁴	vʌỹ⁵²	kʰuʌỹ¹²¹
延安	faŋ⁵³	faŋ²⁴³	faŋ²⁴³	uaŋ⁵³	kʰuaŋ²¹
甘泉	fʌỹ⁵¹	fʌỹ²⁴	fʌỹ²⁴	vʌỹ⁵¹	kʰuʌỹ³¹
延长	faỹ⁵¹	faỹ²⁴	faỹ²⁴	vaỹ⁵¹	kʰuaỹ²³²
吴起周湾	fã²¹³	fã²⁴²	fã²⁴²	vã²¹³	kʰuã²⁴²
志丹顺宁	fã²¹²	fã²³	fã²³	vã²¹²	kʰuã²³
安塞化子坪	fã²¹³	fã²³	fã²³	vã²¹³	kʰuã²³
延长郭旗	fã²¹³	fã²³	fã²³	vã²¹³	kʰuã²³

方言 \ 字目	0771 狂 宕合三 平阳群	0772 王 宕合三 平阳云	0773 旺 宕合三 去漾云	0774 缚 宕合三 入药奉	0775 绑 江开二 上讲帮
吴起	kʰuʌɣ̃13	vʌɣ̃13	vʌɣ̃43	fu12	pʌɣ̃52
志丹	kʰuʌɣ̃14	vʌɣ̃14	vʌɣ̃42	fu121	pʌɣ̃52
安塞	kʰuʌɣ̃24	vʌɣ̃24	vʌɣ̃31	fu121	pʌɣ̃52
延安	kʰuaŋ243	uaŋ243	uaŋ442	fu21	paŋ53
甘泉	kʰuʌɣ̃24	vʌɣ̃24	vʌɣ̃44	fu42	pʌɣ̃51
延长	kʰuɑɣ̃24	vɑɣ̃24	vɑɣ̃51	fu51	pɑɣ̃51
吴起周湾	kʰuã242	vã242	vã52	fu242	pã213
志丹顺宁	kʰuã23	vã23	vã52	fəʔ33	pã212
安塞化子坪	kʰuã23	vã23	vã51	fu23	pã213
延长郭旗	kʰuã23	vã23	vã52	fu52	pã213

方言 \ 字目	0776 胖 江开二 去绛滂	0777 棒 江开二 上讲並	0778 桩 江开二 平江知	0779 撞 江开二 去绛澄	0780 窗 江开二 平江初
吴起	pʰʌɣ̃43	pʌɣ̃43	tʂuʌɣ̃12	tʂʰuʌɣ̃43	tʂʰuʌɣ̃12
志丹	pʰʌɣ̃44	pʌɣ̃42	tʂuʌɣ̃121	tʂʰuʌɣ̃42	tʂʰuʌɣ̃121
安塞	pʰʌɣ̃31	pʌɣ̃31	tʂuʌɣ̃121	tʂʰuʌɣ̃52	tʂʰuʌɣ̃121
延安	pʰaŋ442	paŋ442	tʂuaŋ21	tʂʰuaŋ442	tʂʰuaŋ21
甘泉	pʰʌɣ̃42	pʌɣ̃42	tʂuʌɣ̃31	tʂʰuʌɣ̃52	tʂʰuʌɣ̃31
延长	pʰɑɣ̃51	pɑɣ̃51	tʂuɑɣ̃232	tʂʰuɑɣ̃51	tsʰuɑɣ̃232
吴起周湾	pʰã52	pã52	tʂuã242	tʂʰuã52	tʂʰuã242
志丹顺宁	pʰã52	pã52	tʂuã23	tʂʰuã52	tʂʰuã23
安塞化子坪	pʰã51	pã51	tʂuã23	tʂʰuã51	tʂʰuã23
延长郭旗	pʰã52	pã52	tʂuã23	tʂʰuã52	tʂʰuã23

字目 方言	0781 双 江开二 平江生	0782 江 江开二 平江见	0783 讲 江开二 上讲见	0784 降投~ 江开二 平江匣	0785 项 江开二 上讲匣
吴起	ʂuʌỹ¹²	tɕiʌỹ¹²	tɕiʌỹ⁵²	ɕiʌỹ¹³	xʌỹ⁴³ 脖~ / ɕiʌỹ⁴³ ~链 ①
志丹	ʂuʌỹ¹²¹	tɕiʌỹ¹²¹	tɕiʌỹ⁵²	ɕiʌỹ¹⁴	xʌỹ⁴² 脖~ / ɕiʌỹ⁴² ~链
安塞	ʂuʌỹ¹²¹	tɕiʌỹ¹²¹	tɕiʌỹ⁵²	ɕiʌỹ²⁴	xʌỹ³¹ 脖~ / ɕiʌỹ³¹ ~目
延安	ʂuaŋ²¹	tɕiaŋ²¹	tɕiaŋ⁵³	ɕiaŋ²⁴³	xaŋ⁴⁴² ~圈 / ɕiaŋ⁴⁴² ~目
甘泉	ʂuʌỹ³¹	tɕiʌỹ³¹	tɕiʌỹ⁵¹	ɕiʌỹ²⁴	xʌỹ⁴² 脖~ / ɕiʌỹ⁴² ~链
延长	suɑỹ²³²	tɕiɑỹ²³²	tɕiɑỹ⁵¹	ɕiɑỹ²⁴	xɑỹ⁵¹ ~圈儿 / ɕiɑỹ⁵¹ ~目
吴起周湾	ʂuã²⁴²	tɕiã²⁴²	tɕiã²¹³	ɕiã²⁴²	xã⁵² 脖~ / ɕiã⁵² ~链
志丹顺宁	ʂuã²³	tɕiã²³	tɕiã²¹²	ɕiã²³	xã⁵² 脖~ / ɕiã⁵² ~目
安塞化子坪	ʂuã²³	tɕiã²³	tɕiã²¹³	ɕiã²³	xã⁵¹ ~圈 / ɕiã⁵¹ ~目
延长郭旗	ʂuã²³	tɕiã²³	tɕiã²¹³	ɕiã²³	xã⁵² 脖~ / ɕiã⁵² ~目

字目 方言	0786 剥 江开二 入觉帮	0787 桌 江开二 入觉知	0788 镯 江开二 入觉崇	0789 角 江开二 入觉见	0790 壳 江开二 入觉溪
吴起	puə¹²	tʂuə¹²	tʂʰuə¹³	tɕyə¹²	kʰuə¹²
志丹	puə¹²¹	tʂuə¹²¹	tʂʰuə¹⁴	tɕyə¹²¹	kʰuə¹²¹
安塞	puə¹²¹	tʂuə¹²¹	tʂʰuə¹²¹	tɕyə¹²¹	kʰuə¹²¹
延安	puɤ²¹	tʂuɤ²¹	tʂʰuɤ²⁴³	tɕyɤ²¹	kʰuɤ²¹
甘泉	puɤ³¹	tʂuɤ³¹	tʂʰuɤ²⁴	tɕyɤ³¹	kʰɤ³¹
延长	pɤ²³²	tʂuɤ²³²	tʂʰuɤ²⁴	tɕie²³²	kʰɤ²⁴
吴起周湾	pɜʔ³²	tʂuaʔ³²	tʂʰuə²⁴²	tɕyɜʔ³²	kʰɜʔ³²
志丹顺宁	pɜʔ³³	tʂuaʔ³³	tʂʰuə²³	tɕia³³ tɕyɜ³³	kʰɜʔ³³
安塞化子坪	paʔ⁴³ puɤ²³	tʂuaʔ⁴³	tʂʰuɤ²³	tɕiaʔ⁴³	kʰɤ²³
延长郭旗	paʔ⁴³	tʂuaʔ⁴³	tʂʰuɤ²³	tɕiaʔ⁴³	kʰaʔ⁴³

---

① 脖项：脖子。

方言＼字目	0791 学 江开二 入觉匣	0792 握 江开二 入觉影	0793 朋 曾开一 平登並	0794 灯 曾开一 平登端	0795 等 曾开一 上等端
吴起	ɕyə¹³	vuə¹²	pʰəŋ¹³	təŋ¹²	təŋ⁵²
志丹	ɕyə¹⁴	vuə¹²¹	pʰəŋ¹⁴	təŋ¹²¹	təŋ⁵²
安塞	ɕyə²⁴	vuə¹²¹	pʰəŋ²⁴	təŋ¹²¹	təŋ⁵²
延安	ɕyɤ²⁴³	uɤ²¹	pʰəŋ²⁴³	təŋ²¹	təŋ⁵³
甘泉	ɕyɤ²⁴	vuɤ³¹	pʰəŋ²⁴	təŋ³¹	təŋ⁵¹
延长	ɕie²⁴	vuɤ²³²	pʰəŋ²⁴	təŋ²³²	təŋ⁵¹
吴起周湾	ɕiɛ²⁴²	vʒʔ³²	pʰũ²⁴²	tũ²⁴²	tũ²¹³
志丹顺宁	ɕiɛ²³	vʒʔ³³	pʰɯỹ²³	tɯỹ²³	tɯỹ²¹²
安塞化子坪	ɕyE²³	vuɤ²³	pʰɯŋ²³	tɯŋ²³	tɯŋ²¹³
延长郭旗	ɕye²³	vaʔ⁴³	pʰəŋ²³	təŋ²³	təŋ²¹³
方言＼字目	0796 凳 曾开一 去嶝端	0797 藤 曾开一 平登定	0798 能 曾开一 平登泥	0799 层 曾开一 平登从	0800 僧 曾开一 平登心
吴起	təŋ⁴³	tʰəŋ¹³	nəŋ¹³	tsʰəŋ¹³	səŋ¹²
志丹	təŋ⁴²	tʰəŋ¹⁴	nəŋ¹⁴	tsʰəŋ¹⁴	səŋ¹²¹
安塞	təŋ³¹	tʰəŋ²⁴	nəŋ²⁴	tsʰəŋ²⁴	səŋ¹²¹
延安	təŋ⁴⁴²	tʰəŋ²⁴³	nəŋ²⁴³	tsʰəŋ²⁴³	səŋ²¹
甘泉	təŋ⁴²	tʰəŋ²⁴	nəŋ²⁴	tsʰəŋ²⁴	səŋ³¹
延长	təŋ⁵¹	tʰəŋ²⁴	nəŋ²⁴	tsʰəŋ²⁴	səŋ²³²
吴起周湾	tũ⁵²	tʰũ²⁴²	nũ²⁴²	tsʰũ²⁴²	sũ²⁴²
志丹顺宁	tɯỹ⁵²	tʰɯỹ²³	nɯỹ²³	tsʰɯỹ²³	sɯỹ²³
安塞化子坪	tɯŋ⁵¹	tʰɯŋ²³	nɯŋ²³	tsʰɯŋ²³	sɯŋ²³
延长郭旗	təŋ⁵²	tʰəŋ²³	nəŋ²³	tsʰəŋ²³	səŋ²³

字目 方言	0801 肯 曾开一 上等溪	0802 北 曾开一 入德帮	0803 墨 曾开一 入德明	0804 得 曾开一 入德端	0805 特 曾开一 入德定
吴起	kʰəŋ⁵²	pei¹²	mei¹³	tei¹²	tʰei¹²
志丹	kʰəŋ⁵²	pei¹²¹	mei¹⁴	tei¹²¹	tʰei¹²¹
安塞	kʰəŋ⁵²	pei¹²¹	mei²⁴	tei¹²¹	tʰei¹²¹ tʰəʔ⁴³
延安	kʰəŋ⁵³	pei²¹	mei²⁴³	tei²¹	tʰei²¹
甘泉	kʰəŋ⁵¹	pei³¹	mei²⁴	tɤ²⁴	tʰɤ³¹
延长	kʰəŋ⁵¹	pei²³²	mei²⁴	tɤ²⁴	tʰɤ⁵¹
吴起周湾	kʰũ²¹³	pei²⁴²	mei²⁴²	taʔ³²	tʰaʔ³²
志丹顺宁	kʰɯɣ̃²¹²	piaʔ³³	mei²³	taʔ³³	tʰaʔ³³
安塞化子坪	kʰɯŋ²¹³	pei²³	mei²³ ~汁 muɤ⁵² ~水	təʔ⁴³	tʰaʔ⁴³
延长郭旗	kʰəŋ²¹³	pei²¹³	mei²³	taʔ⁴³	tʰaʔ⁴³
字目 方言	0806 贼 曾开一 入德从	0807 塞 曾开一 入德心	0808 刻 曾开一 入德溪	0809 黑 曾开一 入德晓	0810 冰 曾开三 平蒸帮
吴起	tsei¹³	sei¹² ~进去 sɛ⁵² ~外	kʰei¹²	xəʔ³²	piəŋ¹²
志丹	tsei¹⁴	sei¹²¹ ~进去 sɛ⁴² 安~	kʰei¹²¹	xei¹²¹	piəŋ¹²¹
安塞	tsʰei²⁴	sei¹²¹ ~进去 sɛ³¹ 安~	kʰei¹²¹ ~字 kʰəʔ⁴³ ~碑	xei¹²¹ ~颜色 xəʔ⁴³ ~的	piəŋ¹²¹
延安	tsʰei²⁴³	sei²¹ ~进去 sɛe⁴⁴² 安~	kʰei²¹ (kʰəʔ⁵)	xei²¹ (xəʔ⁵)	piəŋ²¹
甘泉	tsei²⁴	sei³¹ ~进去 sɛ⁴² 安~	kʰɤ³¹	xei³¹	piəŋ³¹
延长	tsʰei²⁴	sei²³² ~进去 sɛ⁵¹ 安~	kʰei²³²	xei²³² (xəʔ⁵⁴)	piəŋ²³²
吴起周湾	tsei²⁴²	saʔ³² ~进去 sɛ⁵² 安~	kʰaʔ³²	xəʔ³²	piũ²⁴²
志丹顺宁	tsei²³	saʔ³³ ~进去 se⁵² 安~	kʰaʔ³³	xəʔ³³	piɯɣ̃²³
安塞化子坪	tsei²³	saʔ⁴³ ~进去 se⁵¹ 安~	kʰaʔ⁴³	xəʔ⁴³	piɯŋ²³
延长郭旗	tsei²³	saʔ⁴³ ~进去 sɛ⁵² 安~	kʰaʔ⁴³	xəʔ⁴³	piəŋ²³

字目\方言	0811 证 曾开三 去证章	0812 秤 曾开三 去证昌	0813 绳 曾开三 平蒸船	0814 剩 曾开三 去证船	0815 升 曾开三 平蒸书
吴起	tṣəŋ⁴³	tṣʰəŋ⁴³	ṣəŋ¹³	ṣəŋ⁴³	ṣəŋ¹²
志丹	tṣəŋ⁴²	tṣʰəŋ⁴²	ṣəŋ¹⁴	ṣəŋ⁴⁴/⁴²	ṣəŋ¹²¹
安塞	tṣəŋ³¹	tṣʰəŋ³¹	ṣəŋ²⁴	ṣəŋ³¹	ṣəŋ¹²¹
延安	tṣəŋ⁴⁴²	tṣʰəŋ⁴⁴²	ṣəŋ²⁴³	ṣəŋ⁴⁴²	ṣəŋ²¹
甘泉	tṣəŋ⁴²	tṣʰəŋ⁴²	ṣəŋ²⁴	ṣəŋ⁴²	ṣəŋ³¹
延长	tṣəŋ⁵¹	tṣʰəŋ⁵¹	ṣəŋ²⁴	ṣəŋ⁵¹	ṣəŋ²³²
吴起周湾	tṣũ⁵²	tṣʰũ⁵²	ṣũ²⁴²	ṣũ⁵²	ṣũ²⁴²
志丹顺宁	tṣɯ̃ỹ⁵²	tṣʰɯ̃ỹ⁵²	ṣɯ̃ỹ²³	ṣɯ̃ỹ⁵²	ṣɯ̃ỹ²³
安塞化子坪	tṣɯŋ⁵¹	tṣʰɯŋ⁵¹	ṣɯŋ²³	ṣɯŋ⁵¹	ṣɯŋ²³
延长郭旗	tṣəŋ⁵²	tṣʰəŋ⁵²	ṣəŋ²³	ṣəŋ⁵²	ṣəŋ²³

字目\方言	0816 兴高~ 曾开三 去证晓	0817 蝇 曾开三 平蒸以	0818 逼 曾开三 入职帮	0819 力 曾开三 入职来	0820 息 曾开三 入职心
吴起	ɕiəŋ⁴³	iəŋ¹³	piəʔ³² piʔ¹²	liəʔ³² liʔ¹²	ɕi¹²
志丹	ɕiəŋ⁴⁴	iəŋ¹⁴	piəʔ⁴³	li¹²¹	ɕi¹²¹
安塞	ɕiəŋ³¹	iəŋ²⁴	piəʔ⁴³	li¹²¹	ɕi¹²¹
延安	ɕiəŋ⁴⁴²	iəŋ²⁴³	pi²¹	li²¹	ɕi²¹
甘泉	ɕiəŋ⁴²	iəŋ²⁴	pi³¹	li³¹	ɕi³¹
延长	ɕiəŋ⁵¹	iəŋ²⁴	pi²³²	li²³²	ɕi²³²
吴起周湾	ɕiũ⁵²	iũ²⁴²	piəʔ³²	liəʔ³²	ɕiəʔ³²
志丹顺宁	ɕiɯ̃ỹ⁵²	iɯ̃ỹ²³	piəʔ³³	liəʔ³³	ɕiəʔ³³
安塞化子坪	ɕiɯŋ⁵¹	iɯŋ²³	piəʔ⁴³	liəʔ⁴³	ɕiəʔ⁴³
延长郭旗	ɕiəŋ⁵²	iəŋ²³	piəʔ⁴³	liəʔ⁴³	ɕiəʔ⁴³

方言＼字目	0821 直 曾开三 入职澄	0822 侧 曾开三 入职庄	0823 测 曾开三 入职初	0824 色 曾开三 入职生	0825 织 曾开三 入职章
吴起	tʂʅ¹³	tsʰei¹² 单字音 tsei¹² ~棱①	tsʰei¹²	sei¹²	tʂʅ¹² tʂəʔ³²
志丹	tʂʅ¹⁴	tsʰei¹²¹ 单字音 tsei¹²¹ ~棱	tsʰei¹²¹	sei¹²¹	tʂʅ¹²¹
安塞	tʂʅ²⁴	tsʰei¹²¹ 单字音 tsei¹²¹ ~棱	tsʰei¹²¹	sei¹²¹	tʂʅ¹²¹ tʂəʔ⁴³
延安	tʂʰʅ²⁴³ 性子~ (tʂəʔ⁵ ~一夜②)	tsʰei²¹ ~面 tsei²¹ ~棱	tsʰei²¹	sei²¹	tʂʅ²¹
甘泉	tʂʅ²⁴ (tʂəʔ³²)	tsʰei³¹ ~面 tsei³¹ ~棱	tsʰei³¹	sei³¹	tʂʅ³¹
延长	tʂʰʅ²⁴ ~走 tʂʅ²⁴ ~接	tsʰei²³² 单字音 tsei²³² ~棱	tsʰei²³²	sei²³²	tʂʅ²³²
吴起周湾	tʂəʔ³²	tsʰaʔ⁴³ ~面 tsaʔ⁴³ ~棱	tsʰaʔ³²	saʔ³²	tʂəʔ³²
志丹顺宁	tʂəʔ³³	tsʰaʔ³³ ~面 tsaʔ³³ ~棱	tsʰaʔ³³	saʔ³³	tʂəʔ³³
安塞化子坪	tʂəʔ⁴³	tsʰaʔ⁴³ ~面 tsaʔ⁴³ ~棱	tsʰaʔ⁴³	saʔ⁴³	tʂəʔ⁴³
延长郭旗	tʂəʔ⁴³	tsʰaʔ⁴³ ~面 tsaʔ⁴³ ~棱	tsʰaʔ⁴³	saʔ⁴³	tʂəʔ⁴³

方言＼字目	0826 食 曾开三 入职船	0827 式 曾开三 入职书	0828 极 曾开三 入职群	0829 国 曾合一 入德见	0830 或 曾合一 入德匣
吴起	ʂʅ¹³	ʂʅ¹²	tɕi¹³	kuei¹²	xuei¹²
志丹	ʂʅ¹⁴	ʂʅ¹²¹ ʂəʔ⁴³	tɕi¹⁴	kuei¹²¹	xuei¹²¹
安塞	ʂʅ²⁴	ʂʅ¹²¹	tɕi²⁴	kuei¹²¹	xuei¹²¹
延安	ʂʅ²⁴³ ~品 (ʂəʔ⁵ 粮~)	ʂʅ²¹	tɕi²⁴³	kuɤ²⁴³	xuei²⁴³ xuɤ⁴⁴²
甘泉	ʂʅ²⁴ (ʂəʔ³²)	ʂʅ³¹	tɕi²⁴	kuɤ²⁴	xuei³¹
延长	ʂʅ²⁴	ʂʅ²³²	tɕi²⁴ (tɕiəʔ⁵⁴)	kuei²³² ~家 kuɤ²³² ~歌	xuei²³²
吴起周湾	ʂəʔ³²	ʂəʔ³²	tɕiəʔ³²	kua³²	xueiəʔ²⁴²
志丹顺宁	ʂəʔ³³	ʂəʔ³³	tɕiəʔ³³	kua³³	xuei²³
安塞化子坪	ʂəʔ⁴³	ʂəʔ⁴³	tɕiəʔ⁴³	kua⁴³	xuaʔ⁴³
延长郭旗	ʂəʔ⁴³	ʂəʔ⁴³	tɕiəʔ⁴³	kuɤ²³	xuei²³

① 侧棱：侧着，常说"~睡"。
② 直一夜：一整夜。

方言＼字目	0831 猛 梗开二 上梗明	0832 打 梗开二 上梗端	0833 冷 梗开二 上梗来	0834 生 梗开二 平庚生	0835 省~长 梗开二 上梗生
吴起	məŋ⁵²	ta⁵²	ləŋ⁵²	səŋ¹²	səŋ⁵²
志丹	məŋ⁵²	ta⁵²	ləŋ⁵²	səŋ¹²¹	səŋ⁵²
安塞	məŋ⁵²	ta⁵²	ləŋ⁵²	səŋ¹²¹	səŋ⁵²
延安	məŋ⁵³	ta⁵³	ləŋ⁵³	səŋ²¹	səŋ⁵³
甘泉	məŋ⁵¹	ta⁵¹	ləŋ⁵¹	səŋ³¹	səŋ⁵¹
延长	məŋ⁵¹	tɑ⁵¹	laɣ⁵¹ ~雨① ləŋ⁵¹ 天~	sɤ³¹ ~的 səŋ²³² ~熟	səŋ⁵¹
吴起周湾	mũ²¹³	ta²¹³	lũ²¹³	sũ²⁴²	sũ²¹³
志丹顺宁	muɤ̃²¹²	ta²¹²	luɤ̃²¹²	suɤ̃²³	suɤ̃²¹²
安塞化子坪	muɯŋ²¹³	tɑ²¹³	luɯŋ⁵¹³	suɯŋ²³	suɯŋ²¹³
延长郭旗	məŋ²¹³	ta²¹³	ləŋ²¹³	səŋ²³	səŋ²¹³

方言＼字目	0836 更三~,打~ 梗开二 平庚见	0837 梗 梗开二 上梗见	0838 坑 梗开二 平庚溪	0839 硬 梗开二 去映疑	0840 行~为,~走 梗开二 平庚匣
吴起	kəŋ¹²	kəŋ⁵²	kʰəŋ¹²	ȵiəŋ⁴³	ɕiəŋ¹³
志丹	kəŋ¹²¹	kəŋ⁵²	kʰəŋ¹²¹	ȵiəŋ⁴⁴	ɕiəŋ¹⁴
安塞	kəŋ¹²¹	kəŋ⁵²	kʰəŋ¹²¹	ȵiəŋ³¹	ɕiəŋ²⁴
延安	kəŋ²¹	kəŋ⁵³	kʰəŋ²¹	ȵiəŋ⁴⁴²	ɕiəŋ²⁴³
甘泉	kəŋ³¹	kəŋ⁵¹	kʰəŋ³¹	ȵiəŋ⁴⁴	ɕiəŋ²⁴
延长	kəŋ²³²	kəŋ⁵¹	kʰəŋ²³²	ȵie⁵¹ 糕可~嘞 ȵiəŋ⁵¹ ~气	ɕiəŋ²⁴
吴起周湾	kũ²⁴²	kũ²¹³	kʰũ²⁴²	ȵiũ⁵²	ɕiũ²⁴²
志丹顺宁	kuɤ̃²³	kuɤ̃²¹²	kʰuɤ̃²³	ȵiuɤ̃⁵²	ɕiuɤ̃²³
安塞化子坪	kuɯŋ²³	kuɯŋ²¹³	kʰuɯŋ²³	ȵiuɯŋ⁵¹	ɕiuɯŋ²³
延长郭旗	kəŋ²³	kəŋ²¹³	kʰəŋ²³	ȵiəŋ⁵²	ɕiəŋ²³

① 冷雨：冰雹。
② 延长"生"白读音声调读降调 31。

方言＼字目	0841 百 梗开二入陌帮	0842 拍 梗开二入陌滂	0843 白 梗开二入陌并	0844 拆 梗开二入陌彻	0845 择 梗开二入陌澄
吴起	pei^{12}	pʰei^{12}	pei^{13}	tsʰei^{12}	tsei^{13}
志丹	pei^{121}	pʰei^{121}	pei^{14}	tsʰei^{121}	tsei^{14}
安塞	pei^{121}	pʰei^{121}	pʰei^{24}	tsʰei^{121}	tsei^{24}
延安	pei^{21}	pʰei^{21}	p̲ʰ̲e̲i̲^{243} p̲e̲i̲^{243}	tsʰei^{21}	tsei^{243}
甘泉	pei^{31}	pʰei^{31}	pʰei^{24}	tsʰei^{31}	tsɤ^{24}
延长	pei^{232}	pʰei^{232}	pʰei^{24}	tsʰei^{232}	t̲s̲ʰ̲e̲i̲^{24} ～菜 t̲s̲e̲i̲^{24} 选～
吴起周湾	pei^{242}	pʰei^{242}	pei^{242}	tsʰaʔ^{32}	tsaʔ^{32}
志丹顺宁	piaʔ^{33}	pʰei^{23}	piᴇ^{23}	tsʰaʔ^{33}	tsaʔ^{33}
安塞化子坪	piaʔ^{43}	p̲ʰ̲i̲a̲ʔ̲^{43} p̲ʰ̲e̲i̲^{23}	piᴇ^{23}	tsʰei^{23}	tsaʔ^{43}
延长郭旗	pei^{31}	pʰiaʔ^{43}	pie^{23}	tsʰaʔ^{43}	tsaʔ^{43}

方言＼字目	0846 窄 梗开二入陌庄	0847 格 梗开二入陌见	0848 客 梗开二入陌溪	0849 额 梗开二入陌疑	0850 棚 梗开二平耕并
吴起	tsei^{12}	k̲e̲i̲^{12} ～式 k̲ɤ̲^{12} 及～	kʰei^{12}	nəŋ^{13}①	pʰəŋ^{13}
志丹	tsei^{121}	kei^{121}	kʰei^{121}	nə^{14}	pʰəŋ^{14}
安塞	tsei^{121}	kei^{121}	kʰei^{121}	ŋei^{24}②	pʰəŋ^{24}
延安	tsei^{21}	kei^{21} ～～ kəʔ^{5} ～式	kʰei^{21} 请～ kʰɤ^{21} ～厅	ŋuɤ^{243}	pʰəŋ^{243}
甘泉	tsei^{31}	kɤ^{31}	kʰɤ^{31}	ŋɤ^{24}	pʰəŋ^{24}
延长	tsei^{232}	k̲e̲i̲^{31} k̲ɤ̲^{232}	kʰei^{31}	ŋɤ^{24}	pʰəŋ^{24}
吴起周湾	tsaʔ^{32}	kaʔ^{32}	kʰaʔ^{32}	nɤ^{242}	pʰɯ̃^{242}
志丹顺宁	tsaʔ^{33}	k̲a̲ʔ̲^{33} ～子 k̲ɤ̲^{23} 及～	kʰaʔ^{33}	ŋɤ^{23}	pʰɯỹ^{23}
安塞化子坪	tsei^{23}	kaʔ^{43}	kʰaʔ^{43}	ŋɤ^{23}	pʰɯŋ^{23}
延长郭旗	tsaʔ^{43}	kaʔ^{43}	kʰaʔ^{43}	ŋɤ^{23}	pʰəŋ^{23}

---

① 吴起"额"韵母特殊。
② 安塞"额"韵母特殊。

方言＼字目	0851 争 梗开二 平耕庄	0852 耕 梗开二 平耕见	0853 麦 梗开二 入麦明	0854 摘 梗开二 入麦知	0855 策 梗开二 入麦初
吴起	tsəŋ¹²	tɕiæ¹² ~地 kəŋ¹² 退~还林	mei¹²	tsei¹²	tsʰei¹²
志丹	tsəŋ¹²¹	tɕiæ¹²¹ ~地 kəŋ¹²¹ 农~	mei¹²¹	tsei¹²¹	tsʰei¹²¹
安塞	tsəŋ¹²¹	tɕiæ¹²¹ ~地 kəŋ¹²¹ 春~	mei¹²¹	tsei¹²¹	tsʰei¹²¹
延安	tsəŋ²¹	tɕiẽ²¹ ~地 kəŋ²¹ 退~还林	mei²¹	tsei²⁴³	tsʰei²¹
甘泉	tsəŋ³¹	tɕiẽ³¹ ~地 kəŋ³¹ 退~还林	mei³¹	tsei³¹	tsʰei³¹
延长	tsəŋ²³²	tɕiẽ²³² ~地 kəŋ²³² ~种	mei²³²	tsei²³²	tsʰei²³²
吴起周湾	tsũ²⁴²	tɕie²⁴² ~地 kũ²⁴² 退~还林	miʒʔ³²	tsaʔ³²	tsʰaʔ³²
志丹顺宁	tsɯɣ̃²³	tɕiɛ²³ ~地 kɯɣ̃²³ 退~还林	miʒʔ³³	tsaʔ³³	tsʰaʔ³³
安塞化子坪	tsɯŋ²³	tɕiɛ²³ ~地 kɯŋ²³ 退~还林	mei²³	tsaʔ⁴³	tsʰaʔ⁴³
延长郭旗	tsəŋ²³	tɕie²³ ~地 kəŋ²³ 退~还林	miaʔ⁴³	tsaʔ⁴³	tsʰɣ²³
方言＼字目	0856 隔 梗开二 入麦见	0857 兵 梗开三 平庚帮	0858 柄 梗开三 去映帮	0859 平 梗开三 平庚并	0860 病 梗开三 去映并
吴起	kei¹²	piəŋ¹²	piəŋ⁵²	pʰiəŋ¹³	piəŋ⁴³
志丹	kei¹²¹	piəŋ¹²¹	piəŋ⁵²	pʰiəŋ¹⁴	piəŋ⁴²
安塞	kei¹²¹	piəŋ¹²¹	piəŋ⁵²	pʰiəŋ²⁴	pʰiəŋ³¹
延安	kei²¹	piəŋ²¹	piəŋ⁵³	pʰiəŋ²⁴³	pʰiəŋ⁴⁴²
甘泉	kɣ²⁴	piəŋ³¹	piəŋ⁵¹	pʰiəŋ²⁴	piəŋ⁴²
延长	kei²³²	piəŋ²³²	piəŋ⁵¹	pʰie²⁴ 放~ pʰiəŋ²⁴ ~安	pʰiəŋ⁵¹
吴起周湾	kaʔ³²	piũ²⁴²	piũ²¹³	pʰiũ²⁴²	piũ⁵²
志丹顺宁	kaʔ³³	piɯɣ̃²³	piɯɣ̃²¹²	pʰiɯɣ̃²³	piɯɣ̃⁵²
安塞化子坪	kaʔ⁴³	piɯŋ²³	piɯŋ²¹³	pʰiɯŋ²³	piɯŋ⁵¹
延长郭旗	kaʔ⁴³	piəŋ²³	piəŋ²¹³	pʰiəŋ²³	piəŋ⁵²

方言 \ 字目	0861 明 梗开三 平庚明	0862 命 梗开三 去映明	0863 镜 梗开三 去映见	0864 庆 梗开三 去映溪	0865 迎 梗开三 平庚疑
吴起	miəŋ¹³	miəŋ⁴³	tɕiəŋ⁴³	tɕʰiəŋ⁴³	iəŋ¹³
志丹	miəŋ¹⁴	miəŋ⁴²	tɕiəŋ⁴⁴/⁴²	tɕʰiəŋ⁴²	iəŋ¹⁴
安塞	miəŋ²⁴	miəŋ³¹	tɕiəŋ³¹	tɕʰiəŋ³¹	iəŋ²⁴
延安	miəŋ²⁴³	miəŋ⁴⁴²	tɕiəŋ⁴⁴²	tɕʰiəŋ⁴⁴²	iəŋ²⁴³
甘泉	miəŋ²⁴	miəŋ⁴²	tɕiəŋ⁴⁴	tɕʰiəŋ⁴²	iəŋ²⁴
延长	mie²⁴ 天~嘞 miəŋ²⁴ 说~	miəŋ⁵¹	tɕiəŋ⁵¹	tɕʰiəŋ⁵¹	iəŋ²⁴
吴起周湾	miŭ²⁴²	miŭ⁵²	tɕiŭ⁵²	tɕʰiŭ⁵²	iŭ²⁴²
志丹顺宁	miɯɣ̃²³	miɯɣ̃⁵²	tɕiɯɣ̃⁵²	tɕʰiɯɣ̃⁵²	iɯɣ̃²³
安塞化子坪	miɯŋ²³	miɯŋ⁵¹	tɕiɯŋ⁵¹	tɕʰiɯŋ⁵¹	iɯŋ²³
延长郭旗	miəŋ²³	miəŋ⁵²	tɕiəŋ⁵²	tɕʰiəŋ⁵²	iəŋ²³

方言 \ 字目	0866 影 梗开三 上梗影	0867 剧 戏~ 梗开三 入陌群	0868 饼 梗开三 上静帮	0869 名 梗开三 平清明	0870 领 梗开三 上静来
吴起	iəŋ⁵²	tɕy⁴³	piəŋ⁵²	miəŋ¹³	liəŋ⁵²
志丹	iəŋ⁵²	tɕy⁴²	piəŋ⁵²	miəŋ¹⁴	liəŋ⁵²
安塞	iəŋ⁵²	tɕy³³	piəŋ⁵²	miəŋ²⁴	liəŋ⁵²
延安	iəŋ⁵³	tɕy⁴⁴²	piəŋ⁵³	miəŋ²⁴³	liəŋ⁵³
甘泉	iəŋ⁵¹	tɕy⁴²	piəŋ⁵¹	miəŋ²⁴	liəŋ⁵¹
延长	iəŋ⁵¹	tɕy⁵¹	piəŋ⁵¹	miəŋ²⁴	liəŋ⁵¹
吴起周湾	iŭ²¹³	tɕy⁵²	piŭ²¹³	miŭ²⁴²	liŭ²¹³
志丹顺宁	iɯɣ̃²¹²	tɕy⁵²	piɯɣ̃²¹²	miɯɣ̃²³	liɯɣ̃²¹²
安塞化子坪	iɯŋ²¹²	tɕy⁵¹	piɯŋ²¹³	miɯŋ²³	liɯŋ²¹³
延长郭旗	iəŋ²¹³	tɕy⁵²	piəŋ²¹³	miəŋ²³	liəŋ²¹³

字目\方言	0871 井 梗开三 上静精	0872 清 梗开三 平清清	0873 静 梗开三 上静从	0874 姓 梗开三 去劲心	0875 贞 梗开三 平清知
吴起	tɕiəŋ⁵²	tɕʰiəŋ¹²	tɕiəŋ⁴³	ɕiəŋ⁴³	tʂəŋ¹²
志丹	tɕiəŋ⁵²	tɕʰiəŋ¹²¹	tɕiəŋ⁴⁴	ɕiəŋ⁴⁴	tʂəŋ¹²¹
安塞	tɕiəŋ⁵²	tɕʰiəŋ¹²¹	tɕiəŋ³¹	ɕiəŋ³¹	tʂəŋ¹²¹
延安	tɕiəŋ⁵³	tɕʰiəŋ²¹	tɕiəŋ⁴⁴²	ɕiəŋ⁴⁴²	tʂəŋ²¹
甘泉	tɕiəŋ⁵¹	tɕʰiəŋ³¹	tɕiəŋ⁴⁴	ɕiəŋ⁴²	tʂəŋ³¹
延长	tɕie⁵¹ tɕiəŋ⁵¹	tɕʰiəŋ²³²	tɕʰiəŋ⁵¹ tɕiəŋ⁵¹	ɕiəŋ⁵¹	tʂəŋ²³²
吴起周湾	tɕiũ²¹³	tɕʰiũ²⁴²	tɕiũ⁵²	ɕiũ⁵²	tʂũ²⁴²
志丹顺宁	tɕiɯɣ̃²¹²	tɕʰiɯɣ̃²³	tɕiɯɣ̃⁵²	ɕiɯɣ̃⁵²	tʂɯɣ̃²³
安塞化子坪	tɕiɯŋ²¹³	tɕʰiɯŋ²³	tɕiɯŋ⁵¹	ɕiɯŋ⁵¹	tʂɯŋ²³
延长郭旗	tɕiəŋ²¹³	tɕʰiəŋ²³	tɕiəŋ⁵²	ɕiəŋ⁵²	tʂəŋ²³

字目\方言	0876 程 梗开三 平清澄	0877 整 梗开三 上静章	0878 正~反 梗开三 去劲章	0879 声 梗开三 平清书	0880 城 梗开三 平清禅
吴起	tʂʰəŋ¹³	tʂəŋ⁵²	tʂəŋ⁴³	ʂəŋ¹²	tʂʰəŋ¹³
志丹	tʂʰəŋ¹⁴	tʂəŋ⁵²	tʂəŋ⁴⁴	ʂəŋ¹²¹	tʂʰəŋ¹⁴
安塞	tʂʰəŋ²⁴	tʂəŋ⁵²	tʂəŋ³¹	ʂəŋ¹²¹	tʂʰəŋ²⁴
延安	tʂʰəŋ²⁴³	tʂəŋ⁵³	tʂəŋ⁴⁴²	ʂəŋ²¹	tʂʰəŋ²⁴³
甘泉	tʂʰəŋ²⁴	tʂəŋ⁵¹	tʂəŋ⁴⁴	ʂəŋ³¹	tʂʰəŋ²⁴
延长	tʂʰəŋ²⁴	tʂəŋ⁵¹	tʂəŋ⁵¹	ʂɤ²³² ~嗓① ʂəŋ²³² ~旁	tʂʰəŋ²⁴
吴起周湾	tʂʰũ²⁴²	tʂũ²¹³	tʂũ⁵²	ʂũ²⁴²	tʂʰũ²⁴²
志丹顺宁	tʂʰɯɣ̃²³	tʂɯɣ̃²¹²	tʂɯɣ̃⁵²	ʂɯɣ̃²³	tʂʰɯɣ̃²³
安塞化子坪	tʂʰɯŋ²³	tʂɯŋ²¹³	tʂɯŋ⁵¹	ʂɯŋ²³	tʂʰɯŋ²³
延长郭旗	tʂʰəŋ²³	tʂəŋ²¹³	tʂəŋ⁵²	ʂəŋ²³	tʂʰəŋ²³

① 声嗓：声音和嗓子。

字目\方言	0881 轻 梗开三 平清溪	0882 赢 梗开三 平清以	0883 积 梗开三 入昔精	0884 惜 梗开三 入昔心	0885 席 梗开三 入昔邪
吴起	tɕʰiəŋ¹²	iəŋ¹³	tɕi¹²	ɕi¹²	ɕi¹³
志丹	tɕʰiəŋ¹²¹	iəŋ¹⁴	tɕi¹²¹	ɕi¹²¹	ɕi¹⁴
安塞	tɕʰiəŋ¹²¹	iəŋ²⁴	tɕi¹²¹	ɕi¹²¹	ɕi²⁴
延安	tɕʰiəŋ²¹	iəŋ²⁴³	tɕi²¹	ɕi²¹	ɕi²⁴³
甘泉	tɕʰiəŋ³¹	iəŋ²⁴	tɕi³¹	ɕi³¹	ɕi²⁴
延长	tɕʰie²³² ~飘飘的 tɕʰiəŋ²³² ~重	iəŋ²⁴	tɕi²³²	ɕi²³²	ɕi²⁴
吴起周湾	tɕʰiũ²⁴²	iũ²⁴²	tɕiəʔ³²	ɕiəʔ³²	ɕiəʔ³²
志丹顺宁	tɕʰiɯỹ²³	iɯỹ²³	tɕiəʔ³³	ɕiəʔ³³	ɕiəʔ³³
安塞化子坪	tɕʰiɯŋ²³	iɯŋ²³	tɕiəʔ⁴³	ɕiəʔ⁴³	ɕiəʔ⁴³
延长郭旗	tɕʰiəŋ²³	iəŋ²³	tɕiəʔ⁴³	ɕiəʔ⁴³	ɕiəʔ⁴³

字目\方言	0886 尺 梗开三 入昔昌	0887 石 梗开三 入昔禅	0888 益 梗开三 入昔影	0889 瓶 梗开四 平青并	0890 钉名 梗开四 平青端
吴起	tʂʰəʔ³²	ʂəʔ³²	i⁴³	pʰiəŋ¹³	tiəŋ¹²
志丹	tʂʰʅ¹²¹ tʂʰəʔ⁴³	ʂʅ¹⁴ ʂəʔ⁴³	i⁴²	pʰiəŋ¹⁴	tiəŋ¹²¹
安塞	tʂʰʅ¹²¹	ʂəʔ⁴³	i³¹	pʰiəŋ²⁴	tiəŋ¹²¹
延安	tʂʰʅ²¹	ʂʅ²⁴³ 姓~ (ʂəʔ⁵ ~匠)	i⁴⁴²	pʰiəŋ²⁴³	tiəŋ²¹
甘泉	tʂʰʅ³¹ (tʂʰəʔ³²)	ʂʅ²⁴ (ʂəʔ³²)	i⁴²	pʰiəŋ²⁴	tiəŋ³¹
延长	tʂʰʅ²³² (tʂʰəʔ⁵⁴)	ʂʅ²⁴ (ʂəʔ⁵⁴)	i⁵¹	pʰiəŋ²⁴	tie²³²/³¹ ~子 tiəŋ²³² ~子
吴起周湾	tʂʰəʔ³²	ʂəʔ³²	i⁵²	pʰiũ²⁴²	tiũ²⁴²
志丹顺宁	tʂʰəʔ³³	ʂəʔ³³	i⁵²	pʰiɯỹ²³	tiɯỹ²³
安塞化子坪	tʂʰəʔ⁴³	ʂəʔ⁴³	i⁵¹	pʰiɯŋ²³	tiɯŋ²³
延长郭旗	tʂʰəʔ⁴³	ʂəʔ⁴³	i⁵²	pʰiəŋ²³	tiəŋ²³

方言＼字目	0891 顶 梗开四 上迥端	0892 厅 梗开四 平青透	0893 听~见 梗开四 平青透	0894 停 梗开四 平青定	0895 挺 梗开四 上迥定
吴起	tiəŋ⁵²	tʰiəŋ¹²	tʰiəŋ¹²	tʰiəŋ¹³	tʰiəŋ⁵²
志丹	tiəŋ⁵²	tʰiəŋ¹²¹	tʰiəŋ¹²¹	tʰiəŋ¹⁴	tʰiəŋ⁵²
安塞	tiəŋ⁵²	tʰiəŋ¹²¹	tʰiəŋ¹²¹	tʰiəŋ²⁴	tʰiəŋ⁵²
延安	tiəŋ⁵³	tʰiəŋ²¹	tʰiəŋ²¹	tʰiəŋ²⁴³	tʰiəŋ⁵³
甘泉	tiəŋ⁵¹	tʰiəŋ³¹	tʰiəŋ³¹	tʰiəŋ²⁴	tʰiəŋ⁵¹
延长	tiəŋ⁵¹	tʰiəŋ²³²	tʰiəŋ²³²	tʰiəŋ²⁴	tʰiəŋ⁵¹
吴起周湾	tiũ²¹³	tʰiũ²⁴²	tʰiũ²⁴²	tʰiũ²⁴²	tʰiũ²¹³
志丹顺宁	tiɯɣ̃²¹²	tʰiɯɣ̃²³	tʰiɯɣ̃²³	tʰiɯɣ̃²³	tʰiɯɣ̃²¹²
安塞化子坪	tiɯŋ²¹³	tʰiɯŋ²³	tʰiɯŋ²³	tʰiɯŋ²³	tʰiɯŋ²¹³
延长郭旗	tiəŋ²¹³	tʰiəŋ²³	tʰiəŋ²³	tʰiəŋ²³	tʰiəŋ²¹³
方言＼字目	0896 定 梗开四 去径定	0897 零 梗开四 平青来	0898 青 梗开四 平青清	0899 星 梗开四 平青心	0900 经 梗开四 平青见
吴起	tiəŋ⁴³	liəŋ¹³	tɕʰiəŋ¹²	ɕiəŋ¹²	tɕiəŋ¹²
志丹	tiəŋ⁴⁴	liəŋ¹⁴	tɕʰiəŋ¹²¹	ɕiəŋ¹²¹	tɕiəŋ¹²¹
安塞	tiəŋ³¹	liəŋ²⁴	tɕʰiəŋ¹²¹	ɕiəŋ¹²¹	tɕiəŋ¹²¹
延安	tiəŋ⁴⁴²	liəŋ²⁴³	tɕʰiəŋ²¹	ɕiəŋ²¹	tɕiəŋ²¹
甘泉	tiəŋ⁴²	liəŋ²⁴	tɕʰiəŋ³¹	ɕiəŋ³¹	tɕiəŋ³¹
延长	tiəŋ⁵¹	liəŋ²⁴	tɕʰiəŋ³¹	ɕiəŋ²³²	tɕiəŋ²³²
吴起周湾	tiũ⁵²	liũ²⁴²	tɕʰiũ²⁴²	ɕiũ²⁴²	tɕiũ²⁴²
志丹顺宁	tiɯɣ̃⁵²	liɯɣ̃²³	tɕʰiɯɣ̃²³	ɕiɯɣ̃²³	tɕiɯɣ̃²³
安塞化子坪	tiɯŋ⁵¹	liɯŋ²³	tɕʰiɯŋ²³	ɕiɯŋ²³	tɕiɯŋ²³
延长郭旗	tiəŋ⁵²	liəŋ²³	tɕʰiəŋ²³	ɕiəŋ²³	tɕiəŋ²³

方言＼字目	0901 形 梗开四 平青匣	0902 壁 梗开四 入锡帮	0903 劈 梗开四 入锡滂	0904 踢 梗开四 入锡透	0905 笛 梗开四 入锡定
吴起	ɕiəŋ¹³	pi¹²	pʰi¹² pʰiəʔ³²	tʰiəʔ³²	tʰi¹³
志丹	ɕiəŋ¹⁴	pi¹²¹	pʰi¹²¹	tʰiəʔ⁴³	tʰi¹⁴
安塞	ɕiəŋ²⁴	pi¹²¹	pʰi¹²¹ pʰiəʔ⁴³	tʰiəʔ⁴³	tiəʔ⁴³
延安	ɕiəŋ²⁴³	pi²¹	pʰi²¹ ~开 (pʰiəʔ⁵ 三~二马)	tʰi²¹	ti²⁴³ (tiəʔ⁵)
甘泉	ɕiəŋ²⁴	pi³¹	pʰi³¹	tʰi³¹	ti²⁴
延长	ɕiəŋ²⁴	pi²³²	pʰi⁵² (pʰiəʔ⁵⁴)	tʰi²³² (tʰiəʔ⁵⁴)	tʰi²⁴
吴起周湾	ɕiuɯ̃²⁴²	piəʔ³²	pʰiəʔ³²	tʰiəʔ³²	tiəʔ³²
志丹顺宁	ɕiuɯỹ²³	piəʔ³³	pʰiəʔ³³	tʰiəʔ³³	tiəʔ³³
安塞化子坪	ɕiɯŋ²³	piəʔ⁴³	pʰiəʔ⁴³	tʰiəʔ⁴³	tiəʔ⁴³
延长郭旗	ɕiəŋ²³	pi²³	pʰiəʔ⁴³	tʰiəʔ⁴³	ti²³

方言＼字目	0906 历农~ 梗开四 入锡来	0907 锡 梗开四 入锡心	0908 击 梗开四 入锡见	0909 吃 梗开四 入锡溪	0910 横~竖 梗合二 平庚匣
吴起	li¹²	ɕi¹²	tɕi¹²	tʂʰəʔ³²	ɕyɔ¹³ ~人① / xuəŋ¹³ ~线
志丹	li⁴²	ɕi¹²¹	tɕi¹²¹	tʂʰəʔ⁴³	ɕyɔ¹⁴ ~顺 / xuəŋ⁴² ~竖
安塞	li³¹	ɕi¹²¹	tɕi¹²¹	tʂʰəʔ⁴³	ɕyɔ²⁴ ~顺 / xuəŋ²⁴ ~竖
延安	li²¹	ɕi²¹	tɕi²¹	tʂʰʅ²¹ ~饭 / tʂʰəʔ⁵ ~了	ɕyɤ²⁴³ ~顺 / xuəŋ²⁴³ ~直 / xəŋ²⁴³ ~竖
甘泉	li³¹	ɕi³¹	tɕi³¹	tʂʰʅ³¹ 快~ / tʂʰəʔ³² ~饭	ɕyɤ²⁴ ~顺 / xuəŋ²⁴ ~直 / xəŋ²⁴ ~竖
延长	li³¹	ɕi²³²	tɕi²³²	tʂʰʅ²³² (tʂʰəʔ⁵⁴)	ɕye²⁴ ~顺 / xəŋ²⁴ ~竖
吴起周湾	li⁵²	ɕi²⁴²	tɕi²⁴²	tʂʰəʔ³²	ɕyɛ²⁴² ~顺 / xuɯ̃⁵² 一~
志丹顺宁	li⁵²	ɕi²³	tɕi²³	tʂʰəʔ³³	ɕyɛ²³ ~人 / xuɯỹ²³ 蛮~
安塞化子坪	liəʔ⁴³	ɕi²³	tɕiəʔ⁴³	tʂʰəʔ⁴³	ɕyɛ²³ ~顺 / xuɯŋ²³ ~竖
延长郭旗	li⁵²	ɕi²³	tɕi²³	tʂʰəʔ⁴³	ɕye²³ ~顺 / xuəŋ²³ ~线

---

① 横人：蛮横的无赖。

字目\方言	0911 划计~ 梗合二 入麦匣	0912 兄 梗合三 平庚晓	0913 荣 梗合三 平庚云	0914 永 梗合三 上梗云	0915 营 梗合三 平清以
吴起	xua⁴³	ɕyəŋ¹²	yəŋ¹³ ʐuəŋ¹³	yəŋ⁵²	iəŋ¹³
志丹	xua⁴²	ɕyəŋ¹²¹	yəŋ¹⁴	yəŋ⁵²	iəŋ¹⁴
安塞	xua³¹	ɕyəŋ¹²¹	yəŋ²⁴ ʐuəŋ²⁴	yəŋ⁵²	iəŋ²⁴
延安	xua⁴⁴²	ɕyəŋ²¹	yəŋ²⁴³	yəŋ⁵³	iəŋ²⁴³
甘泉	xua⁴²	ɕyəŋ³¹	yəŋ²⁴	yəŋ⁵¹	iəŋ²⁴
延长	xuɑ⁵¹	ɕyəŋ²³²	yəŋ²⁴	yəŋ⁵¹	iəŋ²⁴
吴起周湾	xua⁵²	ɕyũ²⁴²	yũ²⁴²	yũ²¹³	iũ²⁴²
志丹顺宁	xua⁵²	ɕyɯỹ²³	yɯỹ²³	yɯỹ²¹²	iɯỹ²³
安塞化子坪	xuɑ⁵¹	ɕyɯŋ²³	yɯŋ²³	yɯŋ²¹³	iɯŋ²³
延长郭旗	xuɑ⁵²	ɕyəŋ²³	yəŋ²³	yəŋ²¹³	iəŋ²³
字目\方言	0916 蓬~松 通合一 平东並	0917 东 通合一 平东端	0918 懂 通合一 上董端	0919 冻 通合一 去送端	0920 通 通合一 平东透
吴起	pʰəŋ¹³	tuəŋ¹²	tuəŋ⁵²	tuəŋ⁴³	tʰuəŋ¹²
志丹	pʰəŋ¹⁴	tuəŋ¹²¹	tuəŋ⁵²	tuəŋ⁴⁴	tʰuəŋ¹²¹
安塞	pʰəŋ²⁴	tuəŋ¹²¹	tuəŋ⁵²	tuəŋ³¹/³³	tʰuəŋ¹²¹
延安	pʰəŋ²⁴³	tuəŋ²¹	tuəŋ⁵³	tuəŋ⁴⁴²	tʰuəŋ²¹
甘泉	pʰəŋ²⁴	tuəŋ³¹	tuəŋ⁵¹	tuəŋ⁴²	tʰuəŋ³¹
延长	pʰəŋ²⁴	tuəŋ²³²	tuəŋ⁵¹	tuəŋ⁵¹	tʰuəŋ²³²
吴起周湾	pʰũ²⁴²	tuũ²⁴²	tuũ²¹³	tuũ⁵²	tʰuũ²⁴²
志丹顺宁	pʰɯỹ²³	tuɯỹ²³	tuɯỹ²¹²	tuɯỹ⁵²	tʰuɯỹ²³
安塞化子坪	pʰɯŋ²³	tuɯŋ²³	tuɯŋ²¹³	tuɯŋ⁵¹	tʰuɯŋ²³
延长郭旗	pʰəŋ²³	tuəŋ²³	tuəŋ²¹³	tuəŋ⁵²	tʰuəŋ²³

方言＼字目	0921 桶 通合一上董透	0922 痛 通合一去送透	0923 铜 通合一平东定	0924 动 通合一上董定	0925 洞 通合一去送定
吴起	tʰuəŋ⁵²	tʰuəŋ⁴³	tʰuəŋ¹³	tuəŋ⁴³	tuəŋ⁴³
志丹	tʰuəŋ⁵²	tʰuəŋ⁴²	tʰuəŋ¹⁴	tuəŋ⁴⁴	tuəŋ⁴⁴
安塞	tʰuəŋ⁵²	tʰuəŋ³¹	tʰuəŋ²⁴	tuəŋ³¹	tuəŋ³¹
延安	tʰuəŋ⁵³	tʰuəŋ⁴⁴²	tʰuəŋ²⁴³	tuəŋ⁴⁴²	tuəŋ⁴⁴²
甘泉	tʰuəŋ⁵¹	tʰuəŋ⁴²	tʰuəŋ²⁴	tuəŋ⁴²	tuəŋ⁴⁴
延长	tʰuəŋ⁵¹	tʰuəŋ⁵¹	tʰuəŋ²⁴	tʰuəŋ⁵¹ tuəŋ⁵¹	tʰuəŋ⁵¹ tuəŋ⁵¹
吴起周湾	tʰuŋ̃²¹³	tʰuŋ̃⁵²	tʰuŋ̃²⁴²	tuŋ̃⁵²	tuŋ̃⁵²
志丹顺宁	tʰuɯɣ̃²¹²	tʰuɯɣ̃⁵²	tʰuɯɣ̃²³	tuɯɣ̃⁵²	tuɯɣ̃⁵²
安塞化子坪	tʰuɯŋ²¹³	tʰuɯŋ⁵¹	tʰuɯŋ²³	tuɯŋ⁵¹	tuɯŋ⁵¹
延长郭旗	tʰuəŋ²¹³	tʰuəŋ⁵²	tʰuəŋ²³	tuəŋ⁵²	tuəŋ⁵²

方言＼字目	0926 聋 通合一平东来	0927 弄 通合一去送来	0928 粽 通合一去送精	0929 葱 通合一平东清	0930 送 通合一去送心
吴起	luəŋ¹³	luəŋ⁴³	tsuəŋ⁴³	tsʰuəŋ¹²	suəŋ⁴³
志丹	luəŋ¹⁴	luəŋ⁴²	tɕyəŋ⁴² tsuəŋ⁴²	tsʰuəŋ¹²¹	suəŋ⁴²
安塞	luəŋ²⁴	luəŋ³¹	tsuəŋ³¹	tsʰuəŋ¹²¹	suəŋ³³/³¹
延安	luəŋ²⁴³	luəŋ⁴⁴²	tsuəŋ⁴⁴²	tsʰuəŋ²¹	suəŋ⁴⁴²
甘泉	luəŋ²⁴	luəŋ⁴²	tsuəŋ⁴²	tsʰuəŋ³¹	suəŋ⁴²
延长	luəŋ²⁴	luəŋ⁵¹	tsuəŋ⁵¹	tsʰuəŋ²³²	suəŋ⁵¹
吴起周湾	luŋ̃²⁴²	luŋ̃⁵²	tsuŋ̃⁵²	tsʰuŋ̃²⁴²	suŋ̃⁵²
志丹顺宁	luɯɣ̃²³	luɯɣ̃⁵²	tsuɯɣ̃⁵²	tsʰuɯɣ̃²³	suɯɣ̃⁵²
安塞化子坪	luɯŋ²³	luɯŋ⁵¹	tsuɯŋ⁵¹	tsʰuɯŋ²³	suɯŋ⁵¹
延长郭旗	luəŋ²³	luəŋ⁵²	tsuəŋ⁵²	tsʰuəŋ²³	suəŋ⁵²

方言＼字目	0931 公	0932 孔	0933 烘~干	0934 红	0935 翁
	通合一平东见	通合一上董溪	通合一平东晓	通合一平东匣	通合一平东影
吴起	kuəŋ^{12}	kʰuəŋ^{52}	xuəŋ^{12}	xuəŋ^{13}	vəŋ^{12}
志丹	kuəŋ^{121}	kʰuəŋ^{52}	xuəŋ^{121}	xuəŋ^{14}	vəŋ^{121}
安塞	kuəŋ^{121}	kʰuəŋ^{52}	xuəŋ^{52}①	xuəŋ^{24}	vəŋ^{121}
延安	kuəŋ^{21}	kʰuəŋ^{53}	xuəŋ^{21}	xuəŋ^{243}	uəŋ^{21}
甘泉	kuəŋ^{31}	kʰuəŋ^{51}	xuəŋ^{31}	xuəŋ^{24}	vəŋ^{31}
延长	kuəŋ^{232}	kʰuəŋ^{51}	xuəŋ^{232}	xuəŋ^{24}	vəŋ^{232}
吴起周湾	kuũ̌^{242}	kʰuũ̌^{213}	xuũ̌^{242}	xuũ̌^{242}	vũ̌^{242}
志丹顺宁	kuɯɣ̃^{23}	kʰuɯɣ̃^{212}	xuɯɣ̃^{23}	xuɯɣ̃^{23}	vɯɣ̃^{23}
安塞化子坪	kuɯŋ^{23}	kʰuɯŋ^{213}	xuɯŋ^{23}	xuɯŋ^{23}	vɯŋ^{23}
延长郭旗	kuəŋ^{23}	kʰuəŋ^{213}	xuəŋ^{23}	xuəŋ^{23}	vəŋ^{23}

方言＼字目	0936 木	0937 读	0938 鹿	0939 族	0940 谷稻~
	通合一入屋明	通合一入屋定	通合一入屋来	通合一入屋从	通合一入屋见
吴起	məʔ^{32}	tu^{13}	ləu^{12}	tsu^{13}	ku^{12} kuəʔ^{32}
志丹	məʔ^{43}	tu^{14}	ləu^{121}	tsu^{14}	kuə^{121}
安塞	məʔ^{43}	tʰu^{24}	ləu^{121}	tsʰu^{24}	ku^{121}
延安	mu^{21}	tu^{243}	ləu^{21}	tsʰu^{243}	ku^{21}
甘泉	mu^{31}	tʰu^{24}	ləu^{31}	tsʰu^{24}	ku^{31}
延长	mu^{232} mə?^{54}	tʰu^{24} tu^{24}	ləu^{232}	tsʰu^{24}	ku^{232}
吴起周湾	mə?^{32}	tuə?^{32}	luə?^{32}	tsʰuə?^{32}	kuə?^{32}
志丹顺宁	mə?^{33}	tuə?^{33}	ləu^{52}	tsuə?^{33} tsʰu^{23}	kuə?^{33}
安塞化子坪	mə?^{43}	tuə?^{43}	luei^{51}	tsʰuə?^{43}	kuə?^{43}
延长郭旗	mə?^{43}	tuə?^{43}	ləu^{23}	tsʰu^{23}	kuə?^{43}

---

① 安塞"烘"读上声调。

字目＼方言	0941 哭 通合一入屋溪	0942 屋 通合一入屋影	0943 冬~至 通合一平冬端	0944 统 通合一去宋透	0945 脓 通合一平冬泥
吴起	kʰuəʔ³²	u¹²	tuəŋ¹²	tʰuəŋ⁵²	nuəŋ¹³
志丹	kʰuəʔ⁴³	u¹²¹	tuəŋ¹²¹	tʰuəŋ⁵²	nuəŋ¹⁴
安塞	kʰu¹²¹ kʰuəʔ⁴³	u³¹①	tuəŋ¹²¹	tʰuəŋ⁵²	nuəŋ²⁴
延安	kʰu²¹	u²¹	tuəŋ²¹	tʰuəŋ⁵³	nuəŋ²⁴³
甘泉	kʰu³¹	u³¹	tuəŋ³¹	tʰuəŋ⁵¹	nuəŋ²⁴
延长	kʰu²³² kʰuəʔ⁵⁴	u²³²	tuəŋ²³²	tʰuəŋ⁵¹	nuəŋ²⁴
吴起周湾	kʰuəʔ³²	vu²⁴²	tuũ²⁴²	tʰuũ²¹³	nuũ²⁴²
志丹顺宁	kʰuəʔ³³	vu⁵²	tuɯɣ̃²³	tʰuɯɣ̃²¹²	nuɯɣ̃²³
安塞化子坪	kʰuəʔ⁴³	vu⁵¹	tuɯŋ²³	tʰuɯŋ²¹³	nuɯŋ²³
延长郭旗	kʰuəʔ⁴³	vu²³	tuəŋ²³	tʰuəŋ²¹³	nuəŋ²³

字目＼方言	0946 松~紧 通合一平冬心	0947 宋 通合一去宋心	0948 毒 通合一入沃定	0949 风 通合三平东非	0950 丰 通合三平东敷
吴起	suəŋ¹²	suəŋ⁴³	tu¹³	fəŋ¹²	fəŋ¹²
志丹	suəŋ¹²¹	suəŋ⁴⁴	tu¹⁴	fəŋ¹²¹	fəŋ¹²¹
安塞	suəŋ¹²¹	suəŋ³¹	tu²⁴	fəŋ¹²¹	fəŋ¹²¹
延安	suəŋ²¹	suəŋ⁴⁴²	tʰu²⁴³	fəŋ²¹	fəŋ²¹
甘泉	suəŋ³¹	suəŋ⁴²	tʰu²⁴	fəŋ³¹	fəŋ³¹
延长	suəŋ²³²	suəŋ⁵¹	tʰu²⁴	fəŋ²³²	fəŋ²³²
吴起周湾	suũ²⁴²	suũ⁵²	tu²⁴²	fũ²⁴²	fũ²⁴²
志丹顺宁	suɯɣ̃²³	suɯɣ̃⁵²	tu²³	fɯɣ̃²³	fɯɣ̃²³
安塞化子坪	suɯŋ²³	suɯŋ⁵¹	tu²³	fɯŋ²³	fɯŋ²³
延长郭旗	suəŋ²³	suəŋ⁵²	tu²³	fəŋ²³	fəŋ²³

---

① 安塞、顺宁、化子坪"屋"读去声调。

方言＼字目	0951 凤 通合三 去送奉	0952 梦 通合三 去送明	0953 中当~ 通合三 平东知	0954 虫 通合三 平东澄	0955 终 通合三 平东章
吴起	fəŋ⁴³	məŋ⁴³	tʂuəŋ¹²	tʂʰuəŋ¹³	tʂuəŋ¹²
志丹	fəŋ⁴²	məŋ⁴⁴/⁴²	tʂuəŋ¹²¹	tʂʰuəŋ¹⁴	tʂuəŋ¹²¹
安塞	fəŋ³¹	məŋ³¹	tʂuəŋ¹²¹	tʂʰuəŋ²⁴	tʂuəŋ¹²¹
延安	fəŋ⁴⁴²	məŋ⁴⁴²	tʂuəŋ²¹	tʂʰuəŋ²⁴³	tʂuəŋ²¹
甘泉	fəŋ⁴⁴	məŋ⁴²	tʂuəŋ³¹	tʂʰuəŋ²⁴	tʂuəŋ³¹
延长	fəŋ⁵¹	məŋ⁵¹	tʂuəŋ²³²	tʂʰuəŋ²⁴	tʂuəŋ²³²
吴起周湾	fũ⁵²	mũ⁵²	tʂũ²⁴²	tʂʰũ²⁴²	tʂũ²⁴²
志丹顺宁	fuɰỹ⁵²	muɰỹ⁵²	tʂuɰỹ²³	tʂʰuɰỹ²³	tʂuɰỹ²³
安塞化子坪	fɯŋ⁵¹	mɯŋ⁵¹	tʂuɯŋ²³	tʂʰuɯŋ²³	tʂuɯŋ²³
延长郭旗	fəŋ⁵²	məŋ⁵²	tʂuəŋ²³	tʂʰuəŋ²³	tʂuəŋ²³

方言＼字目	0956 充 通合三 平东昌	0957 宫 通合三 平东见	0958 穷 通合三 平东群	0959 熊 通合三 平东云	0960 雄 通合三 平东云
吴起	tʂʰuəŋ¹²	kuəŋ¹²	tɕʰyəŋ¹³	ɕyəŋ¹³	ɕyəŋ¹³
志丹	tʂʰuəŋ¹²¹	kuəŋ¹²¹	tɕʰyəŋ¹⁴	ɕyəŋ¹⁴	ɕyəŋ¹⁴
安塞	tʂʰuəŋ¹²¹	kuəŋ¹²¹	tɕʰyəŋ²⁴	ɕyəŋ²⁴	ɕyəŋ²⁴
延安	tʂʰuəŋ²¹	kuəŋ²¹	tɕʰyəŋ²⁴³	ɕyəŋ²⁴³	ɕyəŋ²⁴³
甘泉	tʂʰuəŋ³¹	kuəŋ³¹	tɕʰyəŋ²⁴	ɕyəŋ²⁴	ɕyəŋ²⁴
延长	tʂʰuəŋ²³²	kuəŋ²³²	tɕʰyəŋ²⁴	ɕyəŋ²⁴	ɕyəŋ²⁴
吴起周湾	tʂʰũ²⁴²	kũ²⁴²	tɕʰyũ²⁴²	ɕyũ²⁴²	ɕyũ²⁴²
志丹顺宁	tʂʰuɰỹ²³	kuɰỹ²³	tɕʰyɰỹ²³	ɕyɰỹ²³	ɕyɰỹ²³
安塞化子坪	tʂʰuɯŋ²³	kuɯŋ²³	tɕʰyɯŋ²³	ɕyɯŋ²³	ɕyɯŋ²³
延长郭旗	tʂʰuəŋ²³	kuəŋ²³	tɕʰyəŋ²³	ɕyəŋ²³	ɕyəŋ²³

字目\方言	0961 福 通合三 入屋非	0962 服 通合三 入屋奉	0963 目 通合三 入屋明	0964 六 通合三 入屋来	0965 宿住~,~舍 通合三 入屋心
吴起	fu¹² fəʔ³²	fu¹² fəʔ³²	mu¹² məʔ³²	liəu¹²	ɕy¹²
志丹	fu¹²¹	fu¹²¹	mu¹²¹	liəu¹²¹	ɕy¹²¹
安塞	fu¹²¹ fəʔ⁴³	fu¹²¹	mu¹²¹	liəu¹²¹	ɕy¹²¹ suə?⁴³
延安	fu²¹	fu²⁴³	mu²¹	liəu²¹	ɕy²¹ su²¹
甘泉	fu³¹	fu²⁴	mu³¹	liəu⁴²	ɕy³¹ su³¹
延长	fu²³² (fəʔ⁵⁴)	fu²⁴	mu³¹① (məʔ⁵⁴)	liəu²³²	ɕy³¹
吴起周湾	fəʔ³²	fəʔ³²	məʔ³²	liəu⁵²	ɕyəʔ³²
志丹顺宁	fəʔ³³	fəʔ³³	məʔ³³	liəu⁵²	ɕyəʔ³³
安塞化子坪	fəʔ⁴³	fəʔ⁴³	mu⁵¹	liəu⁵¹	ɕiəu²³ 一~ suə?⁴³ ~舍
延长郭旗	fu²³	fu²³	məʔ⁴³	liəu⁵²	ɕy²³
字目\方言	0966 竹 通合三 入屋知	0967 畜~生 通合三 入屋彻	0968 缩 通合三 入屋生	0969 粥 通合三 入屋章	0970 叔 通合三 入屋书
吴起	tʂuəʔ³²	ɕy¹² 六~兴旺②	ʂuʌɣ̃⁵² 忔~③ suə¹² ~水	tʂəu¹²	ʂu¹²
志丹	tʂu¹⁴	ɕy¹²¹	ʂuʌɣ̃⁵² 忔~ suə¹²¹ ~水	tʂəu¹²¹	ʂu¹⁴
安塞	tʂu²⁴	ɕy¹²¹	ʂuʌɣ̃⁵² 忔~ suə¹²¹ ~水	tʂəu¹²¹	ʂu²⁴ ʂuə?⁴³
延安	tʂu²⁴³	ɕy²¹	ʂuaŋ⁵³ ~回去 suɤ²¹ ~小	tʂəu²¹	ʂu²¹
甘泉	tʂu²⁴	ɕyəʔ⁴³	ʂuʌɣ̃⁵¹ ~回去 suɤ³¹ ~了	tʂəu³¹	ʂu²⁴
延长	tʂu²⁴	ɕyəʔ⁵⁴	ʂuɑɣ̃⁵¹ 手~下④ suɤ²³² ~小	tʂəu²³²	ʂu²⁴
吴起周湾	tʂuəʔ³²	ɕyəʔ³²	ʂuɑ̃²¹³ ~回去 suə³² ~水	tʂəu²⁴²	ʂuəʔ³²
志丹顺宁	tʂuəʔ³³	ɕyəʔ³³	ʂuɑ̃²¹² ~回去 suə³³ ~水	tʂəu²³	ʂuəʔ³³
安塞化子坪	tʂuəʔ⁴³	ɕyəʔ⁴³	ʂuɑ̃²¹³ ~回去 suə³³ ~水	tʂəu²³	ʂuəʔ⁴³
延长郭旗	tʂuəʔ⁴³	ɕy²³	ʂuɑ̃²¹³ 手~下 suɤ²³ ~小	tʂəu²³	ʂuəʔ⁴³

① 延长"目宿"声调特殊,读 31 调。
② 四字小春联常写"六畜兴旺",贴在猪圈、牲口棚等的墙上。
③ 忔缩:不自然、胆怯的样子。
④ 手缩下:双手插在袖筒里。

字目 方言	0971 熟 通合三 入屋禅	0972 肉 通合三 入屋日	0973 菊 通合三 入屋见	0974 育 通合三 入屋以	0975 封 通合三 平钟非
吴起	ʂu¹³	zəu⁴³	tɕy¹³	y⁴³	fəŋ¹² ～神榜[①] fəŋ⁴³ 一～信
志丹	ʂu¹⁴	zəu⁴²	tɕy¹⁴	y⁴⁴	fəŋ¹²¹ fəŋ⁴²
安塞	ʂu²⁴	zəu³¹/³³	tɕy²⁴	y³¹	fəŋ¹²¹ fəŋ³¹
延安	ʂu²⁴³	zəu⁴⁴²	tɕy²⁴³	y⁴⁴²	fəŋ²¹ fəŋ⁴⁴²
甘泉	ʂu²⁴	zəu⁴²	tɕy²⁴	y⁴²	fəŋ³¹ fəŋ⁴²
延长	ʂu²⁴	zəu⁵¹	tɕʰyʔ⁵⁴	y⁵¹	fəŋ²³² fəŋ⁵¹
吴起周湾	ʂuəʔ³²	zəu⁵²	tɕyəʔ³²	y⁵²	fũ²⁴² fũ⁵²
志丹顺宁	ʂuəʔ³³	zəu⁵²	tɕyəʔ³³	y⁵²	fɯɣ̃²³ fɯɣ̃⁵²
安塞化子坪	ʂuəʔ⁴³	zəu⁵¹	tɕy²³	y⁵¹	fɯŋ²³ fɯŋ⁵²
延长郭旗	ʂuəʔ⁴³	zəu⁵²	tɕyəʔ⁴³	y⁵²	fəŋ²³ fəŋ⁵²

字目 方言	0976 蜂 通合三 平钟敷	0977 缝一条～ 通合三 去用奉	0978 浓 通合三 平钟泥	0979 龙 通合三 平钟来	0980 松～树 通合三 平钟邪
吴起	fəŋ¹²	fəŋ⁵²	nuəŋ¹³	luəŋ¹³	suəŋ¹²
志丹	fəŋ¹²¹	fəŋ⁴²	nuəŋ¹⁴	luəŋ¹⁴	suəŋ¹²¹
安塞	fəŋ¹²¹	fəŋ³¹	nuəŋ²⁴	luəŋ²⁴	suəŋ¹²¹
延安	fəŋ²¹	fəŋ⁴⁴²	nuəŋ²⁴³	luəŋ²⁴³	suəŋ²¹
甘泉	fəŋ³¹	fəŋ⁴²	nuəŋ²⁴	luəŋ²⁴	suəŋ³¹
延长	fəŋ²³²	fəŋ⁵¹	nuəŋ²⁴	luəŋ²⁴	suəŋ²³²
吴起周湾	fũ²⁴²	fũ⁵²	nũ²⁴²	lũ²⁴²	sũ²⁴²
志丹顺宁	fɯɣ̃²³	fɯɣ̃⁵²	nuɯɣ̃²³	luɯɣ̃²³	suɯɣ̃²³
安塞化子坪	fɯŋ²³	fɯŋ⁵¹	nuɯŋ²³	luɯŋ²³	suɯŋ²³
延长郭旗	fəŋ²³	fəŋ⁵²	nuəŋ²³	luəŋ²³	suəŋ²³

---

① 志延片各点"封"有两读，做量词时读去声，其他时候都读阴平。

方言 \ 字目	0981 重轻~ 通合三 上肿澄	0982 肿 通合三 上肿章	0983 种~树 通合三 去用章	0984 冲 通合三 平钟昌	0985 恭 通合三 平钟见
吴起	tʂuəŋ⁴³	tʂuəŋ⁵²	tʂuəŋ⁴³	tʂʰuəŋ¹² ~锋枪 tʂʰuəŋ⁴³ 说话~①	kuəŋ¹²
志丹	tʂuəŋ⁴²	tʂuəŋ⁵²	tʂuəŋ⁴²	tʂʰuəŋ¹²¹ tʂʰuəŋ⁴²	kuəŋ¹²¹
安塞	tʂuəŋ³¹	tʂuəŋ⁵²	tʂuəŋ³¹	tʂʰuəŋ¹²¹ tʂʰuəŋ³¹	kuəŋ¹²¹
延安	tʂuəŋ⁴⁴²	tʂuəŋ⁵³	tʂuəŋ⁴⁴²	tʂʰuəŋ²¹ tʂʰuəŋ⁴⁴²	kuəŋ²¹
甘泉	tʂuəŋ⁴²	tʂuəŋ⁵¹	tʂuəŋ⁴²	tʂʰuəŋ³¹ tʂʰuəŋ⁴²	kuəŋ³¹
延长	tʂʰuəŋ⁵¹	tʂuəŋ⁵¹	tʂuəŋ⁵¹	tʂʰuəŋ²³² tʂʰuəŋ⁵¹	kuəŋ²³²
吴起周湾	tʂuǔ⁵²	tʂuǔ²¹³	tʂuǔ⁵²	tʂʰuǔ²⁴² tʂʰuǔ⁵²	kuǔ²⁴²
志丹顺宁	tʂuɯỹ⁵²	tʂuɯỹ²¹²	tʂuɯỹ⁵²	tʂʰuɯỹ²³ tʂʰuɯỹ⁵²	kuɯỹ²³
安塞化子坪	tʂuɯŋ⁵¹	tʂuɯŋ²¹³	tʂuɯŋ⁵¹	tʂʰuɯŋ²³ tʂʰuɯŋ⁵¹	kuɯŋ²³
延长郭旗	tʂuəŋ⁵²	tʂuəŋ²¹³	tʂuəŋ⁵²	tʂʰuəŋ²³ tʂʰuəŋ⁵²	kuəŋ²³

方言 \ 字目	0986 共 通合三 去用群	0987 凶吉~ 通合三 平钟晓	0988 拥 通合三 上肿影	0989 容 通合三 平钟以	0990 用 通合三 去用以
吴起	kuəŋ⁴³	ɕyəŋ¹²	yəŋ¹²	yəŋ¹³ ʐuəŋ¹³	yəŋ⁴³
志丹	kuəŋ⁴²	ɕyəŋ¹²¹	yəŋ¹²¹	yəŋ¹⁴ ʐuəŋ¹⁴	yəŋ⁴²
安塞	kuəŋ³¹	ɕyəŋ¹²¹	yəŋ¹²¹	yəŋ²⁴ ʐuəŋ²⁴	yəŋ³¹
延安	kuəŋ⁴⁴²	ɕyəŋ²¹	yəŋ²¹	yəŋ²⁴³	yəŋ⁴⁴²
甘泉	kuəŋ⁴²	ɕyəŋ³¹	yəŋ³¹	yəŋ²⁴	yəŋ⁴²
延长	kuəŋ⁵¹	ɕyəŋ²³²	yəŋ²³²	yəŋ²⁴	yəŋ⁵¹
吴起周湾	kuǔ⁵²	ɕyǔ²⁴²	yǔ²⁴²	yǔ²⁴²	yǔ⁵²
志丹顺宁	kuɯỹ⁵²	ɕyɯỹ²³	yɯỹ²³	yɯỹ²³	yɯỹ⁵²
安塞化子坪	kuɯŋ⁵¹	ɕyɯŋ²³	yɯŋ²³	yɯŋ²³	yɯŋ⁵¹
延长郭旗	kuəŋ⁵²	ɕyəŋ²³	yəŋ²³	yəŋ²³	yəŋ⁵²

① 说话冲：说话直接、伤人。

字目\方言	0991 绿 通合三 入烛来	0992 足 通合三 入烛精	0993 烛 通合三 入烛章	0994 赎 通合三 入烛船	0995 属 通合三 入烛禅
吴起	liəu¹²	tɕy¹³ ~劲① tsu¹³ ~球	tʂu¹²	ʂu¹³	ʂu¹³
志丹	ləu¹²¹	tɕy¹⁴ 满~ tsu¹⁴ ~球	tʂu¹⁴	ʂu¹⁴	ʂu²⁴
安塞	liəu¹²¹ ~色 luəʔ⁴³ 花红柳~	tɕy²⁴ ~劲 tsu²⁴ ~球	tʂu¹²¹ tʂuəʔ⁴³	ʂu²⁴	ʂu²⁴ ʂuəʔ⁴³
延安	liəu²¹ ləu²¹	tɕy²¹ 满~ tɕy²⁴³ ~球	tʂu²¹	ʂu²⁴³	ʂu⁵³
甘泉	liəu³¹	tɕy²⁴ 富~ tsu²⁴ ~球	tʂu³¹	ʂu²⁴	ʂu²⁴
延长	ləu²³²	tɕyəʔ⁵⁴ ~劲 tɕy²⁴ ~球	tʂu²¹②	ʂu²⁴	ʂu²⁴
吴起周湾	luəʔ³²	tɕyəʔ³² ~劲 tsuəʔ³² ~球	tʂuəʔ³²	ʂuəʔ³²	ʂuəʔ³²
志丹顺宁	luəʔ³³	tɕyəʔ³³ ~劲 tsuəʔ³³ ~球	tʂuəʔ³³	ʂuəʔ³³	ʂu²¹²
安塞化子坪	luəʔ⁴³	tɕyəʔ⁴³ ~劲 tsuəʔ⁴³ ~球	tʂu²³	ʂuəʔ⁴³	ʂu²¹³
延长郭旗	liəu²³	tɕyəʔ⁴³ ~够 tsu²³ ~球	tsəu³¹	ʂuəʔ⁴³	ʂu²¹³

字目\方言	0996 褥 通合三 入烛日	0997 曲~折, 歌~ 通合三 入烛溪	0998 局 通合三 入烛群	0999 玉 通合三 入烛疑	1000 浴 通合三 入烛以
吴起	ʐu¹² ʐuəʔ³²	tɕʰyəʔ³² tɕʰy¹²	tɕyəʔ³² tɕy¹³	y⁴³	y⁴³
志丹	ʐu¹²¹	tɕʰyəʔ⁴³ tɕʰy¹²¹	tɕy¹⁴	y⁴⁴	y⁴²
安塞	ʐu¹²¹ ʐuəʔ⁴³	tɕʰyəʔ⁴³ tɕʰy¹²¹	tɕyəʔ⁴³ tɕy²⁴	y³¹	y³¹
延安	ʐu²¹	tɕʰy²¹	tɕy²⁴³	y⁴⁴²	y⁴⁴²
甘泉	ʐu³¹	tɕʰy³¹	tɕy²⁴	y⁴⁴	y⁴²
延长	ʐuəʔ⁵⁴	tɕʰy²³²	tɕʰy²⁴	y⁵¹	y²³²
吴起周湾	ʐuəʔ³²	tɕʰyəʔ³²	tɕyəʔ³²	y⁵²	y⁵²
志丹顺宁	ʐuəʔ³³	tɕʰyəʔ³³	tɕyəʔ³³	y⁵²	y⁵²
安塞化子坪	ʐuəʔ⁴³	tɕʰyəʔ⁴³	tɕyəʔ⁴³	y⁵¹	y⁵¹
延长郭旗	ʐuəʔ⁴³	tɕʰyəʔ⁴³ tɕʰy²³	tɕy²³ tɕyəʔ⁴³	y⁵²	y⁵²

① 足劲：很好，很给力。
② 延长"烛"声调特殊，读 21 调，是轻声固化的结果。

参考文献

安塞县地方志编纂委员会　1993　《安塞县志》，西安：陕西人民出版社。

安忠义　2011　《陇右方言词语疏证》，北京：人民出版社。

白涤洲（遗稿），喻世长（整理）　1954　《关中方音调查报告》，北京：中国科学院。

白静茹　2008　山西方言影疑母字的演变及分合，乔全生主编：《晋方言研究：第三届晋方言国际学术研讨会论文集》，太原：希望出版社。

包旭玲　2005　中原官话汾河片方言影疑母的演变，《安阳师范学院学报》第 3 期。

北大中文系语言学教研室（编）　2003　《汉语方音字汇》，北京：语文出版社。

曹　鹏　2008　关于陕北延川方言的归属问题，《唐山师范学院学报》第 6 期。

曹　鹏　2009　延川方言语音的演变与层次，陕西师范大学硕士学位论文。

曹志耘　2002a　《南部吴语语音研究》，北京：商务印书馆。

曹志耘　2002b　吴徽语入声演变的方式，《中国语文》第 5 期。

陈保亚　1996　《论语言接触与语言联盟：汉越（侗台）语源关系的解释》，北京：语文出版社。

陈立中、余颂辉　2015　《甘肃合水太白方言自然口语语料类编》，南京：南京大学出版社。

陈庆延　1989　古全浊声母今读送气清音的研究，《语文研究》第 4 期。

陈　瑶、陈婷婷　2020　福建南平官话方言岛的接触性音变，《语言研究》第 3 期。

储泰松　2005　《唐五代关中方音研究》，合肥：安徽大学出版社。

崔淑慧　2004　山西北区方言入声韵的演变，《语文研究》第 2 期。

戴庆厦、罗自群　2006　语言接触研究必须处理好的几个问题，《语言研究》第 4 期。

〔英〕戴维·克里斯特尔（编） 2000 《现代语言学词典》，沈家煊译，北京：商务印书馆。

丁邦新 1998 《丁邦新语言学论文集》，北京：商务印书馆。

丁邦新（主编） 2007 《历史层次与方言研究》，上海：上海教育出版社。

丁声树、李 荣 1981 《古今字音对照手册》，北京：中华书局。

丁声树、李 荣 1984 《汉语音韵讲义》，上海：上海教育出版社。

范慧琴 2004 从山西定襄方言看晋语入声的演变，《西南民族大学学报》第4期。

甘泉县地方志编纂委员会 1993 《甘泉县志》，西安：陕西人民出版社。

甘肃师大中文系方言调查室（编） 1960 《甘肃方言概况》（油印稿），兰州。

〔瑞典〕高本汉 2003 《中国音韵学研究》，北京：商务印书馆。

高 峰 2009 吴起话音系及内部语音差异，《延安大学学报（社会科学版）》第4期。

高 峰 2010a 安塞方言何家沟音系及三代人之间的语音差异，《宁夏大学学报（人文社会科学版）》第2期。

高 峰 2010b 陕西榆林话音系研究，《榆林学院学报》第3期。

高 峰 2011 晋语志延片语音研究，陕西师范大学博士学位论文。

高 峰 2017 古全浊声母字在晋语志延片的演变，《西北方言与民俗研究论丛（第三集）》，北京：中国社会科学出版社。

高 峰 2018a 再论晋语志延片方言的地域分布及其特点，《语文研究》第3期。

高 峰 2018b 陕北延川话的入声调及其演变路径，《方言》第3期。

高 峰 2019a 陕西延安"老户话"同音字汇，《方言》第3期。

高 峰 2019b 陕西延安老户话的两种小称形式，《汉语学报》第4期。

高 峰 2020a 陕西延安老户话的底层方言及其嬗变，《南开语言学刊》第1期。

高 峰 2020b 陕西延安老户话的特点及其形成和演变，《励耘语言学刊》第2辑。

高 峰 2020c 《定边方言调查研究》，北京：中华书局。

高 峰 2024 《中国濒危语言志·陕西延安老户话》，北京：商务印书馆。

高 峰、王美玲 2023 晋语志延片与关中方言的接触类型和规律，《汉语学报》

第 2 期。

高　峰、邢向东　2018　谈谈陕北方言里的重叠词，《光明日报》7 月 15 日第 12 版。

葛剑雄、吴松弟、曹树基　1997　《中国移民史》，福州：福建人民出版社。

龚煌城　2004　十二世纪末汉语的西北方音（声母部分），《汉藏语研究论文集》，北京：北京大学出版社。

韩沛玲　2006　山西及其周边方言浊声母清化类型及历史层次，《语言科学》第 4 期。

何大安　2004　《规律与方向——变迁中的音韵结构》，北京：北京大学出版社。

贺　巍　1995　汉语官话方言入声消失的成因，《中国语文》第 3 期。

〔比〕贺登崧　2003　《汉语方言地理学》，石汝杰、岩田礼译，上海：上海教育出版社。

贺雪梅　2017　陕北晋语词汇研究，陕西师范大学博士学位论文。

黑维强　2016a　《绥德方言调查研究》，北京：北京师范大学出版社。

黑维强　2016b　绥德方言的语音演变及其历史层次，《咸阳师范学院学报》第 3 期。

黑维强、邢向东　2024　《中国语言资源集·陕西》，西安：陕西人民出版社。

洪　波、意西微萨·阿错　2007　汉语与周边语言的接触类型研究，《南开语言学刊》第 1 期。

侯精一　1986　晋语的分区（稿），《方言》第 4 期。

侯精一　1999a　《现代晋语的研究》，北京：商务印书馆。

侯精一　1999b　晋语入声韵母的区别性特征与晋语区的分立，《中国语文》第 2 期。

侯精一、温端政（主编）　1989　《山西方言研究》，太原：山西人民出版社。

侯精一、温端政（主编）　1993　《山西方言调查研究报告》，太原：山西高校联合出版社。

侯精一、温端政、田希诚　1986　山西方言的分区（稿），《方言》第 2 期。

胡松柏等　2009　《赣东北方言调查研究》，南昌：江西人民出版社。

忌　浮　1964　《中原音韵》二十五声母集说,《中国语文》第 5 期。

焦妮娜　2007　晋城话中的入声字,《语言研究》第 2 期。

劲　松、马　楠　2011　汉语儿缀演变考察,《北方语言论丛》,银川：阳光出版社。

〔美〕柯蔚南　2018　《西北汉语方音纲要》,张建军译,兰州：兰州大学出版社。

兰宾汉　2011　《西安方言语法调查研究》,北京：中华书局。

李范文　1994　《宋代西北方音——〈番汉合时掌中珠〉对音研究》,北京：中国社会科学出版社。

李建校　2007　陕北晋语知庄章组读音的演变类型和层次,《语文研究》第 2 期。

李建校　2008a　陕北晋语果摄字的读音,《语言科学》第 2 期。

李建校　2008b　陕北晋语假开三精组和以母字的读音,《方言》第 3 期。

李建校　2011　《陕北晋语语音研究》,北京：语文出版社。

李建校、刘明华、张　琦　2009　《永和方言研究》,北京：九州出版社。

李　荣　1979　温岭方言的连读变调,《方言》第 1 期。

李　荣　1982　《音韵存稿》,北京：商务印书馆。

李　荣　1985　官话方言的分区,《方言》第 1 期。

李如龙　2001　《汉语方言的比较研究》,北京：商务印书馆。

李如龙　2007　《汉语方言学（第二版）》,北京：高等教育出版社。

李如龙、辛世彪　1999　晋南、关中的"全浊送气"与唐宋西北方音,《中国语文》第 3 期。

李新魁　1993　《李新魁自选集》,郑州：大象出版社。

刘俐李　2004　《汉语声调论》,南京：南京师范大学出版社。

刘淑学　2000　《中古入声字在河北方言中的读音研究》,保定：河北大学出版社。

刘勋宁　1983　陕北清涧方言的文白异读,《中国语文》第 1 期。

刘勋宁　1988　陕北清涧话的归属,《方言》第 2 期。

刘勋宁　1995　再论汉语北方话的分区,《中国语文》第 6 期。

刘勋宁　1998　《现代汉语研究》,北京：北京语言文化大学出版社。

刘勋宁　2003　文白异读与语音层次,《语言教学与研究》第 4 期。

刘育林　1980　陕北方言概况,《延安大学学报（社会科学版）》第 1 期。

刘育林　1981　陕北话的分界,《延安大学学报（社会科学版）》第 2 期。

刘育林　1983　陕北话音韵,《延安大学学报（社会科学版）》第 1 期。

刘育林　1986　今陕北话之古入声,《延安大学学报（社会科学版）》第 3 期。

刘育林　1988　陕北方言略说,《方言》第 4 期。

刘育林　1989　陕北话漫谈（一）,《延安大学学报（社会科学版）》第 2 期。

刘育林　1990a　陕北话漫谈（二）,《延安大学学报（社会科学版）》第 1 期。

刘育林　1990b　陕北话漫谈（续二）,《延安大学学报（社会科学版）》第 2 期。

刘育林　1990c　《陕西省志·方言志（陕北部分）》,西安：陕西人民出版社。

刘育林　1995　关于陕北延安、延长、甘泉话的归属问题,《语文研究》第 3 期。

罗常培　1933　《唐五代西北方音》,上海：国立中央研究院历史语言研究所。

罗昕如　2017　《湘语在广西境内的接触与演变研究》,长沙：湖南师范大学出版社。

雒　鹏　2008　甘肃省的中原官话,《方言》第 1 期。

麦　耘　2010　从中古后期－近代语音和官客赣湘方言看知照组,《南开语言学刊》第 1 期。

〔法〕梅　耶　2008　《历史语言学中的比较方法》,岑麒祥译,北京：世界图书出版公司。

孟万春　2005　陕西延长方音说略,《延安大学学报（社会科学版）》第 1 期。

莫　超（主编）　2022　《中国语言资源集·甘肃（语音卷）》,北京：中华书局。

钱曾怡　2002　《汉语方言研究的方法与实践》,北京：商务印书馆。

乔全生　2003a　晋方言鼻音声母的演变,《山西大学学报（哲学社会科学版）》第 4 期。

乔全生　2003b　晋语与官话非同步发展（一）,《方言》第 2 期。

乔全生　2003c　晋语与官话非同步发展（二）,《方言》第 3 期。

乔全生　2004　现代晋方言与唐五代西北方言的亲缘关系,《中国语文》第 3 期。

乔全生　2005　晋方言古全浊声母的演变,《山西大学学报（哲学社会科学版）》第 2 期。

乔全生　2007　晋语的平声调及其历史演变,《中国语文》第 4 期。

乔全生　2008　《晋方言语音史研究》,北京:中华书局。

瞿建慧　2010　规则借贷与音值借贷——从湘语辰溆片假摄文读看借贷的方式,《语言研究》第 2 期。

桑宇红　2009　《中原音韵》知庄章声母研究中的几个问题,《语言研究》第 3 期。

沈　明　2003　山西方言的小称,《方言》第 4 期。

沈　明　2006　晋语的分区(稿),《方言》第 4 期。

沈　明　2007　晋语五台片入声调的演变,《方言》第 4 期。

沈　明　2008　山西省的汉语方言,《方言》第 4 期。

沈　明　2011　晋语果摄字今读鼻音韵的成因,《方言》第 4 期。

沈　明　2014　《山西岚县方言》,北京:中国社会科学出版社。

沈　明　2017　陕北晋语曾梗舒声韵白读[*ɔ]的相关问题,《中国方言学报》第 1 期。

沈　明、秋谷裕幸　2018　吕梁片晋语的过渡性特征,《中国语文》第 4 期。

邵荣芬　1963　敦煌俗文学中的别字异文和唐五代西北方音,《中国语文》第 3 期。

孙建华　2016　延安方言语音的地理语言学研究,北京语言大学博士学位论文。

孙建华　2017　中古来母在延安方言中的读音——地理语言学的视角,《西北方言与民俗研究论丛(第三集)》,北京:中国社会科学出版社。

孙建华　2018　延安方言知系合口的读音类型及其演变,《方言》第 1 期。

孙建华　2020　延安方言上声的分化和"清上归去",《方言》第 3 期。

孙立新　2002　20 世纪陕西方言研究综述,《唐都学刊》第 4 期。

孙立新　2013　《关中方言语法研究》,北京:中国社会科学出版社。

万　波　2009　《赣语声母的历史层次研究》,北京:商务印书馆。

王　力　2004　《汉语史稿》,北京:中华书局。

王　力　2008　《汉语语音史》,北京:商务印书馆。

王福堂　2005　《汉语方言语音的演变和层次》,北京:语文出版社。

王福堂　2010　《汉语方言论集》,北京:商务印书馆。

王洪君　1987　山西闻喜方言的白读层与宋西北方音,《中国语文》第 1 期。

王洪君　1990　入声韵在山西方言中的演变,《语文研究》第 1 期。

王洪君　1991　阳声韵在山西方言中的演变（上）,《语文研究》第 4 期。

王洪君　1992a　阳声韵在山西方言中的演变（下）,《语文研究》第 1 期。

王洪君　1992b　文白异读和叠置式音变,《语言学论丛（第 17 辑）》,北京：商务印书馆。

王洪君　2007　《中原音韵》知庄章声母的分合及其在山西方言中的演变,《语文研究》第 1 期。

王军虎　1996　《西安方言词典》,南京：江苏教育出版社。

王军虎　1997　《西安话音档》,上海：上海教育出版社。

王军虎　2001　陕西关中方言的 ʮ 类韵母,《方言》第 3 期。

王军虎　2004　晋陕甘方言的"支微入鱼"现象和唐五代西北方音,《中国语文》第 3 期。

王临惠　2001　汾河流域方言平声调的类型及其成因,《方言》第 1 期。

王临惠　2003a　《汾河流域方言的语音特点及其流变》,北京：中国社会科学出版社。

王临惠　2003b　山西方言声调的类型（稿）,《语文研究》第 2 期。

王鹏翔　2005　晋语志延片方言的"嚔"类语气词,《延安大学学报（社会科学版）》第 6 期。

王鹏翔、王　雷　2008a　陕北志丹方言的语气副词"该",《广西民族大学学报（哲学社会科学版）》第 3 期。

王鹏翔、王　雷　2008b　陕北志丹话的"得 V"句,《语文研究》第 1 期。

〔美〕威廉·拉波夫　2019　《语言变化原理：内部因素》,石锋、郭嘉译,北京：商务印书馆。

温端政　1986　试论晋语的入声,《中国语文》第 2 期。

温端政　1997　晋语区的形成和晋语入声的特点,《山西师范大学学报（社会科学版）》第 4 期。

吴福祥　2007　关于语言接触引发的演变,《民族语文》第 2 期。

吴福祥　2020　语言接触与语法演变,《西南交通大学学报（社会科学版）》第

4 期。

吴旗县地方志编纂委员会　1996　《吴旗县志》，西安：三秦出版社。

邢向东　2002　《神木方言研究》，北京：中华书局。

邢向东　2004　陕北神木话重叠式名词与儿化名词的比较，《国际汉学集刊（第 1 辑）》，北京：中国社会科学出版社。

邢向东　2006　《陕北晋语语法比较研究》，北京：商务印书馆。

邢向东　2007a　陕北吴堡话的文白异读与语音层次，《语言研究》第 1 期。

邢向东　2007b　陕西省的汉语方言，《方言》第 4 期。

邢向东　2008　论陕南方言的调查研究，《西北大学学报（哲学社会科学版）》第 2 期。

邢向东　2020a　《神木方言研究（增订本）》，北京：中华书局。

邢向东　2020b　西部官话中名词小称形式的分布和类型——兼及动词重叠式的分布，《语言研究》第 1 期。

邢向东　2021a　《近八十年来关中方音微观演变研究》，北京：中华书局。

邢向东　2021b　晋语和西部官话中表短时貌的语法手段，《中国语文》第 4 期。

邢向东、蔡文婷　2010　《合阳方言调查研究》，北京：中华书局。

邢向东、郭沈青　2005　晋陕宁三省区中原官话的内外差异与分区，《方言》第 4 期。

邢向东、孟万春　2006　陕北甘泉、延长方言入声字读音研究，《中国语文》第 5 期。

邢向东、王临惠、张维佳、李小平　2012　《秦晋两省沿河方言比较研究》，北京：商务印书馆。

邢向东、张建军　2022　西北方言部分曾梗摄韵母特殊读音的地域分布和历史层次，《当代语言学》第 6 期。

邢向东、张双庆　2011　关中方言例外上声字探究，《陕西师范大学学报（哲学社会科学版）》第 2 期。

熊正辉　1990　官话区方言分 ts tʂ 的类型，《方言》第 1 期。

徐大明（主编）　2006　《语言变异与变化》，上海：上海教育出版社。

徐通锵　1990　山西方言古浊塞音、浊塞擦音今音的三种类型和语言史的研究，《语文研究》第 1 期。

徐通锵　2008　《历史语言学》，北京：商务印书馆。

薛才德（主编）　2007　《语言接触与语言比较》，上海：学林出版社。

薛平拴　2001a　明清时期陕西境内的人口迁移，《中国历史地理论丛》第 16 卷第 1 辑。

薛平拴　2001b　《陕西历史人口地理》，北京：人民出版社。

延安市地方志编纂委员会　2000　《延安地区志》，西安：西安出版社。

延安市志编纂委员会　1994　《延安市志》，西安：陕西人民出版社。

延川县地方志编纂委员会　1999　《延川县志》，西安：陕西人民出版社。

延长县地方志编纂委员会　1991　《延长县志》，西安：陕西人民出版社。

〔日〕岩田礼　2011　论词汇变化的"非连续性"——类音牵引和同音冲突二例，《语言教学与研究》第 5 期。

杨春霖　1986　陕西方言内部分区概说，《西北大学学报（哲学社会科学版）》第 4 期。

杨永龙　2022　导语：语言接触与甘青河湟语言区域特征，《当代语言学》第 6 期。

游汝杰　2004　《汉语方言学教程》，上海：上海教育出版社。

袁家骅等　2001　《汉语方言概要（第二版）》，北京：语文出版社。

张　崇　1990　《延川县方言志》，北京：语文出版社。

张　崇（主编）　2007　《陕西方言词汇集》，西安：西安交通大学出版社。

张安生　2005　银川话阳平、上声合并史新探（上），《河北大学学报（哲学社会科学版）》第 1 期。

张盛裕、张成材　1986　陕甘宁青四省区汉语方言的分区（稿），《方言》第 2 期。

张双庆、邢向东　2012　关中方言古知系合口字的声母类型及其演变，《方言》第 2 期。

张维佳　2002a　关中方言果摄读音的分化及历史层次，《方言》第 3 期。

张维佳　2002b　关中方言片内部音韵差异与历史行政区划，《语言研究》第 2 期。

张维佳　2004　秦晋之交南部方言宕摄舒声字白读音的层次，《语言研究》第 2 期。

张维佳　2005　《演化与竞争：关中方言音韵结构的变迁》，西安：陕西人民出版社。

赵学玲　2007　汉语方言影疑母字声母的分合类型，《语言研究》第 4 期。

郑张尚芳　1983　温州方言歌韵读音的分化和历史层次，《语言研究》第 2 期。

志丹县志编纂委员会　1996　《志丹县志》，西安：陕西人民出版社。

《中国古今地名大词典》编纂委员会　2005　《中国古今地名大词典》，上海：上海辞书出版社。

《中国历代政区沿革》编写组　1996　《中国历代政区沿革》，石家庄：河北教育出版社。

中国社会科学院、澳大利亚人文科学院　1987　《中国语言地图集》，香港：香港朗文（远东）有限公司。

中国社会科学院语言研究所　1981　《方言调查字表》，北京：商务印书馆。

中国社会科学院语言研究所、中国社会科学院民族学与人类学研究所、香港城市大学语言资讯科学研究中心　2012　《中国语言地图集·汉语方言卷（第 2 版）》，北京：商务印书馆。

周振鹤、游汝杰　2006　《方言与中国文化》，上海：上海人民出版社。

周祖谟　2001　唐五代的北方语音，《周祖谟语言学论文集》，北京：中华书局。

朱晓农　2006　《音韵研究》，北京：商务印书馆。

朱晓农、焦　磊、严至诚、洪　英　2008　入声演化三途，《中国语文》第 4 期。

庄初升、万　波　2019　西北方言中古精庄知章组声母的今读类型与发展演变，《东方语言学》第 2 期。

邹嘉彦、游汝杰（主编）　2004　《语言接触论集》，上海：上海教育出版社。

附录一　延川话音系及其语音特点

延川县隶属于陕西省延安市，位于陕西省的北部、延安市的东北部，介于东经 109°36′20″—110°26′44″，北纬 36°37′15″—37°5′55″。东临黄河与山西省永和县隔河相望，西接宝塔区，南靠延长县，北与榆林市清涧县接壤，西北与子长县毗邻，总面积 1985 平方千米。全县户籍总人口 18.02 万，常住人口 13.62 万。①

本章记录延川话城关话语音系统，描写其音系特点。发音人有两位：赵春明，男，1947 年生，延川县延川镇南关人，农民，小学文化。刘世俊，男，1943 年生，延川县延川镇北关人，农民，小学文化。两位发音人均世居延川，方言纯粹。

第一节　延川城关话音系②

一　声母 25 个（包括零声母在内）

p 波步抱步	pʰ 披跑骗鼻	m 马帽满没	f 斧肺妇方	v 文武晚务
t 低第店大	tʰ 土图天蛋	n 怒脑业硬		l 利楼兰农
ts 糟祖争鸡	tsʰ 曹从产齐		s 死散诗喜	z 医吟语荬
tʂ 证知住装	tʂʰ 丑锄船赵		ʂ 声书蛇勺	ʐ 认锐闰软
tɕ 精经聚旧	tɕʰ 瞧桥清净		ɕ 修休旋鞋	

---

① 数据来源于 2024 年 6 月 16 日延川县人民政府网。
② 延川城关话音系在参照张崇先生《延川县方言志》（1990）音系的基础上，依据调查时的实际读音稍有调整。

k 高盖街跪　kʰ 筐狂况柜　ŋ 饿袄安肮　x 灰惠喝孝

∅ 哎延温云

说明：

①塞音特别是送气塞音发音较强。

②[p pʰ m] 与 [ɿ] 相拼，实际音值接近 [pˢ pʰˢ mᶻ]，[n] 与 [ɿ ʮ] 相拼，实际音值接近 [nᶻ]。

③鼻音 [m n ŋ] 伴有显著的同部位浊塞音成分，实际音值接近 [mᵇ nᵈ ŋᵍ]。

④[n] 在洪音韵母前读 [n]，在细音韵母前读 [ȵ]，二者互补，合并为一个音位。

⑤[v] 的唇齿色彩不明显，实际音值接近 [ʋ]。

⑥[k kʰ ŋ] 与齐齿韵相拼时，有显著的颚化色彩，实际音值接近 [c cʰ ɲ]，如"干 [kiɛ]、看 [kʰiɛ]、安 [ŋiɛ]"等。

⑦x 出现在 [A] 韵前常带有小舌颤音 [ʀ]。

二　韵母 42 个（不包括儿化韵）

ɿ 资思皮眉洗支　　　　　　　　　　　　　　　ʮ 祖举虚女玉泪

ʅ 知治迟池世势　　　　　　　　　　　　　　　ʯ 主初树如睡疮

　　　　　　　i 第地你李娘平　u 布故午过毛光　y 兄

A 打爬辣大蛇冷　iA 架夏鸭野爷茄　uA 瓜花刷夸抓瓦　yA 瘸倔啰嗟

ɤ 遮跛脖蛇河纺　iE 铁脚写爹想醒　uɤ 果活脱说多搓　yE 雪月缺靴瘸雀

ɔ 饱桃高招少好　iɔ 标苗条交鸟小

ai 排代才妹梅鞋　　　　　　　　　uai 怪快外对回内

ei 美给妹多大汤　　　　　　　　　uei 贵亏脆对睡壮

ɤu 斗口走狗路努　iɤu 丢酒休牛流提

ər 二耳儿尔而饵

ɯ̃ 半盘满缠扇陕　iɯ̃ 干看寒汗岸安　uɯ̃ 端乱宽完专船

　　　　　　　　iɛ̃ 监尖甜眼面田　　　　　　　　yɛ̃ 全卷选院孪眩

æ 单班山反南咸　　　　　　　　　uæ 关环弯惯还涮

aỹ 忙方伤张上汤　　iaỹ 良枪象娘强羊　　uaỹ 广双王闯光壮

əŋ 本门文梦冷正　　iəŋ 民林心明平星　　uəŋ 村昏温同公瓮　　yəŋ 军群云穷用兄

ɜʔ 不石白｜吃木福　iɜʔ 敌习鼻｜笔密立　uɜʔ 独族毒｜国哭叔　yɜʔ 桔局续｜足俗曲

说明：

① [i] 作韵头或韵尾时，实际音值接近 [ɪ]；与 [l] 相拼时，实际音值接近 [ɿ]。

② [y] 韵母字只包括"兄"（兄弟弟弟）一字。

③ [ai uai] 两韵在阴平、阳平中实际音值为 [aɪ uaɪ]，在上去声中动程缩短，实际音值是 [ɛɪ uɛɪ]，且 [ɛ] 的舌位偏央。

④ [ɯ̃ uɯ̃] 韵中，[ɛ] 的实际音值接近 [ɐ]，[ɯ] 流音化。

⑤ [iɯ̃] 是山开一见、影组舒声字的白读韵母。张崇先生记作 [uɯ̃]，今已演变为 [iɯ̃]。

⑥ 咸山摄字今读的齐齿呼、撮口呼韵母，张崇先生记作 [iɯ̃ yɯ̃]，今已演变为 [iɛ̃ yɛ̃]。

⑦ [aỹ iaỹ uaỹ] 主要元音的实际音值接近 [ɑ]。这组韵母中，ɣ 在发音时舌头后缩，但未成阻，带有鼻音色彩。

⑧ [iəỹ yəỹ] 两韵中的 [ə] 流音化。

⑨ 入声韵 ɜʔ、iɜʔ、uɜʔ、yɜʔ，在短入字中有塞音韵尾 ʔ，如韵母表竖线前的例字"不敌独桔"等；在长入字中 ʔ 脱落，如韵母表竖线后的例字"吃笔国足"等，但在连读变调中，长入字的 [ʔ] 尾又出现了。

三　单字调 5 个

阴平 314　　高猪专飞婚安拉

阳平 35　　穷陈床寒娘答舌

上去声 53　　古展老死近厚怕

长入 423　　发甲刷哲笔国祝

短入 54　　直石笛席读局桔

说明：

①古上声字与古去声字在单字调中已合流，在连读变调中有区别。

②长入字分两种情况：一种是读舒声韵 [a ia ua u iɛ yɛ ei] 等韵母的长入字（古咸山宕江四摄的入声字多为这类，如声调表中"发甲刷"等字），另一种是读 [ɿʔ iɜʔ uɜʔ yɜʔ] 入声韵的长入字（古深臻曾梗通摄的入声字多读入声韵，如声调表中"失麦笔"等字）。前一类长入字无论单念还是连读，不但无入声韵尾 [ʔ]，而且调值舒缓；后一类长入字在单念时 [ʔ] 尾失落，调值舒缓，但在连读中 [ʔ] 尾又出现，调值也变得短促。

第二节　延川城关话语音特点

一　声母特点

（一）古全浊声母

古全浊声母已全部清化。古并、定、从、澄、崇、群母字今逢塞音、塞擦音时，平声字读送气音，仄声字部分读不送气音，部分读送气音，读送气音的字数较多，达到141个。辑录如下：

【并】部簿步捕罢~了败倍背~诵焙被避鼻抱苞鲍瓣办不得~（来不及）拔辫伴拌笨勃饽面~傍薄泊棒雹白病，耙佩叛仆瀑；

【定】舵大驮~笼垛杜肚度渡待怠弟第地递道井~稻盗叠碟谍蛋垫奠酒~断段缎锻夺囤荡锭笛敌狄动洞独读犊，艇挺沓特突；

【从】坐座褯屎~~在罪自字皂造噍就杂捷集錾践贱尽匠嚼贼族净；

【澄】柱住坠赵兆绽辙阵侄丈着睡~撞直值泽择宅轴车~重轻~；

【崇】乍寨炸栈~羊铡状镯；

【群】强勉~跪柜轿舅旧妗件健康~（健康）圈猪~橛近。

我们对延川话古全浊声母字的调查结果，与《延川县方言志·同音字汇》的记录基本一致，只有6字不同："饯蚌蝶牒"《延川县方言志》记为送气音声母，实际上当地口语里并不说这4个字，我们不计入；"仗杖"在《延川县方言志》里记为送气声母，本次发音人读不送气声母。

（二）古知庄章组声母

古知庄章组声母的今读和志延片及其他陕北晋语相同，都属于"昌徐型"，今读 [ts][tʂ] 两组声母。其中知二庄开口与精组洪音字合流读 [ts] 组，知三章（止开三例外）、庄组合口合流读 [tʂ] 组，宕开三庄组、江开二知庄组今读合口呼随合口字演变。例如：茶澄假开二 ˬtsʰa｜债庄蟹开二 tsai°｜猪知遇合三 ˬtʂʯ｜装庄宕开三 ˬtʂuaỹ。

（三）古见系开口二等字

古见系开口二等字大部分颚化为舌面音，少数字在白读中保留舌根音读法，与志延片等其他陕北晋语及关中方言较为一致。

（四）古疑影微母

疑影母开口一等字读 [ŋ] 母。延川话韵母 [*i] 发生了舌尖化，与之相拼的声母受到影响也发生变化，所以疑影母开口二三四等字声母的读音有三种：蟹开三四、止开三疑影母字都读 [z] 母，其余大部分读零声母，部分读 [n] 母。如：艺缢义意 zʯ°｜姨疑 ˬzʯ｜衣 ˬzʯ｜烟 ˬiɯi｜哑 niʌ°。疑影母合口今洪音字读零声母，与微母字有别。疑影母合口今细音字一般读零声母，遇合三疑影母字随着韵母 [y] 舌尖化为 [ʮ] 而读为 [z] 母。如：鱼余 ˬzʮ｜遇雨 zʮ°｜榆 ˬzʮ。

二　韵母特点

延川话有 42 个韵母，有成系统的文白异读，果、假、蟹、效、咸、山、宕、梗等摄存在文白异读。

（一）果摄

果摄一等韵读音复杂，存在文白异读。文读与北京话相近，读 [uɤ] 韵。白读开口一等字和合口一等字部分合流，合口帮组、泥组并入开口，端组、精组、见系开合口有别。具体而言，果摄开口一等、合口一等帮组、泥组字都读 [ei] 韵；合口一等端组字读 [uɤ/u] 韵（"剁垛唾"[uɤ][u] 韵两读），精组字读 [uei] 和 [ɤu] 韵（"坐座"[uei][ɤu] 韵两读），见系字大都读 [u] 韵，"果裹火伙"读 [uɤ] 韵。

白读音如：多 ₍tei｜大 tʰei˒｜锣 ₍lei｜左 tsei˒｜歌 ₍kei｜我 ŋɤ˒｜躲 tuɤ˒｜坐 tsʐu˒/tsʰuei˒｜科 ₍kʰu。

果摄三等韵开合口都有文白读，白读与假开三白读相同。果开三读 [ia/iɛ] 韵，果合三读 [ya/yɛ] 韵。

（二）假摄

假摄二等韵读 [-a] 韵，合口二等韵读零声母 [ua] 韵。例如：蛙 ₍ua。

假开三白读的主元音和二等韵相同，读作 [ia/a] 韵；文读精组影组读 [iɛ] 韵，章日组读 [ɤ] 韵。例如（白读）：借 tɕia˒｜写 ɕia˒｜斜 ₍ɕia｜车 ₍tʂʰa｜蛇 ₍ʂa｜惹 za˒｜爷 ₍ia｜夜 ia˒。"姐"读 [₍tɕi] 是元音高化的结果。部分蟹摄开口二等见系字也有 [i] 韵的读法，如：阶皆戒界 tɕi。这样，在延川话的假开三今读韵母中，就叠置着三个层次：白读一 [ia/a] 是滞古层，保留唐宋音；白读二 [i] 韵，属于方言创新层，是元音高化的结果；文读 [iɛ/ɤ]，跟周边方言一致。清涧话的情况相同。

（三）遇摄

遇合一、遇合三非组与知系字的今读韵母与志延片相同，读 [u ɿ ʅ]，遇合三泥组、精组、见系字的今读韵母不同，吴起等读 [y]，延川读作 [ɿ]。延川也有 [y] 韵，但只包括"兄"一字，用于"兄弟弟弟"一词。由于元音舌尖化是延川话的一大特色，所以将 [u ɿ ʅ] 分列为三个音位。

延川话存在"鱼入支微"的现象。遇合三鱼韵来母字文读为 [luei]，读如止摄合口字；白读韵母与同音类其他字相同，读 [zʅ]。例如：吕旅~社虑滤 zʅ˒/luei˒。遇合三虞韵字"缕屡"也读 [luei˒]，不分文白读。也有"鱼虞有别"的残存，"娶取"读 [tsʰɿ˒]。

（四）蟹止摄

蟹止摄今读存在文白异读，文读与志延片相近，白读音类的分合与志延片不同。白读规律如下：

①除部分见晓组字外，蟹摄开合口一二等合流（包括帮组），读 [ai uai] 韵，即：贝＝败，回＝怀（"杯 [₍pei]"例外，没有白读）。部分蟹摄开口二等字，白读一为

[ai] 韵，白读二为 [i] 韵，如：街 ₁kai/₁tɕi｜解～开（明白）xaiᵊ/ɕiᵊ。白读一反映声母演变的滞古，与其他陕北晋语相同；白读二是在声母已经颚化的基础上，韵母进一步高化的结果，与清涧等方言一致，是这一带方言的创新。

蟹摄一二等合流，这是陕北沿河吴堡、绥德枣林坪、清涧等方言的共同特点。山西方言有 22 个方言点也是如此，如：天镇、阳高、大同、右玉、左云、偏关、河曲、临县、方山、离石、柳林、中阳等。其中偏关以下属黄河沿岸方言，归属五台片、吕梁片，与陕西隔河相望。

②蟹开三四章组字读 [ʅ] 韵，止开三庄章组字读 [ʅ] 韵，除此之外，蟹摄开口三四等、止开三合流：端泥组、知组字今读韵母与志延片六县方言相同，分别读 [i] 和 [ʅ] 韵；帮组、精组、见组韵母舌尖化，读舌尖元音韵母 [ɿ]。

③除庄组读同蟹摄合口一二等外，止合三与蟹摄合口三四等合流，非组读 [ei] 韵，其他读 [uei] 韵。

④"支微入鱼"。这是陕北晋语沿河方言的共同特点。延川由于高元音舌尖化，"支微入鱼"的字读为 [ʮ/ʮ/ʅ] 韵。如：嘴醉 tsʮˀ｜随～当（当时）髓遂半身不～ ₅sʮ｜穗岁～数 sʮˀ｜锥针～ ₁tʂʮ｜垒累泪眼～ zʮˀ｜吹 ₁tʂʰʮ｜锤秤～儿槌棒～ ₅tʂʰʮ｜睡水 ʂʮˀ｜肥长得～（单用）₅ʐʅ｜尾～巴 zʅˀ｜围～起来 ₅zʮ｜苇纬慰～问喂～猪 zʮˀ。

（五）效流摄

效摄字今读韵母的主元音相同。效摄一等、二等非见系、三四等知系字韵母读 [ɔ]，如：报 pɔˀ｜抄 ₁tsɔ｜照 tʂɔˀ；二等见系、三四等非知系字韵母读 [iɔ]，如：敲 ₁tɕʰiɔ｜苗 ₅ciɔ。延川个别效摄一等帮组字有白读，韵母为 [u]，如：堡抱苞～鸡儿子（菢小鸡）pʰuˀ/pɔˀ｜毛鸡～ ₅mu/₅mɔ。

流摄字读 [ɤu iɤu] 韵。部分流开一明母字、流开三非组字与遇摄合流，读 [u] 韵，如：某 muˀ｜否 fuˀ｜妇 fuˀ。流开一帮组个别字的韵母读如效摄，如：剖 ₁pʰɔ｜茂贸 mɔˀ｜矛 ₅ciɔ/₅mɔ。

（六）咸山摄舒声韵

咸山摄舒声字韵母的读音比较复杂。

张崇先生记载，"咸山摄舒声字因韵摄等呼及纽的关系"，"形成了 [æ uæ] 和

[uɛ̃ iuɛ̃ uuɛ̃ yuɛ̃] 六韵"。《延川县方言志》的音系，是张崇先生根据 1981 年对延川话调查的材料确定的。根据曹鹏《延川方言语音的演变与层次》一文以及我们 2010 年的调查，延川话咸山摄舒声韵的今白读音已发生了变化：[iuɛ̃ yuɛ̃] 演变为 [iɛ̃ yɛ̃]；山开一见系舒声字的白读音韵母滋生出 i 介音，由 [uɛ̃] 演变为 [iuɛ̃]。也就是说，30 年间，延川话咸山摄舒声字的今白读韵母已变为三组七韵：[æ̃ uæ̃] [uɛ̃ iuɛ̃ uuɛ̃] [iɛ̃ yɛ̃]，且 [iuɛ̃] 韵字的来源完全不同。家住延川城南关的 90 岁高龄的曹澄源老人，曾在 30 年前配合过张崇老师的调查，说的是 [iuɛ̃ yuɛ̃]，[u] 是清晰但轻短的过渡音。同样家住南关的赵春明和家住城关北拐峁的刘世俊，两个人说的都是 [iɛ̃ yɛ̃]，听不出 [i] 和 [ɛ̃] 之间有过渡音 [u]。这表明延川话咸山摄舒声字今读的齐撮两呼韵母确实发生了变化，从 [iuɛ̃ yuɛ̃] 演变为 [iɛ̃ yɛ̃]。

延川话咸山摄舒声字韵母的今读规律如下：

①咸山摄开口一二等舒声字（山开一见系除外）一般读 [æ̃] 韵，见系二等字读 [iɛ̃] 韵，个别常用字白读（如：咸馅闲限馅）读舌根音声母及 [æ̃] 韵。山开一见系字读 [iuɛ̃] 韵，与咸开一见系字读 [æ̃] 韵有别，如"擀≠感"。咸、山有别，反映比较古老的特点，与清涧话一致。

②咸山摄开口三四等知系舒声字读 [æ̃] 韵，其他读 [iɛ̃] 韵。

③山摄合口一二等读音有别。合口一等帮组字读 [uɛ̃] 韵，其他类字读 [uuɛ̃] 韵；合口二等知系、见系字读 [uæ̃] 韵，如"官≠关"。也反映存古性的特点。

④咸山摄合口三等非组舒声字读 [æ̃] 韵。

⑤山摄合口三四等知系舒声字读 [uuɛ̃] 韵，其他一般读 [yɛ̃] 韵，"缘沿铅"读 [iɛ̃] 韵，"恋"读 [luuɛ̃°]。

⑥延川话的咸山摄开口三等知系、山合一、山合三知组舒声字，即读 [uɛ̃ uuɛ̃] 两韵的字，在城关存在文读音，文读音为 [æ̃ uæ̃] 韵。

陕北晋语大部分方言咸山摄完全合流，其中一二等合流，三四等合流，没有文白异读。延川话与此不同。从表附 1-1 可以看出，30 年前的延川话部分地保留了咸摄、山摄的区别以及一二等的区别：咸山两摄开口一等见系字读音有别，山摄合口一二等读音有别，即"干 ₁kuɛ̃≠ 甘 ₁kæ̃，官 ₁kuuɛ̃≠ 关 kuæ̃"。从表附 1-2 可以看出，现在的延川话仍然保留着这种差别。

表附 1-1 《延川县方言志》记录的咸山摄舒声韵例字表（白读音）

	开一		开二		开三四		合一		合二	合三四	
	见系	非见系	见系	知系	知系	非知系	帮组	非帮组	知系、见系	非组	知系	其他
咸摄	æ̃	æ̃	iuɛ̃	æ̃	uɛ̃	iuɛ̃	/	/	æ̃	/	/
山摄	uɛ̃	æ̃	iuɛ̃	æ̃	uɛ̃	iuɛ̃	uɛ̃	uuɛ̃	uæ̃	æ̃	uuɛ̃	yuɛ̃

表附 1-2 延川话咸山摄舒声韵例字表（白读音，表中黑体表示变化了的读音）

	开一		开二		开三四		合一		合二	合三四	
	见系	非见系	见系	非见系	知系	非知系	帮组	非帮组	知系、见系	非组	知系	其他
咸摄	æ̃	æ̃	iɛ̃	æ̃	uɛ̃	iɛ̃	/	/	æ̃	/	/
山摄	iuɛ̃	æ̃	iɛ̃	æ̃	uɛ̃	iɛ̃	uɛ̃	uuɛ̃	uæ̃	æ̃	uuɛ̃	yɛ̃

延川话咸山摄开口舒声字读音举例如下。其中"延川张"表示张崇先生记录的 30 年前的读音，"延川今"表示 2010 年调查的读音。只标注白读音。下同。

表附 1-3 延川话咸山摄舒声例字表

	南咸开一泥 难山开一泥	甘咸开一见 干山开一见	衫咸开二生 山山开二生	闲山开二匣	监咸开二见 间山开二见	尖咸开三精 煎山开三精
延川张	₅næ̃	甘 ₅kæ̃ 干 ₅kiuɛ̃	₅sæ̃	₅xæ̃	₅tɕiuɛ̃	₅tɕiuɛ̃
延川今	₅næ̃	甘 ₅kæ̃ 干 ₅kiuɛ̃	₅sæ̃	₅xæ̃	₅tɕiɛ̃	₅tɕiɛ̃

	占咸开三章 战山开三章	店咸开四端 电山开四定	盘山合一帮	豌山合一影 弯山合二影	官山合一见 关山合二见	凡咸合三奉 烦山合三奉
延川张	tʂuɛ̃°	tiuɛ̃°	₅pʰuɛ̃	豌 ₅uuɛ̃ 弯 ₅uæ̃	官 ₅kuuɛ̃ 关 ₅kuæ̃	₅fæ̃
延川今	tʂuɛ̃°	tiɛ̃°	₅pʰuɛ̃	豌 ₅uuɛ̃ 弯 ₅uæ̃	官 ₅kuuɛ̃ 关 ₅kuæ̃	₅fæ̃

	全山合三从	圆山合三云 元山合三疑	穿山合三昌	玄山合四匣		
延川张	₅tɕʰyuɛ̃	₅yuɛ̃	₅tʂʰuuɛ̃	₅ɕyuɛ̃		
延川今	₅tɕʰyɛ̃	₅yɛ̃	₅tʂʰuuɛ̃	₅ɕyɛ̃		

（七）宕江摄舒声韵

延川话江摄舒声韵没有文白异读，读 [-aɣ̃] 韵。部分宕摄舒声字读音复杂，存在文白异读，文读韵母为 [-aɣ̃]，白读韵母为 [ei uei i u ɤ iɛ] 等。

① 宕开一（帮组只有一字"帮鞋~子"）、宕开三知系、宕合三非组舒声字韵母，白读一为 [ei/uei]，与果摄一等白读合流；白读二为 [ɤ]，字数较少，与果开一、果合一帮组、假开三章日组文读合流。例字辑录如下：

当~时 ₌tei｜挡~住 tei｜汤 ₌tʰei｜狼郎二~山（村名）₌lei｜浪 leiᵒ｜苍~的（苍色的）₌tsʰei｜藏 ₌tsʰei｜桑 ₌sei｜张~开 ₌tʂei｜胀 tʂeiᵒ｜长~短肠 ₌tʂʰei｜场打~ ₌tʂʰeiᵒ｜畅~快 tʂʰeiᵒ｜尝 ₌sei｜上绱~鞋 ʂeiᵒ｜瓢瓜~禳布~了穰谷~ ₌zei｜岗土~（地名）₌kei｜康~家山（村名）糠 ₌kʰei｜炕 kʰeiᵒ｜放~下 feiᵒ｜忘 veiᵒ｜芒麦~ ₌vei｜庄~稼装假~/~病 ₌tʂuei｜壮地~ tʂueiᵒ｜床~铺 ₌tʂʰuei｜霜 ₌ʂuei。

长~高涨水~掌沟~（河沟的源头）tʂeiᵒ，纺~线 feiᵒ。

② 宕开三（知系除外）舒声字韵母有两个白读层：白读一为 [i]，与蟹止摄合流；白读二为 [iɛ]，与假开三文读合流。两个白读层中，白读一反映后期元音高化的结果，是方言的创新，白读二反映沿河方言共同的白读层。例字辑录如下：

娘 ₌ni｜凉 ₌li｜缰~绳浆~水 ₌tɕi｜浆~衣裳 tɕiᵒ｜墙 ₌tɕʰi｜向方~/~下 ɕiᵒ｜羊阳~面杨~树/~家湾（村名）扬 ₌i｜漾~手（甩手）iᵒ。

两~个 liɛᵒ｜想 ɕiɛᵒ｜呛 tɕʰiɛᵒ｜养~孩儿（生孩子）iɛᵒ。

③ 宕合一见系字，文读韵母为 uaɣ̃，白读韵母为 u。白读与果合一见系、遇合一帮端见组、遇合三非组的字合流，光宕 = 锅果 [ku]｜黄宕 = 禾果 = 胡遇 [₌xu]。例字辑录如下：

光~眼 ₌ku｜黄 ₌xu｜荒地~了 xuᵒ｜慌心~ ₌xu。

延川城关话宕摄舒声字白读的具体读音和声母组系如表附 1-4。

延川与延长一样，宕摄白读与果摄合流，属于唐宋西北方音层次，比吴起等县宕江摄舒声韵的层次要早。

表附1-4　延川城关话宕摄舒声字白读音及声母组系表

韵母	白读一 ei 白读二 ɤ	白读一 i 白读二 iɛ	uei	u
来源	宕开一帮组（仅"帮 ei 鞋~子"）、端精组 宕开三知章组 果开一 果合帮泥组 假开三章日组	宕开三非知系 假开三非知系	宕开庄组 （例外：疮 u）果摄精组	宕合口见系 果合一见系 遇合一帮端见组 遇合三非组

（八）深臻曾梗通摄舒声韵

深臻曾梗通5摄舒声韵，存在文白异读，文读深臻曾梗通合流，读 [-əŋ] 韵。深臻通摄字韵母无白读，文白异读主要集中在梗摄。曾摄中只有两个字"凝 ₋ni 冰 ₋pi"有白读，与梗摄开口三等字的文白异读类似。具体如下：

①梗摄开口二等韵有两个白读层，白读一 [i] 韵，与蟹摄开口齐韵合流；白读二 [a ia] 韵，与假开二、假开三白读合流。白读一只有"硬耕"两字，本不足以构成一个层次，但唐五代西北方音中，梗摄字与齐韵"对转"，延川"硬耕"读 [i] 韵，与开口齐韵同韵①，恰是唐五代西北方音梗摄字与齐韵"对转"的例证。例字辑录如下：

白读一：硬 niᵒ | 耕 ₋tɕi。

白读二：冷~的 laᵒ | 生~的甥 ₋sa | 省节~ saᵒ | 争~不上睁~眼 ₋tsa | 杏 xaᵒ | 迸~裂子（皮肤皴裂）piaᵒ。

②梗摄开口三四等韵白读一为 [i] 韵，与蟹开三四合流，但"正"白读为 [ei] 韵，与果摄白读、蟹合一帮组文读合流；白读二为 [iɛ] 韵，与假开三文读合流。例如：

白读一：平 ₋pʰi | 病 pʰiᵒ | 明天~了名鸣（鸡）打~ ₋mi | 命 miᵒ | 精~明睛眼~仁儿（瞳孔）惊 ₋tɕi | 青~霉素清轻 ₋tɕʰi | 晴 ₋tɕʰi | 净 tɕʰiᵒ | 赢 ₋i | 听钉~子 ₋tʰi | 钉~~子靪~鞋顶 tiᵒ |

---

① 延川话开口齐韵端泥组今读 i 韵，帮组、见系已舌尖化今读 ɿ 韵，合口齐韵"畦菜~"白读同样是 ɿ 韵。

亭~分(均分) 停 ₅tʰi | 零~钱翎鸡~儿 ₅li | 另 liᵊ | 星~宿腥 ₅ɕi | 经~子(经线)茎荞麦~子 ₅tɕi。

正反~ tʂeiᵊ。

白读二：醒 ɕiEᵊ | 饼烙~ piEᵊ | 井~子 tɕiEᵊ。

③梗摄合口只有"横兄"两字有白读，横 [₅ɕya] 反映早期的读音，兄 [₅ɕy/sʅ] 反映后期元音高化的层次。

（九）入声韵

延川有4个入声韵 [ɤʔ iɛʔ uɤʔ yɜʔ]，保留入声韵的字数较多。咸山宕江4摄入声字基本舒化，深臻曾梗通5摄入声字多舒入两读，少数保留入声韵。

延川话入声韵舒化后的音类归并与陕北晋语绥德话基本一致，唯一不同的是梗二入、曾一入帮组字的今读，绥德话读齐齿呼韵 [ie]，延川读 [ə/ɤ] 韵，与志延片不同。吴起、志丹、安塞、延安、甘泉五县方言的入声韵舒化后的音类分合及韵母音值与关中方言相近。延长深臻曾梗通入声韵舒化的规律与吴起等相同，咸山宕江入声韵的舒化规律与延川相近。

咸山摄开口一等见系入声舒化韵读 [ɤ]。山摄合口三四等入声舒化韵读 [uɤ ye/ uɤ yE]，与吴起等县方言读 [uə yə/uɤ yɤ] 不同。其余相似。例如：塔咸开一透 tʰa₂ | 喝晓咸开一 xɤ₂ | 炸崇咸开二 tʂʰa | 夹见咸开二 tɕia₂ | 猎来咸开三 liɛ₂ | 辣来山开一 la₂ | 杀生山开二 sa₂ | 舌船山开三 ʂɤ₂ | 揭见山开三 tɕiE₂ | 切清山开四 tɕʰiE₂ | 法非咸合三 fa₂ | 沫明山合一 mɤ₂ | 阔溪山合一 kʰuɤ₂ | 刷生山合二 ʂua₂ | 雪心山合三 ɕyE₂ | 说书山合三 ʂuɤ₂ | 缺溪山合四 tɕʰyE₂ | 血晓山合四 ɕiE₂。

宕江摄入声字舒化后的读音较复杂，江摄入声字只是部分并入宕摄，知系字宕江有别。宕摄入声字舒化后，开口一等一般读 [ɤ] 韵（精组除外），精组读 [uɤ] 韵；开口三等知系读 [ɤ] 韵，泥精组见系读 [iE] 韵；合口读 [uɤ yE] 韵。江摄入声字舒化后，帮组读 [ɤ] 韵，知系读 [uɤ] 韵，见系读 [ie] 韵。例如：恶宕开一影 ₅ŋɤ | 着睡~, 宕开三澄 tʂʰɤ | 脚宕开三见 ₅tɕiE | 郭宕合一见 ₅kuɤ | 剥江开二帮 ₅pɤ | 捉江开二庄 ₅tʂuɤ | 学江开二匣 ₅ɕiE。

深臻曾梗通5摄的入声字的今读，延川与志延片六区县完全不同。延川话中，深臻曾梗通5摄少数字只读入声韵，部分字舒入两读，还有部分字单念时 [ʔ] 尾脱落，读舒声韵 [ʐ iʐ uʐ yʐ]，连读时仍读入声韵。通摄合口一等韵与合口三等韵精组入声字保持分别，一等读洪音，三等读细音。例如（舒化后读音）：湿 ʂʐ₃｜突 tʰuʐ₃｜色 sʐ₃｜麦 mʐ₃｜福 fʐ₃｜族 tsʰuʐ₃｜足 tɕyʐ₃｜哭 kʰuʐ₃。

三　声调特点

延川话有 5 个声调：阴平、阳平、上去声、长入、短入。上声字与去声字合流，读上去声，但在连读变调中有区别；入声分长入、短入。

入声调演变的模式与志延片其他方言不同，分长入调 423 与短入调 54：古清入、次浊入字多读长入；全浊入字 38.3% 读阳平，与关中话一致，37.6% 读长入，是入声韵尾消变的表现。

附录二　延川话的入声调及其演变路径[①]

《中国语言地图集》（1987）、《中国语言地图集（第2版）》（2012）都把延川话划入晋语志延片[②]。2010年，笔者用《方言调查字表》专门调查了延川话（老派）的入声字，结果与张崇（1990）的记载略有不同。本文主要根据我们的调查结果。

本文所说的入声长化，指入声字通过拉长音节，引发入声韵尾脱落及声调舒化的演变方式，典型特点是喉塞尾消失、短调拉长。

一　延川话入声字的今读

（一）延川话有5个单字调：

阴平 314 高安开粗婚飞　　上去声 53 古口近爱压玉　　长入 423 甲药笔北吃入

阳平 35 穷寒扶娘答夺　　短入 ʔ54 习不贼石局服

长入 423 来源于古清入、次浊入，短入 ʔ54 来源于古全浊入。

1. 古清入、次浊入单念时入声韵尾 [ʔ] 脱落，读 423，自成调类，称作长入。根据入声字的来源和今韵母主要元音的音值，可分为长入一和长入二。长入一字来源于古咸山宕江摄，今主要元音是 [ɑ]，不论是单念还是连读，都读 423。长入二来自古深臻曾梗通摄（以及个别宕摄字），今主要元音是 [ɜ]，单念 423，连读中读短促调（变调），在长入 423 前变读 ʔ45，非长入前变读 ʔ43。比如："毕"单念 [piɛ⁴²³]，"毕业"读 [piɛʔ⁴⁵ȵiɛ⁴²³]；"局"单念 [tɕy³⁴²³]，"局长"读 [tɕy³ʔ⁴³tʂaỹ⁵³]。

[①] 原载于《方言》2018年第3期，有删改。
[②] 笔者认为，延川话应属晋语吕梁片汾州小片。请参看高峰（2011，2018）。

延川话的长入字列举如下（注白读音，调值都是 423）：

北_曾百柏伯_梗 pɜ｜拍_梗扑_通 pʰɜ｜摸_宕麦脉_梗木目穆_通 mɜ｜福蝠伏复腹_通 fɜ｜得德_曾 tɜ｜特_曾 tʰɜ｜格隔（～墙）革_梗 kɜ｜刻克_曾客_梗 kʰɜ｜黑_曾吓_梗 xɜ｜秩_臻织职_曾 tʂɜ｜赤尺吃_梗 tʰʂɜ｜湿深失_臻识式_曾适释_梗 ʂɜ｜则_曾摘窄责脊（～背）_梗 tsɜ｜侧测厕_曾拆泽择宅（～子：风水上讲的建筑物背靠的方位）策册_梗 tsʰɜ｜虱_臻塞色啬_曾 sɜ｜笔毕_臻逼_曾壁_梗 piɜ｜劈_梗 pʰiɜ｜密蜜_臻默_曾 miɜ｜的（～当）_梗 tiɜ｜踢剔_梗 tʰiɜ｜逆_梗 ȵiɜ｜力_曾历厉 liɜ｜缉急级及深吉_臻积迹绩击激_梗 tɕiɜ｜七漆_臻戚_梗 tɕʰiɜ｜袭深悉膝_臻息熄_曾惜席锡析_梗 ɕiɜ｜突_臻秃犊_通 tʰuɜ｜肋勒（裤带～的）_曾禄（有福～）陆录绿鹿_通 luɜ｜国谷_通 kuɜ｜窟骨（～殖）_臻哭_通 kʰuɜ｜霍藿（～香）宕获_梗 xuɜ｜竹筑逐祝烛触_通 tʂuɜ｜出_臻 tʂʰuɜ｜叔属_通 ʂuɜ｜入辱褥_通 zuɜ｜握_通 uɜ｜橘_臻足掬（一～米）_通 tɕyɜ｜黢（～黑）屈（姓）_臻菊曲_通 tɕʰyɜ｜速宿肃畜俗_通 ɕyɜ｜

2. 短入 ʔ54 来源于深_臻曾梗通摄（主要是全浊入；包括个别宕摄字）。短入字列举如下（注白读音，调值都是 ʔ54）：

不_臻 pɜʔ｜白_梗 pʰɜʔ｜服_通 fɜʔ｜胳_宕 kɜʔ｜核（～桃）_梗 kʰɜʔ｜侄_臻直值_曾 tʂɜʔ｜十什拾_深室实_臻食蚀殖（骨～）植（木～）_曾射石_假 ʂɜʔ｜只_梗 tsɜʔ｜贼_曾 tsʰɜʔ｜笛敌狄_梗 tiɜʔ｜集_深 tɕiɜʔ｜习_深媳_曾 ɕiɜʔ｜一乙_臻 iɜʔ｜独读毒_通 tʰuɜʔ｜轴（车～）_通 tʂuɜʔ｜术（算～）_臻熟赎_通 ʂuɜʔ｜族_通 tsʰuɜʔ｜局_通 tɕyɜʔ｜削_宕续_通 ɕyɜʔ。

（二）延川话咸山宕江入声字已经舒化，今读 [ɐ iɐ uɐ yɐ ɤ uɤ iE yE] 韵，与果假摄合流。例如（不计声调）：杀＝洒 sɐ｜甲＝姐 tɕiɐ｜刮＝瓜 kuɐ｜薄＝波 pʰɤ｜活＝火 xuɤ｜接＝介 tɕiE｜靴＝雪 ɕyE｜倔 tɕyɐ 与瘸 tɕʰyɐ 同韵。

深_臻曾梗通入声字部分舒化，今读 [ɜ iɜ uɜ yɜ] 韵，自成韵类；部分仍然收喉塞尾 [ʔ]，今读 [ɜʔ iɜʔ uɜʔ yɜʔ] 韵。

（三）本次调查结果与张崇的不同主要有二：① "席橘" 的单字音，张崇是短入，本文发音人说的是长入。② "溺获" 的单字音，张崇为长入，本文发音人说成上去声，应该是普通话影响的结果。对比两次调查结果，短入字只有 2 字变为长入，可以看出：延川话入声舒化的速度较慢。另外，张崇收录了部分方言中不常用的入声字，例如 "魄睦覆厄扼璧霹嫡寂昔夕笃促掘" 等，都读长入；本文的发音人把另外一些非常用口语字也读作长入，如 "猝帛匿觅啬鲫寂瀑笃酷"。这说明，外来的或新词中用到的入声字多读 "长入"。

二 延川话入声调演变的途径与过程

（一）延川话入声的演变与声母的清浊有关系，也与今韵母主要元音的音值有关。因此，用"阴入、阳入"无法解释延川话的入声，本文按照张崇先生的叫法，称作"长入、短入"，以此反映延川话入声演变的不同阶段或层次。

从声母的清浊来看：古清入、次浊入字和古全浊入字都是既有长入又有短入。有些音韵地位相同的字，有的读长入，有的读短入。例如，深开三：袭 ɕiʒ⁴²³｜习 ɕiʒʔ⁵⁴‖臻开三：失 ʂʒ⁴²³｜室 ʂʒʔ⁵⁴‖曾开三：息熄 ɕiʒ⁴²³｜媳 ɕiʒʔ⁵⁴‖通合一：秃犊 tʰuʒ⁴²³｜独读 tʰuʒʔ⁵⁴‖通合三：俗 ɕyʒ⁴²³｜续 ɕyʒʔ⁵⁴。另外，同一个字在不同的词中，或读长入，或读短入。例如："的伏"单念 423 调，"的"在"的当 tiʒʔ⁴⁵taɣ⁵³"中读长入的连调，"目的 muʒ⁵⁴tiʒʔ⁵⁴"中读短入；"伏"在"埋伏 mai³⁵fʒ⁴²³"中读长入，"入伏 zuʒʔ⁴³fʒʔ⁵⁴"中读短入。"集"的单字音是短入调，在"集体 tɕiʒʔ⁴³tʰi⁵³"中读长入的连调，"跟集赶集 kəŋ³¹tɕiʒʔ⁵⁴"中读短入（张崇 1990）。

延川话入声字今读各声调的字数及比例，请看表附 2-1。

表附 2-1

	阴平 314	阳平 35	上去声 53	长入 423	短入 ʔ54
清入、次浊入 419 字	60 字，占 14.3%			347 字，82.8%	12 字，2.9%
全浊入 113 字	0	52 字，占 46.0%		33 字，29.2%	28 字，24.8%

（二）从韵摄和连读变调两个角度观察，可以看出长入和短入其实是历时层次上的差异，由此可以梳理出长入、短入的变化脉络。

邢向东、孟万春（2006）指出：古入声在陕北话中的演变有一个突出的共性，那就是古韵摄对入声的存废有着首要的制约作用，即咸山宕江摄及部分梗摄二等字首先舒声化。延川话入声字的演变同样受到古韵摄的制约。也就是说，来自咸山宕江、今韵母主要元音是 [ɑ] 的舒化速度较快，来自深臻曾梗通、今韵母主要元

音是 [ɜ] 的短入字舒化速度较慢。

连读变调同样反映出：短入 ʔ54 的舒化还未开始，长入一 423 的舒化已经完成，长入二 423 的舒化正在进行。短入字单念和连读时都不变调。长入字单念和做后字时一般不变调，做前字时会发生变调：长入一 [ᴀ]423 变调为舒声调，在长入前变读 45，其他声调前变读 42；长入二 [ɜ]423 变调为短促调，在长入前变读 ʔ45，其他声调前变读 ʔ43。例见表附 2-2（根据《延川县方言志》P16 表三改制而成，加粗表示有变调）。

表附 2-2　延川话入声字连读变调表

前字＼后字	阴平 314	阳平 35	上去声 53	长入 423	短入 ʔ54
长入一 [ᴀ]423（咸山宕江）	43+314 说书 ʂuɤ ʂu	43+35 月明_{月亮} yE mi	43+53 喝酒 xɤ tɕiəu 切菜 tɕʰiE tsʰai	45+423 瞎说 xᴀ ʂuɤ 割麦 kɤ mɜ	43+ʔ54 结实 tɕiE ʂɜʔ
长入二 [ɜ]423（深臻曾梗通）	ʔ43+314 立春 liɜʔ tʂʰuŋ	ʔ43+35 入门 zuɜʔ məŋ	ʔ43+53 吃奶 tʂʰɜʔ nai 立夏 liɜʔ ɕiᴀ	ʔ45+423 毕业 piɜʔ ɲiE 黢黑 tɕʰyɜʔ xɜ	ʔ43+ʔ54 七十 tɕʰiɜʔ ʂɜʔ
短入 ʔ54（深臻曾梗通）	ʔ54+314 读书 tʰuɜʔ ʂu	ʔ54+35 白糖 pʰɜʔ tʰaŋ	ʔ54+53 侄女 tʂɜʔ ny 熟肉 ʂuɜʔ zəu	ʔ54+423 直说 tʂɜʔ ʂuɤ	ʔ54+ʔ54 熟食 ʂuɜʔ ʂɜʔ

从历时层面看，短入属于演化的早期阶段，长入属于演化较晚近的阶段。其演变脉络为：短入 [ɜʔ]54 → 长入 [ɜ]423 二 → 长入一 [ᴀ]423。

（三）延川话今读长入的字约 90% 是古清入、次浊入字；今读短入的字约 70% 是古全浊入字。显然，延川话早期分阴阳入，今长入与阴入关系密切，短入与阳入关系密切。延川话短入 ʔ54 的早期形式就是 ʔ54，长入的早期形式有可能是其连调形式 ʔ45、ʔ43 之一。周边的陕北晋语的入声或阴入都是 ʔ44/ʔ33/ʔ43/ʔ3，多是短促的平调或降调，连调中入声做前字往往调值变高。而延川话 423 在长入前读 ʔ45，其他声调前都读 ʔ43。由此我们推测，延川话的长入的前身是阴入，其调值很可能是 *ʔ243。

（四）入声调和入声韵是一个问题的两个方面，二者的演变往往相互牵连。延川话短入字保留喉塞尾 [ʔ]，调值短促，长入字 [ʔ] 尾脱落，调值舒缓，入声调的舒化与入声韵母的开音节化同时发生。带喉塞尾的韵母的主要元音时值拉长，就可以引起 [ʔ] 的脱落从而变为开音节。

延川话入声调的演变过程大致是：

①部分古次浊入字舒化后归去声，如："玉轧压鹊骆"等。

②古次浊入合并到清入为阴入，全浊入为阳入。

③入声字的大规模舒化从咸山宕江 4 摄开始。古咸山宕江摄清入、次浊入字大多今读长入调；全浊入舒化字共 53 字，归阳平 44 字，上去声仅 4 字，长入仅 3 字（"钹泊昨"）。说明"入声长化"和中原官话的"全浊入舒化后归阳平"两条规律共同发生作用：阴入字发生长化，阴入调 *ʔ43 拉长变为现在的长入调 423；阳入字舒化后归阳平。古全浊入字有个别字读长入，说明"入声长化"的影响面不仅限于阴入字。

④深臻曾梗通 5 摄入声字随后开始舒化，单字调向长入调 423 舒化。其中 60% 以上读长入二，全浊入字归阳平仅 2 字（还有 4 字文读为阳平）。说明"入声长化"在竞争中胜出，统领了深臻曾梗通 5 摄入声字的舒化。超过 70% 的短入字是阳入字，说明这 5 摄阳入字的舒化速度比阴入字慢。这部分入声字是采取词汇扩散的方式实现舒化的，现在还处在演变的半途中。

显然，延川话入声的演变受到韵摄、声母清浊的共同作用。首要的是古韵摄，其次是声母清浊。延川话入声调的舒化有两条规律："入声长化后独立为长入"，"全浊入字舒化后归阳平"。当咸山宕江摄入声字发生舒化时，两条规律以阴入、阳入为界，平分秋色；深臻曾梗通摄入声字开始舒化至今，"全浊入字归阳平"退出竞争，"入声长化"成为唯一的演变方式。

三　晋语"入声长化"的共性与个性

（一）把视野放大到整个陕北晋语，会发现发生"入声长化"的并不止于延川话。比如，绥德话单字调不分阴阳入，入声字舒化后，一律拉长为阳平 33 调。咸

山宕江摄入声字及曾梗摄开口一二等入声字已经舒化，深臻曾梗通摄字大多数保留 [əʔ] 组入声韵。"在认字时 [əʔ iəʔ uəʔ yəʔ] 同时可以读为 [ə iə uə yə]。"（刘育林 1990：13）绥德话 [əʔ] 组入声韵，"发音人在念单字时，分别读成 ə、iə、uə、yə，经多次提示后才读出喉塞尾 ʔ"（黑维强 2016：31）。根据笔者最新的调查，绥德话单字音中已经没有入声了，入声字只能读 [ɤ iɤ uɤ yɤ] 韵和 33 调，语流中有入声。[①] 例如：黑 xɤ³³ | 黑豆 xəʔ²³ təu⁵² ‖ 集 tɕiɤ³³ | 集体 tɕiəʔ²³ tʰi⁰ ‖ 局 tɕyɤ³³ | 局长 tɕyəʔ²³ tʂɑ̃⁰。子洲话入声的情况大致同绥德话。清涧韵母 [əʔ iəʔ uəʔ yəʔ] 的阴入字在认字时可以读为 [ɤ iɤ uɤ yɤ]，也可以读成上声（刘育林 1990：39，刘勋宁 1998：73）。子长读 [əʔ iəʔ uəʔ yəʔ] 的阴入字，同时可以读为 [ə iə uə yə]，读阴平（刘育林 1990：40）。佳县阴入读音稳定，阳入（全浊、次浊声母字）连读中读入声，单字则舒入两读，促读为阳入短调，缓读同阴平长调（邢向东、孟万春 2006）。吴堡与佳县类似。

延川话与上述方言有相同之处，即入声长化。不同的是，延川的入声调演变出独立的长入调，绥德等方言是归入调值相近或相同的舒声调。子洲、绥德、吴堡、佳县、清涧、子长、延川在地理上连成一片。所以，"入声长化"是陕北晋语绥德以南沿河方言入声演变的共同模式。

（二）黄河对岸的山西方言也同样存在入声长化。比如汾西古咸山少数宕江四摄和梗摄二等的入声字已经舒化；深臻曾梗三四等通摄的入声字保留入声，单字调喉塞韵尾不明显，连读时喉塞韵尾较明显（乔全生 1990：12）。侯精一、温端政（1993：479）汾西音系说明：阳入慢读时与上声同调。阴入慢读时与阳平同调。清徐古咸山江三摄清入与次浊入以及宕曾梗通四摄部分清入与次浊入字，单字调是低平调（即平调 11——引者注），而且没有喉塞音韵尾。入声的喉塞音韵尾在语流中变成长调或轻声时即已失落（潘耀武 1990：5）。

山西其他晋语也有入声长化的现象。比如上党片黎城、武乡、阳城、陵川、高平（沈明 2005、2007）：晋东南晋语口语里某些常用的入声字，单念或在末字位置上有时会丢失喉塞尾 [ʔ]，短调拉长，归到调值相同或相近的舒声调。吕梁片岚县

[①] 高峰，2017 年中国语言资源保护工程《陕西汉语方言调查·绥德》（编号：YB1711A006）。具体记音与刘育林（1990）、黑维强（2016）略有不同。

（沈明 2014：30）：少数浊入声字丢失喉塞尾 [ʔ]，短调拉长，归到调值相同或相近的舒声调。五台片定襄（范慧琴 2004）：入声字在处于词或句子的非末字位置时有喉塞尾，声调为短促调 2；但在单念、在词或句子中处于末字位置时，没有喉塞尾，声调同阳平调 31。范文还注意到山西五台（走马岭）、和顺、清徐、河北平山的入声都有类似的变化。晋城话（焦妮娜 2007）：入声字在单念时"没有喉塞尾，字音可以拖得很长；没有独立的调类，和阴平具有同样的调值（33 调值）"。从焦文所列韵母表看，[-ɐ] 和 [-ə] 两组韵母未舒化前是 [eʔ iɐʔ uɐʔ yɐʔ] 与 [eʔ iəʔ uəʔ yəʔ]。[ɐʔ əʔ] 韵通过字音拖长发生舒化，塞音韵尾直接脱落，演变为这两组韵母。临县方言（李小平 1991：4）：阴入（ʔ44）和阳平（44）接近，阳入（ʔ24）和阴平（24）很接近，在新话中有融合的趋势，在学校教书单念时，几乎没有分别了。和顺（田希诚 1990：16）：[aʔ iaʔ uaʔ] 三个韵母，在词语中处于后字的位置时则演变为 [a ia ua]，处于前字的位置时则读原入声韵和入声调。

在侯精一、温端政（1993）的记录中，有 19 个方言音系的声调说明中有与"入声长化"相关的描写。这 19 个方言点是：离石、汾阳、方山、柳林、临县、中阳、岚县、石楼、静乐、大宁、永和、汾西、蒲县、清徐、祁县、盂县、阳曲、阳泉、平定。如离石、汾阳、中阳，都是"阳入慢读时与上声同调。阴入慢读时与阳平同调"；永和"阳入慢读调值和上声 213 相同"。这种表现与"入声长化"的特点吻合。

综合以上文献，山西共有 28 个点存在"入声长化"的现象：西区 13 个点——吕梁片汾州小片的离石、汾阳、方山、柳林、临县、中阳、岚县、石楼、静乐，隰县小片的大宁、永和、汾西、蒲县。中区 7 个点——并州片的清徐、祁县、盂县，五台片的阳曲，大包片的阳泉、平定、和顺。东南区 6 个点——上党片长治小片的黎城、武乡，晋城小片的晋城、阳城、陵川、高平。北区 2 个点——五台片的定襄（西北部）、五台（走马岭）。①

综上所述，"入声长化"的变化不限于陕北晋语，而是整个晋语入声演变的一种重要方式。

---

① 根据《中国语言地图集·汉语方言卷（第 2 版）》（218—219 页）划片。

（三）山西晋语的"入声长化"是绝大多数方言按照调值演变，归入调值相近或相同的舒声调类。当然，方言保有入声调的数量不同，情况也略有不同。28个方言点中，没有入声的方言点1个——晋城，晋城已然没有入声韵和入声调，入声字舒化后全归阴平。入声不分阴阳的方言点7个（阳泉、平定、和顺、阳城、高平、定襄、五台），入声调缓读或单念时归入相近的舒声调。入声分阴阳的方言点共20个，其中11个点（离石、方山、柳林、临县、中阳、岚县、石楼、静乐、大宁、永和、祁县），阳入先变化，缓读时读相近的舒声调，阴入仍读入声调；2个点（孟县、阳曲），阴入先变化，缓读时读平调，阳入喉塞韵尾明显；5个点（汾阳、蒲县、武乡、阳城、陵川），阴入、阳入缓读时，分别归入相近的舒声调。其余2个点清徐和汾西，情况与陕北晋语相似，入声字舒化的速度相对较快，表现为韵摄控制入声舒化。

陕北晋语和山西晋语的"入声长化"具有三点共性：(1)发生的语言环境相同，即缓读或单念，或处于词语末尾时。(2)表现相同，即喉塞音韵尾脱落、短调拉长。(3)舒化后的归向相同，入声分阴阳的方言以清入、浊入为分野，分别按照调值演变；入声不分阴阳的方言，按照调值演变，都是归入调值相近的舒声调，陕北延川、山西汾西和清徐例外。

陕北晋语"入声长化"的个性。陕北绥德以南（包括绥德）及山西的汾西、清徐，入声字的舒化受韵摄的控制比较明显，是语音系统中韵母主要元音的发音特点所致，属于典型的"自变型"的演变。表现为咸山宕江等摄（有的包括梗摄二等、清徐不包括宕摄）入声字舒声化，深臻曾梗通摄保留一组入声韵，"入声长化"主要发生在深臻曾梗通摄中。山西的汾西、清徐的入声演变与陕北晋语属于平行演变。上文28个山西晋语方言点中，晋城（已无入声韵）、汾西、清徐3点的入声舒化速度较快。其他方言点速度较慢，入声字大部分未舒化，入声演变的途径是入声韵类之间合并，"入声长化"在咸山宕江深臻曾梗通摄都有表现。这一差异可以看作山西晋语同陕北晋语入声演变的大分野，属于早期的分歧。入声长化的共同性，显示"入声长化"是较晚期的演变。

（四）延川话出现了独立的舒化入声调，我们认为，这是受到延川话声调系统制约的结果，与上声、去声的合流密切相关。

晋语中去声多读高降调，关中话上声多读高降调，延川由于处于晋语和中原官话的交接地带，这两种声调特征在延川话中碰撞，进而导致了上去声的合流。目前，晋语中只有延川和相邻的延长发生了上声和去声的合流，原因相同。

延川早期的阴入 *ʔ43、阳入 *ʔ54 的调型都是降调，与上去声 53 的调值相近，入声调舒化后应该并入上去声。然而实际情况是，延川清入、次浊入今读上去声的比例较小，而且除了"饺闸雹"3 字，其余都是北方方言统一读去声的入声舒化字（均为次浊入），如"玉泄跃逸亿忆肉六郁育剧赦液腋"等。这说明入声读入上去声不是延川入声演变的主要规律。

延川话上声和去声已经完成合流，入声长化正在进行，可以推测，上去声的合流先发生，入声长化晚发生，当上去声合流正在进行时，入声开始长化。入声长化的方向本来可能是并入调值相近的声调——上声／去声。但是由于入声长化晚于上去声的合流，而且关中话的上声与晋语的去声具有高降、舒声的共同点，而入声调虽然调型高降但却是短促调，前两者的相似性大于去声与入声调的相似性，所以上声、去声的合流优先于入声向它们的归并。另外，上去声所辖字数较多，入声字并入上去声相当于三个声调的大合流，可能造成辨义的困难。为了保持有效的调位对立来保证音节的辨义功能，入声向上去声归并的道路可能被阻断。入声调舒化后只能自成调类，形成"长入、短入"这样的局面。这正是延川话在晋语入声调的演变中的独特性和价值所在。

延川南边的延长话同样是上去声合流。不过延长话入声调舒化的规律和关中话相同，是按照调类演变归阴平或阳平，和上去声没有关系，不存在竞争，所以没有产生独立的入声舒化调。

四 结语

"入声长化"这种演变方式也见于南部吴语与徽语，曹志耘（2002）称其为"延伸—归并"式。"南部吴语入声调的演变过程首先是'延伸'，即把原来的短促调值拉长。如果原声调系统中有相同相近的调值，就并入跟它最接近的那个调，如果没有就保留单独的调类。"徽语建德、屯溪、遂安（曹志耘 2002）：建德部分阴入字并入阳去 55，屯溪阳入字并入阴平 11，遂安（县城）阳入字并入阴上 213。而像延川话的"长入"一样保留独立的舒化入声调的，也见于温州、长沙、建瓯等（北大中文系语言学教研室 2003）。同时具备"长入声"（包括"可长可短的长入二"）和"短入声"，使延川话的入声不仅在晋语中显得特立独行，而且在有入声的汉语方言中也显示出鲜明的个性。

参考文献

北大中文系语言学教研室（编） 2003 《汉语方音字汇》，北京：语文出版社。
曹志耘　　2002　吴徽语入声演变的方式，《中国语文》第 5 期。
范慧琴　　2004　从山西定襄方言看晋语入声的演变，《西南民族大学学报》第 4 期。
高　峰　　2011　晋语志延片语音研究，陕西师范大学博士学位论文。
高　峰　　2018　再论晋语志延片方言的地域分布及其特点，《语文研究》第 3 期。
黑维强　　2016　《绥德方言调查研究》，北京：北京师范大学出版社。
侯精一、温端政（主编） 1993 《山西方言调查研究报告》，太原：山西高校联合出版社。
焦妮娜　　2007　晋城话中的入声字，《语言研究》第 2 期。
李小平　　1991　《临县方言志》，太原：山西高校联合出版社。
刘勋宁　　1998　《现代汉语研究》，北京：北京语言文化大学出版社。
刘育林　　1990　《陕西省志·方言志（陕北部分）》，西安：陕西人民出版社。
潘耀武　　1990　《清徐方言志》，太原：山西高校联合出版社。
乔全生　　1990　《汾西方言志》，太原：山西高校联合出版社。
沈　明　　2005　晋东南晋语入声调的演变，《语文研究》第 4 期。
沈　明　　2007　晋语五台片入声调的演变，《方言》第 4 期。
沈　明　　2014　《山西岚县方言》，北京：中国社会科学出版社。
田希诚　　1990　《和顺方言志》，北京：语文出版社。
邢向东、孟万春　　2006　陕北甘泉、延长方言入声字读音研究，《中国语文》第 5 期。
张　崇　　1990　《延川县方言志》，北京：语文出版社。
中国社会科学院语言研究所　　2004　《方言调查字表》，北京：商务印书馆。

中国社会科学院、澳大利亚人文科学院　1987　《中国语言地图集》，香港：香港朗文（远东）有限公司。

中国社会科学院语言研究所、中国社会科学院民族学与人类学研究所、香港城市大学语言资讯科学研究中心　2012　《中国语言地图集·汉语方言卷（第2版）》，北京：商务印书馆。

后　记

　　晋语志延片处于晋语与官话的过渡地带，方言面貌复杂，方言接触频繁多样，是方言研究的一块宝地。导师邢向东先生慧眼如炬，在我博一入学不久，就建议把博士论文选题定为《晋语志延片语音研究》。我就此开始了与延安、与志延片方言的不解之缘。

　　研究是逐步深入的。博士期间，系统调查了延安北部七县（包括延川）的语音，简单调查了词汇和语法，基本弄清了志延片的语音面貌以及一些方言接触现象。2016年至2019年做语保项目"濒危汉语方言调查·陕西延安老户话"时，全面调查了延安老户话并撰写了专著。对延安方言的调查越来越深入，发现的志延片方言的事实越来越丰富，引发了我更深的思考，例如：志延片的底层方言是晋语还是中原官话，方言是什么时候形成的，是如何演变的，演变的方向是什么，方言接触有哪些表现和规律，等等。于是，2019年在博士论文的基础上申报了教育部社科项目"晋语志延片方言接触研究"并获批。以上两个项目都已顺利结项。这本专著就是在教育部社科项目成果的基础上修订而成：第一、三、四章及第二章第一节主要是博士论文《晋语志延片语音研究》的内容，根据补调查结果做了修改和完善；其余章节是博士毕业后新的调查研究成果。

　　做研究总是有苦有乐。这些年去志延片地区调查了数十次，足迹遍布各县。田野调查确实不易，发音人难找，生活条件差，工作强度大，每天最少调查八小时，整理输入四小时。十多年过去了，经历了时间的滤镜，不论是什么苦都变成了趣事和笑谈，其间的"乐"却沉淀下来，越发醇厚。一是朋友之乐。亲朋好友全力帮我联系发音人，我也由此结识了不少新朋友，至今仍互相惦念、联络，如志丹的韩霞、延长的李润梅。二是研究之乐。志延片方言里充满了有趣的方言现象，调查回来的材料累积起来有一尺多高，在这些一手材料的基础上，着手解决了志延片方言研究中的几个重要问题。关于志延片的研究算是小有收获，自然乐在其中。

　　研究的路上，很幸运有良师益友。2007 年，我有幸成为邢向东老师的学生。邢老师格局宏大，学识渊博，治学严谨，一手建设了陕西方言研究团队，培养了一批年轻的方言学者，我也是其中的一员。当年，邢老师逐字逐句批阅了我的博士论文，本书成书后，又在百忙之中审阅了全书书稿，并写了序言。我也在仔细琢磨导师意见和反复修改书稿的过程中，得到锻炼和提高。我的博士论文得到答辩组张振兴、张崇、黑维强、王军虎、沈文君等先生的指导，其余内容也和邢向东师、黑维强教授、齐旺老师有过探讨。感谢老师们不吝赐教，给出了非常宝贵的意见。

　　邢老师是我学术研究的领路人，也是我的榜样。都知道邢老师严谨认真、要求高，做学生的自然不敢懈怠。老师总是叮嘱我："不要急，发言不要急，写文章不要急，做项目不要急。""慢慢来，慢工出细活，慢工见真章。"后来看邢老师回忆自己学习经历的文章，才知道那是钱曾怡先生叮嘱老师的话，他拿来转赠与我。我自是听从，受益匪浅。从 2008 年初次调查安塞老户话算起，不知不觉已经过去了十六年。这本专著断断续续写了十多年，如今得以出版，确实是够慢的。不过，也正是因为没有急于求成，才能随着调查功力的逐年提高，对问题的认识和思考逐步加深，成就了这一本不敷衍、不肤浅的专著。我为此感到庆幸和欣慰。谨以此书致敬导师。

　　这本著作的出版，得到 2023 年度陕西省社科联社科著作出版资助和西北大学优秀学术著作出版基金的资助，由衷感谢。商务印书馆薛亚娟老师和责任编辑史慧敏老师为书稿的编辑、修改和出版事务辛苦付出，在此特别感谢。

　　最后感谢家人全力支持我的工作和研究。父母总是心疼我工作忙，尽力帮我做一些生活琐事。这两年我陪伴较少，他们也从不抱怨。先生卢刚工作繁忙，但一有空闲总想着与我分担。有了他们的支持，我没有了后顾之忧，才能专心做我感兴趣的研究。

2024 年 11 月 3 日于佳境

图书在版编目(CIP)数据

晋语志延片方言接触研究 / 高峰著. -- 北京：商务印书馆，2025. -- ISBN 978-7-100-24393-3

I. H172.2

中国国家版本馆 CIP 数据核字第 2024G4K126 号

权利保留，侵权必究。

晋语志延片方言接触研究
高　峰　著

商　务　印　书　馆　出　版
（北京王府井大街36号　邮政编码100710）
商　务　印　书　馆　发　行
北京顶佳世纪印刷有限公司印刷
ISBN 978-7-100-24393-3

2025年1月第1版　　　开本 787×1092　1/16
2025年1月北京第1次印刷　印张 21¼

定价：95.00元